Pu
10

ÉTUDES

sur

L'HISTOIRE D'HAÏTI.

ÉTUDES

SUR

L'HISTOIRE D'HAÏTI

SUIVIES DE LA

VIE

DU GÉNÉRAL J.-M. BORGELLA

PAR B. ARDOUIN

ANCIEN MINISTRE D'HAÏTI PRÈS LE GOUVERNEMENT FRANÇAIS,
ANCIEN SECRÉTAIRE D'ÉTAT DE LA JUSTICE, DE L'INSTRUCTION PUBLIQUE ET DES CULTES.

TOME TROISIÈME.

PARIS
DEZOBRY ET E. MAGDELEINE, LIB.-ÉDITEURS,
RUE DU CLOÎTRE-SAINT-BENOÎT, 10.

1853

PÉRIODE FRANÇAISE.

TROISIÈME ÉPOQUE.

LIVRE TROISIÈME.

CHAPITRE I.

Situation de Saint-Domingue au départ de Polvérel et Sonthonax pour la France.—Energie et dévouement des chefs militaires. — Mesures prises par les Anglais.—Massacre des Français au Fort-Dauphin. — Dissensions entre Montbrun et Bauvais, à Jacmel. — Bauvais le remplace. — Arrestation et emprisonnement de Montbrun par Rigaud. — Il est transféré, jugé et acquitté en France.

Le départ de Polvérel et Sonthonax fit succéder la dictature militaire à leur dictature civile. Désormais, c'était aux officiers supérieurs nommés par eux que revenait la glorieuse mission, non-seulement de combattre les ennemis de la France et de les chasser de la colonie, d'assurer la liberté générale et l'égalité entre tous les citoyens, mais d'administrer, de conserver Saint-Domingue. L'énergie de tous ces chefs militaires et de leurs officiers inférieurs fut à la hauteur de cette mission, de leurs devoirs envers la patrie et leur pays. Il s'agissait de justifier leur titre de citoyen français : leur dévouement fut sincère, sans presque espérer d'obtenir aucun secours de la métropole, qu'ils savaient engagée dans une guerre générale en Europe pour défendre son indépendance, et privée d'une marine militaire suffisante.

Le succès le plus complet va couronner leurs efforts ;

mais nous n'aurons pas terminé cette époque guerrière, sans voir le gouvernement français et ses agens dans la colonie méconnaître les services rendus par les hommes de la race noire, réagir contre leurs droits si solennellement proclamés, semer la division entre eux pour faire naître la guerre civile la plus désastreuse, et parvenir par-là à les subjuguer de nouveau. La France, enfin, si libérale, si généreuse dans l'époque précédente, rentrera pleinement dans les vues de la faction coloniale toujours hostile aux défenseurs de ce pays, toujours perverse dans ses procédés.

Voyons néanmoins quelle était la situation respective de ces défenseurs et de leurs ennemis.

Dans le Nord, Laveaux, gouverneur général par intérim, se tenait au Port-de-Paix avec les adjudans-généraux Pageot et Lesuire : ils défendaient cette partie de la péninsule septentrionale de la colonie française jusqu'à Bombarde et à Jean-Rabel, contre les Anglais en possession du Môle Saint-Nicolas.

Villatte, cantonné au Cap, opposait ses forces aux irruptions des Espagnols du côté de la terre, et défendait cette ville contre leurs vaisseaux et ceux des Anglais qui la bloquaient.

T. Louverture, ayant son quartier-général aux Gonaïves, se portait souvent à la Marmelade et sur la rive droite de l'Artibonite, pour garantir son cordon de l'Ouest des entreprises des Espagnols et des Anglais.

Dans la même province du Nord et dans une partie de l'Ouest, les Espagnols étaient maîtres du Borgne, du Port-Margot, du camp Bertin, du Fort-Dauphin, d'Ouanaminthe, de Vallière, de la Petite-Rivière de l'Artibonite et du Mirebalais. Leurs forces occupaient aussi Saint-Michel de l'Atalaya et Saint-Raphaël, deux communes de leur territoire, voisines de la colonie française.

Les Anglais possédaient dans l'Ouest, Saint-Marc, les Vérettes, l'Arcahaie, Léogane, le Port-au-Prince, et la Croix-des-Bouquets au centre de la plaine du Cul-de-Sac : les noirs de cette plaine leur étaient soumis par l'influence de Hyacinthe qui, lui-même, était dirigé par Hanus de Jumécourt.

Mais ceux des montagnes voisines guerroyaient contre eux, sous la direction de Pierre Dieudonné, se disant *commissaire civil*, de Pompée et Laplume, ses lieutenans. L'imprudence de Sonthonax les avait rendus indépendans de toute autorité.

Montbrun, rétabli par les commissaires civils dans son commandement de gouverneur général de l'Ouest, se tenait à Jacmel avec Bauvais et les autres officiers supérieurs de la légion de cette province : ils gardaient les montagnes de Léogane contre les Anglais qui avaient aussi quelques forces à Saltrou, à l'est de Jacmel.

Dans le Sud était André Rigaud, gouverneur général de la province et des paroisses de l'Ouest y annexées. Son commandement s'étendait, — d'une part, jusqu'au Grand-Goave où il contenait les Anglais ; — de l'autre, jusqu'aux limites des Baradères dans le nord de la péninsule méridionale, et au poste des Anglais, dans le sud de cette péninsule. Ses postes se reliaient par les montagnes voisines de la ville des Cayes.

Dans cette province, enfin, les Anglais étaient en possession des paroisses qui formaient les quartiers de la Grande-Anse et de Tiburon.

Quoique les communications fussent interrompues, par terre surtout, entre le Nord et les deux autres pro-

vinces, l'intelligence et le patriotisme de Montbrun et de Rigaud avaient trouvé dans le dévouement de quelques marins le moyen de correspondre avec Laveaux, en qui ils reconnaissaient leur supérieur. Ceci est attesté par le témoignage de Laveaux lui-même, dans son compte-rendu que nous avons déjà cité : il parle des lettres qu'il reçut de ces deux officiers [1]. Montbrun le dit aussi dans ses écrits; et Rigaud, dans son mémoire de 1797, dit également : « Après le départ des commissaires civils pour
« la France, mon premier soin fut d'établir une corres-
« pondance avec le gouverneur général Laveaux, pour
« lui demander *ses ordres*, quoique les commissaires
« m'eussent investi du gouvernement général du dépar-
« tement du Sud et des quartiers de l'Ouest y annexés,
« tant que les communications seraient interrompues. »

Nous notons cette particularité, parce que nous remarquons qu'en France on croyait le contraire, puisque Garran dit à la page 248 du tome 4 de son rapport : « L'autorité du gouverneur (Laveaux) résidant dans la
« province du Nord, n'aurait pas été probablement re-
« connue, *quand bien même* on aurait eu la facilité d'y
« recourir. » Et cela, à propos du titre de gouverneur général donné à Montbrun et à Rigaud. Nous inférons de ce passage, qu'à cette époque déjà, en 1795, on accusait les chefs des hommes de couleur, dans l'Ouest et dans le Sud, de prétendre à l'insoumission envers Laveaux, officier européen, à l'indépendance envers le pouvoir de la métropole. Nous avons lieu de croire que ce fut Laveaux qui transmettait cette imputation menson-

---

[1] Toutes les affirmations que nous citerons de Laveaux proviennent de son compte-rendu publié à Paris, dont nous avons déjà fait mention à la page 414 du 2ᵉ volume.

gère, parce que déjà il se plaignait de Villatte à cet égard : esprit étroit, d'une incapacité politique qui sera prouvée, il avait commencé ce système de dénigrement contre les hommes de couleur, qu'il développa par la suite, et qu'il fit adopter par le Directoire exécutif.

Quoi qu'il en soit, nous avons déjà vu que Laveaux s'était empressé de pourvoir au rétablissement des cultures dans le voisinage du Port-de-Paix. Il continua les mêmes soins, et trouva en T. Louverture un administrateur qui le seconda parfaitement, en appliquant aux travaux des campagnes tous les hommes qui n'étaient pas nécessaires à la défense du territoire. Dans le voisinage du Cap, il en fut de même de la part de Villatte.

Dans l'Ouest et dans le Sud, Montbrun, Bauvais et Rigaud rivalisèrent dans de pareils soins.

Les règlemens de culture contenus dans les proclamations relatives à la liberté générale avaient tout prévu à cet égard. Partout on les exécuta, afin de pourvoir aux premières nécessités de la vie, et d'obtenir des denrées d'exportation. Ces denrées attirèrent bientôt dans les ports des navires du commerce des États-Unis et des autres nations neutres, qui échangèrent leurs marchandises contre elles, en apportant aussi de la poudre et du plomb dont on avait le plus pressant besoin.

De leur côté, les Anglais qui n'avaient que peu de troupes dans les lieux qu'ils occupaient, les voyant atteintes par la fièvre jaune endémique au climat des Antilles, où un soleil vengeur venait au secours des hommes que ces étrangers replaçaient dans l'esclavage, durent songer à se créer des défenseurs avec les traîtres qui s'étaient soumis à eux. Beaucoup d'émigrés français, semblables à une nuée de vautours, s'étaient abattus d'Europe sur Saint-Domingue; ils le considéraient comme une proie qui resterait entre les mains des ennemis de leur patrie. La plupart des colons expatriés depuis le commencement de la révolution, contre-révolutionnaires ou factieux déportés par les commissaires civils, y revinrent presque aussitôt. Parmi ces derniers, on distinguait Cambefort, Touzard, Rouvray, O'Gorman, Montalet, Belin de Villeneuve, Montazeau, etc., tous nobles et propriétaires dans la colonie.

Avec les émigrés, les colons, les mulâtres et nègres libres soumis à eux, les Anglais formèrent bientôt plusieurs beaux régimens, bien habillés, parfaitement équipés, organisés enfin tels que sait le faire la Grande-Bretagne en pareils cas, avec cette intelligence et cette vigueur qui lui sont propres. Des troupes venues successivement d'Europe portèrent leurs forces à douze mille hommes. Leurs vaisseaux complétèrent leurs moyens d'action.

Naturellement le régime colonial ancien fut rétabli. Mais si les Anglais usèrent de ménagemens étudiés envers les mulâtres et les nègres libres, leurs sympathies étaient pour les blancs. Ils employèrent ces derniers dans toutes les administrations, dans les tribunaux qu'ils rétablirent sur le pied de l'ancien régime, avec les mêmes lois antérieures à la révolution. Ils ne pouvaient mieux faire à cet égard. Les noirs furent remis en esclavage dans le voisinage de toutes les villes occupées par eux. L'influence de quelques-uns de leurs chefs, tels que Jean Kina dans la Grande-Anse, Hyacinthe au Cul-de-Sac, et la défection des mulâtres et nègres libres, contribuèrent à cet odieux résultat.

Quant aux Espagnols, ils avaient au Fort-Dauphin principalement plusieurs régimens de troupes européennes tirées du Mexique, de l'île de Cuba, de Porto-Rico et de la Côte-Ferme. Quelques forces gardaient les autres points déjà désignés, où des émigrés et des colons s'étaient également rendus. Au Fort-Dauphin surtout, ces derniers s'étaient groupés en grand nombre, depuis la capitulation de cette place. Les bandes de Jean François et de Biassou complétaient l'armée espagnole, et c'étaient elles qui agissaient contre la colonie française.

Don Gaspard de Cassassola commandait au Fort-Dauphin. C'était un vieillard infirme, par conséquent incapable d'énergie. Probablement il partageait les préjugés que sa nation avait alors contre les Français, considérés comme un peuple d'athées et de régicides.

Or, il y avait fort peu de temps que des dissensions avaient éclaté entre Jean François et Biassou : le premier avait promis à ses gens de leur donner le pillage du Fort-Dauphin, s'ils l'aidaient à vaincre Biassou. Promesse faite devait être tenue avec de pareils hommes, habitués depuis trois ans à tous les genres de crimes dont les chefs eux-mêmes donnaient le honteux exemple. Après ses succès contre Biassou, ces bandes demandèrent à Jean François l'exécution de sa promesse. Ce généralissime espérait sans doute d'avoir une part du butin ; mais il craignait aussi leur défection en faveur de T. Louverture qui, récemment converti à la République française, employait des agens secrets à travailler leur esprit. Il se résolut alors à tenir à sa parole. D'un autre côté, les autorités espagnoles, redoutant également de nouvelles défections parmi ces noirs, n'étaient que trop disposées à leur accorder tout ce qu'ils demanderaient.

Le 5 juillet, jour fixé pour la livraison ordinaire des provisions qu'on donnait au Fort-Dauphin à ces troupes auxiliaires, Jean François fit approcher les siennes de la place, comme s'il ne s'agissait que de recevoir ces objets. Le 7, vers 9 heures du matin, il réussit à tromper la vigilance d'un officier qui gardait une des portes de la ville, et ses soldats y pénétrèrent en grand nombre. Car, jusque-là, la capitulation de Candi et de Knappe avait été exécutée par rapport à ces bandes indisciplinées, dans l'intérêt des habitans.

Jean François se porta à cheval chez Don Gaspard de Cassassola, à qui il déclara d'un ton impérieux, qu'il avait appris que les Français du Fort-Dauphin tramaient pour livrer cette place à leurs concitoyens républicains, et qu'il demandait leur expulsion immédiate, sinon qu'il ferait main basse sur eux. Déjà, l'officier espagnol avait reçu des avis de cette intention barbare de Jean François. S'il n'était pas de complicité avec lui, n'aurait-il pas fait prendre des mesures par les officiers supérieurs sous ses ordres, tous capables d'empêcher un tel résultat? Au contraire, il se borna à répondre à Jean François, que l'expulsion des Français ne pouvait être ordonnée que par le gouverneur général Don J. Garcia qui était à Santo-Domingo : il ne lui fit pas la moindre objection à la seconde partie de sa déclaration. C'était consentir tacitement à son exécution.

Alors Jean François sortit de la maison et agita un mouchoir blanc, signal convenu entre lui et les affreux exécuteurs de cette nouvelle Saint-Barthélemy. Aussitôt, ces assassins commencent l'œuvre impie que secondait encore, par ses exhortations, un prêtre catholique du nom de Vasquez, qui remplissait les fonctions de vicaire général de l'armée. Il reproduisit la scène sacrilége dont des fanatiques avaient donné l'exemple, en Amérique, contre les Indiens, qu'ils avaient renouvelée, sous Charles IX, contre les Huguenots.

Afin de laisser sans doute un libre cours à la barbarie de Jean François, Don G. de Cassassola sortit de la ville, où il ne rentra que deux jours après.

Les noirs massacrèrent tous les Français qu'ils rencontrèrent dans les rues ; ils les poursuivirent dans leurs demeures et firent main basse également sur leurs familles. 743 personnes de tout âge et de tout sexe furent victimes de ces atroces fureurs. Celles qui réussirent à gagner les chaloupes des navires de guerre espagnols qui étaient dans la baie, furent généreusement sauvées de ce carnage. L'amiral Don F. Montès avait immédiatement donné l'ordre à ses officiers d'envoyer ces embarcations sur le rivage. Quelques autres qui purent pénétrer parmi les troupes espagnoles furent également épargnées ; mais ces troupes ne firent rien pour empêcher le massacre, leurs chefs n'en ayant pas reçu l'ordre, ou approuvant le crime eux-mêmes. On conçoit facilement que le pillage des effets de ces malheureux habitans en fut le résultat final.

Si Jean François vendait aux Espagnols des noirs pour être esclaves, il ne pouvait guères être humain envers les blancs français du Fort-Dauphin. S'il promit le pillage de ces habitans à ses bandes de forcenés, pour les retenir sous ses ordres, il est également probable que Don Gaspard de Cassassola consentit à ces actes de barbarie. L'histoire est donc en droit de les accuser tous deux d'avoir violé en cette circonstance les saintes obligations de l'homme envers ses semblables.

Quittons ce théâtre ensanglanté pour voir ce qui se passa à Jacmel, après le départ des commissaires civils.

On se rappelle les termes de la lettre du 11 juin, adressée par Polvérel à Rigaud, concernant Montbrun. Celui-ci fut peut-être le seul qui ignorât alors les conseils inspirés, donnés au gouverneur général du Sud à son égard. Mais Bauvais et les autres principaux officiers durent le savoir, sinon immédiatement, du moins peu de temps après.

Au départ de Martial Besse avec les commissaires, Montbrun était rentré dans l'exercice de ses fonctions de gouverneur général de l'Ouest. Suivant ses écrits publiés en France, son premier soin fut de donner à Bauvais le commandement de la légion de l'Ouest, et de l'envoyer dans le canton de Saltrou pour en chasser les Anglais et les émigrés qui s'étaient emparés de ce point, afin de relier leurs opérations avec la Croix-des-Bouquets, par les montagnes. Bauvais ne réussit pas alors dans cette campagne[1]. Il reçut néanmoins de Montbrun le commandement de l'arrondissement de l'est, formé de ce canton, et de celui de Marigot; et Déléard Borno, frère de Marc, fut placé à Marigot; ce qui permit à Bauvais de se tenir à Jacmel, où était la plus grande partie de la légion qu'il commandait.

D'après Montbrun lui-même, étant au Port-au-Prince, il s'occupait d'entreprises industrielles et d'opérations commerciales. On a vu que l'émigré Larue lui parlait de ses richesses, dans sa lettre insidieuse dont nous avons fait mention dans le deuxième livre. Il y avait relevé une guildive où il faisait fabriquer du tafia, qu'il vendait à

---

[1] Mémoire de Rigaud, en 1797, p. 29.

l'État pour le rationnement des troupes privées de vin. A Jacmel, il s'empressa de se livrer à de nouvelles spéculations, sans doute pour se récupérer des pertes qu'il avait faites au Port-au-Prince, et, dit-il, pour procurer à la garnison de Jacmel les objets dont elle avait besoin. Dans ce but, il envoya à Saint-Thomas un officier nommé Geoffroy qui dut apporter de là, des armes, de la poudre, des effets d'habillement, de la farine, etc. Il chargea aussi un négociant de Jacmel de faire venir de l'étranger de semblables objets, toujours dans les vues de les vendre à l'État.

En général, on peut le dire, c'est toujours une chose fâcheuse pour un chef supérieur de s'occuper de telles affaires, dans son intérêt personnel. C'est surtout quand les inférieurs sont dans le dénuement, qu'ils sont le plus portés à lui reprocher de faire valoir ses intérêts, même alors qu'il se propose de leur être utile. Ces spéculations de Montbrun déplurent aux officiers sous ses ordres ; ils l'accusèrent de spéculer sur les fonds de la République, d'avoir un esprit d'avidité, d'accaparement. Une loi de la convention nationale avait prévu ce cas et défendu de telles choses, sous des peines sévères. Ceux qui avaient mission de se défier de Montbrun et même de l'arrêter, ne trouvant pas de motifs dans sa conduite militaire et politique, saisirent celui-là. C'était un prétexte qui devait couvrir ce qu'il y aurait d'odieux dans son arrestation. On conçoit d'un autre côté, que Montbrun ne dut pas ignorer les rumeurs, les plaintes qu'on formait tout bas, et qu'il en fut aigri.

Cependant, il laissa Bauvais à Jacmel et se rendit le 25 juillet sur son habitation située dans la paroisse d'Aquin. Étant là, il apprit, dit-il, les menées qu'on ourdissait contre lui à Jacmel : il y retourna. A son arrivée, il trouva cette ville agitée. Considérant Bauvais comme le principal auteur de ces troubles, il lui ordonna les arrêts : c'était dans la nuit du 16 au 17 août. Mais Bauvais, loin d'obéir à cet ordre, se porta au fort Béliot, qui est dans la ville même, et déclara qu'il ne se soumettrait plus à Montbrun. Une partie des officiers et de la légion se manifesta en faveur de Bauvais, l'autre pour Montbrun, l'artillerie surtout que commandait Pétion. Jacques Boyé était pour Bauvais[1].

Afin d'éviter un combat, les officiers s'entremirent entre ces deux rivaux, et ils consentirent tous deux à s'en rapporter à la médiation de Rigaud, d'après l'avis des officiers. Cette issue devait favoriser l'exécution des conseils, ou plutôt des instructions, des ordres de Polvérel.

Rigaud ayant accepté la médiation, s'adjoignit Pinchinat, déjà rendu aux Cayes. Ils arrivèrent ensemble à Jacmel ; et le 29 août, après avoir entendu les deux adversaires, ils dressèrent un procès-verbal où ils décidèrent que Montbrun céderait le commandement de l'Ouest à Bauvais, pour se retirer sur son habitation à Aquin. Force fut à Montbrun de se soumettre à cette décision. Il gagna ses pénates immédiatement.

Le 7 septembre, Rigaud étant à Miragoane, y décida l'arrestation de Montbrun, dans un conseil où il avait appelé Doyon, Tessier, Renaud Desruisseaux, Marc Borno et Blanchet jeune. Ce dernier fut chargé d'exécuter l'ordre écrit par Rigaud. Le 8 septembre, il l'exécuta, dit Mont-

---

[1] Nous avons ouï dire qu'à cette occasion, Pétion et J. Boyé eurent un duel où le premier fut légèrement blessé.

brun, avec dureté et rigueur. Blanchet le trouva couché, étant malade d'un crachement de sang et des suites de ses blessures reçues au fort Bizoton. Il fut conduit à Saint-Louis chez Lefranc, à qui Rigaud avait écrit à ce sujet. Il y garda les arrêts. Quelques jours après, il reçut une lettre de Rigaud qui lui proposait de partir par un navire américain pour les États-Unis, d'où il pourrait se rendre en France. Il y consentit, et demanda à Lefranc de le faire conduire sur son habitation pour y prendre ses effets, qu'il fit porter à Saint-Louis, où il fut réintégré chez Lefranc.

De retour à Saint-Louis, Montbrun écrivit à l'ordonnateur des Cayes d'arrêter son passage, et répondit à Rigaud qu'il était prêt à partir. Mais celui-ci, qui avait déjà repris Léogane, envoya de cette ville l'ordre à Lefranc, d'apposer les scellés sur ses malles et de le déposer dans un cachot du fort de Saint-Louis, où il fut mis le 2 novembre. On brisa ensuite les scellés de ses malles hors de sa présence; on prit ses papiers, et dit-il encore, son linge et 285 portugaises en or.

Que cette dernière partie de sa relation soit exagérée ou non, toujours est-il que Montbrun subit une détention dans le fort de Saint-Louis, qui dura jusqu'au 6 avril 1796, où il fut transféré, comme prisonnier, à bord de la frégate la *Concorde*, commandée par le capitaine Mahé. Cette frégate ayant passé par les États-Unis, n'est arrivée à Rochefort que le 29 juillet suivant. Mis en prison, ensuite à l'hôpital militaire, il écrivit vainement et au Directoire exécutif et au conseil des Anciens, pour demander des juges.

Dès le 15 juin 1794, Dufay, J. B. Belley et Mills, députés de Saint-Domingue, avaient répondu à une lettre de la commission des colonies, qui leur demandait des renseignemens sur la conduite de Montbrun à Saint-Domingue. Ceux qu'ils donnèrent lui étaient favorables, jusqu'à leur départ en octobre 1793. Cette demande de renseignemens était sans doute motivée, ou par la dénonciation que Sonthonax aura portée contre lui après l'affaire du 18 mars, ou par les plaintes de Desfourneaux, à son arrivée en France.

Rigaud écrivit à Laveaux, le 14 septembre, pour l'informer de l'ordre d'arrestation lancé contre Montbrun, qu'il accusa de vexations atroces, d'agiotage, d'accaparemens, en lui envoyant les plaintes formées contre cet officier supérieur. Il n'était pas question de l'autorisation inscrite dans la lettre de Polvérel, et des motifs politiques sur lesquels l'ex-commissaire s'appuyait. C'étaient cependant ces motifs-là qui formaient le fond de cette arrestation arbitraire et déloyale. Laveaux répondit à Rigaud, le 23 septembre; il approuva cette mesure et donna l'ordre d'envoyer Montbrun en France, avec les pièces à l'appui. C'est sans doute cet ordre qui fit changer de dispositions à Rigaud; il ne pouvait plus le laisser partir par le navire américain, où il ne serait pas en état d'arrestation. Aucun navire de guerre ne s'étant présenté avant la *Concorde*, le prisonnier resta victime de ce contre-temps.

Nous avons jugé l'intention et la lettre de Polvérel; jugeons maintenant la conduite de Rigaud à l'égard de Montbrun, jugeons celle de Bauvais.

Après les faits que nous venons de relater, quel lecteur intelligent peut ajouter foi aux motifs donnés par Rigaud à Laveaux, sur l'arrestation de Montbrun? Qui peut ne pas y voir l'effet du machiavélisme de Polvérel? Si Montbrun, l'égal de Rigaud, avait commis des vexations atroces contre Bauvais ou tous autres officiers, lui appartenait-il de l'arrêter pour ce motif? Laveaux, leur chef supérieur, n'était-il pas plus apte à en juger et le seul autorisé à en décider? S'il avait fait des actes d'agiotage et d'accaparement, était-ce encore au gouverneur du Sud à en juger? Le gouverneur général de Saint-Domingue n'était-il pas là, dans le devoir de recevoir les plaintes et d'en décider? Nous ne doutons nullement, qu'après avoir reçu la lettre de Desfourneaux contre Montbrun, et celle de Sonthonax à son départ, Laveaux n'eût ordonné lui-même son arrestation, sachant surtout la pensée de Polvérel à son égard; mais c'était à lui à prendre cette mesure, et non à Rigaud. Ce coupable excès de zèle, à notre avis, prouve peu de modération de la part de celui-ci, un oubli de la qualité de Montbrun et du droit qui en dérivait, de n'être jugé que par son supérieur hiérarchique. Rigaud montra trop de condescendance aux conseils de Polvérel.

Quant à Bauvais, il se rendit tout simplement, en cette circonstance, un instrument de Rigaud. Sans nul doute, il aura été flatté d'occuper la position de Montbrun dont l'un et l'autre ont pu être jaloux, parce qu'il était venu de France, après qu'ils étaient déjà à la tête de la classe de couleur. Mais Bauvais n'aura pas entrevu alors, que le résultat de cette affaire ferait passer la prépondérance du pouvoir du côté de Rigaud. Au reste, pour Bauvais, la lettre du délégué de la France était un ordre déterminant; il fallait y obéir.

Si Pinchinat reconnut la nécessité d'enlever le commandement à Montbrun, vu les circonstances diverses de cette affaire, rien ne prouve qu'il trempa dans le projet de le faire arrêter. Aussi, nous ne voyons pas dans les écrits de Montbrun qu'il l'en ait accusé. Il n'accuse pas non plus les officiers appelés en conseil à Miragoane, par Rigaud. Que pouvaient-ils opposer à la volonté de leur chef, muni de la lettre de Polvérel? Il se plaint seulement de la brutalité de Blanchet jeune et de Lefranc.

Il est fort probable, que si son arrestation n'a pas eu lieu à Jacmel même, c'est que Rigaud aura craint d'ensanglanter cette ville, puisqu'une partie de la légion s'était déclarée en faveur de Montbrun. Cette circonstance aurait pu atténuer ses torts, si l'on pouvait lui concéder quoi que ce soit à ce sujet. Mais nous découvrons dans l'opinion de Pétion en faveur de Montbrun, la cause du peu d'estime qu'il eut pour Rigaud et Bauvais, et dont nous aurons à citer quelques traits par la suite [1]. L'arrestation opérée quelques jours après, alors que Montbrun était sur sa propriété, sur la foi de la décision rendue le 29 août, ne dut pas être un motif de le faire revenir sur le compte de ces deux chefs.

Disons ici, pour terminer ce qui est relatif à Montbrun, comment il fut traité en France.

Après avoir langui encore près de deux ans dans les prisons, malgré toutes ses réclamations pour être jugé, il fut transféré à Nantes où, le 21 avril 1798, on commença l'instruction de son procès. Le 2 juin, enfin, il comparut par devant un conseil de guerre présidé par un adjudant-général [2].

---

[1] Voyez à ce sujet, la note de la page 164 de la Vie de T. Louverture, par M. Saint-Rémy.

[2] Le signalement décrit dans le jugement rendu le même jour, porte que Hugues Montbrun était né dans la paroisse d'Aquin, le 12 juin 1756, qu'il avait

Il était accusé : 1° d'avoir livré le Port-Républicain aux Anglais; 2° d'accaparement de marchandises; 3° de vexations envers les capitaines neutres; 4° d'avoir exporté, à titre de commerce, des denrées à Saint-Thomas; 5° enfin, d'actes arbitraires dans l'exercice de ses fonctions à Saint-Domingue.

Le conseil reconnut que l'ordre de son arrestation, par Rigaud, portait la date du 21 fructidor an 2 (7 septembre 1794), qu'il n'était nullement motivé et d'ailleurs illégalement décerné par un homme égal en grade au prévenu et qui déclara *prendre tout sur sa responsabilité*. Il reconnut enfin que la plainte ou dénonciation de Bauvais, était datée du 10 brumaire an 3 (31 octobre 1794), et par conséquent postérieure de près de deux mois à l'ordre d'arrestation. Il y avait dans ce procès 191 pièces à charge, toutes lesquelles pièces, dit le conseil, ne sont que des expéditions informes d'originaux qui n'ont point été envoyés, ou des copies conformes sans aucun caractère légal.

Et quant aux pièces à décharge, il fut également constaté que la correspondance *originale* des commissaires civils Polvérel et Sonthonax avec le prévenu, depuis la fin de 1792 *jusqu'au départ* des mêmes commissaires pour la France, le 13 juin 1794, contient des témoignages multipliés et très honorables du civisme, des talens, du zèle, de l'activité et des services du prévenu. 200 autres pièces originales constataient, au dire du conseil, le civisme et la moralité du prévenu, et établissaient pleinement, selon l'appréciation de ses juges, sa justification sur tous les griefs portés contre lui.

---

5 pieds 5 pouces, cheveux et sourcils noirs, front grand et cicatrisé, yeux noirs, nez aquilin, bouche moyenne, menton rond et barbe noire.

Après avoir entendu Montbrun personnellement et un défenseur officieux, ces juges militaires, l'un après l'autre, déclarèrent unanimement, sur les cinq chefs d'accusation, *que Montbrun n'était pas coupable*. Leur jugement porte en outre, qu'arrêté illégalement et arbitrairement à Saint-Domingue, il n'a pas moins été illégalement et injustement arrêté en France; que les droits sacrés de l'homme et du citoyen et le droit imprescriptible de la liberté individuelle ont été violés à son égard; et cela, en s'appuyant encore de l'opinion d'une commission du conseil des Cinq-cents, adoptée par ce corps [1].

Ajoutons encore que le conseil de guerre a jugé, que la dénonciation de Bauvais et les pièces qui l'appuyaient, n'ont été évidemment que l'ouvrage *de la haine, de la mauvaise foi et de la calomnie*; que les rapports de J. Boyé, de Bauvais lui-même, de Marc Borno, de Ricard, sur la prise du Port-Républicain par les Anglais, *attestaient tous que Montbrun avait rempli son devoir*, et qu'il avait reçu *plusieurs blessures* d'arme blanche, en défendant le fort Bizoton.

En conséquence, Montbrun fut acquitté et remis en liberté.

Si Montbrun a été acquitté, l'histoire n'est-elle pas dans l'obligation d'accuser à son tour la mémoire de Polvérel, de Sonthonax, de Rigaud, de Bauvais et du Directoire

---

[1] Il n'est pas étonnant qu'en 1796, le Directoire exécutif agît aussi injustement envers Montbrun, en France. Ce qu'il faisait exécuter à Saint-Domingue, dans cette même année, contre tous les hommes de couleur, par Sonthonax, l'accusateur de Montbrun, nous explique son *déni de justice*. Quelle leçon donnée aux gouvernemens par ces juges militaires, qui flétrirent ainsi l'arbitraire du Directoire exécutif!

exécutif, qui concoururent tous à la longue détention que ce brave militaire subit durant près de quatre ans?

Oui, il faut que les autorités, que les chefs sachent que lorsqu'ils abusent du pouvoir, même légitime, ils doivent rendre compte à la postérité de leurs actes. A plus forte raison, lorsque ces actes portent l'empreinte de la passion. Il faut qu'ils sachent que dans de tels cas, il y a l'histoire dont la mission est de recueillir les faits, et la postérité qui les juge, pour flétrir leurs actes, sinon leur mémoire.

Montbrun fut élevé à Bordeaux où il avait été envoyé à l'âge de 5 ans. Il n'était pas retourné à Saint-Domingue, et il n'y avait conservé que des rapports de famille.

Il était capitaine au 11ᵉ régiment des dragons d'Angoulême. En 1792, il devint chef d'un bataillon de volontaires nationaux du département de la Gironde, et comme tel, employé aux frontières du midi. C'est là que le ministre de la guerre le prit pour en faire un aide de camp de d'Esparbès, avec qui il passa à Saint-Domingue.

Par suite de son acquittement, il servit de nouveau en France. Il parvint au grade de général et commanda le Château-Trompette, à Bordeaux. Il y est mort en 1831, à l'âge de 75 ans.

CHAPITRE II.

Prise du Borgne, du Port-Margot, du camp Bertin, du Pont-de-l'Ester et de la Petite-Rivière. — Toussaint Louverture propose une entrevue au major Brisbane. — Il marche contre Saint-Marc et prend les Vérettes. — Il entre à Saint-Marc d'où il est chassé. — Il enlève Saint-Raphaël et Saint-Michel. — Rigaud prend Léogane et le fort Ça-Ira. — Labuissonnière est fusillé. — Laveaux va au Cap. — Toussaint Louverture prend Hinche. — Laveaux visite divers bourgs. — Il retourne au Cap. — Intrigues dans cette ville. — Propositions de Jean-François à Villatte. — Négociations infructueuses. — Laveaux retourne au Port-de-Paix. — Rigaud enlève Tiburon aux Anglais.

Dans le chapitre précédent, on a vu quelle était la position respective des défenseurs de la colonie et de ses ennemis. Dans le Nord, entre le Port-de-Paix et le Cap, les Espagnols occupaient encore les bourgs du Borgne et du Port-Margot, et le camp Bertin, non loin de ce dernier. La première opération indiquée par cette position même, était d'enlever ces points à l'ennemi, afin de rétablir une libre communication entre ces deux villes.

En conséquence, Laveaux dirigea lui-même avec Pageot, l'attaque contre le Borgne, qu'ils enlevèrent. Villatte, sorti du Cap, reprit le Port-Margot et seconda T. Louverture dans la prise du camp Bertin.

Laveaux raconte qu'au Port-Margot, l'adjudant-général Lesuire, Européen, qui aida Villatte, y ayant trouvé de nombreux déserteurs français, en fit fusiller 60 et continuait cette affreuse boucherie, lorsqu'il y arriva et la fit cesser. Il n'en accuse pas Villatte.

Presque en même temps, Laveaux fit fusiller Belle-Ile, blanc, maire de Bombarde, qui tramait dans ce lieu en faveur des Anglais. Deux ou trois fois traître, il méritait sans doute ce malheureux sort.

Le 19 juillet, T. Louverture écrivit une lettre à Laveaux, en apprenant le massacre des Français au Fort-Dauphin. Nous y remarquons ce passage : « Vous pouvez compter, « général, sur mes sentimens d'*humanité. J'ai toujours* « *eu en horreur ces chefs qui aiment tant à répandre le* « *sang. Ma religion me le défend, et j'en suis les* « *principes.* » — Nous prenons bonne note de cette confession. Dans cette lettre, il prenait le simple titre de *serviteur de la République*[1].

Quelques jours auparavant, il écrivait à Laveaux, qu'il avait lu le décret de la convention sur l'abolition de l'esclavage, et qu'il lui demanderait bientôt une entrevue pour conférer ensemble. Jusque-là, en juillet, il n'avait pas encore vu Laveaux.

A peu près à la même époque, secondé par Blanc Cazenave, il enleva le poste du Pont-de-l'Ester aux mains des Anglais. Guy, homme de couleur, lui livra alors la Petite-Rivière de l'Artibonite qui était occupée par les Espagnols. Ce fait est constaté par Laveaux dans son compte-rendu.

---

[1] Nous avertissons le lecteur, que toutes les lettres que nous citerons de T. Louverture proviennent des archives générales de France, à Paris; Laveaux les avait sans doute remises au gouvernement français.

Partout où l'historien peut trouver un document utile à la manifestation de la vérité, il doit le saisir. La vérité est, et doit être inexorable; et l'historien se déshonorerait à ses propres yeux, s'il la cachait à la postérité qui doit juger les hommes.

Le 12 septembre, le gouverneur-général adressa une proclamation aux habitans de Saint-Marc, pour les inviter à revenir au giron de la République. Elle leur promettait l'oubli du passé ; mais elle les avertissait que, s'ils persistaient dans leur trahison, il donnerait l'ordre à T. Louverture de saccager cette ville.

Dans le même temps, ce dernier fit proposer au major Brisbane de se livrer à lui, avec les points qu'il occupait déjà, notamment les Gonaïves. L'entrevue devait avoir lieu au Pont-de-l'Ester. Les uns disent que Brisbane était sur le point de s'y rendre, lorsqu'il fut conseillé de ne pas trop se fier à son adversaire, *vieilli dans la dissimulation* : ce qui le porta à envoyer le colonel Gautier à sa place. D'autres prétendent que l'entrevue se fit avec beaucoup de précautions de la part de Brisbane, qui y amena des forces respectables, pourvues d'artillerie ; que les deux armées fraternisèrent pendant huit jours, et qu'enfin T. Louverture livra effectivement les Gonaïves, croyant y attirer Brisbane, qui se serait contenté d'envoyer Gautier.

D'après Laveaux, nous avons lieu de croire erronée cette dernière version. Il dit que si T. Louverture arrêta Gautier *dans leur entrevue*, ce fut pour se venger de Brisbane qui lui avait enlevé deux officiers *par trahison*; qu'il lui avait effectivement proposé de se voir, pour pouvoir arrêter cet Anglais lui-même.

Gautier, envoyé au Port-de-Paix, fut considéré par Laveaux comme un traître, et subit la mort avec courage. C'était un émigré français.

T. Louverture n'usa à l'égard de cet ennemi, que du droit de représailles, puisque Brisbane lui avait enlevé des officiers par trahison.

Après cet incident, il marcha contre Saint-Marc qui,

alors, n'était pas bien fortifié : c'était dans les premiers jours de septembre. Les Anglais repoussèrent l'attaque dirigée contre cette ville. Pendant que T. Louverture laissait ses troupes aux environs, il fut de sa personne s'emparer des Vérettes. Revenant ensuite au milieu de son armée, il pénétra à Saint-Marc par le chemin des Guêpes, et enleva le fort Belair et le Morne-Diamant : en faisant monter un canon sur ce morne, il se brisa les doigts de la main gauche, ayant travaillé à cette opération comme ses soldats. Cet accident le contraignit à se retirer à une lieue de la ville.

Il paraît qu'il pénétra à Saint-Marc dans les derniers jours de septembre. Soit que la proclamation de Laveaux, du 12, eût produit son effet, soit que les intelligences pratiquées par T. Louverture eussent été encore plus heureuses, Morin, un des amis de Savary aîné, entraîna beaucoup d'hommes de couleur comme lui à se joindre à l'armée assaillante. Mais celle-ci, aussitôt son entrée dans la ville, se livra au pillage le plus affreux. Les Anglais profitèrent de ce moment de désordre et chassèrent l'ennemi. Morin se retira avec les troupes de T. Louverture ; mais la plupart des hommes de couleur qui avaient fait défection avec lui, abandonnèrent le nouveau parti qu'ils avaient embrassé et rentrèrent à Saint-Marc ; pour se racheter aux yeux des Anglais, ils essayèrent la capture de T. Louverture lui-même. A cette occasion, il écrivit à Laveaux, le 4 octobre : « Cet échec ne nous arrive que
« de la perfidie des hommes de couleur de cette partie :
« jamais il n'a régné tant de trahisons. Aussi, je vous
« proteste que *désormais* je tiendrai à leur égard une
« conduite toute différente de celle que j'ai eue ci-devant.
« Quand je les ai faits prisonniers, je les ai traités en bon

« père ; et par une trame horrible, les ingrats n'ont-ils
« pas voulu me livrer à nos ennemis ? *Les scélérats se*
« *repentiront un jour de leurs mauvais procédés.* »

Nous ne saurions approuver cette lâche conduite et la perfidie des hommes de couleur ; mais en fait de trahison, T. Louverture ne nous semble pas un très bon juge : il aurait dû comprendre qu'il n'en avait pas seul le honteux privilége. Toutefois, nous signalons au lecteur la promesse qu'il se fit à lui-même d'exercer un jour des vengeances, et le lecteur verra que Laveaux ne négligea pas d'exploiter cette fâcheuse disposition.

Cet échec ne le découragea pas. Ne pouvant agir à cause de sa blessure, il fit marcher ses soldats de nouveau contre Saint-Marc, sous les ordres de Guy, Blanc Cazenave et Morin, ces trois mulâtres qui lui restèrent fidèles. Dans sa même lettre à Laveaux, il leur rend justice des efforts qu'ils firent pour reprendre Saint-Marc, dont ils ne purent s'emparer faute de munitions et n'étant pas secondés par *le bonheur.*

Renonçant alors à cette entreprise, il fit occuper les Vérettes, le Pont-de-l'Ester et la Petite-Rivière par ces trois officiers.

Apprenant en ce moment que les Espagnols reparaissaient du côté de la Marmelade, il s'y porta rapidement ; et partant de là, le 9 octobre, avec une troupe de près de 5 mille hommes, il enleva d'assaut, dans la nuit du 20 au 21, le bourg de Saint-Raphaël. Il eut le même succès contre Saint-Michel. Dans ces deux endroits, toute l'artillerie et les munitions tombèrent en son pouvoir. Laveaux atteste qu'il *gràcia* tous les Français qu'il fit prisonniers. Il paraît qu'à cette occasion, le gouverneur général lui envoya un plumet de grenadier qu'il porta dès-lors à son chapeau de général : récompense due à sa valeur et à son activité. Il reçut aussi un autre témoignage de confraternité militaire, de la part de Rigaud, qui lui adressa une lettre de félicitations pour ses brillans succès [1].

En félicitant ainsi son camarade d'armes, c'est qu'il venait lui-même de prouver qu'il était digne aussi de son approbation. En effet, les hommes de couleur de Léogane s'étaient repentis déjà d'avoir déserté le drapeau français pour se placer sous la bannière britannique. Ils avaient formé une conspiration dans le but de replacer cette ville sous l'autorité nationale, et envoyé des émissaires à Rigaud pour l'avertir de leur projet, afin d'en être secourus. Rigaud invita Bauvais de concourir avec lui à l'attaque de Léogane, en lui envoyant une partie de la légion de l'Ouest, infanterie, artillerie et cavalerie. Ces troupes se rendirent au Grand-Goave, où Rigaud les joignit avec la légion du Sud. Evitant le fort de l'Acul-de-Léogane occupé par les Anglais, il se porta devant la ville de Léogane qu'il enleva d'assaut, dans la nuit du 5 au 6 octobre, après un combat acharné qui dura deux heures, suivant le compte qu'il en rendit à Laveaux. Le fort *Ça-Ira*, jadis fort *La Pointe*, situé à l'embarcadère de Léogane, fut également enlevé des mains des Anglais. Le poste de l'Acul subit le même sort.

Les Anglais ayant découvert la conspiraion des hommes de couleur, avaient emprisonné tous ceux qui ne purent pas s'évader de la ville. Campan, chevalier de Saint-Louis et colon propriétaire dans cette paroisse, la commandait en chef. Elle était parfaitement fortifiée, flanquée de bastions

---

[1] Vie de Toussaint Louverture par M. Saint-Rémy, p. 126.

et entourée d'un large fossé. Vaincu, il fit sa retraite sur le Port-au-Prince avec une partie de sa troupe. De nombreux prisonniers tombèrent entre les mains des assaillans : parmi eux, on distinguait Labuissonnière, Marcelin Lemaire, M. Lamartinière, trois mulâtres : Sanlecque, Davezac, Tiby, trois blancs. Agissant sans pitié envers eux, à cause de leur trahison en novembre 1793, Rigaud les fit juger immédiatement par une commission militaire, qui les condamna à la peine de mort décrétée par les lois de la convention nationale. Il les fit exécuter, comme Laveaux avait fait à l'égard des traîtres tombés dans le Nord en son pouvoir. Les autres prisonniers anglais furent envoyés dans les prisons du Sud, à l'exception du curé de Léogane, dont nous ignorons le nom, et de Thiballier, ancien officier des Cayes, qui furent fusillés dans cette ville à leur arrivée.

Il paraît que des femmes de couleur de Léogane, remplissant ce devoir que l'humanité inspire toujours à leur sexe, supplièrent vainement Rigaud de pardonner aux condamnés, de les gagner à la cause de la France par sa générosité : ils étaient tous des premières familles de Léogane. Rigaud se montra inflexible, comme la loi. Il ne comprit pas, peut-être, qu'*en révolution*, il faut savoir user d'indulgence envers les hommes égarés par leurs opinions politiques, lesquelles peuvent changer avec les circonstances ; il ne comprit pas qu'*en guerre civile*, ce sont des frères qui se combattent pour faire prévaloir une idée, un système. Certainement, son excuse aux yeux de la postérité, c'est que le système soutenu par les vaincus était contraire à la liberté générale. Mais cette cause même, celle de la France à Saint-Domingue, ne pouvaient-elles pas gagner au pardon de ces hommes, en démontrant aux autres traîtres qui étaient encore dans les rangs des Anglais, qu'ils pouvaient espérer aussi l'oubli de leurs torts ?

Dans l'assaut contre Léogane, les officiers qui signalèrent leur bravoure furent Marc Borno, Faubert, Renaud Desruisseaux, et Pétion dans la prise du fort Ça-Ira, outre Rigaud personnellement : pour mieux dire, toute cette armée se conduisit avec la plus grande valeur. Rigaud nomma Marc Borno, commandant de la place. Ce succès glorieux, après l'arrestation de Montbrun, lui donna la prépondérance dans l'Ouest comme dans le Sud.

Le 7 octobre, étant au Port-de-Paix, Laveaux expédia aux Etats-Unis, pour se rendre en France, Seguinard et Grandet, chargés de rendre compte à la convention nationale et au comité du salut public, de la situation des affaires dans la colonie.

Le 29, il se rendit au Cap, accompagné de Pageot, commandant de la province du Nord, d'Henri Perroud, ordonnateur général des finances, et de Richebourg, payeur général. Il déclare lui-même, que Villatte vint au-devant de lui avec une nombreuse cavalerie, et lui fit l'accueil le plus flatteur ; qu'il trouva toutes les troupes et la garde nationale dans une tenue admirable : les forts, l'arsenal étaient dans l'état le plus parfait. Il rend justice à ce sujet à Villatte, B. Léveillé, Pierre Michel et Guillement. Il y avait alors un an que Laveaux était sorti du Cap. Pageot n'y avait jamais paru, étant aussi toujours au Port-de-Paix. Laveaux dit encore que la municipalité était *en mésintelligence* avec Villatte. L'esprit factieux de cette ville surnageait toujours. Ce corps civil contestait sans doute l'influence dans les affaires, à l'autorité militaire qui, cependant, là comme ailleurs, devait y avoir la principale part, vu l'état de guerre subsistant [1].

Pendant que le gouverneur général arrivait au Cap, l'infatigable T. Louverture enlevait le bourg de Hinche aux mains des Espagnols.

Le 4 novembre, Laveaux se rendit du Cap à la Marmelade : « Tous les habitans, dit-il, *et surtout les blancs*, « hommes et femmes, ne se lassaient pas de rendre hom-« mage *aux vertus* d'un homme qui comptait tous les « instans de son existence par les bienfaits qu'il répandait « sur tout ce qui l'entourait, par les services de tous « genres qu'il rendait à tous, sans distinction d'opinions « ni de couleurs ; et qui, dans toutes les occasions, faisait « observer pour le droit de propriété, le respect sans le-« quel il n'existe ni ordre, ni société. » C'est de T. Louverture qu'il parle. Nous aimerions à trouver, sous la plume de Laveaux, l'éloge de ce révolutionnaire qui faisait respecter les habitans sans distinction aucune, qui faisait respecter aussi les propriétés non moins sacrées, si, rendu en France alors, cet éloge de sa part n'était pas le résultat d'un système injuste envers d'autres officiers supérieurs qu'il dénigra, sans raison. Nous aurons beaucoup de reproches à lui faire à ce sujet.

De la Marmelade, Laveaux et Perroud allèrent visiter Saint-Michel, Saint-Raphaël et Dondon, que T. Louverture venait de conquérir à la France. Là, le gouverneur général et lui se voyaient pour la première fois. T. Louverture lui présenta les principaux officiers qui s'étaient distingués par leur bravoure, en combattant les Espagnols. C'étaient

---

[1] Nous croyons erronée, d'après Laveaux même, l'assertion de M. Madiou (Hist. d'Haïti, t. 1, p. 208,) qui dit que « ce gouverneur vint au Cap où la municipalité *dévouée* à Villatte lui suscita toutes sortes d'embarras. »

Moïse, J. J. Dessalines, Christophe Mornet, Desrouleaux, Clervaux, Duménil, Maurepas, Bonaventure, etc.

Le 7 novembre, Laveaux rentra au Cap. Le 8, il reçut, sans dire de qui, une pétition qui lui demandait de nommer Villatte, commandant de la province du Nord, à l'exclusion de Pageot. Quel qu'en fût l'auteur, c'était un acte factieux. Laveaux prétend avoir fait mettre en liberté cent noirs détenus *à la chaîne* par ordre de Villatte, et beaucoup d'autres dans divers postes. Il le dit pour insinuer que ce dernier haïssait les noirs ; et, cependant, les noirs aimaient Villatte ! Comment ont-ils pu aimer un homme qui les haïssait ?

Le 10, la commune s'assembla sous prétexte de nommer un procureur et quatre officiers municipaux ; mais on n'y parla que de nommer des députés au corps législatif. Laveaux y mit empêchement, et les citoyens protestèrent.

Depuis l'incendie du Cap, dit-il, beaucoup de maisons (il voulait dire emplacemens) étaient désertes par l'absence des propriétaires. Les mulâtres et noirs anciens libres s'en étaient emparés pour leur compte. Laveaux et Perroud décidèrent le contraire : de là, du mécontentement, des cabales de la part des détenteurs. Il ajoute qu'en cette circonstance, Villatte lui *dénonça* les auteurs de ces plaintes : c'étaient Despassier et Péré, deux mulâtres comme Villatte[1]. Celui-ci ne les approuvait donc pas ! A ce moment, T. Louverture écrivit à Pierrot et à Flaville,

---

[1] Comment, après cet aveu de Laveaux, M. Madiou a-t-il pu dire que — « Villatte profita du mécontentement qui était général, pour organiser un « mouvement populaire contre Laveaux, afin, en l'abattant, de se soustraire à « l'autorité de Toussaint Louverture qui grandissait chaque jour ? » (Histoire d'Haïti, t. 1, p. 209). — M. Madiou n'aura sans doute pas lu le compte-rendu de Laveaux.

deux noirs, officiers supérieurs, pour les engager à faire cesser ce désordre. Cependant Villatte engagea lui-même Laveaux à user de modération à l'égard des plaignans, et il déféra à ces avis ou conseils. Malgré les clameurs *des mulâtres* (sic), les maisons furent affermées au nombre de 198 pour la somme de 152,000 livres. Perroud mit de l'ordre dans l'administration, fit placer des gérans sur les habitations, afin d'avoir des ressources financières.

En même temps, *les mulâtres* du Limbé refusaient le noir Barthélemy pour commandant : ils voulaient pour tel un mulâtre nommé Blondeau.

Tout cet écrit de Laveaux, ainsi que nous l'avons déjà vu, témoigne de ses préventions contre les anciens libres, surtout les mulâtres. Il n'attribue aucun tort aux blancs du Cap qui, par leurs intrigues et d'après le rapport de Garran, avaient en quelque sorte porté Sonthonax et lui à abandonner cette ville. S'il fait l'éloge de Villatte à l'occasion de la tenue des troupes, du bon ordre existant dans les choses relatives à la guerre, c'est pour le décrier en le présentant comme persécutant les noirs. Il insinue que c'est Villatte qui fit dresser une pétition tendante à lui faire donner le commandement de la province. Le Cap a été incendié dans l'affaire de Galbaud ; des hommes de couleur ont occupé, réparé ou reconstruit des maisons abandonnées, et il les montre comme des envahisseurs qui veulent tout s'approprier. Si Villatte lui a dénoncé les auteurs des plaintes formées à l'occasion de leur affermage, en déférant aux conseils qu'en même temps il lui donna pour agir avec modération à leur égard, n'est-ce pas une preuve que Villatte soutenait son autorité, et voulait qu'elle se recommandât aux yeux de tous par sa douceur ? Serait-ce le militaire Villatte qui aura voulu se faire nommer membre du corps législatif? On voit qu'au Cap, il ne manquait pas d'intrigans qui eussent voulu jouir de cet honneur; et d'après le passé, nous sommes en droit de soupçonner les blancs d'avoir été les auteurs de ces intrigues.

Le 20 novembre, Laveaux adressa une lettre à Jean François. La voici :

E. Laveaux, gouverneur général, à Jean François.

Le citoyen *que vous avez envoyé* est arrivé à bon port, et m'a fait part, ainsi qu'à Villatte, de vos sentiments. Il est toujours temps de réparer ses torts. Je crois à la sincérité de vos sentiments, et je vais, d'après cela, vous découvrir bien des choses qui prouvent le caractère de la nation espagnole, et les risques que vous avez courus.

Votre tête a été offerte pour le rachat de tous les prisonniers espagnols qui sont au pouvoir des Français républicains. Il fallait faire commettre un crime, et mon cœur n'est pas né pour des actions aussi noires. Oui, je désire vous avoir, vous et tous les nègres qui sont avec vous; mais je vous veux revenus de vos erreurs, repentants de bonne foi de l'oubli que vous avez fait de votre patrie. Revenez, et jurez de faire autant de bien à votre patrie, que vous lui avez fait de mal, et tout le passé est oublié. La République française, en donnant la liberté générale, a voulu se donner des citoyens; elle ne cherche point à se venger; elle veut des hommes libres, et non des esclaves; elle veut retrouver des frères, elle ne cherche point à les trouver coupables...

Regardez le cruel assassinat commis au Fort-Dauphin. Ce sont eux (les Espagnols) qui vous l'ont fait faire; et pour se justifier, ils vous accusent : dans les gazettes anglaises, vous seul paraissez coupable. Pour se laver, pour avoir leurs prisonniers, ils offrent *votre tête*.

Réfléchissez à leur conduite infâme avec Ogé. Qui l'a livré aux Français? Ce sont les Espagnols. Le même sort vous attend. A la paix, n'ayant plus besoin de vous, n'ayant plus besoin de vos soldats, ils vous égorgeront. La crainte seule qu'ils ont de vous leur fera commettre ce crime. Méfiez-vous-en; ils sont capables de tout.

Tout ce que je viens de vous écrire est dicté par un cœur qui aime les hommes, qui chérit la liberté.

Je vais actuellement vous parler en gouverneur.

Si, revenus de toutes vos erreurs, vous êtes dans l'intention de vous ranger sous le drapeau tricolore, au nom de la République française, je vous promets *amnistie générale* pour vous et pour toutes vos troupes. Voyez quelle a été et quelle est ma conduite avec Toussaint, avec Flaville, Barthélemy, Noël Arthaud, Pierrot et tant d'autres.

Toussaint, en se rendant à la République, a tout réparé en prenant les Gonaïves. Vous, vous pouvez vous faire honneur aux yeux de toute la République française. Rentrez dans le sein de vos frères par un coup d'éclat digne de vous. Voici les moyens .... (Ils consistaient à s'emparer du Fort-Dauphin, sans tuer personne, sans piller, ni faire aucun mal quelconque, en livrant les vaisseaux espagnols.) Une telle action répare tout ce que vous avez fait de mal....

Vous paraissez désirer causer avec Villatte. Il ne s'agit que de savoir le jour, le lieu. Prenez vos mesures, pour que tout ce que vous me proposerez soit prêt. Comptez sur la parole d'un républicain français.

Salut.

E. LAVEAUX.

La partie de cette lettre que nous avons omise est relative à une comparaison faite par Laveaux, entre le régime français et le régime espagnol. C'est l'original même que nous avons, pour l'avoir pris dans les archives de Santo-Domingo. Cette lettre est tout entière de la main du gouverneur général.

On voit que Jean François paraissait disposé à se soumettre, qu'il avait envoyé un agent auprès de Villatte, avec qui il désirait s'entretenir, et qui en a référé à son chef. On remarquera que ce dernier ne donne aucun titre à Jean François et ne lui en promet aucun : en lui rappelant ses erreurs, ses torts, ses crimes même, il ne lui promet qu'une amnistie. Or, ce noir était reconnu *général* par les Espagnols. Si Laveaux avait été adroit, ne lui aurait-il pas donné l'espoir d'avoir un rang semblable, pour le déterminer à la soumission? Dans une telle conjoncture, était-il sensé de sa part de lui rappeler l'affaire du Fort-Dauphin, et de l'exciter à la désertion uniquement en l'assurant que les Espagnols offraient de le livrer, de le tuer, d'envoyer sa tête pour avoir leurs prisonniers? A notre avis, Laveaux manqua de tact; et sa manière d'agir envers Jean François est pour nous une preuve indirecte qu'il n'eût pas réussi à amener T. Louverture à la défection, si ce dernier n'était pas, au 4 avril 1794, en complète insurrection contre les Espagnols. Peut-être que Villatte eût réussi à gagner Jean François, si Laveaux n'était pas au Cap en ce moment.

Nous allons voir maintenant la réponse que fit Jean François, et que nous possédons en copie tirée également des archives de Santo-Domingo.

Fort-Dauphin, le 26 novembre 1794.

Jean François, général des troupes auxiliaires de S. M. C.,
A E. Laveaux, gouverneur général pour la République française, au Cap.

Général,

Votre lettre datée du 30 brumaire de l'an 3 de la République française, que je viens de recevoir, me fait connaître *les nobles sentimens* avec lesquels vous l'avez dictée. Elle commence *avec le mépris* que tous vous autres aurez toujours *pour les gens de ma race*. J'ai l'honneur d'être nommé *général* parmi mes amis et mes ennemis : titre glorieux que je me suis acquis par mes exploits, ma bonne conduite, ma probité et mon courage ; et vous me privez de cet honneur dans la première parole de votre lettre, en me nommant d'un air dédaigneux et méprisant : *Jean François,* tout comme vous pourriez faire dans ces temps malheureux *où votre orgueil et votre cruauté nous confondaient avec les chevaux et les bêtes-à-cornes et les plus vils animaux,* et précisément dans une occasion où vous avez besoin de moi ! Et vous me proposez la perfidie la plus noire, que vous cherchez à embellir avec des promesses séduisantes, menteuses, et remplies d'artifices, et par lesquelles vous faites connaître l'indigne idée que vous avez de mon caractère et de mon procédé. Mon parti est pris, et je suis inébranlable ; une fois déterminé, je vivrai, je mourrai dans la belle cause que j'ai adoptée. Et sans tâcher de faire l'apologie de messieurs les Espagnols, je pourrai vous prouver que je n'ai que des louanges à faire d'eux, les ayant trouvés toujours fidèles et religieux observateurs dans toutes leurs promesses.

Quoique je pourrais bien répondre à tous *les chapitres* de votre lettre, je les omets, parce qu'ils sont presque tous détaillés dans un manifeste que j'ai fait circuler à mes compatriotes, dans lequel je leur fais connaître, sans artifice, le sort qui les attend, s'ils se laissent séduire par vos belles paroles d'*égalité et liberté*, etc. etc. Et seulement j'augmente à celui-là, que jusqu'à ce que je vois Monsieur Laveaux et d'autres messieurs français de sa qualité, *accordent leurs filles en mariage aux nègres*, alors je pourrai croire à l'*égalité* prétendue.

Il ne me reste plus, Monsieur le général, que de vous demander la grâce de m'envoyer cette lettre de Monsieur le Président (Don Garcia) que vous citez dans d'autres écrits qui sont entre mes mains, dans laquelle il vous promet ma tête pour la rançon de tous les prisonniers espagnols ; et vous prier de faire la guerre en respectant le droit des gens, et cette générosité observée anciennement par les nobles guerriers français dont vous trouverez bien des exemples *dans vos illustres ancêtres*, et de vous instruire que jamais la trahison et la perfidie ne seront le partage du général Jean François.

Je suis sans réserve,

JEAN FRANÇOIS, général de S. M. C.

LEFÈVRE, aide de camp général.

Cette lettre, copiée textuellement, prouve que le principal objet de Jean François, en faisant des ouvertures à Villatte, était d'avoir l'assurance de la conservation de son grade de général. Certes, c'était la moindre des choses auxquelles il pouvait prétendre en se soumettant à la France. Il relève avec raison le mépris que semblait faire de lui le gouverneur Laveaux, en ne lui donnant aucun titre, parce qu'il sentait qu'il était de l'intérêt de celui-ci, de rallier à la cause de son pays tous les noirs insurgés depuis trois ans. On voit néanmoins que Jean François attachait peu de prix à la liberté générale. Celui qui vendait ses frères aux Espagnols pour continuer leur esclavage, ne pouvait guères être sensible à leur réhabilitation morale et politique. Il ne considéra pas moins l'égalité comme une chimère, comme s'il avait le pressentiment de ce qui surviendrait par la suite. Pour lui, l'égalité ne serait réelle, qu'autant que les blancs de Saint-Domingue consentiraient à donner leurs filles en mariage aux noirs : étrange interprétation du droit à l'égalité ! Enfin, il est assez curieux de voir l'ancien esclave du colon Papillon, rappeler à l'ancien *comte de Laveaux*, que la noblesse française n'a jamais pratiqué la trahison et la perfidie. A ce moment, Jean François ne semble-t-il pas prendre au sérieux, les titres de noblesse et les cordons dont il se chamarrait ?

Malgré cette réponse de Jean François, nous voyons dans une seconde lettre de Laveaux à un autre noir nommé Jean-Baptiste Ducrosse, en date du 11 décembre, qu'il persistait dans la pensée de porter ces insurgés à s'emparer du Fort-Dauphin, en prenant d'abord le fort Labouque qui défendait la baie, pour empêcher les vaisseaux espagnols d'en sortir. Cette fois, il leur promit *le pillage* des vaisseaux, à l'exception des canons et des munitions de guerre. C'était indirectement leur dire de piller encore les effets restés au Fort-Dauphin, après le massacre des Français. Laveaux ne nous semble pas avoir compris son rôle de chef politique, et il nous prépare aux fautes plus graves qu'il a commises plus tard sous ce rapport.

Après ces négociations infructueuses, il retourna au Port-de-Paix, où il arriva le 27 décembre. On ne conçoit pas les motifs qui ont pu le porter à abandonner une seconde fois le Cap, où, par sa présence, il aurait pu déjouer les intrigues incessantes de ceux dont il se plaignait. Pageot eût suffi à garder le Port-de-Paix, Jean-Rabel et Bombarde étant des postes avancés contre les Anglais renfermés au Môle.

Peu de temps après la prise de Léogane par Rigaud, Jacmel se vit menacé par les émigrés et les Anglais qui étaient à Saltrou. Bauvais, informé qu'ils attendaient des renforts dans ce but, dirigea ses forces contre eux : il reçut quelques troupes de Rigaud et deux bâtimens de guerre qui l'aidèrent à s'emparer de ce canton. Les émigrés furent presque tous faits prisonniers : tombés au pouvoir de Bauvais, ils furent traités avec cette humanité qui honorait son caractère, et à laquelle, du reste, ils avaient quelque droit comme prisonniers. Jacmel et tout le quartier environnant furent dès-lors à l'abri des insultes de l'ennemi.

Dans les premiers jours de décembre, Rigaud partit des Cayes à la tête d'une armée qu'il dirigea contre Tiburon. Cette place était bien fortifiée et défendue par 450 hommes, sous les ordres du lieutenant-colonel Bradford et de Sevré, chevalier de Saint-Louis [1]. Vigoureusement attaquée et défendue, elle tomba au pouvoir de Rigaud qui montra en cette occasion sa valeur accoutumée. Dartiguenave, Faubert, Polycarpe, Lapoty, Gilles Bénech et toute cette armée se distinguèrent également par leur bravoure. De nombreux prisonniers anglais restèrent entre leurs mains;

---

[1] Sevré avait trahi la cause française en livrant aux Anglais le poste de l'Ilet-à-Pierre-Joseph qu'il commandait : ce qui facilita alors la prise de Tiburon par les Anglais, le 2 février 1794.

mais Bradford se donna la mort pour ne pas survivre à sa défaite. Cette affaire eut lieu le 29 décembre [1]. C'est à cette époque que les Anglais firent offrir trois millions de francs à Rigaud pour trahir ses devoirs. Il repoussa cette offre avec mépris pour ses auteurs.

Rigaud confia le commandement de Tiburon à Dartiguenave qui le garda par la suite, malgré diverses tentatives faites par les Anglais.

Ainsi se termina l'année 1794.

Dans le deuxième livre de cet ouvrage, nous avons vu que cette année commençait sous des auspices peu favorables à la cause de la France à Saint-Domingue. Six mois sont à peine écoulés depuis le départ des commissaires civils, que déjà dans l'Ouest et dans le Sud, deux villes, places fortes importantes par leur position, tombent au pouvoir des républicains qui les arrachent aux mains des Anglais.

Dans l'Artibonite et dans le Nord, sept bourgs non moins importans sont enlevés aux Espagnols, et la ville de Saint-Marc a failli subir le même sort.

D'un côté, c'est Rigaud, de l'autre, c'est T. Louverture qui se distinguent tous deux par ces succès éclatans. A ce moment, leur valeur personnelle et leur génie d'organisation leur ont conquis, — au premier, la position où il est considéré comme personnifiant la classe *des anciens libres*, — au second, celle où il personnifie la classe *des nouveaux libres*. Leurs talens militaires leur assurent ce rang parmi leurs frères. Emules de courage et de gloire, ils vont continuer de justifier l'espoir qu'on place en eux, sous le

---

[1] M. Saint-Rémy s'est trompé en plaçant ce fait au 9 décembre 1795; la date républicaine qu'il y donne démontre le contraire. Il dit que c'est le 9 nivôse an 3 : cette date correspond au 29 décembre 1794.

rapport militaire. Vont-ils le justifier aussi sous le rapport politique ? Comprendront-ils tous deux la noble mission que le ciel semble leur réserver, pour garantir la liberté générale dans leur pays natal ? Des machinations perverses ne réussiront-elles pas à les diviser, pour les vaincre et subjuguer de nouveau leurs frères qu'eux seuls peuvent protéger ? En temps et lieu, leur conduite respective sera appréciée et jugée.

CHAPITRE III.

Divers combats livrés par Toussaint Louverture, aux Anglais et aux Espagnols. — Conspirations des hommes de couleur à Saint Marc, à l'Arcahaie et au Port-au-Prince. — Mort de Blanc Cazenave. — Mort de Brisbane. — Arrivée de la corvette la *Musette* au Cap. — Lettre de Villatte à Laveaux. — Rigaud et Bauvais contre les Anglais, au Port-au-Prince. — Mort de Markhams. — Toussaint Louverture contre Saint-Marc. — Adresse de Jean-François aux noirs, et réponse de Toussaint Louverture. — Origine de la jalousie entre Toussaint Louverture et Villatte. — Blanchet aîné aux Cayes. — Organisation des troupes par Toussaint Louverture. — Prises et reprises du Mirebalais, par Toussaint Louverture et les Anglais. — Dernière tentative de Jean François contre le Dondon. — Lettre de Renaud Desruisseaux à Toussaint Louverture, sur celle de Victor Hugues à Rigaud et Bauvais.

L'année 1795 commença par de nouvelles opérations militaires de la part de T. Louverture. Du 1er au 7 janvier, cet homme infatigable entreprit de chasser définitivement du territoire du Nord, Jean François et ses bandes qui y reparaissaient toujours. Après avoir obtenu contre lui des succès qui le refoulèrent près des limites des parties française et espagnole, T. Louverture se vit contraint à son tour par son ennemi, de revenir sur sa ligne de la Marmelade. Abandonnant aussitôt à Moïse et à ses autres officiers supérieurs le soin de garder cette ligne, il se porta sur celle de l'Artibonite.

Sur la fin de janvier, les hommes de couleur de Saint-Marc, maltraités par les colons et les Anglais, peut-être excités par les intelligences de T. Louverture et de Morin, tentèrent une conspiration dont le but était d'arrêter le major Brisbane et de livrer Saint-Marc à la République française. Mais, découverts dans leur projet, ils furent arrêtés. Brisbane se disposait à les envoyer à la Jamaïque sur des pontons, lorsque les colons et les émigrés s'y opposèrent et en égorgèrent environ une cinquantaine : c'est ce qu'écrivit T. Louverture à Laveaux, le 25 janvier.

A peu près dans le même temps, à l'Arcahaie et au Port-au-Prince, les hommes de couleur essayèrent aussi de conspirer en faveur de la France. Les mauvais traitemens des colons leur faisaient repentir de l'avoir trahie. Ils y furent également traqués et fusillés. Lapointe s'acharna contre ceux de l'Arcahaie où il commandait : il en fit égorger une trentaine là même, et poursuivant, par réflexion sans doute, ceux qu'il envoyait au Port-au-Prince, il fut de sa personne les assassiner à bord d'un bâtiment où ils avaient été embarqués ; de ce nombre étaient deux frères Leroux. Ce mulâtre cruel agissait du reste avec autant de barbarie, contre les blancs et les noirs qui lui déplaisaient ou contrariaient ses volontés.

De son côté, T. Louverture fit à peu près alors ce que faisait Lapointe, mais à l'égard d'un seul homme de couleur, Blanc-Cazenave. Cet officier était son premier lieutenant dans l'Artibonite : brave militaire depuis longtemps soumis à ses ordres, même avant sa soumission à Laveaux, il l'aidait avec fidélité et dévouement à obtenir ses succès contre les Anglais. Mais, privé d'éducation, Blanc Cazenave avait la rudesse d'un esprit inculte, le despotisme et la violence qui en naissent souvent, surtout dans le métier des armes. T. Louverture lui avait envoyé des munitions, comme aux autres officiers ; et en ayant encore demandé à ce général, de même que ses autres camarades, le 18 janvier ce dernier leur écrivit à tous, se plaignant amèrement de ces demandes réitérées ; il n'avait pas lui-même beaucoup de poudre en ce moment-là : il reprocha surtout à Blanc Cazenave d'en faire un mauvais usage, de *vendre* sans doute cette poudre, puisqu'il en demandait. Il est probable que la contrariété qu'éprouvait T. Louverture, le porta seule à imputer une telle chose à cet officier.

Quoi qu'il en soit, Blanc Cazenave, ayant encore vu venir sur les lieux un autre officier, envoyé par son général, et chargé de dire à lui et à ses camarades des choses désagréables, ne pouvant plus se contenir, il exhala son indignation. Le rapport en fut fait à T. Louverture : celui-ci voulait l'arrêter, mais sachant qu'il était courageux et fort aimé de sa troupe ; que les autres officiers, entre autres Guy et Christophe Mornet, étaient sourdement mécontens aussi, il s'y prit avec toute la ruse qui était dans son caractère hypocrite. T. Louverture manda donc ces divers officiers l'un après l'autre, leur donna des ordres pour le service, en dissimulant son intention réelle. Il était aux Gonaïves. Ces officiers étant retournés à leurs postes, Blanc Cazenave fut mandé à son tour : cette circonstance était propre à ne lui inspirer aucune crainte ; d'ailleurs il ne s'imaginait pas que quelques paroles proférées dans son emportement dussent être un motif pour son arrestation. Elle eut lieu cependant, dès qu'il arriva auprès de T. Louverture qui le fit mettre en prison. Des dénonciations vinrent de toutes parts signaler cet officier, comme excitant les cultivateurs au désordre et à la fainéantise, leur ayant dit que Laveaux et T. Louverture voulaient rétablir l'esclavage, etc. Venues après coup, ces dénonciations paraissent avoir été l'œuvre de T. Louverture lui-même. Cependant, suivant Laveaux, il aurait accusé Blanc Cazenave d'avoir dit publiquement qu'il tournerait ses armes contre la République, et d'avoir assassiné 40 noirs dans divers accès de colère : deux crimes énormes aux yeux du gouverneur général, toujours disposé à ne rencontrer que de la perfidie dans les mulâtres.

Quoi qu'il en soit, T. Louverture quitta les Gonaïves aussitôt, pour se porter sur la ligne de l'Artibonite. Blanc Cazenave avait été arrêté le 30 janvier : le 6 février, T. Louverture annonça sa mort à Laveaux, en ces termes :

« Blanc Cazenave, pendant sa détention, a été vive-
« ment atteint *d'une colère bilieuse* qui avait toutes les
« apparences *d'une rage effrénée* ; il en a été étouffé. *Re-*
« *quiescat in pace.* Il est hors de ce monde ; nous en de-
« vons à Dieu *des actions de grâces.* Pour moi, général,
« en le faisant arrêter, je n'ai fait que mon devoir. Tou-
« jours, je saisirai avec zèle l'occasion de servir la patrie ;
« je combattrai sans cesse les ennemis *intérieurs* et ex-
« térieurs. Cette mort de Blanc Cazenave a anéanti contre
« lui toute espèce de procédure, attendu que de son crime,
« il n'y a point de complices ni de *participes.* Vernet ne
« m'ayant pas encore fait passer le procès-verbal de sa
« mort, je lui écris de vous l'envoyer. »

Vernet commandait alors la place des Gonaïves. Cet homme de couleur devint l'époux d'une nièce de T. Louverture.

Cette colère bilieuse, semblable à une rage effrénée, qui étouffa le malheureux Blanc Cazenave dans la prison des Gonaïves, rappelle assez bien ce proverbe : *Quand on veut noyer son chien, on dit qu'il a la rage.* Mêlant toujours quelque chose de la religion dans ses paroles, T. Louverture, en récitant, en chantant le *Requiem*, trahit aussitôt la joie que lui occasionnait la mort de cet officier : il en rendit grâces à Dieu !.... Hélas ! il ne se doutait pas alors qu'un jour viendrait où, appelé lui-même avec une ruse égale à la sienne, arrêté et garotté, il serait embarqué dans cette même ville des Gonaïves pour aller mourir dans un cachot, sur de la paille ; et qu'après sa mort douloureuse, on dirait aussi de lui, avec la même insensibilité : *Ce vieux nègre est mort de froid.*

Nous ne trouvons rien dans nos documens, qui dénote que T. Louverture soupçonnait Blanc Cazenave d'être un partisan de Villatte. En énumérant à Laveaux, par une lettre du 31 janvier, les divers motifs qu'il donna pour son arrestation, il n'insinua rien à ce sujet. Cependant, il parlait à cœur ouvert à Laveaux !

Dans les premiers jours de février, au moment de la mort de cet officier qui guerroyait si bien contre les Anglais, le major Brisbane sortit de Saint-Marc pour diriger une attaque générale contre les républicains, sur toute la ligne de l'Artibonite. Il était secondé par le colonel Dessources, français au service de la Grande-Bretagne, et par Lapointe appelé de l'Arcahaie dans le même but : ces deux derniers avaient chacun un régiment sous leurs ordres. Si l'attaque fut vive de la part des Anglais, les républicains, guidés par T. Louverture, leur firent la résistance la plus vigoureuse : Christophe Mornet, noir ancien libre, se distingua par sa valeur. Brisbane et Dessources ayant été blessés, le premier dangereusement, les Anglais furent repoussés de toutes parts, excepté du bourg des

Vérettes dont ils s'étaient emparés, et qu'ils avaient bien fortifié. Brisbane mourut à Saint-Marc : c'était un officier d'une grande bravoure.

Dans un de ces combats, un émigré français nommé Chadirac, fut fait prisonnier par T. Louverture qui l'envoya à Laveaux. Celui-ci le fit fusiller au Port-de-Paix. T. Louverture, peu après, fit lui-même fusiller des noirs qui ourdissaient un complot dans le camp de Moïse, pour se joindre aux Espagnols. Il y avait certainement une différence entre ces deux cas ; mais dès lors, T. Louverture évitait de mettre la même sévérité envers les Français traîtres à leur patrie, que Rigaud avait mise à Léogane. C'est à Laveaux qu'il réservait ces rigueurs. Il y avait en cela une grande adresse de sa part.

Le 16 février, la corvette la *Musette*, commandée par le capitaine Desagenaux, entra au Cap, venant de Brest, avec 30 barils de poudre, 6000 cartouches d'infanterie, 1000 lames de sabres, 1000 fusils et des exemplaires du décret du 4 février 1794, sur la liberté générale. Le comité de salut public estimait que cette loi était, dans les circonstances, une espèce d'armes pour la population de Saint-Domingue. C'était dire aux noirs déclarés libres, que la France n'entendait pas revenir sur la liberté générale. Laveaux prétend en avoir envoyé 50 exemplaires à la municipalité du Cap pour le faire publier, parce que jusque-là on avait *négligé* cette publication. Cependant, l'année précédente le capitaine Chambon lui avait envoyé ce décret, en l'engageant à lui donner publicité. Cette assertion de sa part nous paraît une insinuation, et contre la municipalité et contre Villatte.

Le 9 avril, la *Musette* reprit la mer, ayant à son bord

le chef de bataillon Bedos, chargé de dépêches du gouverneur général pour le ministre de la marine. Depuis l'apparition de la corvette l'*Espérance* à Jacmel, en juin 1794, c'était le premier navire de guerre français qui fût venu dans la colonie.

Nous trouvons parmi nos documens une lettre de Villatte à Laveaux, du 22 février, qui nous met sur la voie de ce qui existait entre eux, et de ce qui est survenu par la suite. La voici :

J'ai réclamé l'amitié que tu m'as manifestée dans tes lettres et tes discours, pour obtenir une réponse de toi, et je n'en suis pas plus avancé. Ce silence *obstiné*, et ce qui m'est rapporté de toutes parts, me donneraient lieu d'en douter ; car les paroles ne sont rien pour moi ; ce sont les actions. Je te l'ai déjà dit : je ne suis point fin, je ne suis point homme de cabinet ; mais je suis bien l'homme de la révolution, par goût et par principes. Je vais rondement en besogne, et quand je me trompe, je suis de bonne foi : cependant, avec mon gros bon sens, je sais démêler la vérité.

Je sais que Moreau est très-exact à t'envoyer le mouvement du port, et que beaucoup d'autres, anticipant sur mes droits, te rendent compte de tout ce qui se passe ici : ce qui pourrait me dispenser de t'en rendre ; mais je serai toujours exact à mon devoir envers toi.

Permets-moi de te dire que tu en as un aussi à remplir envers moi : c'est de répondre à tous les points de ma correspondance, soit que tu approuves ou que tu improuves mes actions : cela ne doit pas être pénible pour toi, puisque je lis dans une de tes lettres que j'ai sous les yeux, que *tu m'as adopté pour ton fils*, et que tu me portes *dans ton cœur*. Plaise à Dieu que tu n'y portes pas *des individus* qui ne veulent pas le bien autant que moi !

Cette lettre de Villatte était dans le style républicain de l'époque. Les militaires surtout se tutoyaient : Laveaux lui-même employait cette formule avec les autres officiers. Cependant, nous remarquons que dans ses lettres au gouverneur général, T. Louverture disait *vous*. Son républicanisme était réservé.

La franchise toute militaire de Villatte paraît dans sa lettre. Il était subordonné à Laveaux; il commandait une grande ville et ses dépendances; il rendait exactement compte au gouverneur général de ses opérations; il lui demande ses ordres, et celui-ci ne répond à rien. N'a-t-il pas raison de se plaindre à lui-même de ce silence obstiné, lorsqu'il sait que Laveaux entretient une correspondance suivie avec des inférieurs qui lui rendent compte de tout ce qui se passe au Cap? Etait-ce là le devoir d'un chef supérieur? Quelles pouvaient être ses raisons? Il va nous les apprendre.

« Depuis longtemps, dit-il, Villatte et ses amis ourdis-
« saient des intrigues contre moi, *d'accord avec la muni-*
« *cipalité*. On courait *des bruits* sur moi, en disant que
« je voulais passer aux Anglais avec Pageot, etc. »

Pauvres motifs! car à son voyage récent au Cap, il a dit lui-même que Villatte était *en mésintelligence* avec la municipalité: comment alors se seraient-ils entendus *depuis longtemps* pour le calomnier?

Ces préventions n'ont fait que s'enraciner de plus en plus dans son esprit. En effet, en parlant de son retour au Port-de-Paix, il dit: « qu'à la date du 9 janvier, il
« fut averti que *le mulâtre* Chevalier, commandant à
« Terre-Neuve, devait ouvrir chez lui une réunion de
« chefs militaires des paroisses, à l'effet de former *une*
« *assemblée coloniale*; qu'il en avisa T. Louverture qui
« lui répondit de se tenir tranquille, que le coup venait
« du Cap. » Quelles que fussent les intrigues existantes au Cap, il n'y a nulle apparence que Chevalier ni aucun des autres chefs militaires, à cette époque, voulussent créer

une assemblée coloniale, autorité purement civile, tandis que tous se trouvaient incessamment en lutte avec les municipalités, par rapport à l'autorité despotique qu'ils exerçaient dans les paroisses. N'est-ce pas un désir naturel et inhérent au pouvoir militaire, de vouloir toujours absorber toute autorité? Laveaux lui-même, voulait-il une autorité civile à côté de la sienne? Dès qu'il eut reconnu ou cru que de telles intrigues existaient au Cap, pourquoi ne s'y rendit-il pas de nouveau pour les déjouer?

Dans le courant du mois de mars, Rigaud et Bauvais ayant réuni leurs forces, marchèrent ensemble dans le but d'attaquer le Port-au-Prince. Arrivés à Marliany, lieu où la grande route passe près du rivage de la mer, ils trouvèrent un vaisseau et un brig anglais qui s'y étaient embossés et dont le feu empêchait l'armée d'avancer. Dans la nuit, Pétion plaça sur un monticule, des canons dont les coups bien dirigés contraignirent ces deux bâtimens à se retirer. L'armée put ainsi aller en avant : elle s'arrêta au carrefour de l'habitation Trutier. Le quartier-général se trouvait dans la maison principale de cette propriété.

Les Anglais, sortis du Port-au-Prince, le 26 mars, vinrent l'y attaquer en surprenant le camp; il y avait 1000 hommes sous les ordres du lieutenant-colonel Markhams. Dans ce premier moment de surprise, les assaillans obtinrent le plus grand succès. Mais bientôt Rigaud et Bauvais, aidés de l'artillerie de Pétion, rétablirent le combat et chassèrent les Anglais. Markhams fut tué dans cette action. Joseph Cazeau, noir ancien libre, qui avait pris parti avec les Anglais, périt aussi dans cette journée.

Les deux chefs républicains, dans un sentiment tout chevaleresque, firent proposer au général Horneck qui commandait le Port-au-Prince, de lui rendre le corps de Markhams. Cette proposition, agréée comme un témoignage de la justice rendue par les vainqueurs au courage de cet officier, les porta à faire accompagner ce cadavre avec toute la pompe militaire, jusqu'aux portes de la ville où il fut reçu.

Après cette victoire, l'armée républicaine entreprit le siège du fort Bizoton, par des batteries de canons et de mortiers placés sur les éminences voisines. Ce siège dura cinquante-cinq jours, pendant lesquels des actions d'éclat eurent lieu des deux côtés [1]. Au bout de ce temps, il fut levé, et l'armée républicaine retourna à Léogane.

Cette retraite se fit sur l'observation adressée par Laveaux à Rigaud, de l'impossibilité de conserver le fort Bizoton, dans le cas même où il aurait été pris, puisque les républicains n'avaient plus de poudre, et qu'ils en avaient demandé à Laveaux qui ne put leur en envoyer. En outre, sur la demande de Rigaud, le gouverneur général avait donné l'ordre à T. Louverture d'attaquer Saint-Marc, pour faire diversion aux forces anglaises; et après divers assauts donnés infructueusement à cette ville, les 25, 26 et 27 juin, ce général avait été contraint d'y renoncer et de lever le siége de cette ville [2].

Le 11 juin, Jean François fit une adresse aux noirs du

---

[1] Nous avons ouï dire que c'est durant le siége de Bizoton que Faubert donna le surnom de *Métellus* à un sergent noir qui fit un acte de bravoure extraordinaire. Ce sergent devint général de division, sous la présidence de Pétion; il était aussi un des meilleurs citoyens de la République d'Haïti.

[2] M. Madiou fait à Laveaux l'honneur d'avoir lui-même conçu le plan d'attaque générale contre les Anglais au Port-au-Prince et à Saint-Marc, tandis que ce gouverneur dit tout simplement, que c'est sur la demande de Rigaud, qui voulait attaquer le Port-au-Prince, qu'il donna l'ordre à Toussaint Louverture de l'assister en allant contre Saint-Marc. Ainsi c'est plutôt à Rigaud que revient cette initiative. (Hist. d'Haïti, t. 1er, p. 219.)

Dondon pour les engager à se réunir à lui. Il leur disait : que c'était en vain qu'ils se croyaient *libres*; que la République française n'avait pas *le droit* de leur donner la liberté, sans payer préalablement *une indemnité* à leurs maîtres; que si la paix avait lieu en Europe, *la France enverrait des escadres et des troupes à Saint-Domingue pour rétablir l'esclavage*, à moins qu'elle n'eût assez de moyens pour indemniser les maîtres; que le rétablissement *de la monarchie* en France aurait le même résultat, parce que la France avait besoin de Saint-Domingue pour son commerce et ses manufactures, et que l'esclavage seul pouvait donner la possibilité de satisfaire à ce besoin, etc. Son adresse se terminait, en engageant les noirs à se soumettre à l'Espagne qui les rendrait réellement libres, qui les entretiendrait : enfin, il leur accordait une amnistie durant deux mois.

Certainement, de telles pensées n'étaient pas sorties du cerveau de Jean François ; les Espagnols et les émigrés ou colons français seuls pouvaient les concevoir et employer cet homme, pour les transmettre aux noirs de la partie française. Néanmoins, il est curieux de voir comment ces *prévisions* se sont réalisées par la suite. Nous aurons bientôt occasion de prouver que déjà, dans la même année 1795, ces idées se propageaient en France.

Deux jours après cette adresse, T. Louverture y fit une réponse où il qualifiait son ancien collègue, de *vil esclave des rois*, en lui reprochant *la vente de ses frères* aux Espagnols, pour être envoyés dans leurs mines du Mexique.

C'est à cette époque, au mois de juin 1795, que nous

paraît commencer *la jalousie* entre T. Louverture et Villatte; et voici à quelle occasion.

Il paraît que le premier, afin d'empêcher les vols de cafés qui se commettaient au préjudice des propriétaires des montagnes situées entre les Gonaïves et le Cap, avait défendu à ces mêmes propriétaires comme aux cultivateurs, de porter leurs produits au Cap, en exigeant d'eux de venir les vendre aux Gonaïves où, d'ailleurs, T. Louverture cherchait à attirer les navires des Etats-Unis pour en recevoir de la poudre. Par cette décision, le Cap ne se trouvait plus alimenté dans son commerce, les autres lieux de l'intérieur où se récolte le café étant infestés journellement par les gens de Jean François. De là, des observations à ce sujet adressées par Villatte à Laveaux, qui s'empressa de les transmettre à T. Louverture comme des plaintes formées par Villatte : c'était pour les diviser. T. Louverture lui répondit en ces termes :

« Si Villatte eût été *un de mes véritables frères*, il m'eût
« *aussi* donné connaissance *des propos qu'on lui tenait*
« *contre moi*. Malgré que mes frères du Cap agissent de la
« sorte envers moi, je n'ai rien à dire d'eux, je les re-
« garde toujours comme frères et amis. *Avec la grâce de*
« *Dieu*, le temps nous fera connaître *le juste*. » Cette lettre est du 17 juin.

Ne dirait-on pas, à la douceur de ses termes, que tout est à peu près oublié ?

Mais le 18, T. Louverture, à son tour, écrit à Laveaux contre le commandant Joseph Flaville, noir, *agent du Cap*, dit-il, qui se laisse égarer par les conseils du Cap, en ajoutant qu'il l'avait dénoncé à Villatte et à Pierre Michel.

Le 26 juin, Joseph Flaville, informé de sa plainte, écrit

lui-même à T. Louverture et lui avoue qu'il se reconnaît le tort de ne l'avoir pas informé que lui, Flaville, était entièrement sous les ordres de Villatte ; mais qu'il prie T. Louverture d'oublier le passé. Il le tutoyait en républicain.

Le 1er juillet, T. Louverture lui répond qu'il est très-satisfait de savoir qu'il est sous les ordres de Villatte, et qu'il aurait dû l'en informer et non pas lui rendre incessamment compte de ses opérations; mais, cependant, qu'il doit lui remettre toutes les troupes que lui, T. Louverture, avait placées sous les ordres de Flaville. Nous remarquons que dans cette lettre, écrite avec dignité, T. Louverture ne le tutoie pas.

Quelques jours après, il insista auprès de Laveaux pour contraindre J. Flaville à lui rendre les troupes et les postes qu'il lui avait confiés, étant dans son cordon de l'Ouest.

Enfin, le 16 septembre, T. Louverture revint à la charge auprès de Laveaux, au sujet de Joseph Flaville. Selon lui, cet officier était sous ses ordres quand il combattait sous les Espagnols, *pour la cause de la liberté*; Flaville l'abandonna pour aller se soumettre aux commissaires civils (qui, sans doute, combattaient pour la cause *de Dieu et des Rois*); qu'il abandonna ces derniers pour rejoindre Jean François; qu'il abandonna Jean François pour revenir, *comme l'Enfant prodigue*, auprès de T. Louverture qui, en adoptant le parti républicain, le plaça au Morne Anglais, près du Cap. Joseph Flaville, enfin, par pusillanimité, n'a pas marché contre l'ennemi; il est allé se placer sous les ordres de Villatte, *mon camarade*, dit-il, qui l'a accueilli *sans m'en rien dire : je ne puis passer ce trait d'insubordination*, pour l'exemple.

Un mois après, le 22 octobre, T. Louverture écrivit

encore à Laveaux au sujet de Joseph Flaville à qui Maurepas imputait des propos tenus à l'Acul, *contre le travail*; T. Louverture insistant, Flaville est relevé de son poste et envoyé définitivement au Cap. Mais là-même, loin de lui échapper, cet homme inconséquent devint peu après un *agent secret* pour T. Louverture.

Si nous avons cité ces différentes lettres, si nous sommes entrés dans tous ces petits détails, c'est qu'il nous a paru important de constater à quelle cause on peut attribuer le commencement, l'origine de la division survenue entre T. Louverture et Villatte. C'est, comme il est évident, *à la jalousie du pouvoir*, et non à aucune pensée, aucune différence *de couleur* entre eux. Si Rigaud, en arrêtant Montbrun, a pu se laisser influencer par l'idée de se débarrasser, dans l'Ouest, d'un concurrent plus redoutable à son pouvoir que Bauvais (et certes sans aucune pensée de couleur) pourquoi n'en serait-il pas de même entre T. Louverture et Villatte, de quelque côté que soit venu le premier tort ? Que les préventions et les rancunes de Laveaux, d'abord, contre Villatte et les hommes de couleur en général, que celles de Sonthonax ensuite, aient saisi l'occasion pour tâcher de faire naître *une distinction de couleur* dans la colonie *entre les noirs et les mulâtres*, toujours est-il qu'on peut reconnaître que de la part de ces derniers, il n'en était pas question. Quand des blancs se divisent entre eux à propos du pouvoir, on ne peut certainement pas attribuer de telles querelles à la couleur des hommes : Garran a constaté cette jalousie du pouvoir entre Sonthonax et Polvérel, pendant leur mission à Saint-Domingue. Les noirs entre eux peuvent être jaloux les uns des autres par les mêmes causes, les mulâtres également ; tous les hommes, quels qu'ils soient, étant sujets à l'ambition, à ce désir ardent du commandement, ils peuvent tous se diviser par ce motif.

Nous nous bornons, pour le moment, à constater aussi une chose de la part de T. Louverture : c'est qu'il joignait à la persévérance dans ses idées, une volonté, une énergie de résolution peu commune ; il fallait qu'on lui cédât toujours. L'idée qu'il se faisait de son pouvoir, de son autorité, n'admettait aucune transaction ni avec les hommes, ni avec les choses : sur ce point, nous avons présenté sa conduite sous les Espagnols, au moment où il a passé au service de la République française ; depuis qu'il y est, la première occasion qui s'offre à une pareille observation, est sa conduite envers son brave lieutenant Blanc Cazenave ; d'autres observations s'offriront encore, jusqu'à ce que nous arrivions à la mort de son cher neveu Moïse.

Comme nous nous efforçons de suivre, autant que possible, l'ordre chronologique dans la narration des faits, nous en plaçons un ici, pour donner une idée de la manière dont concevait aussi l'exercice du pouvoir, un homme de couleur qui, par la suite, a joué un rôle important dans la politique de notre pays. C'est de Blanchet aîné qu'il s'agit.

On a vu dans le deuxième livre de cet ouvrage, qu'en quittant les Cayes pour revenir au Port-au-Prince, en avril 1794, Polvérel l'avait nommé délégué de la commission civile pour la province du Sud. Quoique les deux commissaires civils fussent partis accusés et prisonniers, Blanchet aîné, si éclairé d'ailleurs, n'avait pas considéré que sa délégation était anéantie par ce fait ; il l'avait retenue, malgré sa nullité. Or, quelques membres du conseil supérieur créé par Polvérel et Sonthonax au Port-au-Prince, pour les provinces de l'Ouest et du Sud, s'étant réfugiés aux Cayes depuis la prise de cette première ville par les Anglais, crurent à la possibilité d'y siéger pour administrer la justice. Un blanc nommé Domergue en était le président, et Pinchinat le commissaire du pouvoir exécutif. Blanchet aîné s'opposa à la tenue du conseil supérieur, en sa qualité de délégué civil ; cette opposition occasionna une altercation entre lui et Domergue, et notre délégué fit tout bonnement mettre *en prison* le magistrat. Domergue et Pinchinat s'en plaignirent au gouverneur général Laveaux, en lui demandant de vouloir bien désigner, nommer des membres pour remplacer ceux qui étaient restés au Port-au-Prince. Mais Laveaux n'en fit rien. Il n'existait plus de conseil supérieur de justice au Cap ; il n'était pas *juste* d'en établir un aux Cayes.

Quand nous considérons les lumières qui distinguaient Blanchet aîné, nous sommes porté à croire que Rigaud n'a pas été étranger à l'acte despotique de cet homme. Rigaud ne devait pas, plus que Laveaux, vouloir d'une cour de justice. Quoi qu'il en soit, ce fait de Blanchet aîné, sans pouvoir réel, sert à prouver que tous les hommes se ressemblent, quand il s'agit d'une autorité qu'ils croient devoir exercer. Ainsi, T. Louverture, dont nous venons de parler, n'était pas le seul dans la colonie qui fût jaloux de son pouvoir et de celui des autres. Villatte, comme lui, a pu avoir de pareils sentimens. Tous les chefs militaires de cette époque, à peu près comme toujours, revendiquaient l'omnipotence de l'autorité.

Dans le même temps, T. Louverture fit sentir à Laveaux la nécessité d'une organisation dans les troupes placées sous son commandement. Jusque-là, elles formaient de simples bataillons, des compagnies détachées, sans liaison,

La valeur dont certains officiers donnaient des preuves réitérées sur le champ de bataille, nécessitait aussi des récompenses militaires : les grades en étaient la plus précieuse. Aussi bien, on ne fait pas une guerre continuelle sans organisation de troupes. Déjà, au Cap, existaient trois régimens organisés : le premier sous les ordres d'un blanc nommé Rodrigue ; le deuxième sous ceux de Pierre Michel ; le troisième sous ceux de B. Léveillé, deux colonels noirs. Ces trois corps désignés sous les n°ˢ 1ᵉʳ, 2ᵉ et 3ᵉ, étaient sous les ordres immédiats de Villatte, colonel lui-même. Une question était à résoudre alors : fallait-il donner aux quatre régimens dont T. Louverture demandait l'organisation, des numéros qui suivissent l'ordre commencé au Cap ? Commandant en chef le cordon de l'Ouest, plus important que le commandement déféré à Villatte, T. Louverture, qui avait le titre et le rang de général lorsqu'il fit sa soumission, ne pouvait pas déchoir : en créant ces quatre corps, il leur donna les n°. 1ᵉʳ, 2ᵉ, 3ᵉ et 4ᵉ ; mais il demanda à Laveaux le commandement du 1ᵉʳ : c'était se donner l'apparence d'une grande modestie. Laveaux consentit à ce qu'il n'aurait pu empêcher. L'organisation se compléta par l'instruction militaire que T. Louverture fit donner à ses soldats, par des soldats européens du régiment de Dillon qu'il avait faits prisonniers. Ces troupes arrivèrent bientôt à un maniement parfait de leurs armes. Quant à la discipline, nous n'avons pas besoin de dire que sous un tel chef, elle ne pouvait être que très-régulière.

Cette organisation avait eu lieu vers le 25 juillet. Le 28, Christophe Mornet et Valleray, furent envoyés par T. Louverture prendre possession du bourg et du canton du Mirebalais, en en chassant les Espagnols qui se réfugièrent à Las Caobas. Ils y furent poursuivis, et Las Caobas tomba aussi au pouvoir de ce général. Il avait préalablement ménagé des intelligences avec les hommes de couleur du Mirebalais : ce sont eux qui facilitèrent l'entreprise de T. Louverture. Partout, ils se repentaient de leur trahison envers le drapeau français. Ce fait est constaté par T. Louverture lui-même, dans sa lettre à Laveaux, en date du 6 août : il lui dit « que le Mirebalais s'est rendu à « lui au moyen des intelligences qu'il avait préparées, et « il convient qu'il aurait été presque impossible de le sou- « mettre par la force, *tant son site est fortifié par la na- « ture ; et nous ne devons sa possession qu'au retour de « ses habitans à la mère-patrie.* »

Selon son habitude, T. Louverture fit dresser *procès-verbal*, tant au Mirebalais qu'à Las Caobas, en faisant prêter serment aux habitans de rester fidèles.

Nous remarquons, en passant, qu'à la fin de sa lettre à Laveaux, comme il faisait déjà, il lui renouvelle *ses vœux de bonne santé et des complimens affectueux pour les officiers de son état-major.* Il y avait une grande différence entre cette formule récidivée, et le langage soldatesque de Villatte : de là naturellement de la part de Laveaux, une préférence aussi en faveur de celui qui employait les formes d'un attachement doucereux envers son supérieur.

Le 15 août, T. Louverture adressa une lettre au gouverneur général où il lui dit qu'il se ménage des intelligences à l'Arcahaie, et qu'il a reçu au Mirebalais une députation envoyée par Mamzelle, chef des nègres indépendans du Doko, qu'il tâchera de soumettre à son autorité. Il parle à Laveaux de la manière d'organiser les choses au Mirebalais et à la montagne des Grands-Bois, pour s'assurer de la soumission de ces cantons qui touchent à la plaine du Cul-de-Sac. Dans ses vues, il tend à resserrer la possession des Anglais dans cette partie. Le moyen pour Laveaux, qui reste paisiblement au Port-de-Paix, de ne pas subir l'influence de cet esprit organisateur, de cette intelligence remarquable, qui ne cèdent rien à une activité prodigieuse !

Toutefois, si T. Louverture comptait sur les manœuvres qu'il pratiquait à l'Arcahaie, il ne comptait pas sur l'habileté de Lapointe à les déjouer, avec son courage et son activité pour entreprendre des conquêtes hors du lieu où il commandait. Le Mirebalais était à peine soumis, que T. Louverture dut se porter, et sur la ligne de la Marmelade menacée par les Espagnols et Jean François, et sur celle de l'Artibonite menacée par les Anglais. Il secourut à temps, le colonel Moïse chargé de la défense de la première, et les ennemis furent repoussés de ce côté. Accouru aux Vérettes, il battit Dessources qui était sorti de Saint-Marc : là, il était secondé par la bravoure de Dessalines, de Clervaux, de Desrouleaux et de ses autres officiers, dont il rendit témoignage à Laveaux. « Les chevaux « (les cavaliers) que j'avais mis aux trousses des « fuyards m'amènent à l'instant M. le chevalier de Quin- « carneau, major de la légion de Dessources. Je vais « vous envoyer cet officier. » Il est sous-entendu que si le gouverneur général juge convenable de faire fusiller cet émigré français, ce sera à lui d'en répondre devant Dieu.

Nous venons de parler de Lapointe. A la fin d'août, après s'être ménagé aussi des intelligences avec Rebel, homme de couleur du Mirebalais, Lapointe partit de l'Arcahaie avec une colonne, en même temps que l'émigré vicomte de Bruges partait du Port-au-Prince, à la tête d'une autre. Ils se dirigèrent sur le Mirebalais qu'ils enlevèrent facilement. Le vicomte de Bruges y resta en qualité de commandant, et Rebel devint le chef de la milice royale. Ce fait se passa le 25 août, suivant Laveaux.

Le vicomte de Bruges s'occupa immédiatement de fortifier ce point déjà défendu par les localités. Il paraît qu'ayant obtenu des sommes considérables pour ces fortifications, il reçut avis que le général anglais A. Williamson allait y venir pour visiter ce bourg. A cette nouvelle, notre Vicomte, pour ne pas se trouver en défaut, fit sauter les ouvrages minimes qu'il avait élevés, et évacua la place sans avoir vu les républicains. T. Louverture, apprenant ce fait, envoya son frère Paul, connu aussi sous le nom de Louverture, qui s'en empara sans coup férir. Mais le général Williamson ordonna la reprise du lieu : ce qui s'opéra encore par Lapointe avec une colonne sortie de l'Arcahaie et une autre du Port-au-Prince. Paul Louverture n'était pas de taille à soutenir leur choc ; il s'enfuit. Le Mirebalais resta donc, pour le moment, au pouvoir des Anglais. Ce dernier fait se passa le 30 septembre.

Le 9 du même mois, T. Louverture se trouvant à Saint-Michel, écrivit à Laveaux, au sujet des lieux qui devaient être compris dans son commandement du cordon de l'Ouest. Sa lettre n'était qu'une réponse à celle que lui avait adressée Laveaux, après une réclamation de Villatte tendant à *fixer* les limites de leur commandement respectif. Nous remarquons que Laveaux envoya en communication à T. Louverture, la lettre de Villatte à ce sujet. Evidemment, ce gouverneur voulait diviser ces deux hommes; car lui seul était compétent pour décider de la question, en assignant à chacun l'étendue du territoire qu'ils devaient commander. Incapable peut-être de rien décider sans l'aveu de T. Louverture, il se met à sa merci. Celui-ci, en employant dans sa réponse les formes les plus propres à dissimuler sa propre décision aux yeux du gouverneur, raisonne d'ailleurs parfaitement la situation des lieux et des choses ; et il n'insiste pas moins, pour faire sentir à son supérieur qu'il faut lui céder. Nous ne trouvons encore rien dans cette réponse, qui décèle une animosité personnelle du noir contre le mulâtre ; mais seulement la jalousie du pouvoir, de l'autorité entre eux.

Le 13 octobre, T. Louverture était rendu à la Marmelade, d'où il écrivit à Laveaux, qu'il s'y est porté pour déjouer des trames ourdies au Dondon, à Plaisance, et à la Marmelade même.

« J'ai lu et relu, dit-il, avec la plus scrupuleuse attention tous les bons conseils que vous voulez bien me donner. Je les reçois avec reconnaissance, *comme un fils respectueux reçoit ceux de son père*, pour les mettre à profit. Soyez sûr que je les ai profondément gravés dans mon cœur, et que je ne m'en écarterai jamais. Combien je vous aurai d'obligations, si mes travaux sont agréables et utiles à ma patrie ! C'est à vous que j'en serai redevable ; aussi pouvez-vous compter *sur toute ma reconnaissance et sur une soumission sans réserve à tout ce que vous me prescrirez.* — Il se répand partout, des bruits de paix avec l'Espagne. Faites-moi le plaisir de m'instruire au juste de qui en est. Je n'ajoute pas facilement foi à ce qui ne vient pas de vous. »

Le lendemain de la date de cette lettre, Jean François fit un dernier effort pour s'emparer des points où commandait son ancien collègue. Il agissait de concert avec Biassou, et leurs troupes montaient à 4000 hommes. Ils attaquèrent le Dondon qu'ils enlevèrent aux mains de Moïse qui se battit vaillamment, mais qui fut forcé de céder au nombre. T. Louverture se porta à la rencontre de son neveu, et réussit à repousser Jean François et Biassou et à les chasser loin du Dondon.

Le 15 octobre, en rendant compte à Laveaux de ces faits, T. Louverture lui transmit une copie de la lettre qu'il venait de recevoir de Renaud Desruisseaux. Il avait adressé à T. Louverture, par les Gonaïves, un imprimé contenant une lettre imprégnée du fiel colonial et écrite par Victor Hugues, alors commissaire français à la Guadeloupe, à Rigaud et Bauvais; il leur reprochait, comme aux hommes de couleur de l'Ouest et du Sud, la déportation des *nègres-suisses*. Cet imprimé contenait aussi la réponse de ces deux officiers supérieurs à Victor Hugues, et ils donnaient la plus grande publicité à ces deux pièces. Nous remarquons qu'en transmettant ces deux documens à Laveaux, T. Louverture ne fit aucune réflexion, ni sur le fait malheureux dont il était question, ni sur les lettres imprimées. La prudence, la réserve de l'homme politique se décèlent dans cette absence de réflexion. Plus tard, il s'en fit une arme offensive contre tous les hommes de couleur.

Il est temps que nous parlions de l'accusation portée par les colons de Saint-Domingue contre Polvérel et Sonthonax, des débats qui s'en sont suivis entre eux, et du résultat qu'elle a eu. Ce sera le sujet du chapitre suivant.

CHAPITRE IV.

Arrivée de Polvérel et Sonthonax en France.—Décret qui suspend l'exécution de l'accusation portée contre eux et les met en liberté provisoire.— Décret sur l'élargissement des colons accusateurs. — Décret sur la formation d'une commission pour entendre les accusateurs et les accusés. — Conduite des colons antérieurement à l'accusation et depuis.— Les colons réfugiés aux États-Unis approuvent la liberté générale des noirs. — Ouverture des débats.—Acte d'accusation des colons. — Mort de Polvérel. — Fin des débats. — Rapport et arrêté de la commission des colonies sur l'accusation. — Décret de la convention nationale qui décharge Sonthonax de l'accusation. — Opinion générale de la commission.

Dans le deuxième livre, on a vu que Polvérel et Sonthonax étaient partis, le 13 juin 1794, pour se rendre en France sur la corvette l'*Espérance*. Ce bâtiment arriva à Rochefort le 9 thermidor de l'an II (27 juillet), le même jour où le règne de la terreur finissait à Paris. Le comité révolutionnaire de Rochefort fit apposer les scellés sur leurs papiers, et ils furent bientôt transférés à Paris, où ils arrrivèrent le 16 thermidor (3 août).

Le lendemain, la convention nationale rendit un décret qui suspendit l'exécution de l'accusation portée contre eux par celui du 16 juillet 1793 ; ce décret les mit en liberté provisoire, mais en leur faisant défense de sortir de Paris jusqu'à nouvel ordre. Il décida en même temps que les comités de salut public, de marine et des colonies feraient dans un bref délai un rapport sur leur conduite.

En ce moment encore, les colons qui avaient provoqué le décret du 16 juillet étaient en état d'arrestation. Ils réclamèrent contre le décret de suspension, qui fut maintenu par la convention nationale. Cependant, cette assemblée, par un sentiment d'impartialité, finit par décréter, le 20 septembre, que les comités de sûreté générale, de salut public, de marine et des colonies, pourraient prononcer la liberté, ou provisoire ou définitive, des colons détenus. Page et Brulley étaient encore détenus eux-mêmes, quand ils demandèrent des débats contradictoires entre les colons et les ex-commissaires civils.

Le 30 septembre, la convention nationale, sur le rapport de ses comités, rendit un nouveau décret qui ordonnait la formation d'une commission de neuf membres pris dans son sein, pour s'occuper de ces débats : tous pouvoirs à ce nécessaires lui furent accordés. Deux autres décrets ordonnèrent que ces débats commenceraient dans trois jours ; mais ils ne furent rendus que les 23 et 26 janvier 1795, quatre mois après la formation de la commission. Des sténographes furent chargés de recueillir les débats.

La commission fut originairement composée de Garran, de Lecointre-Puyraveau (des Deux-Sèvres), secrétaire ; Guyomard, Marc, Grégoire, Thibaudeau, Fouché (de Nantes), Mazade et Castillon : ils furent pris dans toutes les nuances d'opinion. Des remplacemens successifs eurent lieu parmi eux, et en définitive, il n'y resta plus que Garran, Fouché, Merlino, Grégoire, Dabray, Lanthenas, Mollevaut, Guyomard et Thibaudeau.

Nous avons dit comment, à force d'intrigues, Page,

Brulley et consorts étaient parvenus à faire suspendre les décrets des 5 et 6 mars 1793, qui donnaient une grande latitude de pouvoir à Polvérel, Sonthonax et Delpech. Ces deux colons s'étaient fait recevoir au club des Jacobins, pour emprunter les couleurs de l'époque ; après la mort de Louis XVI, ils avaient vociféré contre cet infortuné, en feignant d'être alors les plus chauds patriotes. D'une capacité incontestable, revêtus du titre de commissaires de l'assemblée coloniale qui les avait envoyés en France auprès du roi, en 1792, quoique cette assemblée eût été dissoute par les commissaires civils, ils étaient parvenus à se maintenir dans cette position, au moyen du patriotisme exalté qu'ils affichaient auprès de tous les hommes influens de la convention et de ses comités. Ils faisaient de nombreux écrits, des pamphlets, dans l'intérêt de la cause coloniale. Quand les déportés du Cap arrivèrent en France, ils se les adjoignirent pour exciter l'opinion contre les commissaires civils. Ils entrèrent avec les déportés ou autres réfugiés aux Etats-Unis, dans une correspondance suivie, pour être au courant de ce qui se passait à Saint-Domingue. Page et Brulley devinrent enfin les coryphées de cette faction criminelle, en France.

Ils réussirent ainsi à changer les dispositions de la convention nationale, relativement à Saint-Domingue, précisément au moment où l'orage se formait dans son sein contre Brissot et les Girondins. Ces défenseurs des noirs et des hommes de couleur ayant été arrêtés le 31 mai 1793, les colons eurent plus de facilité pour inspirer leurs préventions, sinon leur haine, contre ceux que protégaient ces illustres victimes.

Dès l'arrivée de Blanchelande en France, ils se mirent à sa poursuite : sa mort fut leur premier triomphe. Ils s'acharnèrent successivement contre les autres contre-révolutionnaires, d'Esparbès, Cambefort, Touzard, etc. Ces derniers eurent le bonheur de se voir acquittés ou remis en liberté. Mais Page et Brulley contribuèrent puissamment à la mort de Brissot et des Girondins, de Barnave, de Milscent, de Grimouard. Ils firent arrêter et incarcérer Julien Raymond, Roume, Saint-Léger, Cambis, Leborgne, Louis Boisrond, Castaing, G.-H. Vergniaud, Dufay, Mills, J.-B. Belley, dans le cours de l'année 1793.

Enfin, c'est à leurs démarches que la convention nationale rendit le décret du 16 juillet contre Polvérel, Sonthonax et Delpech. Pour couronner leur œuvre odieuse, ils dénoncèrent Danton à Robespierre, à Couthon, à Saint-Just, pour avoir fait décréter la liberté générale dans les colonies françaises, et contribuèrent ainsi à sa mort.

Les colons réfugiés aux Etats-Unis, informés du décret d'accusation contre les commissaires civils, dressèrent une dénonciation contre eux, qui a servi de base à l'acte d'accusation dont nous allons parler. Elle était l'œuvre particulière de Tanguy Labossière. Ils députèrent plusieurs d'entre eux pour venir en France soutenir cette dénonciation. Mais dans leur conduite infâme envers Genet, ambassadeur français près les Etats-Unis, ce dernier avait fait saisir les papiers de Tanguy, de Galbaud et d'autres, et les avait expédiés en France ; ces documens servirent à éclairer la commission chargée d'entendre les accusateurs et les accusés.

Cependant, lorsque ces colons eurent appris aux Etats-Unis, que la convention nationale avait rendu le décret sur la liberté générale, ils lui firent une adresse pour y adhérer. Il est vraiment curieux de voir les colons dire à cette occasion : « L'affranchissement des nègres était « prononcé à Saint-Domingue, depuis l'instant de leur « révolte en 1791.... C'est du gouvernement d'un seul, « depuis 1790, que sont découlés tous les maux. On nous « dira : mais la liberté générale était inévitable d'après « les principes de la France. On peut répondre que les « principes de la constitution monarchique n'allaient pas « si loin; que cependant on s'y est opposé dans la colonie « même, et que *ce sont ceux-là même qui s'y sont opposés, « qui ont provoqué la liberté générale,* en la rendant plus « funeste qu'elle n'eût été, *par la révolte impolitique à laquelle ils ont donné les mains,* et dont est résultée la « nécessité de l'exécution des principes de la France, « *principes auxquels elle ne peut plus se permettre de « déroger.* »

Il n'est pas moins curieux de lire ce qui suit, extrait d'un écrit de Page, publié au mois de mars 1793, alors que lui et Brulley entravaient l'envoi à Saint-Domingue du décret du 5 du même mois, par lequel les commissaires civils étaient autorisés à modifier le régime des ateliers d'esclaves. Page y dit :

« La convention nationale a consacré la liberté, l'éga-
« lité des hommes.

« Les hommes des colonies diffèrent entre eux par
« leurs formes; *mais ils naissent tous libres et égaux en
« droits.*

« La convention ne peut s'occuper de la législation des
« colonies, sans s'occuper des hommes qui les habitent.

« *Elle ne peut sans crime consacrer leur esclavage.*

« Elle ne peut même décréter *leur affranchissement graduel ;* car alors *elle consacrerait implicitement ou explicitement l'esclavage....* »

Mais on serait bien dans l'erreur, si on croyait Page de bonne foi. Son but était de parvenir, à l'aide de ces principes absolus, à capter la convention pour faire accorder aux colons le droit de se régir eux-mêmes, et de prendre des mesures d'*humanité* en faveur des esclaves.

Enfin, le 11 pluviôse an III (30 janvier 1795), six mois après l'arrivée des commissaires civils, la première séance des débats eut lieu. Les accusateurs furent Page, Brulley, Thomas Millet, Verneuil, Senac, Duny, Clausson, Fondeviolle et Daubonneau. Larchevesque-Thibaud s'y joignit et abandonna l'accusation ensuite. Galbaud voulut prendre qualité à cet égard, et fut écarté par la commission pour avoir émigré au Canada.

Le 21 février, ils présentèrent l'acte contenant onze chefs d'accusation contre Polvérel et Sonthonax. Le voici :

Nous, soussignés, commissaires de Saint-Domingue, députés près la convention nationale, et les colons soussignés, accusons Polvérel et Sonthonax :

1ᵉʳ chef. De n'avoir pas exécuté la loi du 4 avril 1792, qui était l'objet de leur mission, et même de s'être opposés à son exécution.

2ᵉ chef. De s'être opposés à l'exécution du décret du 22 août 1792, relatif à la nomination des députés à la convention nationale.

3ᵉ chef. D'avoir usurpé le pouvoir législatif, et de s'être attribué les fonctions du pouvoir exécutif et administratif.

4ᵉ chef. D'avoir paralysé les forces de terre et de mer envoyées par la France pour rétablir l'ordre dans la colonie, et d'avoir tout tenté pour les détruire.

5ᵉ chef. D'avoir organisé la guerre civile dans la colonie et provoqué la rébellion contre l'assemblée nationale.

6ᵉ chef. D'avoir canonné la ville du-Port-au-Prince, et incendié celle du Cap-Français.

7ᵉ chef. D'avoir délégué des pouvoirs, notamment le droit de vie et de mort, au commandant militaire de la ville du Cap.

8ᵉ chef. D'avoir ordonné, dans tous les ports de Saint-Domingue, de repousser à coup de canon tous les vaisseaux de l'État qui s'y présenteraient, sans distinction, quels que fussent leurs besoins.

9° chef. D'avoir préparé la conquête de Saint-Domingue aux ennemis de la France, et d'avoir livré aux Anglais la ville du Port-au-Prince avec tous les bâtimens du commerce français qui s'y trouvaient.

10° chef. D'avoir dilapidé le trésor public, et envahi les fortunes particulières.

11° chef. D'avoir cherché à avilir la représentation nationale, en envoyant pour siéger dans son sein ceux de leurs complices qui s'y sont présentés avec des pouvoirs illégaux.

Les débats s'ouvrirent, comme la raison l'indiquait, par l'examen de la situation générale de Saint-Domingue au moment de l'arrivée des commissaires civils dans cette colonie, afin de constater l'esprit public et l'état des divers partis dans les différentes classes de la population. Mais cet examen même amenait naturellement les débats sur la question de l'état intérieur de la colonie, au moment où la révolution française y donnait son contre-coup : de là l'examen de la conduite des colons et des classes colorées, durant tous les troubles survenus depuis 1789 jusqu'à septembre 1792, époque de l'arrivée des commissaires civils. C'est cet examen contradictoire entre les accusés et les accusateurs, qui a fait ressortir tout ce qu'il y avait d'odieux dans le régime colonial, de pervers de la part des colons, de criminel de leur part, dans leurs desseins de rendre la colonie indépendante de la France, pour la régir à leur manière, ou la soumettre au protectorat de la Grande-Bretagne. L'accusation tourna ainsi contre les colons eux-mêmes; la France put alors être éclairée à leur égard. Les débats continuant sur l'administration des commissaires civils pendant leur séjour à Saint-Domingue, on eut ainsi l'histoire de cette série de faits durant une période de cinq années.

Toutefois, bien des particularités sont restées ignorées, quant aux faits survenus dans les provinces de l'Ouest et du Sud, parce que la mort surprit Polvérel qui aurait pu les faire connaître et les expliquer, ayant eu l'administration particulière de ces provinces. Il mourut à Paris, le 6 avril 1795, de la maladie qu'il avait contractée dans la colonie et dont il parlait à Sonthonax, dans une de ses lettres que nous avons citée au deuxième livre. Malgré ses souffrances physiques, il assista aux débats jusqu'au 1er avril. Verneuil, un de ses accusateurs, eut l'infamie de requérir un officier de police, de faire exhumer son cadavre pour en faire l'autopsie, sous le prétexte d'examiner s'il ne s'était pas empoisonné, par crainte du résultat de l'accusation. On avait vu ce pervers oser contrefaire indécemment la voix faible et épuisée de Polvérel, dans les derniers jours où il assista aux débats. Cette conduite de la part d'un colon de Saint-Domingue suffirait seule à faire apprécier les sentimens qui animaient ces hommes cruels, si l'histoire n'avait pas à constater d'autres faits encore plus blâmables de leur part.

Pour nous, qui les recueillons, afin d'écrire notre histoire nationale sur des bases certaines, nous ne pouvons que nous féliciter de l'idée qu'ont eue les colons d'accuser Polvérel et Sonthonax. Sans cette accusation, notre postérité ne pourrait savoir tout ce qu'il y a eu de détestable dans le système qui régissait notre pays ; elle ignorerait toutes les turpitudes signalées à chaque page de ces débats, tous les mauvais sentimens que nourrissaient les colons de Saint-Domingue contre les hommes de la race africaine, qu'ils subjuguèrent par l'abus de leurs lumières et de leur force. Notre postérité, enfin, pourra mieux apprécier le généreux dévouement de nos devanciers qui luttèrent contre le régime oppressif qu'ils détruisirent par leur courage, leur valeur sur le champ de bataille et leur expérience acquise dans la science politique.

Ainsi, les passions des méchans finissent toujours par tourner contre eux-mêmes. C'est là la justice divine, souvent lente à se manifester, mais infaillible comme Dieu lui-même.

La mauvaise foi des colons, leurs divagations perpétuelles depuis le commencement des débats, obligèrent la commission qui les écoutait, à leur intimer une marche sûre pour terminer ces débats. C'était de préciser les faits qui se rattachaient aux chefs d'accusation posés par eux. Ils le firent le 10 mai, dans un acte supplémentaire contenant le développement de cette accusation. Nous n'avons pas besoin de le donner ici. La convention nationale elle-même, sur l'information que lui transmit la commission, finit par rendre deux décrets, le 30 juin et le 7 juillet, pour circonscrire les débats. Il fut accordé aux accusateurs cinq décades ou cinquante jours, pour arriver à leur terme. Sonthonax, resté seul après la mort de son collègue, dut soutenir la défense contre les colons. Il montra beaucoup de capacité dans sa tâche : ce fut heureux pour lui d'être un avocat distingué ; car il avait affaire à des hommes d'une grande capacité eux-mêmes, Page, Brulley et Thomas Millet surtout.

Mettons ici l'appréciation de la commission, relativement à la mort de Polvérel : « Sa mort, dit-elle dans son
» rapport, fut une perte irréparable pour les débats. Il
» joignait à beaucoup de mémoire une grande netteté
» dans les idées et dans les expressions. Plus maître de lui-
» même dans la discussion que Sonthonax, il savait ne
» pas se laisser écarter du but par les interruptions et les

» injures artificieusement combinées de ses adversaires. »

Un autre événement nuisit à l'éclaircissement de bien des faits passés dans l'Ouest et le Sud : ce fut la capture par les Anglais, d'un bâtiment sur lequel Rigaud avait expédié un grand nombre de papiers des archives de la commission civile. Si la commission des colonies les avait eus sous les yeux, son intelligent rapporteur eût pu suppléer en partie au manque d'explications résultant de la mort de Polvérel.

Nous regrettons que ce commissaire n'ait pas eu le temps d'arriver au chef d'accusation, où la conduite des hommes de couleur de l'Ouest et du Sud a été examinée. Nous aurions aimé à trouver cette appréciation de la part de Polvérel, surtout lorsque survinrent les trahisons de beaucoup d'entre eux, tant envers la cause de la France qu'envers celle de la liberté générale. Sonthonax a peut-être assez dit à ce sujet pour fixer l'opinion de la postérité, et nous avons déjà cité la sienne propre en divers endroits du deuxième livre. Nous avons même pris acte de ses aveux à cet égard. Nous ne les répéterons pas ici, même au moment que nous allons bientôt parler de son retour à Saint-Domingue, où il a agi à l'égard des hommes de couleur d'une manière que nous examinerons, pour reconnaître s'il ne fut pas en contradiction avec lui même.

Quoi qu'il en soit, disons que les débats se terminèren à la fin du mois d'août 1795. Garran de Coulon, président de la commission, fut chargé de la rédaction du rapport qu'elle présenta à la convention nationale. Déjà ce procès, recueilli en neuf volumes par les sténographes, imprimés successivement et livrés à la convention et au public, avaient préparé l'opinion sur le jugement à porter dans l'accusation des colons. Le rapport contenu en quatre volumes, est un modèle d'impartialité entre les accusateurs et les accusés, de jugement raisonné sur la conduite des différentes classes d'hommes qui formaient la population de Saint-Domingue, sur celle des individus qui marquèrent dans le cours de la révolution de cette colonie, sur les partis qui se dessinèrent à cette occasion. Il prouve la haute sagacité, le talent, la justice du rapporteur lui-même, l'un des hommes les plus honorables parmi ceux qui siégèrent dans l'assemblée nationale législative et dans la convention nationale.

Le 23 octobre, après avoir entendu la lecture de ce rapport durant plusieurs séances, la commission rendit l'arrêté suivant :

« La commission des colonies, réunie aux commissaires des comités de salut public, de législation et de marine ;

« Après avoir entendu durant plusieurs séances, le rapport sur les troubles de Saint-Domingue, fait par Jean-Philippe Garran, l'adopte dans tout son contenu, charge Garran d'en surveiller l'impression, et d'en revoir les détails avec tous les soins qui dépendront de lui.

« Arrête qu'Étienne Mollevaut, un autre de ses membres, en présentera le résultat à la convention nationale, et qu'il lui proposera de déclarer qu'il n'y a pas lieu à inculpation contre Sonthonax, et d'ordonner que sa mise en liberté provisoire sera définitive.

« *Signé*, J. Ph. Garran, *président* ; Mollevaut, Debray, Merlino, Grégoire, F. Lanthenas, *secrétaire*. »

Enfin, la convention nationale rendit le décret suivant, le 25 octobre :

« La convention nationale, après avoir ouï le rapport de la commission des colonies, laquelle a déclaré qu'il n'y avait lieu à inculpation contre Léger-Félicité Sonthonax, ex-commissaire civil à Saint-Domingue,

« Décrète que ledit Léger-Félicité Sonthonax, ex-commissaire à Saint-Domingue, est définitivement mis en liberté. »

Il n'est pas question de Polvérel dans ces actes : le rapport de Garran va nous en dire les motifs :

« Le fils de Polvérel (après la mort de son père) a demandé instamment à être admis aux débats pour y défendre la mémoire de son père ; mais la commission, tout en rendant hommage à sa piété filiale, n'a pu accueillir cette demande. Elle a considéré que — nul ne pouvait représenter un accusé dans les procédures criminelles ; que les citoyens ne peuvent être traduits en justice après leur mort, pour y être condamnés ou justifiés ; leur mémoire appartenant au jugement de la postérité. »

Ce lumineux rapport a d'ailleurs examiné la conduite respective des accusateurs et des accusés durant les débats ; il a flétri celle des premiers qui montrèrent tant de haine et de passions de toutes sortes, en rendant justice aux derniers. Il a examiné chacun des chefs d'accusation en particulier, excepté le dernier concernant l'élection des députés du Nord à la convention nationale, par la raison qu'à cette dernière seule il appartenait d'y statuer, et qu'elle l'avait fait en les admettant dans son sein, le jour même où elle prononça et confirma la liberté générale. Il a examiné, enfin, une foule de documens outre les dires contradictoires, pour former le jugement de la commission. Nous y remarquons ce passage :

« C'est *l'ensemble* de l'administration des commissaires civils que doivent juger les représentans de la nation, et qu'ils ont à juger *en hommes d'État*. Ils ne peuvent pas ignorer qu'au milieu de la tourmente d'une révolution bien plus grande encore dans les colonies que dans la métropole, il était impossible que des administrateurs ne commissent pas beaucoup de fautes; que les commissaires civils, forcés de prendre rapidement leur parti dans des événemens imprévus, n'ont pas eu le plus souvent le choix des moyens; qu'ils ont été réduits dans plus d'une circonstance à prendre, en connaissance de cause, de deux maux le moindre, et que plus d'une fois ils ont dû être égarés par ceux qui les entouraient. »

On ne pouvait pas porter un jugement plus éclairé sur la conduite de Polvérel et de Sonthonax : c'est, en effet, par les grands résultats d'une administration quelconque, qu'il faut juger les hommes politiques. Lorsque ces résultats profitent à la grande majorité d'un peuple, la postérité passe volontiers condamnation sur les faits particuliers, quoique la morale ait toujours le droit de réclamer contre les abus de pouvoir qui blessent ses principes, et que la saine politique qui en est inséparable, ait aussi le droit d'examiner si une faute commise n'exerce pas ensuite une influence désastreuse sur des faits postérieurs. Mais, où trouver un seul homme infaillible dans l'exercice du pouvoir ?

Peut-être cet acquittement, ou cette absolution donnée à ses actes, influa-t-elle sur la conduite de Sonthonax dans sa seconde mission. C'est ce que nous allons examiner bientôt, afin de reconnaître s'il doit être seul responsable de ses actes, ou si le Directoire exécutif ne doit pas en partager la responsabilité.

Nous remarquons que si les débats recueillis furent successivement imprimés et livrés au public, le rapport lui-même n'a été imprimé et distribué au corps législatif qu'au mois de ventôse an v, c'est-à-dire, en février ou mars 1797. Ainsi, le public n'a pu en avoir connaissance entière, que seize mois après sa présentation à la convention nationale. L'opinion de la commission sur les diverses causes des troubles de Saint-Domingue et sur les individus qui y prirent une grande part, n'a pu être connue dans cette île que dans le courant de 1797. Nous ne pouvons savoir à qui ou à quoi attribuer cette espèce de réticence, dans la manifestation de vérités qu'il eût été si convenable d'y propager.

Une autre observation est à faire au sujet de la publicité donnée aux débats. C'est que, s'ils servirent à justifier les commissaires civils, ils ne prouvèrent pas moins qu'en prononçant la liberté générale, ils avaient été *contraints* à cet acte par les événemens, et qu'ils n'en avaient pas l'autorisation de la part de la métropole, dont les assemblées ne voulaient pas d'une telle émancipation pour les esclaves, du moins subitement. Or, comme la convention nationale elle-même y avait été *contrainte* pour pouvoir conserver Saint-Domingue à la France, la faction coloniale s'en prévalut pour provoquer une *réaction* dans l'opinion publique, dans celle du corps législatif et du Directoire exécutif : elle y réussit en partie, car les actes que nous avons à relater de la part de ce gouvernement, prouveront que s'il ne voulait pas revenir entièrement sur la liberté générale, du moins il avait conçu un système politique pour *la modifier :* afin d'arriver à son plan, il prescrivit des mesures *contre la classe des anciens libres*. Cette vérité ressortira dans les chapitres qui conduiront à la fin de ce volume.

CHAPITRE V.

Etat des cultures dans les lieux soumis aux républicains. — Mesures diverses prises par les Anglais ; cultures et prospérité. — Rapport du comité de salut public à la Convention nationale, sur Saint-Domingue. — Rigaud, Toussaint Louverture, Bauvais et Villatte, généraux de brigade. — Rapport de Boissy-d'Anglas à la Convention. — Traité de paix avec l'Espagne, et cession de la partie espagnole à la France. — Arrivée de la corvette la *Vénus* au Cap. — Départ de Jean François pour la Havane. — Agitation au Cap et au Port-de-Paix. — Préventions de Laveaux contre Villatte et les hommes de couleur. — Faits divers. — Pinchinat, Sala et Fontaine au Cap. — Ils retournent dans l'Ouest.

Rigaud et Bauvais, après avoir levé le siége qu'ils faisaient au fort Bizoton, s'attachèrent de nouveau à faire fleurir l'agriculture dans les lieux de leurs commandemens. En exécutant les règlemens de Polvérel, ils firent comprendre aux cultivateurs la nécessité du travail de la terre pour sauvegarder leur propre liberté; et ces hommes rendus à la jouissance de ce droit sacré, comprirent pour la plupart cette obligation imposée par l'état social. Mais le petit nombre parmi eux qui aimaient mieux se livrer à la paresse, au vagabondage, durent y être contraints, en vertu de ces règlemens. La proclamation de Sonthonax particulièrement n'avait-elle pas prévu ces cas, notamment dans ses articles 9, 27, 33, 34 et 35 ? Ne leur avait-elle pas rappelé les paroles qu'il avait **prononcées** à l'occasion de la plantation de l'arbre de la liberté au Cap : *En France tout le monde est libre, et tout le monde travaille ?* Lui et son collègue n'avaient-ils pas prescrit aux noirs guerriers l'obligation *de forcer au travail ce tas de vagabonds et de fainéans qui ne veulent ni cultiver la terre ni défendre les cultivateurs ?* Eh bien ! c'est ce que l'on faisait dans le Sud et dans l'Ouest. Lefranc, nommé inspecteur des cultures dans le Sud, remplissait avec zèle ce service. Cependant, nous verrons accuser cet officier et Rigaud lui-même, de vexations inouïes, de traitemens barbares à l'égard *de tous les noirs* sans distinction.

Aux Cayes, l'ordonnateur Gavanon, Européen instruit et honorable, à Jacmel, l'ordonnateur Bonnard, homme de couleur non moins recommandable, secondaient les deux officiers supérieurs qui commandaient le Sud et l'Ouest. Par leur administration éclairée et sage, le commerce des États-Unis surtout, celui des îles neutres de l'archipel des Antilles, affluaient dans ces deux ports et échangeaient les produits étrangers contre ceux de la colonie. L'abondance y régnait et se répandait dans les autres communes de l'intérieur ou des côtes du golfe de l'Ouest. Des corsaires armés par les républicains captureraient des navires anglais ; on vit après la prise de Tiburon, deux de ces faibles bâtimens capturer même une corvette de guerre. Des bâtimens négriers subirent le même sort, et Rigaud éprouva la satisfaction de rendre à la liberté, les malheureux arrachés du sein de l'Afrique pour être faits esclaves à la Jamaïque.

De son côté T. Louverture agissait de la même manière dans les lieux où il commandait ; les cultures reprirent vigueur ; et le commerce américain et des îles fréquenta le port des Gonaïves : il put ainsi se procurer de la poudre et du plomb. Nous avons sous les yeux plusieurs de ses lettres à Laveaux, qui attestent ce que nous disons ici.

Dans la circonscription du Port-de-Paix, dans celle du Cap, il en fut de même par les soins de Laveaux et de Villatte. Cependant on n'a point songé à accuser ces deux officiers, Laveaux et T. Louverture, d'actes arbitraires à l'égard des noirs. Le moment viendra où nous en dirons les motifs.

Dès le mois d'avril, des renforts de troupes européennes étaient arrivés aux Anglais, au Port-au-Prince. Adam Williamson, nommé gouverneur général de Saint-Domingue par le roi de la Grande-Bretagne, y arriva au mois de mai : il releva le général Horneck. C'est par ses ordres que de nombreuses fortifications, des blockaus furent établis sur divers points de l'intérieur, tant dans la partie de l'Ouest occupée par les Anglais, que dans le quartier de la Grande-Anse. Ce système de défense était fort bien entendu de la part de ces ennemis qui ne pouvaient guères entreprendre de conquérir d'autres portions de territoire. Williamson dut même acheter des colons un certain nombre d'esclaves pour en faire des soldats et renforcer les corps déjà organisés.

Au moyen de ces mesures militaires, la plaine du Cul-de-Sac et celle de l'Arcahaie furent on ne peut mieux cultivées. Lapointe se distingua sous ce rapport ; mais il joignit aussi une sévérité à l'égard des esclaves, qui allait souvent jusqu'à la férocité. Il va sans dire que le commerce anglais florissait dans les ports soumis à la Grande-Bretagne. Le Port-au-Prince, l'Arcahaie et Jérémie jouissaient de l'abondance : l'or était répandu à profusion. Il n'en était pas de même au Môle, lieu dont les environs sont arides, ni à Saint-Marc, dans le voisinage de la plaine de l'Artibonite, où T. Louverture harcelait l'ennemi constamment.

Le major général Forbès ne tarda pas à remplacer A. Williamson. Il étendit la possession des Anglais, du Mirebalais à Las Caobas et à Banica, d'accord avec les Espagnols. Il put ainsi se procurer de nombreux bestiaux de la partie espagnole, pour la nourriture des troupes.

Telle était la situation des choses à Saint-Domingue, lorsque le comité de salut public fit présenter un rapport à la convention nationale par Defermon, représentant du peuple, le 25 messidor an 3 (13 juillet 1795). Le comité venait de recevoir les dépêches de Laveaux apportées par le chef de bataillon Bedos, envoyé sur la *Musette*.

En rendant compte des efforts faits par tous les chefs militaires qui, — « privés des secours de la France et » même des nouvelles de ce qui s'y passait... sont restés » fidèles à leur patrie et ont combattu pour elle, » — le comité signalait chacun d'eux par les faits honorables qui les distinguaient. Il faisait valoir la prise de Léogane et de Tiburon par Rigaud, l'importance de la soumission de T. ouverture à la République française : « C'est un mi- » litaire intrépide et *subordonné*, c'est un chef entrepre- » nant. Il sait se concilier l'affection des noirs, des blancs, » des hommes de couleur qui sont dans sa petite armée. » Il sait faire respecter les propriétés, et rien n'est plus » propre que sa conduite pour détruire les préjugés élevés » contre les hommes de sa couleur. »

Tous ces éloges étaient mérités. Mais nous remarquons qu'à l'égard de Villatte, *également intrépide et bon mili-*

taire, le comité ajoutait : « Le seul vœu que nous ayons
« à former, c'est qu'il s'occupe avec soin d'établir une
« grande discipline dans sa troupe, et de prouver, *par*
« *son exemple*, qu'il est convaincu que la *subordination*
« dans le service est la principale garantie des succès mili-
« taires. »

Or, Villatte avait résisté avec succès aux Espagnols et aux Anglais ; il y avait donc discipline et subordination dans sa troupe. Mais la subordination dont parle le comité était relative à Laveaux : celui-ci l'avait dénoncé sous ce rapport, en faisant l'éloge contraire de T. Louverture. Si ce gouverneur général n'avait pas pu contenir son mécontentement et ses préventions, le gouvernement français se trouvait lui-même prévenu contre Villatte.

Nous remarquons encore les passages suivans dans le rapport du comité :

« Les colons ont mieux aimé se jeter sous une tyrannie étrangère que de renoncer à posséder des esclaves. Si vous consultez *les colons qui sont en France*, presque tous aussi attachés à l'esclavage que les nobles l'étaient à leurs vassaux, ils vous diront que *sans l'esclavage* les colonies sont perdues, et qu'elles ont mieux fait de se livrer aux étrangers que de se laisser enlever la propriété de leurs esclaves.... C'est à l'effervescence des passions, sous un soleil brûlant, qu'il faut attribuer, en grande partie, les désastres de la colonie : *la liberté ne devait peut-être y être portée qu'avec des ménagemens.... Qu'on ne parle plus de la nécessité de l'esclavage* pour la culture... Voulez-vous consolider le bonheur de ces hommes (les noirs) attachés à la patrie? Voulez-vous accroître leur courage et leur dévouement ? Eloignez d'eux toute inquiétude, toute incertitude sur leur sort; que l'*Africain* qui peut être libre, *et à qui vous avez promis la liberté* qu'il défend avec courage, *reçoive une nouvelle assurance que vous maintiendrez vos décrets ;* que *l'homme de couleur ne soit plus avili...* »

Il ressort de ces passages du rapport, que la caste coloniale s'agitait en France pour faire revenir la convention nationale sur son décret du 4 février 1794. Si le comité de salut public conclut à son maintien, du moins il exprima une sorte de *regret* par les réflexions qu'il faisait au sujet de la liberté générale. Ce langage était-il assez positif sur le droit qu'avaient les noirs d'être libres comme tous autres hommes ? N'était-il pas de nature à encourager les intrigues des colons ? Aussi, nous ne nous étonnons pas de ce que nous lisons dans l'introduction générale du rapport de Garran, présenté à la convention nationale trois mois après celui du comité de salut public. Garran y dit :

« L'instabilité des lois sur les colonies, et leur fréquent
« changement ont beaucoup ajouté aux maux de Saint-
« Domingue. Si les législateurs *avaient encore* le malheur
« d'être abusés par les trames perfides d'une faction (celle
« des colons) si dangereusement aveugle ; s'il se pouvait
« *qu'on accueillît le projet coupable de remettre les nègres*
« *dans la servitude, Saint-Domingue serait perdu pour*
« *la France*, et ce serait alors qu'il serait impossible
« d'éteindre les feux de la guerre civile, *et de préserver*
« *les blancs de la rage des noirs.* »

1804 prouva cette prédiction sensée !

Nous aurons à offrir, suivant l'ordre chronologique, d'autres faits, d'autres opinions émises dans le sein des assemblées qui remplacèrent la convention nationale, provoquant toujours le rétablissement de l'esclavage dans les colonies françaises ; et nous prouverons que, si le gouvernement consulaire, mieux constitué que celui du Directoire exécutif, a entrepris de réaliser ces vues, c'est qu'il trouva ces précédens en France, en même temps qu'à Saint-Domingue, en 1801, T. Louverture avait établi un régime qui facilitait la conception de cette odieuse mesure : circonstances qui pourraient atténuer la faute du gouvernement consulaire, si l'on pouvait jamais excuser le génie transcendant qui le dirigeait, d'être tombé dans une telle erreur, disons mieux, un tel crime aux yeux de l'humanité.

Enfin, revenons au rapport du comité de salut public. Il proposait à la convention nationale de rendre le décret suivant, qui fut adopté :

La convention nationale, sur le rapport de son comité de salut public, décrète :

Art. 1er — Les hommes armés dans la colonie de Saint-Domingue, pour la défense de la République, ont bien mérité de la patrie.

2. — Le brevet de *général de division* sera expédié au général Laveaux, à prendre rang du jour qu'il a rempli à Saint-Domingue les fonctions de gouverneur ; il continuera *provisoirement* de les exercer.

3. — Le citoyen Perroud est *provisoirement* maintenu dans le grade et les fonctions d'ordonnateur dans la colonie.

4. — Les brevets de *généraux de brigade* seront expédiés aux commandans Villatte, Toussaint Louverture, Bauvais et Rigaud.

5. — Les autres grades donnés par le général Laveaux, sont *provisoirement* maintenus ; et la convention renvoie au comité de salut public à déterminer les avancemens qu'il a proposés.

6. — Les lois *sur les émigrés* seront envoyées dans la colonie *pour y être exécutées comme en France.*

7. — Tous *les cultivateurs* qui ne seront pas appelés au service des armées, *seront tenus* de continuer leurs cultures, sous les conditions et aux avantages déterminés par les règlemens proclamés *par le gouverneur et l'ordonnateur.*

8. — Toute *assemblée coloniale est défendue*, jusqu'à ce qu'il en

ait été autrement ordonné par la constitution. *Toutes autres assemblées sont également interdites*, si elles n'ont été permises et autorisées par le gouverneur et l'ordonnateur.

9. — Les règlemens faits par le gouverneur et l'ordonnateur seront provisoirement exécutés ; ils les adresseront, aussitôt qu'il leur sera possible, à la commission de marine, pour en être rendu compte à la convention nationale, et être par elle statué définitivement.

10. — Le comité de salut public est chargé de faire donner au citoyen Desageneaux, commandant la corvette la *Musette*, et à son second, ainsi qu'à l'équipage qui les a secondés, les avancemens dont ils sont susceptibles.

11. — Le présent décret sera, sans délai, envoyé à la colonie de Saint-Domingue, avec les secours provisoires que les circonstances permettent d'y faire passer.

Ce décret, en date du 23 juillet, accordait à chacun ce qu'il méritait : les chefs militaires recevaient les grades qui étaient dus à leur valeur et à leurs services ; les inférieurs étaient provisoirement maintenus dans les leurs ; tous, jusqu'aux soldats, recevaient leur récompense par la déclaration de l'autorité souveraine, *qu'ils avaient bien mérité de la patrie*, de cette patrie dont ils défendaient la cause à 1800 lieues avec un dévouement si énergique. L'ordonnateur civil était aussi récompensé.

A l'égard des cultivateurs, des noirs pour la plupart, jadis esclaves, nous remarquons qu'ils étaient tenus de continuer les cultures, non pas sous les conditions et aux avantages déterminés précédemment par les commissaires civils, mais d'après les règlemens qu'il plairait au gouverneur et à l'ordonnateur de prendre à cet égard. Depuis plusieurs mois, en effet, Polvérel et Sonthonax, et ce dernier après la mort de son collègue, étaient soumis aux débats de l'accusation portée contre eux : le résultat étant incertain à ce sujet, *les règlemens* qu'ils avaient faits en proclamant la liberté générale, ne se trouvaient pas *sanc-*

tionnés, quoique cette liberté l'eût été par le décret du 4 février 1794, et que le comité de salut public y eût conclu également. Le gouverneur et l'ordonnateur étaient rendus à l'omnipotence de l'autorité qu'exerçaient anciennement les deux chefs de la colonie, le gouverneur et l'intendant. Ils étaient investis du droit d'interdire toutes les assemblées populaires, même les municipalités, attendu que la constitution de l'an III s'élaborait alors et qu'elle se réservait de prononcer à ce sujet.

Presqu'immédiatement après ce décret, le 4 août, Boissy-d'Anglas présenta un autre rapport à la convention nationale, au nom de la commission des onze. L'objet de celui-ci était d'examiner quelle organisation il fallait donner aux colonies françaises en général. Ce rapport lucide et important discuta la question de savoir s'il convenait de faciliter *leur indépendance* de la métropole, et celle relative au droit de se constituer *des assemblées locales*, chargées de régler *leur régime intérieur*. Il conclut à refuser l'une et l'autre chose, et à distribuer leur territoire en départemens qui seraient représentés par des députés aux assemblées législatives de la métropole. Dans son plan, Saint-Domingue devait être divisé en *deux* départemens seulement, celui du Nord et celui du Sud. Mais cette division ne prévalut pas à raison de la cession, par l'Espagne, de la partie espagnole qui venait d'avoir lieu, et dont nous parlerons bientôt.

Nous y remarquons les passages suivans, qui sans doute influèrent sur les résolutions de la convention nationale.

« Pour qu'un peuple puisse être *indépendant*, il faut qu'il sache se suffire à lui-même ; il faut qu'il soit composé de manière à pouvoir, par ses propres forces, *résister aux entreprises* de ceux qui tenteraient de le subjuguer ; il faut qu'il trouve dans ses productions les moyens de s'alimenter, dans son énergie et dans son courage, ceux de repousser ses ennemis. *Tout peuple qui n'est pas essentiellement agricole et guerrier ne peut conserver son indépendance.* Or, si l'on considère le climat heureux et les riches productions de nos colonies, on jugera que les hommes qui les habitent ne peuvent être ni l'un ni l'autre... Un tel peuple doit donc borner ses vœux à être sagement et paisiblement gouverné par des hommes humains et justes, ennemis de la tyrannie.

« Nos colonies américaines, affranchies des liens qui les unissent à la France, seraient d'abord la conquête *de quelque brigand audacieux qui, sous le nom de liberté, leur préparerait de nouvelles chaînes.* Elles se diviseraient ensuite en de petits états tributaires les uns des autres, lesquels redeviendraient bientôt la conquête de celle des puissances de la terre, dont la marine serait la plus active...Si l'indépendance absolue a dû se naturaliser en Amérique, ce n'a pu être que dans son continent. La nature avait promis la liberté au Nord de cet hémisphère, et elle lui a tenu parole. Mais comment les habitans des Antilles pourraient-ils éviter l'envahissement de quelque puissance que ce fût, *sans fer, sans marine, sans troupes organisées ?* Il est aisé de supposer, au contraire, que celle de qui la marine serait la plus nombreuse et la plus exercée, celle dont *la position géographique* la rapprocherait le plus de ces contrées, l'emporterait nécessairement sur toutes les autres, et que la France, par exemple, ne pouvant rivaliser à cet égard ni avec l'Angleterre en Europe, *ni avec les États-Unis,* en Amérique, serait forcée d'abdiquer en leur faveur tous les avantages qu'elle peut retirer d'un ordre de choses mieux établi.

« Que les colonies soient toujours françaises, au lieu d'être seulement américaines ; qu'elles soient libres, sans être indépendantes ; que leurs députés, appelés dans cette enceinte, y soient confondus avec ceux du peuple entier qu'ils seront chargés de représenter, qu'ils y délibèrent sur tous les intérêts de leur commune patrie, inséparables des leurs... Si, comme on vous l'a proposé, il existait dans les colonies *des assemblées délibérantes*, investies du droit de prononcer sur tout ce qui pourrait tenir à *leur législation intérieure*, la France n'exercerait plus sur elles qu'une sorte de *suzeraineté féodale*.... Admettre un pareil ordre de choses, ce serait organiser, sous un autre mode, l'indépendance dont nous avons parlé, et à laquelle vous ne saurez consentir.

» Une administration *de cinq membres investis de pouvoirs*...., des municipalités dans chaque canton, des tribunaux judiciaires dans chaque département... achèveront de compléter le système de l'organisation des colonies.

» *L'état des citoyens* est réglé par la constitution même, et vous n'y apporterez *aucune exception* ; s'il est permis d'en appliquer à des dispositions législatives, *ce ne peut être qu'en faveur de la liberté des hommes. L'abolition de l'esclavage a été solennellement décrétée, et vous ne voudrez point la modifier ; c'était une conséquence de vos principes, un des résultats de votre révolution, et vous ne pouviez vous dispenser de les proclamer avec éclat :* c'est *le seul acte de justice* que la tyrannie vous ait enlevé ; vous ne voudrez pas *sans doute* paraître moins attachés qu'elle à ces principes éternels qu'elle a su si peu respecter (la tyrannie de Robespierre, lequel ne voulait pas cependant donner la liberté aux noirs.) *Rendre à tous les habitans des colonies indistinctement cette liberté qu'on n'avait pu leur ravir que par la violence et par la force, c'est en faire non-seulement des hommes libres, mais encore des citoyens.* »

Enfin, les commissaires à nommer par le Directoire exécutif (créé déjà dans le corps de la constitution inachevée) pourront *suspendre, destituer et remplacer les fonctionnaires publics* dans la colonie où ils sont envoyés.

Certes, on ne pouvait pas confier à un homme plus honorable que Boissy-d'Anglas, un tel rapport sur l'organisation des colonies. On voit comment le sentiment de la justice domine dans cet acte. Mais il en ressort encore, comme du rapport précédent, que le parti colonial cherchait à égarer la convention nationale pour modifier l'abolition de l'esclavage, sinon rétablir entièrement *ce fait monstrueux* [1].

Si le rapporteur parle de l'impossibilité, pour le peuple des Antilles, de résister aux entreprises de ceux qui tenteraient de le subjuguer, c'est qu'en 1795, à Saint-Domingue, par exemple, les Anglais paraissaient assez fortement assis pour qu'on doutât en France, si l'on réussirait à les en chasser. Mais le temps a prouvé que le peuple de ce pays, *essentiellement agricole et guerrier*, pouvait conserver son indépendance. Il est curieux néanmoins de reconnaître comment le rapporteur prévoit, que *quelque brigand audacieux réussirait, sous le nom de liberté, à préparer des chaînes à ce peuple.* Quand nous serons à l'année 1800, nous examinerons si cette prévision s'est réalisée. Il n'est pas

---

[1] Gouly, député de l'Ile de France à la convention, publia une opinion après ce rapport de Boissy-d'Anglas, *avec l'autorisation de la convention*: rien n'est plus favorable au rétablissement de l'esclavage. Il concluait à attendre la paix pour régler le sort des colonies.

moins curieux de voir qu'il a prévu ce qui entrerait dans les desseins qu'on prête de nos jours aux Etats-Unis, de faire la conquête des Antilles. Avant Boissy-d'Anglas, Turgot, consulté par Louis XVI sur l'intervention réclamée de la France par les colonies anglaises insurgées, avait entrevu la possibilité de tels desseins de la part de ce pays.

Dans le moment où la convention nationale rendait son décret proposé par Defermon, l'Espagne consentait à la cession de sa colonie de Saint-Domingue en faveur de la France : elle eut lieu par le traité de paix conclu à Bâle, le 22 juillet. L'article 9 du traité portait :

« En échange de la restitution portée par l'article 4 (celle des places prises par la France en Europe), le roi d'Espagne, pour lui et ses successeurs, cède et abandonne en toute propriété à la République française, toute la partie espagnole de l'île de Saint-Domingue aux Antilles.

« Un mois après que la ratification du présent traité sera connue dans l'île, les troupes espagnoles devront se tenir prêtes à évacuer les places, ports et établissemens qu'elles y occupent, pour les remettre aux troupes de la République française au moment où celles-ci se présenteront pour en prendre possession. Les places, ports et établissemens dont il est fait mention ci-dessus, seront remis à la République française avec les canons, munitions de guerre et effets nécessaires à leur défense, qui y existeront au moment où le présent traité sera connu à Saint-Domingue.

« Les habitans de la partie espagnole de Saint-Domingue qui, par des motifs d'intérêt ou autres, préféreront de se transporter *avec leurs biens* dans les possessions de

S. M. C., pourront le faire dans l'espace d'une année, à compter de la date de ce traité.

« Les généraux et commandans respectifs se concerteront sur les mesures à prendre pour l'exécution du présent article. »

Par suite du décret du 23 juillet, le capitaine Desageneaux, qui avait eu le bonheur de traverser les croisières anglaises avec la *Musette*, fut encore chargé de revenir à Saint-Domingue pour porter le décret, les instructions du comité de salut public et le traité relatif à la cession de la partie espagnole à la France. Cette fois, il monta la corvette la *Vénus* sur laquelle on mit quelques secours en argent, poudre, fusils et habillemens. La corvette réussit encore et arriva au Cap, le 14 octobre.

Cette circonstance obligea Laveaux à retourner au Cap pour y fixer sa résidence, d'après l'ordre du comité de salut public. Il quitta le Port-de-Paix le 16 octobre, en y laissant Pageot : il était accompagné de Perroud. Avant de partir, il expédia à T. Louverture son brevet de général de brigade, en le chargeant de faire parvenir les leurs, à Rigaud et Bauvais. Rendu au Cap, il fit reconnaître Villatte à son grade en lui remettant son brevet, et Rodrigue, colonel du 1er régiment des troupes franches.

La nouvelle de la paix avec l'Espagne et de la cession de sa colonie fut accueillie avec autant de joie que le décret de la convention nationale, qui déclarait que l'armée coloniale avait bien mérité de la patrie. Chacun se sentit digne du titre et de la qualité de français, puisque l'assemblée souveraine de la France le proclamait dans cette forme, si propre à enorgueillir ceux qui en étaient l'objet. Les généraux, pénétrés de reconnaissance, se sentirent fiers de leur dignité et résolurent de se distinguer encore plus. Tous comprirent que la cessation de la guerre avec l'Espagne allait leur donner plus de facilité pour combattre les Anglais.

Le 28 octobre, étant à la Petite-Rivière de l'Artibonite, T. Louverture transmit à Laveaux les copies d'une lettre qu'il avait adressée à Jean François, pour l'engager à se soumettre à la France, et de la réponse de ce dernier. Douze jours étaient à peine écoulés depuis l'arrivée de la *Vénus* au Cap, que déjà T. Louverture avait entamé une négociation tendante à faire jouir son ancien compagnon des mêmes avantages que lui. « Mais, dit-il à Laveaux, « *je désespère de rien faire de bon avec lui.* » Il informa le gouverneur que les Espagnols avaient retiré du Fort-Dauphin beaucoup de poudre pour donner à Jean François; ce qui était une violation formelle du traité de paix, et ce qui annonçait que les Espagnols voulaient engager Jean François à continuer la guerre, soit par lui-même, soit en se joignant aux émigrés et aux Anglais.

Laveaux s'était empressé, dès son arrivée au Cap, d'écrire au marquis de Casa Calvo, commandant au Fort-Dauphin, pour lui notifier le traité de paix contenant la cession de la partie espagnole, et lui demander la remise immédiate de tous les points de la partie française occupés par les Espagnols, en attendant qu'il pût faire occuper ceux de l'autre partie. Il lui demanda aussi l'éloignement de Jean François et de ses principaux officiers, du territoire de Saint-Domingue. Le chef de bataillon Grandet fut chargé de négocier cette mesure indispensable. Ce n'est que le 4 janvier 1796 que Jean François partit du Fort-Dauphin pour la Havane, d'où il se rendit en Espagne : là, il jouit du rang et des honneurs de lieutenant général.

Il y mourut. Ni aucun document, ni les traditions orales, n'ont fait savoir ce que devint le fameux Biassou.

Rigaud s'était empressé d'écrire à Laveaux, pour lui proposer de lui permettre d'aller prendre possession de la partie espagnole, avec mille hommes de troupes : ce que le gouverneur refusa, non sans raison, car on ne comprend pas qu'il conçût un tel projet, lorsqu'il avait les Anglais à combattre dans le Sud.

Laveaux déclare qu'aussitôt son arrivée au Cap avec Perroud, les officiers du 1er régiment, sous les ordres de Rodrigue, lui suscitèrent *des tracasseries*, et que c'était l'effet des intrigues qui se préparaient contre eux. Ces officiers recevaient au Cap 66 livres par mois, *en argent*, et des rations en nature, tandis que ceux du Port-de-Paix en recevaient 99, mais en un *papier-monnaie* créé là par Perroud Laveaux leur offrit ce papier-monnaie qu'ils acceptèrent, et l'ordonnateur en émit pour une valeur de 21,000 livres. Le papier ayant été accepté par les commerçans, notamment par un blanc du nom de Ponsignon, *le mulâtre* Demangle, l'un des officiers, et quelques autres menacèrent ce Ponsignon de l'assommer à coup de bâton, s'il ne rendait pas ce papier à l'ordonnateur. Ces faits obligèrent celui-ci à retirer le papier émis : de là encore, dit-il, de nouvelles tracasseries de la part des officiers.

C'est souvent dans certains petits détails qui paraissent insignifians, qu'on trouve l'explication de faits graves.

On a vu précédemment que Perroud avait affermé les maisons du Cap et les habitations de la campagne, pour en retirer des moyens financiers. Puisque les officiers de la garnison de cette ville recevaient chacun 66 livres en argent, c'est une preuve que la caisse publique pouvait y subvenir. Dès lors, pourquoi l'ordonnateur voulut-il changer le mode de paiement, pour donner à ces officiers un papier-monnaie évidemment déprécié de sa valeur, à 50 %, puisqu'il le donnait à raison de 99 livres ? Et au Port-de-Paix, n'avait-il pas aussi des ressources financières, pour ne pas y créer ce papier-monnaie ? Et c'était au moment où la *Vénus* venait d'apporter de l'argent de France, qu'il contraignait les officiers à recevoir son papier ! Ce fait seul condamne une telle mesure ; et ce Ponsignon nous semble être un *compère* aposté pour faciliter l'émission du papier-monnaie, en l'achetant à vil prix des mains des officiers.

Après avoir envoyé Grandet au Fort-Dauphin, Laveaux avait expédié une députation qui devait, de là, se rendre à Santo-Domingo pour en prendre possession. Mais le 7 novembre, Mauban, auditeur des guerres et chef de cette députation, lui écrivit pour l'informer que le marquis de Casa Calvo ne voulait pas qu'elle continuât sa route, attendu que Don Garcia avait été autorisé par la convention nationale, à continuer d'administrer l'ancienne partie espagnole, jusqu'à ce que le gouvernement français jugeât opportun d'y envoyer un général et des troupes pour en prendre possession. La députation dut revenir au Cap.

Effectivement, le gouvernement français s'était entendu à ce sujet avec la Cour de Madrid. Ce n'est que quelques mois après, qu'il prit des dispositions à l'effet de faire occuper la partie espagnole.

Pendant que Laveaux se débattait au Cap contre ce qu'il appelle les *tracasseries* des officiers de la garnison et des citoyens, il écrivit à T. Louverture pour l'informer de ces faits. Nous remarquons qu'il ne se sert que de ce mot à propos du refus fait par les officiers de recevoir le papier-monnaie de Perroud ; cependant, on va voir qu'il présenta les choses sous un autre aspect à T. Louverture, d'après la réponse suivante de ce dernier, en date du 21 novembre :

« Le détail que vous me faites de la conduite abominable des citoyens du Cap à votre égard, me remplit d'indignation ; et je ne vous cache pas que je suis bien courroucé contre eux. Quoi ! *ils ont eu l'audace de vous menacer en propos et de prendre les armes contre vous ?* Que prétendent-ils donc ? Auraient-ils au moins l'idée extravagante de croire qu'ils doivent se conduire à leur gré ? *Je perdrai mille vies pour une, ou ils rentreront dans le devoir.* Je leur envoie aujourd'hui 4 députés avec une lettre. Vous pouvez vous tranquilliser à l'égard de Pierrot, Flaville, etc. (officiers noirs). Je leur ai envoyé *des hommes de confiance* pour leur indiquer la marche qu'ils doivent suivre. Comme il leur avait été envoyé du Cap des émissaires, *ils n'ont voulu rien faire sans me prévenir.* »

Il résulte de cette réponse de T. Louverture, que Laveaux l'excitait contre les officiers et les citoyens du Cap, en les accusant de l'avoir menacé en propos et d'avoir même pris les armes contre lui. Or, il ne dit pas un mot de tels faits. De son côté, ces hommes de confiance que T. Louverture envoya aux officiers supérieurs noirs, qui paraissent avoir été alors dans des postes hors du Cap, indiquent que celui-ci secondait les intentions du gouverneur général, en lui préparant des soutiens contre les mulâtres qu'il accusait toujours de tout. Ces préventions de Laveaux étaient-elles justes, alors que par une mauvaise mesure financière, Perroud mécontentait les officiers de toutes couleurs par son papier-monnaie déprécié ?

Laveaux quitta alors le Cap, avec Perroud et le capitaine Desageneaux, pour visiter les lieux où commandait T. Louverture. Arrivé, dit-il, à Plaisance, il y trouva Pierre Duménil, officier noir, qui avait succédé à Gabart, *mulâtre qui ne voulait plus voir de blancs*. Les habitans étaient rentrés sur leurs habitations, beaucoup *de blancs* parmi eux. Aux Gonaïves ils rencontrèrent T. Louverture ; *et les blancs, hommes et femmes, faisaient son éloge*. Ils visitèrent tous les camps ou postes de l'Artibonite. Tous les lieux placés sous les ordres de T. Louverture jouissaient de l'aisance et de la tranquillité : les habitans *de toutes couleurs* bénissaient son administration.

Retournant par le Gros-Morne, Laveaux et ses compagnons arrivèrent au Port-de-Paix le 28 novembre, et y séjournèrent jusqu'au 15 décembre qu'ils en partirent pour revenir au Cap où ils arrivèrent le 18. Là étaient déjà rendus Pinchinat, Sala et Pierre Fontaine.

En recevant le décret du 23 juillet, qui les avait élevés au grade de général de brigade et déclaré que les citoyens de Saint-Domingue avaient bien mérité de la patrie, Rigaud et Bauvais, pour établir une union plus étroite entre les départemens du Sud et de l'Ouest et la France, et donner à celle-ci un gage de leur fidélité, avaient demandé à Laveaux et Perroud l'autorisation de convoquer les citoyens en assemblées primaires, pour nommer des députés à la convention nationale encore existante. On se rappelle que lorsque Sonthonax en fit nommer six pour le Nord, en septembre 1793, Polvérel n'en avait rien fait pour ces deux provinces qu'il administrait. Il y avait donc deux années écoulées, que le Nord était représenté en France, tandis que ces deux provinces ne l'étaient pas encore. Mais Laveaux et Perroud, usant des pouvoirs que leur conférait le décret du 23 juillet, refusèrent l'autorisation réclamée ; ils permirent seulement à Rigaud et Bauvais d'envoyer en France des personnes chargées de porter à la convention nationale et au comité de salut public, l'expression de leur gratitude pour les brevets qu'ils avaient reçus, en même temps qu'ils donnaient à T. Louverture et à Villatte une autorisation semblable. La *Vénus* devant partir du Cap le 16 décembre, Pinchinat et ses deux compagnons s'y rendirent à cet effet pendant que Laveaux était au Port-de Paix.

De son côté, Villatte choisit pour cette mission un nommé Hennique, et T. Louverture désigna Caze aîné, Viart et Lacroix. T. Louverture fit *prêter serment* par écrit à ses trois envoyés, *de bien remplir leur mission, de faire connaître sa valeur, ses travaux, ses conquêtes, son amour pour l'agriculture,* etc. Ce serment fut prêté le 7 décembre, ils se rendirent au Cap après que Pinchinat et ses compagnons y étaient déjà arrivés.

A cette occasion, Laveaux prétend que Villatte reçut ces derniers chez lui, et qu'il *refusa* de loger les envoyés de T. Louverture, qu'il reçut alors dans sa demeure, et que c'est dès lors que commencèrent les intrigues qui aboutirent à son arrestation et à celle de Perroud, dont nous parlerons ensuite ; car *les mulâtres accoururent de toutes parts pour voir et consulter l'oracle Pinchinat.*

Si le lecteur se rappelle les termes de la lettre de Desfourneaux à Laveaux, datée du Môle, il ne s'étonnera pas de ceux dont se sert ici le gouverneur général à l'égard de Pinchinat qui, suivant Desfourneaux, s'était ligué avec Montbrun pour le faire assassiner ainsi que Sonthonax. Prévenu déjà depuis le mois de mars 1794, contre Pinchinat, le trouvant logé chez Villatte, qu'il n'aimait pas, voyant venir de *perfides mulâtres* pour le voir, il en tire naturellement la conséquence que son esprit étroit et jaloux lui dictait. Comment ! les hommes de couleur du Nord avaient vu Pinchinat à l'œuvre, dans la commission intermédiaire au Cap, dans les agitations du mois de décembre 1792, où il s'agissait de la destruction de leur classe par les blancs, et ces hommes qui savaient d'ailleurs tous les services qu'il avait rendus à la cause de la liberté, n'auraient pas dû avoir la faculté de venir lui donner des témoignages de leur estime et de leur attachement, au moment où il allait partir pour se rendre en France !

Nous ignorons jusqu'à quel point il faut ajouter foi à cette assertion de Laveaux, qui affirme que Villatte refusa de loger les envoyés de T. Louverture. Mais quand nous relisons tout ce que nous avons transcrit de son compte-rendu relativement à Villatte, nous nous trouvons, malgré nous, enclin à douter de sa véracité à cet égard. Et quand cela serait vrai, ne se peut-il pas que Villatte n'avait pas un logement assez vaste pour recevoir six personnes chez lui, sans qu'il y eût mauvais vouloir de sa part ?

Si nous insistons sur des détails aussi minutieux, c'est que nous ne pouvons narrer que d'après les écrits de Laveaux lui-même, et qu'ils doivent nous conduire bientôt à l'affaire du 30 ventôse, ou 20 mars 1796.

Ainsi, il dit qu'en son absence et celle de Perroud, les baux à loyer des maisons du Cap étant échus à cette époque, l'administration les fit crier de nouveau, et que des *jeunes gens* empêchèrent que les adjudications ne s'élevassent à un taux convenable. Dès leur retour au Cap, le gouverneur et l'ordonnateur annulèrent ces criées publiques, ces adjudications, et de nouvelles criées eurent lieu; celles-ci portèrent à la somme de 438 mille livres, ce qui n'avait produit l'année précédente que 152 mille livres : de là une inimitié violente contre ces deux fonctionnaires. En même temps, les officiers et même les soldats des trois régimens de la garnison du Cap demandèrent *des avances* sur leur solde, en toiles et autres marchandises existant dans les magasins de la République, qu'ils furent *forcés* de leur délivrer pour éviter des troubles.

Quel mal y avait-il donc, pour l'administration, à payer la solde à ces militaires, qui avaient rempli leurs devoirs et souffert tant de privations, en objets dont ils avaient besoin ? N'était-ce pas pour eux qu'on les achetait ?

C'est ici l'occasion de dire ce que nous trouvons dans un écrit publié en 1797, par un blanc nommé Gatereau, qui avait été journaliste au Cap. Nous ne pouvons garantir l'exactitude de son récit; mais il peut du moins nous conduire à entrevoir la vérité dans ce ce qui se passait de la part de Perroud et de Laveaux.

Gatereau affirme que Henri Perroud était venu dans la colonie avant la révolution, chargé par la maison Journu-Aubert, de Bordeaux, de vendre les cargaisons qu'elle envoyait au Port-de-Paix, et dont il fit une mauvaise gestion. Il l'accuse encore d'avoir contribué aux persécutions exercées dans cette ville, en 1791, contre les hommes de couleur. Nous citerons des écrits de Perroud qui confirment pleinement ses mauvais sentimens à l'égard de ces hommes. Dans tous les cas, on peut avec raison supposer qu'ayant été nommé par Laveaux à la charge d'ordonnateur, et trouvant ce général si prévenu contre eux, Perroud devait s'attacher à lui complaire à ce sujet, à partager ses préventions et à les exciter même. Ce n'est pas dans le moment où il venait d'être confirmé dans sa charge d'ordonnateur, que Perroud eût cherché à contrarier Laveaux sur ce point.

Suivant Gatereau, Perroud aurait imaginé de créer son papier-monnaie au Port-de-Paix, pour trouver moyen de s'enrichir : ce papier étant déprécié successivement à 50, 60 et 70 %, *des agens* dans le commerce se chargèrent de le recevoir ainsi, pour le compte de l'ordonnateur personnellement. Ce que Laveaux dit de ce Ponsignon qui, au Cap, recevait le papier-monnaie, ne semble-t-il pas donner créance à l'assertion de Gatereau? Quelle nécessité y avait-il d'y émettre pour 21,000 livres de papier, aussitôt leur arrivée au Cap, en contraignant les officiers de la garnison à le recevoir à 50 % de perte? Ce fait de l'ordonnateur, d'accord avec le gouverneur, n'était-il pas de nature à faire naître des soupçons contre eux et à exciter le mécontentement des militaires? Si Perroud retira de la circulation ces 21,000 livres de papier, c'est qu'effectivement il y avait moyen de payer les officiers en argent. Gatereau affirme enfin, que Perroud achetait du commerce, tant au Port-de-Paix qu'au Cap, des toiles, des draps, etc., de mauvaise qualité, à un prix élevé, qu'il donnait *aux cultivateurs* au lieu d'argent, pour ce qui leur revenait de leur portion, sur les denrées récoltées des habitations séquestrées et gérées pour compte de la République, et *aux officiers et aux soldats* en place d'argent pour leur solde.

Que tous ces faits soient exagérés ou non, on conçoit néanmoins que dans un pays où l'on était habitué à voir les comptables, les administrateurs de finances abuser de leur position, dilapider les deniers publics, ces faits, ces mesures prises par Perroud, devaient motiver de graves soupçons contre lui, et même contre Laveaux qui l'appuyait de son autorité : de là l'irritation des esprits, des propos légers contre ces deux fonctionnaires, et leur mécontentement personnel, leurs préventions contre les hommes qu'ils supposaient être les excitateurs des bruits qui circulaient au sujet de l'infidélité dont on les accusait. On conçoit alors que les intrigans du Cap exploitèrent cette situation pour y faire naître des désordres. Laveaux étant déjà en mésintelligence avec Villatte, depuis la fin de 1793, et ce dernier jalousant T. Louverture à cause de la préférence que lui accordait le gouverneur, il n'était guère possible que le Cap jouît de l'union entre les citoyens, et de la tranquillité qui en résulte ordinairement.

Cependant, que fait Pinchinat aussitôt son arrivée au Cap? Reconnaissant la mésintelligence qui existait entre Laveaux et Villatte, il essaie de les réconcilier ; il offre son concours à ce sujet, ignorant que Laveaux tient la lettre de Desfourneaux. Celle que lui écrivit Sonthonax, de Jacmel, ne devait pas non plus faire l'éloge de Pinchinat. Celui-ci échoue dans sa louable intention de réconciliation; et il n'en pouvait être autrement. Une croisière anglaise contraignant la *Vénus* à prolonger son séjour sur la rade du Cap, Pinchinat et ses deux compagnons sont forcés d'y rester aussi, pour attendre le moment favorable au départ de cette corvette ; et chaque jour ajoute au danger de cette situation.

Devons-nous chercher à justifier Villatte de rester en mésintelligence avec son chef? Non, sans doute ; car une telle situation ne pouvait que nuire à la chose publique. Mais il paraît que cette mésintelligence ne consistait que dans leurs rapports d'homme à homme, et non pas d'inférieur à supérieur ; car, nous ne trouvons rien dans les écrits de Laveaux qui accuse Villatte d'avoir négligé son devoir comme militaire. A ce sujet, nous le verrons bientôt charger Villatte d'une opération importante, et celui-ci s'en acquitter loyalement et vaillamment.

On était arrivé en janvier 1796, et la *Vénus* ne pouvait encore prendre la mer. Suivant Laveaux, un officier de marine nommé Martinet donna un déjeûner où il se trouva avec Villatte, Pinchinat, Rodrigue et plusieurs autres officiers. C'était le 5 janvier. Là, dans une conversation générale sur le gouvernement des États-Unis, Rodrigue, blanc et colonel du 1er régiment du Cap, soutint *par comparaison*, que Saint-Domingue pouvait se passer de la France, tandis que celle-ci avait essentiellement besoin de sa colonie : Rodrigue se plaignit du gouvernement français qui, cependant, venait de lui envoyer le brevet de colonel. Laveaux se retira, pour ne pas être *témoin* d'une telle conversation. Toutefois, il avait entendu un jeune enseigne du nom de Lonaty contester l'opinion de Rodrigue, et il demanda à Lonaty *une déclaration* écrite et signée, pour constater cette opinion de Rodrigue.

Était-ce agir selon son devoir de gouverneur général, que de se retirer purement et simplement, sans prendre part à la conversation ? De deux choses l'une : ou l'opinion émise par Rodrigue était une appréciation erronée des rapports existans entre la France et Saint-Domingue, ou elle était le résultat d'idées conçues pour rendre la colonie indépendante de la métropole, d'un projet existant à cet égard. Dans le premier cas, Laveaux devait la combattre par des argumens; dans le second, il aurait dû interposer son autorité de gouverneur général, et agir immédiatement contre Rodrigue et ses adhérens. Mais il se retire, il se borne à requérir Lonaty de lui donner par écrit une pièce dont il puisse faire usage contre Rodrigue.

Fait-il arrêter celui-ci ? Non. Que voulait-il donc faire de cette pièce ? Apparemment l'envoyer en France. N'avons-nous pas raison d'accuser Laveaux d'incapacité politique, d'après ses propres aveux ?

Il laisse Rodrigue en liberté, et cet officier, dit-il, quitta le Cap, et se rendit au Port-Margot et au Borgne où il essaya de soulever les habitans contre Laveaux. Au Borgne, *les noirs* se mirent en mouvement en se plaignant *des blancs*. Et cependant, l'instigateur de ce mouvement était un blanc !

Le 25 janvier, Rodrigue, revenu au Cap, se présenta chez Laveaux (nous relatons toujours d'après lui), et prit un ton insolent. C'est alors seulement que le gouverneur général lui reprocha sa conversation sur les relations entre la colonie et la France. Mais Rodrigue lui répondant avec plus d'arrogance, Laveaux le fit arrêter et le conduisit *lui-même* en prison. La municipalité intervint auprès de Laveaux qui céda à ses instances, et Villatte fut alors retirer Rodrigue de la prison, le 29 janvier, et le rendit au 1er régiment. Villatte n'agissait donc ainsi, que parce que Laveaux avait déféré aux démarches de la municipalité ? Puisque le gouverneur semblait convaincu des mauvais desseins du colonel Rodrigue, devait-il céder dans cette circonstance ?

Le 30 janvier, continue-t-il, il partit pour le Borgne où il apaisa l'effervescence qui se manifestait. Le lendemain, il retourna au Cap. Mais, durant son absence, Villatte s'était porté au Haut-du-Cap, où il ordonna à un officier nommé Édouard, commandant de ce poste, de ne laisser entrer au Cap aucune *troupe* armée ; et cela, parce que Villatte croyait que le gouverneur était allé chercher T. Louverture avec des forces. Cet ordre fut cause qu'Édouard fit feu sur le colonel Pierre Michel, qui revenait au Cap avec *six hommes*.

En son absence du Cap, un bâtiment espagnol y était arrivé avec 200 prisonniers français, tous blancs. Villatte les accueillit fort mal : *ils étaient blancs*, dit Laveaux, *c'était assez pour que cet officier général ne leur permît pas de descendre à terre*. Ainsi, voilà Villatte ordonnant de tirer sur les noirs et refusant à des blancs de descendre au Cap ! Et cependant, Villatte était aussi aimé d'une grande portion des blancs comme de tous les noirs de cette ville, pour avoir partagé leurs dangers, leurs privations de toutes sortes.

Laveaux envoya ces militaires français au Port-de-Paix qu'il croyait en parfaite tranquillité. Mais, *des émissaires* de Pinchinat y avaient excité *les noirs à la révolte*. Un noir nommé Étienne Datty et son secrétaire avaient fait arrêter un inspecteur noir des travaux de la culture, *fort ami des blancs*. Ils attaquèrent un autre noir nommé Vincent, commandant du poste Aubert, et Pageot fut obligé de sortir du Port-de-Paix, pour le soutenir et reprendre le poste sur les insurgés. Ceux-ci avaient eu le temps d'égorger *plusieurs blancs et plusieurs mulâtres*. Ce serait donc Pinchinat qui aurait fait tuer ces hommes ! Mais Laveaux ne dit pas que *le secrétaire* d'Étienne Datty était lui-même *un blanc* qui paraît avoir poussé cet homme à ces crimes, et qu'il fut soupçonné de connivence avec les Anglais, qui s'efforçaient de gagner les noirs de ces quartiers à leur cause, selon les accusations générales de cette époque.

Des désordres eurent lieu en même temps à la Tortue, à Saint-Louis, au Borgne ; et Pageot (dit Laveaux), soupçonna *les mulâtres* Delair et Levasseur, qui étaient à

Jean-Rabel, d'être les auteurs de ces actes d'insubordination de la part des noirs.

Cependant, Pageot ne pouvant pas réussir à calmer cette effervescence, Laveaux écrivit à T. Louverture qui se transporta dans les montagnes du Port-de-Paix et qui fit arrêter Magnot, le blanc secrétaire d'Étienne Datty, reconnu par lui comme étant l'instigateur des assassinats survenus dans ces montagnes. Quant à Étienne Datty, il le porta à accepter le commandement d'un poste au Moustique, d'après la décision de Laveaux.

Nous venons de dire que ce gouverneur a prétendu que le général Pageot soupçonnait Delair et Levasseur, d'être les instigateurs des faits qui se passaient à plus de vingt lieues de Jean-Rabel. Mais nous lisons dans un rapport fait le 1er mars 1797, au conseil des Cinq-Cents, par Marec, d'après les documens transmis en France par Laveaux, que, suivant Pageot lui-même, « c'étaient les Anglais qu'il « accusait de vouloir mettre dans la colonie, la guerre ci-« vile entre les hommes de toutes les couleurs. » Quelle foi peut-on donc avoir aux assertions de Laveaux, quand il accusait incessamment les hommes de couleur de mauvaises intentions, de tous les crimes ? Le même rapport de Marec dit que Labatut, à la Tortue, signalait *quelques mauvais sujets dans cette île* d'être la cause de la fermentation qui existait parmi les noirs contre les blancs ; et cependant, Laveaux en accuse encore Delair et Levasseur ! Dès-lors ne voit-on pas que ce gouverneur général dressait un plan d'extermination, ou tout au moins de compression odieuse contre les hommes de couleur ?

A propos de cette affaire d'Étienne Datty, il est curieux de lire les passages suivans d'une lettre que T. Louverture lui écrivit, le 14 février, étant encore aux Vérettes et avant qu'il se fût transporté dans les montagnes du Port-de-Paix.

Vous savez, dit-il à Étienne Datty, que je suis l'ami de l'ordre, de l'union, de la tranquillité, et *que je suis noir comme vous*, et que mes intérêts sont les vôtres *et ceux de tous les hommes de notre couleur.* Écoutez-moi, mon ami, écoutez *un noir comme vous*... Rappelez-vous que Toussaint Louverture *est le véritable ami de sa couleur*, et que son amitié pour eux le fera plutôt mourir mille fois *que les voir rentrer sous le joug tyrannique d'où il s'est efforcé de les retirer.* Vous savez que lorsqu'une personne a quelques taches sur sa figure, *il cherche un miroir pour les voir.* Eh bien! mon ami, *c'est moi qui suis le miroir des noirs, c'est moi qu'ils doivent consulter, s'ils veulent jouir de la liberté.* C'est *à moi* qu'il fallait vous adresser... Écoutez *un frère* qui veut le bonheur *de tous les noirs.* J'envoie auprès de vous le commandant Jean-Pierre Duménil *qui est un noir comme vous*, qui vous dira de vive voix mes intentions... J'ai vu par la lettre que vous avez écrite à Danty (mulâtre), commandant du Gros-Morne, qu'il semblerait que vous voudriez *suivre le régime du Cap*... Vous ne devez pas écouter *les ennemis* de la liberté et de la République.—Je désirerais beaucoup vous voir, ayant bien des choses à vous dire qui nous sont essentielles *pour toute notre couleur*... Je suis fâché que vous ayez agi sans m'écrire, et que vous ayez écrit *aux autres* (à Danty). Si vous n'aviez pas pu écrire *au gouverneur général*, c'était *à moi* qu'il fallait vous adresser ; je vous aurais mis dans le bon chemin, *et lui aurais parlé pour vous. Je vous embrasse de tout mon cœur*, ainsi que tous vos officiers et soldats.

Plus tard nous verrons qu'on a été forcé de fusiller Étienne. En attendant, T. Louverture envoie copie de sa lettre à Laveaux, et celui-ci en est on ne peut plus ravi. T. Louverture est entré complétement dans ses vues. Il est clair que *le régime du Cap*, à ses yeux, est contraire à la liberté des noirs, et ce régime est personnifié en Villatte, et celui-ci est considéré par Laveaux comme étant son ennemi et l'ennemi des blancs. C'est le mulâtre qui ne veut ni des noirs ni des blancs, d'après Laveaux.

Le 19 février, cinq jours après cette lettre à Étienne Datty, T. Louverture étant au Gros-Morne, annonce à Laveaux la soumission de ce noir. « Je viens, dit-il, de rece-
« voir votre lettre par le citoyen Fressinet, par laquelle je
« vois que vous devez être au Borgne demain. Si vous pou-
« vez vous rendre au Port-de-Paix, suivez le conseil *d'un*
« *fils qui aime son père*. Tâchez d'y rester et de n'en point
« sortir, sans m'en donner avis. Je vous parle au nom de
« mon armée, au nom du peuple républicain qui vous aime
« comme moi. C'est pour votre bien, c'est pour celui de
« tout le peuple. Je vous en écrirais plus au long, si je
« n'étais pressé de partir pour mon cordon où je suis me-
« nacé d'être attaqué par les Anglais.... Sitôt que j'aurai
« mis mon cordon en ordre, je vous écrirai *tout ce que je*
« *pense*. »

Comme il exploite habilement les préventions de Laveaux contre les hommes de couleur, et Villatte en particulier! Laveaux qui lui a fait des aveux à cet égard, qui les a divisés, peut-il ne pas subir cette influence de T. Louverture, qui veut grandir à l'aide du gouverneur général?

Notons encore à l'égard d'Etienne Datty, ce que nous trouvons dans le rapport de Marec. Si ce noir a soulevé les cultivateurs de la montagne du Port-de-Paix, c'est qu'ayant été primitivement nommé inspecteur des cultures par Pageot, celui-ci l'avait remplacé ensuite, à cause de son inconduite, par un autre noir nommé J.-B. Grissot, *fort ami des blancs*, d'après Laveaux. Irrité de sa destitution, et conseillé par le blanc Magnot, son secrétaire, il prend les armes, arrête J.-B. Grissot, tue des blancs et des mulâtres; et suivant Laveaux, ce sont les émissaires de Pinchinat qui ont provoqué cette prise d'armes et ces assassinats : il le dit, tandis qu'il avait écrit la vérité du fait, en France.

Immédiatement après la nouvelle reçue de la paix entre la France et l'Espagne et de la cession de la partie espagnole, les Anglais et les émigrés avaient combiné leurs mesures pour s'emparer du Fort-Dauphin, à l'aide d'intelligences qu'ils s'y ménagèrent avec un noir nommé Titus, ancien officier de l'état-major de Jean François, qui y était resté avec le titre de brigadier des troupes auxiliaires. Ils lui firent passer 1200 fusils, des pistolets et autres armes, de la poudre et de l'argent, pour réunir le plus de monde possible, des anciennes troupes noires licenciées au moment du départ de Jean François pour la Havane. Titus forma un camp dans la paroisse de Vallière, au Maribaroux, d'où il menaçait la partie française, ne reliant ses opérations avec les Anglais postés à Banica et au Mirebalais. En même temps, les Anglais formèrent un camp à la Pointe Isabellique, où ils recevaient des bestiaux des Espagnols et d'autres approvisionnemens en violation, du traité de paix : de là, les bâtimens de guerre mouillés dans le port d'Isabellique et dans la baie de Mancenille, devaient se porter sur le Fort-Dauphin pour s'en emparer. Ils firent une descente à cet effet dans le voisinage de cette ville.

Mais Laveaux ordonna à Villatte de marcher contre Titus. Villatte partit du Cap avec de l'infanterie et 200 hommes de cavalerie. Il réussit, pendant la nuit, à surprendre le camp de Titus. Le chef de bataillon Beaucorps, mulâtre, fait entourer la case où était Titus : celui-ci, réveillé, veut faire feu sur Beaucorps; mais ses armes le trahissent, Beaucorps le tue. Les bandes de Titus se rallient, et se mettent en mesure de combattre; mais Villatte leur déclare que s'ils font feu, ils seront tous exterminés : il les harangue et réussit à les convaincre de se disperser.

Cet heureux résultat obtenu par le courage et la fermeté de Villatte, ne prouve-t-il pas l'empire qu'il exerçait sur les noirs, une sorte d'attachement pour lui de leur part, et que si ce général était en mésintelligence avec Laveaux, du moins ce n'était pas quand il fallait remplir son devoir de militaire? Si Laveaux avait été moins prévenu contre les hommes de couleur, cette circonstance n'eût-elle pas été une occasion pour lui de s'attacher Villatte, de se réconcilier avec lui? Mais, peut-être ne l'aurait-il pas pu alors; car par tout ce que nous avons vu précédemment, il est évident que ses passions s'étaient déjà donné un maître exigeant, en T. Louverture : il ne lui était plus permis de ne rien faire sans son aveu.

Après la mort de Titus et la dispersion de ses bandes, le marquis de Rouvray et le baron de Cambefort, émigrés à la solde de l'Angleterre, réussirent néanmoins à réorganiser une partie de ces anciens soldats de Jean François, en se mettant à leur tête dans le voisinage de Banica. Ces faits se passèrent à la fin de février.

La corvette la *Vénus* était partie du Cap le 13 de ce mois. Chassée par un vaisseau anglais, elle était rentrée au Borgne et ensuite au Port-de-Paix d'où elle remit à la voile : elle réussit à se rendre en France. Les seuls députés de T. Louverture, (Caze aîné, Viart et Lacroix) partirent sur ce bâtiment. Villatte renonça à envoyer Hennique, et Pinchinat. Sala et P. Fontaine renoncèrent aussi à partir pour la France : ils remirent leurs dépêches au capitaine Desageneaux. Examinons leurs motifs.

Etant au Cap, ils avaient vu des lettres écrites par Dufay, Mills et J.-B. Belley, qui exposaient la convenance d'une représentation à la convention nationale, pour les provinces de l'Ouest et du Sud. Ils en informèrent Bauvais et Rigaud qui, alors, renouvelèrent auprès de Laveaux et de Perroud la demande relative à une convocation des assemblées primaires et électorales, à l'effet de nommer des députés. Ces deux fonctionnaires se refusant encore à donner leur autorisation, Pinchinat, Sala et P. Fontaine eurent des conférences avec eux où ils finirent par y consentir. En conséquence, ces trois envoyés, au lieu de partir sur la *Vénus*, se chargèrent des dépêches du gouverneur et de l'ordonnateur, et quittèrent le Cap le 2 ventôse (21 février), le jour même où Villatte dispersait les bandes de Titus : ils arrivèrent à Léogane le 23 février.

Ce fut une faute politique de leur part, de renoncer à se rendre en France; c'en fut une aussi de la part de Villatte de n'y pas envoyer Hennique, tandis que les commissaires de T. Louverture s'y rendaient avec la mission de le prôner sous tous les rapports, ainsi que nous l'avons vu dans le serment qu'ils lui prêtèrent. La mésintelligence qui existait entre Laveaux et Villatte, les préventions que le gouverneur nourrissait contre les hommes de couleur, auraient dû faire comprendre à Pinchinat la nécessité d'aller en France, pour éclairer la métropole sur les dangers que faisait naître cet état de choses. Par cette faute, il laissait un champ libre aux dépêches de Laveaux et de Perroud, d'égarer le gouvernement français, aux envoyés de T. Louverture de les appuyer par leurs rapports, en relevant ce dernier à ses yeux, en diminuant le mérite de Villatte, de Rigaud et de Bauvais. Probablement, Pinchinat désirait d'être nommé député; mais pour cela, il n'avait pas besoin de retourner dans l'Ouest ou dans le Sud ; on eût pu l'y élire, et se trouvant déjà en France, il est plus que probable qu'il aurait été admis. Dans tous les cas, avec son talent reconnu, il aurait été extrêmement utile à sa classe que Laveaux représentait déjà comme indocile, dévorée d'ambition, voulant se substituer à la race blanche et étant contraire aux noirs. Pinchinat, enfin, devait comprendre que les fâcheuses dispositions que Sonthonax avait contre cette classe à son départ, le porteraient à la représenter sous un jour contraire à la vérité. Tout ce qui s'en est suivi, et dont nous parlerons bientôt, tient *peut-être* à la funeste résolution prise par Pinchinat, Sala et Fontaine de ne pas aller en France.

Écoutons Laveaux parlant du départ de Pinchinat pour le Sud :

« Enfin, dit-il, le fameux Pinchinat quitte le Cap, après avoir organisé toutes ses machinations. Pendant plus de deux mois qu'il l'avait habitée, la ville n'avait cessé d'être en agitation. Il y jouait un jeu effroyable, occasionnait des réunions nombreuses et montrait dans toutes les occasions les dispositions les plus séditieuses. — « S'il y avait du trouble entre Laveaux et Villatte, disait-il un jour au colonel Léveillé, pour qui vous déclareriez-vous ? — Pour celui qui serait pour la loi. — Mais encore, faudrait-il prendre parti pour l'un ou pour l'autre. Laveaux n'est pas de ce pays-ci : Villatte est homme de couleur. » Pinchinat ne put rien obtenir de Léveillé. Les hommes de couleur de toutes les paroisses venaient voir Pinchinat, et des courriers s'expédiaient à chaque moment. C'est ainsi que l'on amenait la journée du 30 ventôse. »

N'avons-nous pas raison de regretter que Pinchinat ne soit pas parti sur la *Vénus?* Que de choses les dépêches de Laveaux n'ont pas mentionnées dès-lors, et contre lui, et contre les hommes de couleur! Nous ajournons à les faire savoir, pour les grouper au moment où nous parlerons de l'affaire du 30 ventôse.

Laveaux et Perroud avaient consenti à la formation des assemblées primaires dans l'Ouest et dans le Sud, par une ordonnance en date du 29 pluviôse (18 février), rendue sur la demande réitérée de Bauvais et de Rigaud, du 7 février. Elle portait : 1° convocation de ces assemblées primaires pour le 1er germinal (21 mars); 2° désignation de la ville de Léogane pour le siège de l'assemblée électorale du département de l'Ouest, et de la ville des Cayes pour celui de l'assemblée électorale du Sud; 3° fixation du nombre de six députés à élire, à raison de *trois* par chaque département.

« Cette ordonnance, dit le rapport de Marec, quelque
» *répugnance* que Laveaux eût à la rendre, dans la crainte
» de fournir un prétexte d'agitation et de trouble *à cer-*
» *tains hommes désignés par lui comme des intrigans*, et
» qui commençaient *dès-lors à manifester les desseins*
» *les plus pernicieux*; cette ordonnance *excita le plus vif*
» *intérêt parmi tous les bons citoyens.* »

Qui peut douter que parmi ces hommes ainsi désignés dans sa correspondance avec le gouvernement français, Pinchinat ne fût porté au premier rang? Voilà Laveaux dénonçant secrètement Pinchinat et d'autres; et cela ne doit pas étonner de sa part, lorsqu'on l'a vu à table chez Martinet, d'après ses propres aveux, se refuser à prendre part à une conversation, et sollicitant ensuite le jeune enseigne Lonaty de lui donner une déclaration écrite à ce sujet, pour s'en servir contre le colonel Rodrigue, un blanc comme lui.

Cette ordonnance rendue, soulève aussitôt des réclamations de la part de T. Louverture et des municipalités des communes comprises dans les lieux où il commandait. Ils prétendent que la population y étant *plus nombreuse* que dans le territoire soumis au commandement de Bauvais, c'est aux Gonaïves et non à Léogane que doit être le siége de l'assemblée électorale.

Or, si dans l'ancien régime même il était assez difficile de connaître au juste la population vraie des paroisses, comment, après les guerres d'une révolution qui durait depuis près de sept ans, pouvait-on être assuré de la population de ces lieux? Cette difficulté n'était donc qu'une querelle née de la jalousie du pouvoir et de l'influence politique. De plus, les Gonaïves, à cette époque, n'était qu'une bourgade à côté de la ville de Léogane; et en outre, sur les dix-sept paroisses de la province de l'Ouest, — six étaient au pouvoir des Anglais : le Port-au-Prince, la Croix-des-Bouquets, le Mirebalais, Saint-Marc, l'Arcahaie et le Môle; — cinq autres étaient dans le commandement de Bauvais : Léogane, Jacmel, les Cayes-Jacmel, Baynet et le Grand-Goave; — cinq étaient dans celui de T. Louverture : les Vérettes, la Petite-Rivière, les Gonaïves, le Port-à-Piment ou Terre-Neuve, et Bombarde; — Jean-Rabel, enfin, était sous les ordres directs de Pageot. On se rappelle que le Petit-Goave était considéré comme dépendant du Sud et sous les ordres de Rigaud.

Il y avait donc un nombre égal de paroisses de l'Ouest sous les ordres de T. Louverture et de Bauvais; elles étaient séparées par l'occupation anglaise au centre de la province; et il y avait toujours danger à traverser la mer du petit golfe de l'Ouest, par conséquent difficulté pour les électeurs qui seraient nommés dans les assemblées primaires, à se rendre soit aux Gonaïves, soit à Léogane. Dans une telle conjoncture, que devaient faire Laveaux et Perroud? Scinder l'assemblée électorale, en former une à Léogane, une autre aux Gonaïves, et décider de leur autorité, laquelle nommerait deux députés sur les trois.

Mais, au lieu d'une telle décision, ils rendirent une nouvelle ordonnance le 9 ventôse (28 février), par laquelle ils suspendirent la convocation des assemblées primaires dans toutes les paroisses de l'Ouest, en se rapportant à T. Louverture et à Bauvais pour constater, dit Marec, le point de fait allégué (celui relatif à la population) et pour concilier les prétentions réciproques.

Était ce agir comme des autorités sensées, que de décider ainsi? Le fait est, qu'ils ne voulaient d'aucune représentation en France de la part de l'Ouest et du Sud, qu'ils y redoutaient l'apparition d'hommes clairvoyans qui eussent pu éclairer la métropole, à raison même de leur position de députés.

Cependant, ni Rigaud ni Bauvais n'observèrent l'une et l'autre ordonnances rendues par Laveaux et Perroud. La première, en fixant à *trois*, le nombre de députés pour chaque province, établissait arbitrairement un mode de représentation; car à cette époque, la constitution dite de l'an III, n'avait point déterminé le nombre de députés pour Saint-Domingue, et n'était même pas encore envoyée officiellement à ces autorités. Ces deux généraux crurent qu'il fallait nommer 6 députés pour chaque province, ainsi qu'on avait fait pour le Nord, en 1793. Bauvais, considérant sans doute que le territoire de l'Ouest soumis à son commandement était plus considérable que celui soumis à T. Louverture, en fit nommer 4 : c'étaient P. Fontaine, Bonnard, Lebon et Rey Delmas. Quant à Rigaud, il fit nommer 6 députés : Pinchinat, Sala, Decoud, Daniel Gelée, Georges Pierre, et Julien Raymond qui était en France. Les assemblées électorales eurent lieu les 20 et 21 germinal (9 et 10 avril).

T. Louverture, plus sage que les deux administrateurs, s'entendit avec Bauvais : il fit nommer deux députés dont nous ignorons les noms. Ainsi, comme Bauvais, il n'observa pas la première ordonnance [1].

Nous verrons plus tard qu'aucun des députés élus dans l'Ouest et dans le Sud ne fut admis en France, soit au conseil des Anciens, soit à celui des Cinq-Cents, qui avaient remplacé la Convention nationale, d'après la nouvelle constitution française qui créa aussi le Directoire exécutif.

---

[1] Une lettre de lui à Laveaux, en date du 7 floréal (26 avril) annonce au gouverneur qu'il a reçu de Bauvais, le procès-verbal de la nomination des 4 députés, et qu'il va en faire nommer deux autres aux Gonaïves, le 10. Il se rendit donc aux raisons alléguées par Bauvais.

CHAPITRE VI.

Pierre Dieudonné et Pompée, leur conduite, leur arrestation et leur mort. — Laplume les remplace. — Belle défense de Léogane contre les Anglais. — Affaire du 30 ventôse, au Cap. — Précédens de Laveaux, de Perroud, de Toussaint Louverture, de Villatte et d'autres. — Laveaux, Perroud et d'autres fonctionnaires sont arrêtés et mis en prison. — Conduite de la municipalité et des officiers militaires. — Les détenus sont remis en liberté. — Villatte se rend à son camp. — Arrivée de Toussaint Louverture au Cap. — Laveaux le proclame Lieutenant au gouvernement de Saint-Domingue. — Jugement sur Villatte, Laveaux et Toussaint Louverture.

Il a déjà été question de Pierre Dieudonné et de Pompée, deux noirs commandans des volontaires nationaux campés à Néret, près de la ville du Port-au-Prince, au moment où Polvérel et Sonthonax se rendaient à Jacmel. Sonthonax ayant effectivement donné son cordon tricolore à Dieudonné, celui-ci se disait dès-lors *commissaire civil*, croyait en avoir l'autorité et se faisait assister de Pompée et de Laplume, ses principaux officiers. Dans le premier chapitre de ce livre, nous avons dit qu'ils faisaient la guerre contre les Anglais. Pour s'attirer plus d'influence sur les noirs des campagnes, Dieudonné feignit de vouloir s'entendre avec Hyacinthe qui avait soumis ceux de la plaine du Cul-de-Sac à l'autorité des Anglais ; il l'invita à une conférence, le fit arrêter et fusiller [1].

Ce résultat dut porter les Anglais à mettre tout en œuvre pour gagner à leur cause, celui qui devenait ainsi tout-puissant dans ces montagnes, d'où ils ne pouvaient plus tirer des denrées. Ils savaient que Dieudonné n'obéissait ni à Laveaux, ni à Rigaud, ni même à Bauvais, resté commandant de l'Ouest après l'arrestation de Montbrun. En conséquence de ce plan, ils réussirent à faire admettre auprès de Dieudonné, en qualité de secrétaire, un colon du nom de Baudouin, qui paraît être le même qui suivit Borel à la Jamaïque, quand celui-ci s'y réfugia en avril 1793. Baudouin, on le conçoit bien, une fois établi dans ce poste de confiance, devint le conseiller qui dirigeait Dieudonné et ses lieutenans.

Dans son mémoire de 1797, Rigaud nous apprend, qu'après le départ des commissaires civils, il avait fait passer des munitions à ces hommes, en les engageant à agir toujours de concert avec lui et Bauvais, et que ce fut pendant qu'il faisait le siége de Bizoton, qu'ils reconnurent que Dieudonné était hostile à leur autorité, puisqu'il se refusa à les seconder dans cette entreprise. Bientôt, ces généraux apprirent que Dieudonné permettait à ses gens d'aller commercer au Port-au-Prince, et aux Anglais et aux émigrés de venir dans ses camps. La trahison était donc manifeste ; elle était l'œuvre de ces derniers, qui inspirèrent à Dieudonné, Pompée et Laplume, l'idée

---

[1] Le fameux Malenfant dit à ce sujet : « Les mulâtres ont tendu un piége à
« Hyacinthe, en lui indiquant un rendez-vous par le moyen de quelques noirs;
« il s'y rendit, fut saisi et fusillé. Ainsi périt ce jeune chef, âgé de 22 ans.
« Ami *des blancs*, il ne fut jamais l'ennemi *des mulâtres*; cependant *ils ne*
« *l'aimaient pas*.... il était nègre. Ah! mulâtres! » (Pag. 75.)
Ne serait-ce pas le cas de dire aussi : *Ah! blanc!*....

de ne pas reconnaître l'autorité *des mulâtres*. Les Anglais méditant une attaque contre Léogane, ces auxiliaires devenaient excessivement dangereux pour cette ville et les républicains. Il fallait trouver moyen de mettre un terme à l'indépendance de tels hommes, gagnés aux ennemis que l'on combattait. Le baron de Montalembert surtout exerçait un grand empire sur eux.

Convaincu, comme Rigaud et Bauvais, du danger que présentait cette situation, T. Louverture écrivit une lettre à Dieudonné, le 12 février 1796, qu'il lui fit porter par deux de ses officiers, Docteur et Maurepas. Nous y remarquons les passages suivans, après qu'il lui eut parlé de la nécessité de se ranger franchement sous les bannières de la France, que lui-même avait adoptées, en abandonnant les Espagnols.

« Si quelques raisons particulières, que j'ignore, vous empêchent d'avoir confiance dans les généraux Rigaud et Bauvais, le gouverneur Laveaux, qui est notre père à tous, et en qui notre mère-patrie a mis sa confiance, doit mériter la vôtre. Je pense que vous ne me la refuserez pas aussi, *à moi qui suis noir comme vous*, et qui vous assure que je ne désire autre chose dans le monde que de vous voir heureux, vous et tous nos frères indistinctement.... Ainsi *vous devez être uni* avec les généraux Rigaud et Bauvais qui sont, *j'en suis sûr*, de bons républicains, puisque notre patrie les a récompensés de leurs services. Quand même vous auriez quelques petites tracasseries ensemble, *vous ne devez pas vous battre contre eux*.... Croyez-moi, mon cher ami, oubliez toute animosité particulière, *réconciliez-vous avec vos frères* Rigaud et Bauvais : ce sont *de braves défenseurs de la liberté générale, qui, j'en suis sûr*, aiment trop leur patrie pour ne pas désirer de tout leur cœur d'être *vos amis*, ainsi que de tout le peuple que vous commandez... »

A moins de supposer que les envoyés de T. Louverture étaient chargés de détruire verbalement les bons conseils qu'il donnait à Dieudonné par cette lettre, on ne peut que la trouver irréprochable par rapport à Rigaud et Bauvais. En la rapprochant même de celle qu'il écrivit deux jours après, le 14 février, à Etienne Datty, et dont nous avons donné un extrait dans le 5e chapitre, il ne semble pas que T. Louverture était alors animé contre tous les hommes de couleur. Dans cette dernière, on a pu voir qu'il l'était contre Villatte, contre le régime du Cap, d'après les suggestions de Laveaux et sa propre jalousie du pouvoir, par rapport à Villatte. La preuve de ce que nous disons ici se trouve dans une autre lettre qu'il écrivit à Laveaux, le 23 février, pour lui dire : « que « Docteur et Maurepas sont revenus de leur mission auprès « de Dieudonné ; qu'ils ont été au camp Néret ; qu'ils « ont réussi à faire comprendre à sa troupe, que Dieu- « donné les trompait et les livrait aux Anglais ; que La- « plume a profité de l'indignation de cette troupe pour « faire arrêter Dieudonné et deux de ses complices ; que « Laplume a la plus grande influence sur ces noirs, etc. »

Il résulte de cette dernière lettre, que les envoyés de T. Louverture reconnurent ce que Rigaud et Bauvais avaient appris déjà, — que Dieudonné et Pompée étaient deux traîtres qu'il fallait annuler. Ces deux généraux, de leur côté, n'avaient pas négligé de prendre des mesures à cet effet ; et dans son mémoire, Rigaud nous apprend qu'ils réussirent à persuader Laplume et d'autres, d'arrêter ces deux hommes : Dieudonné d'abord, Pompée ensuite. Ils furent conduits à Léogane, et de là envoyés dans les cachots du fort de Saint-Louis.

Si l'on se rapporte à Montbrun qui y était alors, ce serait le 5 mars que Pompée, Zéphir et Saint-Cyr, trois noirs, et le blanc Baudouin y furent conduits; que Lefranc et plusieurs autres officiers leur firent subir des traitemens atroces; que Lefranc surtout s'y distingua; qu'il fit mettre Pompée à la barre, les pieds croisés et les mains menottées; qu'on lui couvrit le visage d'un masque de fer; et ce supplice ne cessa qu'à la sollicitation de Mahé, commandant français de la frégate la *Concorde*, alors dans le port de Saint-Louis. Montbrun ajoute que le 22 mars, vers 5 heures du soir, arrivèrent Pierre Dieudonné, Noël, Cyprien, César et Léveillé, tous noirs; qu'en cette circonstance, Lefranc commit encore de nouvelles barbaries contre Dieudonné, qu'il traita de la même manière que Pompée; que, de plus, il fit passer ses mains menottées par-dessous la barre, de sorte qu'il avait le corps forcément plié en deux; qu'une chaîne lui ceignait les reins et était attachée à un carcan qu'il avait au cou; que le masque de fer qui avait servi à Pompée, lui fut mis de force, étant trop étroit pour sa tête; que Dieudonné resta dans cette douloureuse position jusqu'au 31 mars où il mourut; que Lefranc vint dans le fort, trois heures après sa sépulture, et qu'il fit exhumer le cadavre pour s'assurer de la mort de Dieudonné.

Nous avons copié textuellement ce que dit Montbrun, du sort affreux fait à ces hommes que Polvérel indiquait à Rigaud, comme n'ayant plus confiance en Montbrun. Si le lecteur croit que l'animosité de ce dernier a pu le porter à exagérer les faits, nous lui dirons qu'il produit à ce sujet un procès-verbal qui aurait été rédigé par des prisonniers comme lui, pour les constater. Toujours est-il que Montbrun n'en accuse pas Rigaud, mais Lefranc personnellement, qui a toujours été réputé pour être un homme cruel.

Ce fait d'exhumation du cadavre de Dieudonné, qui dénoterait une barbarie odieuse de la part de Lefranc, n'est-il pas croyable, lorsqu'on a lu dans le chapitre IV de ce livre, que Verneuil poussa sa vengeance jusqu'à requérir l'exhumation du cadavre de Polvérel, pour que la justice s'assurât si cet homme de bien ne s'était pas empoisonné? Toute la différence entre ces deux faits, consiste en ce que le mulâtre agit de sa propre autorité, tandis que le blanc fut contraint de s'adresser à un officier public préposé par la loi; mais la coupable intention, la dépravation du cœur est la même de leur part.

Lavaux dit à ce sujet: « Dieudonné et Pompée ne vou« lant pas être commandés *par des mulâtres*, Rigaud
« réussit à les faire tomber entre ses mains. On les con« duisit à Léogane où ils périrent dans les plus affreux
« tourmens. Quelques torts qu'ait pu avoir Dieudonné, il
« sera toujours bien difficile de justifier une *vengeance*
« dont les circonstances d'ailleurs font frémir »[1].

Nous sommes de son avis quant à cette mort affreuse. Mieux eût valu que, reconnaissant la trahison de Dieudonné, Rigaud l'eût fait juger et fusiller, comme il avait fait de Labuissonnière, comme Laveaux lui-même avait fait de Gautier, de Chadirac et d'autres traîtres.

Enfin, Rigaud explique la mort de Dieudonné et de

---

[1] Voyez la partialité de Laveaux: il a su par le rapport de T. Louverture, d'après ses officiers, que ces hommes avaient des intelligences avec les Anglais, et il ne parle de leur mort que comme une vengeance de Rigaud, parce qu'ils ne voulaient pas être commandés *par des mulâtres*.

Pompée, en disant : « On les traduisit dans les prisons ;
« ils ont fini misérablement leurs jours, soit qu'ils fussent
« dévorés de chagrin et navrés de désespoir, de ce que
« leurs projets avaient été déconcertés, soit que, prévoyant
« que l'énormité de leur crime appelait sur leurs têtes un
« exemple éclatant de justice, ils aient préféré détruire en
« eux le germe de la vie et finir ainsi leur exécrable car-
« rière. »

Cette déclamation n'est nullement convenable de la part de Rigaud. Elle prouve qu'il a bien su comment ont péri ces deux hommes. Chef supérieur, il n'aurait pas rempli son devoir si, n'ayant ordonné que la détention de ces malheureux, il n'eût pas fait rechercher la véritable cause de leur mort. L'autorité publique ne doit pas se jouer ainsi de la vie des hommes : c'est à la loi à les punir quand ils le méritent, à les protéger quand ils ne sont pas réellement coupables.

Produisons ici une lettre de T. Louverture à Laveaux, écrite le même jour, 23 février, après qu'il lui eut rendu compte du retour de Docteur et de Maurepas. Les actes sont ce qui sert mieux à faire connaître les intentions, et les faits subséquens qu'on ne pourrait souvent expliquer, si on les ignorait. Nous tenons beaucoup à juger nos révolutionnaires par leurs propres actes.

« Malgré que je vous aie écrit et vous aie donné avis de l'arrivée de mes députés que j'avais envoyés auprès de Dieudonné, je me suis réservé à écrire *particulièrement* ce que je vais vous marquer. Laplume, commandant-général du camp Néret, *d'après ce que mes envoyés lui ont dit*, a envoyé auprès de moi son fils nommé Rive, et un homme *de confiance*. J'ai causé beaucoup *particulièrement* avec eux... Je vous prie, mon général, de m'accorder *une grâce* : j'ai fait promettre *de vive voix par mes députés* à Laplume, un brevet, *n'ayant pas voulu lui écrire*, crainte que Rigaud *ne le vît*. Comme il a environ 3,000 hommes armés avec lui, je vous serai obligé de lui accorder un brevet de *colonel*. Je vous engage aussi à lui écrire et à le lui envoyer. Je vous assure que cela fera le meilleur effet possible. *Je vous embrasse de tout mon cœur.* »

Par cette lettre toute *confidentielle*, T. Louverture nous fait voir clairement ce que nous n'avions qu'entrevu plus haut, d'après la lettre *officielle*. Il est visible qu'il secondait puissamment les préventions, le machiavélisme de Laveaux, à qui il en donne même de bonnes leçons. Et comment ce triste gouverneur ne céderait-il pas à une demande que lui fait un serviteur dévoué corps et âme, en l'embrassant de tout son cœur! Ce brevet de colonel fut en effet expédié par Laveaux : Bauvais fit reconnaître Laplume en cette qualité.

Nous verrons plus tard comment les *causeries particulières* de T. Louverture avec son fils et son homme de confiance portèrent un fruit heureux pour T. Louverture. En attendant, le 17 mars, Bauvais témoigna à Laveaux combien il était *enchanté* qu'il eût élevé Laplume au grade de chef de brigade. Cette récompense lui était certainement due; mais dans sa candeur, Bauvais ne se doutait pas avec quelle intention le gouverneur expédiait ce brevet. « Nous apprenons, dit-il à Laveaux, que le général
» Toussaint fait des prodiges de valeur dans la partie du
» Mirebalais. Je désire que ces bruits avantageux se con-
» firment. » Ainsi, point de jalousie de la part de Bauvais pour les succès obtenus par T. Louverture.

Après avoir obtenu la soumission des gens de Dieudonné, Rigaud forma un corps franc de la plupart d'entre eux, qui fut placé sous les ordres de Laplume, devenu colonel. Il se rendit ensuite aux Cayes.

Les Anglais venaient de recevoir quelques forces d'Europe : ils se décidèrent à aller attaquer Léogane. Le général Bowyer commanda cette expédition et partit du Port-au-Prince, le 20 mars, avec 2,000 hommes de troupes européennes et 1,200 des légions de Montalembert et de Lapointe (1). Ces troupes étaient sur plusieurs vaisseaux, frégates et autres navires de guerre : elles débarquèrent à la Petite-Rivière et à l'Ester, et marchèrent contre Léogane. L'escadre était placée sous les ordres de l'amiral Parker.

Léogane était commandé par le chef d'escadron Renaud Desruisseaux, depuis la mort de Marc Borno : il fit ses dispositions pour repousser l'attaque des ennemis. Deux mille hommes étaient dans la place que les Anglais avaient déjà fortifiée. Au fort Ça-Ira, garni de pièces de gros calibre, se trouvaient trois cents hommes sous les ordres du chef de bataillon Pétion.

Le 21 mars, le combat commença par la canonnade de ce fort contre lequel les bâtimens de guerre s'embossèrent. Elle fut vive et longue ; mais Pétion ayant réussi à jeter de nombreux boulets à leur bord, ces navires levèrent l'ancre et se retirèrent.

En même temps la ville était attaquée par les troupes débarquées. Elles donnèrent assaut à un fort où commandait le capitaine d'artillerie Dupuche, qui les repoussa par le feu de ses pièces : l'ennemi battu se retira. Alors,

---

[1] Pamphile de Lacroix donne une date erronée à cette expédition, en la plaçant au 22 décembre 1795. Un écrit de Pinchinat confirme celle du 20 mars.

les Anglais dressèrent une batterie contre la place. Le 22 mars, elle tira contre le fort où était Dupuche, qui lui riposta avec avantage. Le général anglais ordonna un nouvel assaut qui n'eut pas plus de succès que celui de la veille : repoussées par l'artillerie et l'infanterie, ses troupes furent poursuivies par celles de la place qui leur enlevèrent deux pièces de canon, des caissons de munitions, etc.

Les Anglais se disposaient à attaquer de nouveau Léogane, quand ils apprirent que Bauvais avançait de Jacmel et Rigaud des Cayes, à son secours : ils se rembarquèrent sur leurs vaisseaux et se retirèrent au Port-au-Prince.

La défense de Léogane fit honneur à Renaud Desruisseaux, comme celle du fort Ça-Ira à Pétion. Les officiers qui se distinguèrent sous eux furent Dupuche et Benjamin Ogé, jeune militaire de 21 ans (1).

Rigaud et Bauvais, arrivés à Léogane après le départ des Anglais, firent publier une relation de la belle défense de cette ville ; ils rendirent justice à la valeur de tous ceux qui s'y étaient distingués. Mais ils eurent l'indignité de ne pas faire mention de la défense du fort Ça-Ira, par Pétion. On a dit, à cette occasion, que c'était parce que Pétion avait blâmé la conduite de Villatte dans l'affaire du 30 ventôse an 4 (20 mars 1796), qui se passait au Cap la veille du jour où il repoussait les bâtimens anglais (2).

---

1 Dupuche était un mulâtre de la Guadeloupe : venu à Saint-Domingue, il se trouva au Camp Diègue, devint sous-lieutenant de la compagnie de Pétion et chef de bataillon le 2 prairial an 5 (21 mai 1797).

B. Ogé, d'une famille du Port-au-Prince, n'était pas le parent du martyr de 1791. On le verra plus tard donner de nouvelles preuves d'une bravoure extraordinaire.

2 Histoire d'Haïti, t. 1, p. 242.

Cette coexistence même des deux faits indique que ce ne fut pas le motif de la partialité de Rigaud et de Bauvais. Selon nous, elle dut avoir pour motif le mécontentement de ces deux généraux contre Pétion, qui avait pris parti pour Montbrun, dans ses démêlés avec eux. Au moment où cette relation fut publiée, on ne pouvait guère avoir appris ce qui s'était passé au Cap, pour pouvoir en juger en connaissance de cause.

Ce fut un tort grave de la part de ces deux généraux, de ne pas mentionner Pétion dans leur relation. Mais Pétion ne se laissa pas influencer par cette injustice, pour négliger son devoir comme militaire : des faits honorables de sa part le prouveront par la suite. Nous remarquons dans le mémoire de Rigaud, en 1797, qu'il répara son tort, en le faisant encore de mauvaise grâce : en parlant de la défense de Léogane, il y cite nommément Renaud Desruisseaux : « Il était secondé, dit-il, par *des officiers* » d'une grande bravoure..., aussi l'escadre anglaise fut-» elle *foudroyée*.... » Il lui répugnait de nommer Pétion.

Sans nul doute, Rigaud et Bauvais durent transmettre à Laveaux la relation de la défense de Léogane, puisqu'ils lui rendaient compte de toutes leurs opérations; mais nous ne voyons pas que le gouverneur en ait fait aucune mention dans son compte-rendu. Le rapport de Marec, du 1er mars 1797, qui relate toute la correspondance de Laveaux avec le gouvernement français à cette époque même, ne cite aucune lettre de ce gouverneur à ce sujet. C'était un fait assez remarquable cependant ; mais si nos deux généraux furent assez partiaux pour ne pas rendre justice à Pétion, il n'est pas étonnant que Laveaux fût lui-même porté à ne pas informer la métropole, de ce qui pouvait faire l'éloge des officiers et soldats soumis à leurs ordres.

L'injustice systématique des supérieurs à l'égard de leurs subordonnés, militaires ou civils, est toujours une chose odieuse. Les hommes, en général, ne peuvent être poussés au bien, que lorsque leur juste amour-propre obtient la satisfaction qui lui est due. Les esprits supérieurs savent sans doute se mettre au-dessus de ces petites passions des chefs; mais il est de leur devoir de créer, d'entretenir une noble émulation parmi ceux qu'ils gouvernent.

Nous voilà enfin arrivé à la fameuse affaire du 30 ventôse, coupable aux yeux de la loi, cause de fautes nombreuses et de crimes politiques dont les résultats s'enchaînèrent successivement. Quoique nous ayons cité déjà bien des faits et des actes qui expliquent comment elle a été préparée, il nous faut encore en citer pour mieux la faire comprendre et la juger.

Suivant le rapport de Marec, dès le 24 nivôse an 4 (14 janvier 1796), Laveaux écrivait au président du comité de salut public; il n'existait plus, on ignorait à Saint-Domingue l'installation du Directoire exécutif :

« Il existe ici (au Cap) de mauvaises têtes qui travaillent
» à faire naître l'*indépendance*, qui publient que la colo-
» nie *n'a aucun besoin de la France*. Je citerai Rodrigue
» (blanc), chef de brigade du 1er régiment des troupes
» noires. C'est lui qui se montre *chef de ce parti.* »

Cette dénonciation était le résultat de la conversation qui eut lieu chez Martinet, où nous avons vu Laveaux manquer si essentiellement à ses devoirs comme gouverneur général : de son aveu, ce ne sont pas *les mulâtres* qui étaient à la tête du parti.

« Il existe d'autres personnes qui se permettent de dire
» qu'elles ne marcheront que sous les ordres de Villatte et
» les chefs *d'un parti qui est formé,* mais *qui n'ose écla-*
» *ter,* et Rodrigue *est encore chef de ce parti.* »

Ce pauvre Rodrigue avait eu le tort, en effet, d'aimer Villatte pour sa bravoure, pour la douceur de son commandement depuis que Laveaux et Sonthonax étaient sortis du Cap, en octobre 1793, et parce que cet officier avait partagé la misère et les privations qui accablèrent les troupes et les habitans pendant que les Anglais et les Espagnols bloquaient ce port, et que Jean François, Biassou et T. Louverture, au service de l'Espagne, resserraient l'enceinte du Cap par leurs bandes. Et c'était en janvier 1796, lorsque la *Vénus* ne pouvait quitter cette rade, à cause de la présence des bâtimens anglais, que Rodrigue aurait conçu le projet de rendre Saint-Domingue indépendant de la France ! Mais Pinchinat était alors au Cap, et dans l'esprit de Laveaux, c'était lui qui soufflait cette idée, qui était chef du parti qui n'osait éclater.

« Il existe, ajoute Laveaux, *une jalousie abominable* entre les citoyens de couleur *contre les blancs et les noirs*. Les citoyens de couleur sont *au désespoir* de ce que ce n'est pas un d'eux qui soit gouverneur de Saint-Domingue ; ils se permettent de dire : — C'est mon pays et non pas le sien : pourquoi nous donner des blancs pour gouverner, pour administrer notre pays ? — Les citoyens de couleur ont été *au désespoir* de voir T. Louverture (noir) élevé au grade de général de brigade ; et toute l'armée venue de France a été *enchantée* parce qu'il a bien combattu. *Tous les hommes* de l'armée de T. Louverture en ont été *enthousiasmés.* »

Or, dans cette armée se trouvaient beaucoup de mulâtres; ils ont donc été aussi satisfaits que les noirs et les blancs, de la récompense accordée au juste mérite de T. Louverture. Jalousie abominable, double désespoir, tel est l'aspect sous lequel le gouverneur européen faisait envisager les hommes de couleur qui combattaient à Saint-Domingue pour la France, au moment où le Directoire exécutif allait y envoyer de nouveaux agens. Conçoit-on bien alors quelles durent être les préventions de ce gouvernement?

Cependant, après avoir ainsi généralement accusé ces hommes, le même Laveaux, dans la même dépêche, désignait comme les principaux chefs des désordres qui se passaient au Cap, outre Péré et Maucomble, deux mulâtres, —Legris, Binet, Puech, trois blancs,—Pierre Paul et Pierre Antoine fils, deux noirs,— en accompagnant ces divers noms d'imputations particulières ; de ce dernier, il disait : *noir ignorant et méchant, se mettant toujours en avant* (1). *L'homme le plus dangereux*, selon lui, était un autre *blanc* du nom de Léger Duval, ancien membre de l'*assemblée coloniale*, et alors juge de paix du canton du Terrier-Rouge.

Ainsi, sur neuf individus, y compris Rodrigue, cinq étaient blancs, deux mulâtres, et deux noirs, désignés au gouvernement français comme étant les principaux agitateurs du Cap : la majorité, comme on voit, était de la couleur *privilégiée* de Laveaux ; car nous sommes forcé de nous servir de ce terme, malgré l'égalité existante alors dans la colonie, puisque le grand crime des mulâtres était de s'imaginer que l'un d'eux pût être gouverneur. De l'aveu même de ce chef, les hommes de toutes les couleurs pen-

* Plus tard, en 1797, Sonthonax fit nommer Pierre Antoine fils, représentant du peuple, *parce qu'il était noir*. En 1796, *quoique noir*, il n'avait aucun mérite aux yeux de Laveaux.

saient de même, soit envers la métropole, soit envers lui personnellement; et pourquoi ce concert? C'est qu'apparemment son administration laissait beaucoup à désirer. Mais Laveaux était loin de se croire incapable, et surtout despote, comme le sont à peu près tous les chefs militaires, par la nature même de leur profession, et à plus forte raison pendant la guerre.

Le rapporteur Marec jugea autrement que lui, à propos de Rodrigue; voici ce qu'il dit, après avoir parlé de l'arrestation de ce colonel:

« L'arrestation de Rodrigue, quelque chose qu'il faille penser de cet officier, et l'ordre de sa traduction à bord de la *Vénus*, étaient une véritable *déportation* prononcée par le général. Cette mesure avait toute l'apparence, et, il faut le dire, tout le caractère de ce que, dans l'ancien régime, on appelait *un coup d'autorité*, et de ce que les esprits justes et les amis de la liberté civile ont appelé, dans tous les temps, *un acte arbitraire*. En frappant Rodrigue, elle avait un inconvénient de plus; c'était de porter sur un chef accrédité, sur un *chef de parti*, suivant Laveaux lui-même, et, par conséquent, de provoquer une résistance qui pouvait être étayée par la désobéissance des uns, combattue par l'action des autres, et marquée par l'effusion du sang de tous, et par une nouvelle dévastation, un nouvel incendie de l'infortunée ville du Cap. »

Voilà, certes, une judicieuse appréciation d'un acte arbitraire, qui excita le mécontentement, non-seulement des noirs du 1er régiment commandé par Rodrigue, mais encore des habitans du Cap: aussi Laveaux fut-il contraint de consentir à l'élargissement de cet officier: ce qu'il appela *son pardon*.

C'est à partir de cet acte, que l'aigreur grossit au Cap contre Laveaux, et contre Perroud qui partageait sa manière de voir. On va en juger par les lignes suivantes que Perroud adressa à la même époque, par la *Vénus*, au ministre de la marine. Après avoir abondé dans les reproches faits par Laveaux à ceux qu'il accusait de rêver à l'indépendance, Perroud dit :

« Au surplus, comment le Cap serait-il calme et tranquille, comment se pourrait-il que les lois y fussent exécutées et les autorités respectées, quand *le moteur de tous les maux* de Saint-Domingue, *l'auteur de tous les crimes qui s'y sont commis*, est dans son sein, Pinchinat,... qui, de concert avec le traître Montbrun, *a voulu assassiner* le commissaire Sonthonax.... Pinchinat, qui, d'accord avec Montbrun, *a vendu et livré* aux Anglais et aux émigrés la superbe ville du Port-au-Prince.... Pinchinat qui, en ce moment même, se flatte encore de tromper la France, et ne craint pas d'y porter sa tête coupable ? » Pinchinat devait partir sur la *Vénus*.

« Telles sont, dit le rapporteur Marec, les expressions enflammées de l'ordonnateur Perroud sur ce qui concerne Pinchinat ; et à cet égard le gouverneur *signale* Pinchinat *sous le même rapport de complicité* avec Montbrun, au crime près d'avoir tenté l'assassinat de Sonthonax ; mais il le peint comme *le principal fauteur des troubles actuels* de la colonie, et comme dévoré d'une ambition démesurée. Depuis un mois que les nouvelles cabales ont recommencé, dit Laveaux, je les attribue au séjour de Pinchinat au Cap.... *L'orgueil* qui domine Pinchinat le porte à désirer à être *dictateur* de la colonie. J'ai étudié sa conduite, et avec vérité, je puis dire qu'*il perd* la colonie. »

Cette colonie fut perdue effectivement pour la France,

mais Pinchinat n'y était pas alors. En ce moment marqué par Dieu, Pinchinat était à Sainte-Pélagie, à Paris, subissant des persécutions inouïes. Laveaux y avait plus contribué que lui.

Par ces imputations accumulées contre le malheureux Pinchinat, ne voit-on pas l'effet produit sur l'esprit du gouverneur et de l'ordonnateur, par la lettre de Desfourneaux écrite du Môle? Ne sent-on pas dans les paroles de Perroud, l'ancien persécuteur des hommes de couleur au Port-de-Paix, en 1791, quand Pinchinat dirigeait les efforts de sa classe pour la conquête de leur égalité civile et politique avec les blancs? Ah! sans doute, ce mulâtre fut bien coupable, de penser alors que c'était une chose juste : en janvier 1796, il l'était encore parce qu'il plaisait aux deux chefs de Saint-Domingue, de lui supposer l'intention de rendre cette colonie indépendante de la France.

Encore un mot de Laveaux contre Rodrigue :

« Ces mauvais sujets *blancs* tiennent les propos les plus indécens, entre *autres* Rodrigue, qui s'est permis de dire : *Mon seul regret est d'être né blanc.... La colonie ne sera en paix, que lorsqu'elle sera gouvernée par un mulâtre.* Voilà les absurdités que l'on propage [1]. De là vient *la haine* pour les blancs de la part *des mulâtres; car le noir aime le blanc et beaucoup, et le chérit, a grande confiance en lui; et sans le blanc, le mulâtre serait sacrifié par le noir.* Il faut le blanc pour maintenir la balance entre les deux. » C'est-à-dire, pour gouverner, dominer les deux.

---

[1] S'il suffisait de *trente années de paix* pour justifier cette prédiction, ceux qui l'ont faite en 1796 pourraient fort bien avoir eu raison de parler ainsi.

En écrivant sa lettre, Laveaux oubliait sans doute ou il ignorait que Sonthonax, son patron, en novembre 1793, avait regretté aussi *de n'être pas un noir*. Pourquoi donc Rodrigue n'eût-il pas pu regretter de n'être pas un mulâtre ? N'y a-t-il pas aussi des mulâtres qui ont pu regretter de n'être pas blanc ou noir ? Toutes ces pauvres distinctions de couleur ne sont imputables qu'au régime colonial établi par les blancs eux-mêmes. Laveaux le savait bien ! Et voyez quelle opinion il avait des sentimens des noirs ! Il les ravalait au niveau de ces colons qui haïssaient leurs enfans ; il les supposait sans entrailles pour leurs descendans !

Quittons un moment le rapport de Marec, qui nous instruit si bien des sentimens de Laveaux, afin de faire voir sur quoi il fondait la bonne opinion qu'il avait de ceux des noirs pour les blancs. Le 1er mars, étant à la Petite-Rivière de l'Artibonite, T. Louverture lui écrivit :

« Les soucis et les chagrins que vous me marquez avoir, me sont bien sensibles. *Pour un bon père comme vous, qui aime tant ses enfans*, soyez persuadé que je les partage avec vous, me doutant bien ce qui en est cause. Mais, mon général, que la volonté de Dieu se fasse ! *Patience bat la force ! Doucement allé loin !*[1] »

Le 12 mars, il lui écrit de nouveau :

« Les noirs ont trop d'ennemis ; mais avec la grâce de Dieu, *nous déjouerons leurs projets. Notre bon père les aime trop, pour ne pas réussir à les rendre tous heureux....* Je ne sais comment m'exprimer pour vous remercier de tout ce que vous me dites *d'agréable*. Que je suis heureux

---

[1] *Doucement allé loin* est un proverbe créole qui signifie : En prenant bien ses mesures, on réussit avec le temps.

d'avoir un père aussi bon et qui m'aime autant que vous faites ! Soyez persuadé que *votre fils est votre ami sincère, qu'il vous soutiendra* jusqu'à la mort. »

Le 18 mars, deux jours avant l'affaire du 30 ventôse, il lui écrit encore des Gonaïves :

« Il est impossible à moi, mon cher général et *cher papa*, de trouver des expressions assez fortes pour vous témoigner la satisfaction que mon âme a éprouvée, en lisant votre lettre *consolante* du 26 (du 16 mars). Mon cœur a été si plein et l'est encore, que je ne puis la fixer, ni penser à vous sans répandre *des larmes de tendresse*. Il existe sans doute des amitiés pures, mais je ne puis me le persuader qu'il en est qui surpasse celle que j'ai pour vous, ni de plus *sincère*. Oui, général, *Toussaint est votre fils, il vous chérit; votre tombeau sera le sien; il vous soutiendra au péril de sa vie. Son bras et sa tête sont toujours à votre disposition;* et si jamais *il venait à succomber, il* emportera avec lui la douce satisfaction *d'avoir défendu un père, un ami vertueux, et la cause de la liberté* ....

« Les officiers et les soldats de l'armée que je commande, vous assurent de leur attachement ; *et moi, je vous embrasse un million de fois.* »

Si T. Louverture tirait bon parti de la crédulité de Laveaux, il ressort aussi de ses trois lettres ci-dessus, qu'il se concertait entre eux certain plan contre Villatte ou tous autres au Cap : ces promesses récidivées de le soutenir, ce bras et cette tête qui sont toujours à la disposition du gouverneur, sont des expressions qui l'indiquent. N'est-il pas présumable alors qu'au Cap même, Laveaux a dû faire des dispositions, agir envers les officiers supérieurs noirs qui s'y trouvaient, de manière à inspirer des soupçons sur ses intentions? Si, lui-même, il soupçonnait Villatte, Rodrigue et tous les hommes de couleur et des blancs de cette ville, ceux-ci n'ont-ils pas pu le mettre aussi en suspicion, et croire qu'il avait contre eux de mauvais desseins ?

Dans une pareille situation, toujours propre à faire naître des complications sérieuses, Rodrigue ayant été déjà arrêté pour être embarqué pour France, lui et les autres désignés dans les dépêches de Laveaux, ont pu croire à la possibilité d'une tentative de sa part contre eux : de là, l'attentat commis sur sa personne, sur celle de Perroud et de quelques autres, dont nous allons parler. Nous nous expliquons ce fait, d'après un passage des dépêches de Laveaux au gouvernement français :

« Le peuple, dit-il, est bon et très-bon, facile à per« suader ; et s'il n'existait pas un parti turbulent qui, *par* « *le départ de six ou sept personnes*, serait totalement « anéanti, la tranquillité serait au Cap. »

Lorsqu'une autorité, et une autorité militaire surtout, a de pareilles pensées, il n'est qu'un pas de l'idée à l'exécution. Laveaux avait débuté par Rodrigue, pour essayer ses forces ; il avait dû renoncer à l'embarquer, mais il devait fatalement persévérer dans son projet, en s'assurant du concours de T. Louverture et des autres officiers noirs à la dévotion de celui-ci. Nous regrettons de n'avoir pu posséder les lettres du gouverneur à T. Louverture, qui eussent pu mieux éclaircir les faits.

Quoi qu'il en soit, Laveaux nous apprend que le 10 mars, il donna un bal auquel il invita blancs, mulâtres et noirs ; qu'on y fut fort gai et content, et qu'on lui en demanda un autre pour le 20. Mais que le 19, beaucoup d'hommes de couleur de toutes les paroisses arrivèrent au Cap ; Maillot, Levasseur et d'autres (mulâtres) vinrent le voir : il les accueillit, en leur reprochant toutefois d'avoir quitté si légèrement leurs postes et en si grand nombre. Ce même jour, le mulâtre Bienaimé Gérard donna un grand déjeuner où se concerta la journée du lendemain. Il ajoute que Villatte et Paul Ravine assistèrent à ce déjeuner.

Le 30 ventôse (20 mars), Villatte, à la tête des officiers de la garnison, vint lui faire visite après la parade : il dit à Laveaux que tout était tranquille.

Un attentat coupable survint alors contre la personne du gouverneur et celle de l'ordonnateur. Laissons-les raconter eux-mêmes comment il fut commis, en violation des lois et du respect qui leur était dû.

Nous extrayons du rapport de Marec ce qui suit, écrit par Laveaux au gouvernement français : il se trouvait chez lui, dans son cabinet de travail, avec l'ingénieur Galley, occupé d'objets relatifs aux fortifications.

« On entre chez moi par deux côtés différens : à l'instant, ma chambre est remplie *d'hommes*. Je leur demande ce qu'ils veulent, ils me répondent : *Tu vas voir*. Un nommé Baussière me lance un coup de poing dans la tête ; je pare le coup, je le renverse. Un autre saute sur moi, tous alors m'accablent des sottises les plus grossières. On veut m'enlever de chez moi. Je résiste pendant une demi-heure. Enfin ces scélérats m'accablent de coups et me traînent dans un cachot. J'arrive à la geole : quelle fut ma surprise d'y voir aussi mes aides de camp et Fressinet, adjudant-général, lesquels ont tous été accablés de coups de bâton ! Cette surprise fut bien plus grande encore, en apprenant que Perroud, l'ordonnateur, venait d'être traîné dans un autre cachot. On m'enferme sous cadenas, seul et éloigné de tous les autres !.... On amène après plusieurs autres prisonniers. »

Telle fut la version de cette odieuse arrestation, transmise par Laveaux en France. Le 26 mars, il écrivit à T. Louverture et lui rendit compte aussi de cette affaire. Nous remarquons dans cette relation, les variantes suivantes :

« Que *tous les assaillans* qui entrèrent chez lui, *étaient tous citoyens de couleur, pas un citoyen noir, pas un blanc*.... Vous êtes des assassins, leur dis-je, je suis sans armes. En même temps, une douzaine sautent sur moi, en disant : *Au nom du peuple, on va le traîner au cachot.* Je leur dis : Où est la municipalité ? — Nous n'en avons pas besoin. Marche, coquin, répond-on. — Non, leur dis-je, vous n'êtes pas le peuple ; *il n'y a ni citoyens noirs, ni citoyens blancs :* vous êtes des assassins. »

Ici, Laveaux dit les choses avec un peu plus de détails, quant à son emprisonnement au cachot.

« J'ai resté, continua-t-il, le 30 et le 1ᵉʳ germinal (20 et 21 mars) jusqu'à 8 heures et demie du soir sans voir personne, sans aucun secours. A 8 heures et demie, la municipalité est venue me trouver et me dire qu'elle était au désespoir de mon arrestation ; qu'elle était aussi injuste qu'abominable, et qu'elle espérait me faire sortir sous peu. Les moyens qu'on avait employés avaient prolongé singulièrement ma sortie : on voulait consulter toutes les autres municipalités. Mais le brave colonel Pierre Michel, avec son régiment, le brave Barthélemy, Thomas, Mondion, Flaville, Cagnet, Romain, le brave Pierrot (tous officiers noirs), chacun à la tête de leurs troupes, se sont réunis au colonel Pierre Michel qui a formellement refusé d'obéir aux ordres de Villatte, *qui, sans doute, avait résolu ma perte.* Grâce à leur activité, grâce *aux lettres menaçantes que tu as écrites,* les méchans ont tremblé ; et à 9 heures du matin, le 2 germinal (22 mars) *je suis sorti.* La municipalité, en écharpes, avec une suite nombreuse de citoyens, est venu me faire sortir. Je suis entré avec Perroud dans la salle municipale, aux grands applaudissemens *du peuple*, surtout *de mes enfans adoptifs* (les noirs). J'ai dit, par amour pour le bien, *que je ne poursuivrai pas les coupables*. Mais un pareil crime *ne peut s'oublier;* et ce même jour, à 4 heures du soir, Perroud et moi, nous avons été remercier *nos libérateurs qui étaient bien décidés à exécuter tes ordres....* »

Villatte étant déjà sorti du Cap, Laveaux dit ensuite à T. Louverture : « Il faut, mon ami, que tu m'envoies des « forces pour réduire sur le champ ces rebelles. S'il t'est « possible de venir, tu me feras grand plaisir. »

A son tour, Perroud écrivit aussi en France et dit :

« J'étais occupé des opérations qui me sont confiées, « *lorsqu'une horde de mulâtres*, se précipitant sur moi, « m'arrachent des bras de ma famille éplorée et m'entraî- « nent, *au nom du peuple français ....* » Le reste s'accorde avec ce qu'en dit Laveaux, quant à l'emprisonnement de Perroud.

On remarquera que le gouverneur a dit au gouvernement français que sa chambre fut remplie *d'hommes*, sans particulariser de quelle couleur ils étaient ; et que ce n'est qu'à T. Louverture qu'il déclare qu'ils étaient tous *des mulâtres*. Perroud a été plus précis à cet égard : sa phrase est plus calculée, ce sont *les mulâtres* qui prétendaient agir *au nom du peuple français*.

Le fait est, que des hommes des trois nuances de peau, blancs, mulâtres et noirs, se réunirent en cette circonstance pour commettre cet attentat. Peut-on croire qu'il en fût autrement, lorsqu'on lit les précédentes dénonciations de Laveaux au gouvernement français, contre des hommes qu'il désigne nominativement dans les trois couleurs ? Ce que nous disons de la participation de tous, est constaté par l'écrit de Gatereau, déjà cité ; — par un autre de Barbault-Royer, homme de couleur, ancien aide de camp de Galbaud, venu au Cap peu après, en qualité de secrétaire de Julien Raymond ; — par le mémoire de Rigaud. Nous trouvons de plus, dans un livre récemment publié à Paris [1], dont l'auteur a pu se renseigner sur des documens authentiques qu'il a vus aux Archives générales de cette capitale, que dans ce tragique événement, un noir nommé Toussaint, dragon de la garde nationale, se signala par son exaspération contre Laveaux et Perroud.

Disons quelles furent les suites de cet attentat.

La municipalité s'était empressée, dans une séance extraordinaire, de prendre un arrêté, aussitôt la consommation de ce crime politique, par lequel elle requit Villatte de prendre le commandement supérieur.

Art. 4. Le général de brigade Villatte qui, par son grade, remplace *de droit* le gouverneur Laveaux, par absence ou autrement, sera de suite requis de s'assurer de la rade et autres postes dans les environs, et particulièrement de la corvette la *Hyéna*, et de tous les papiers qui peuvent être à son bord, et même de faire apposer les scellés, s'il le juge nécessaire, et enfin de faire tout ce qu'il jugera convenable par ses fonctions, pour le bien public.

12. Le général de brigade Villatte demeure invité d'écrire aux généraux de brigade Toussaint Louverture, Rigaud et Bauvais et à tous les commandans de la province du Nord, pour leur faire connaître ce qui se passe en ce moment.

Cet arrêté avait été pris, dit-on, sous la pression *du peuple* qui s'était porté en foule à la maison commune où

---

[1] Vie de Toussaint Louverture, par M. Saint-Rémy, p. 170.

siégeait la municipalité. Elle fait plus; elle fait une adresse aux autres municipalités de l'arrondissement du Cap, pour convoquer un ou deux de leurs membres dans cette ville, *afin d'aviser au bien général*, et elle s'adjoint les nommés Binet et Legris (deux des blancs signalés par Laveaux, comme chefs des intrigans qui agitaient cette ville), pour *l'aider* dans la rédaction des dépêches, etc. Enfin, la municipalité, dans le même acte, requiert le prétendu peuple de déduire les motifs qui l'ont porté à arrêter et emprisonner le gouverneur et l'ordonnateur; et *le peuple déclare que ces deux chefs ont perdu la confiance publique, et qu'il déduira ses griefs en temps et lieu.*

Sur la réquisition de la municipalité, Villatte, qui s'était tenu *à l'écart* pendant l'attentat et les attroupemens qui suivirent, prend l'autorité et agit en conséquence de ce que prescrivait l'arrêté. Nous continuons à narrer, avant de juger sa conduite.

Mais, le colonel B. Léveillé, commandant le 2ᵉ régiment et la place du Cap, ne partageant pas les vues des intrigans, rassemble ses officiers pour se préparer à résister au mouvement, et envoie une lettre au colonel Pierre Michel, commandant le poste du Haut-du-Cap et le 3ᵉ régiment, pour l'instruire des faits et l'inviter à concourir avec lui. Pierre Michel s'empresse d'en aviser tous les chefs noirs des postes voisins, et T. Louverture, qui était alors aux Gonaïves. Il adresse ensuite une lettre à la municipalité et demande, d'une manière pressante, les motifs de l'arrestation du gouverneur et de l'ordonnateur. La municipalité lui répond, en l'engageant à se joindre à Villatte; mais il réplique, en se refusant et demandant l'élargissement des deux fonctionnaires.

Pendant ce temps, il envoie une centaine d'hommes

s'emparer du fort Belair qui domine le Cap, et il voit bientôt arriver auprès de lui, avec leurs troupes, les officiers supérieurs Pierrot, Barthélemy, Flaville, Romain, Ignace et d'autres. De leur côté, B. Léveillé, N. Léveillé et Lechat, deux adjudans de place, parcourent la ville du Cap, en criant aux noirs : *Si vous laissez périr le gouverneur et l'ordonnateur, vous deviendrez esclaves des mulâtres ; ils vous livreront aux Anglais.* Telles sont les paroles que leur prête Laveaux.

Villatte fait alors arrêter B. Léveillé qui est mis en prison. Son régiment s'empare de suite de l'arsenal et de la poudrière, et une heure après, Villatte est contraint de retirer Léveillé de la prison et de le garder chez lui. Il fait prendre une attitude de guerre par Rodrigue, et le 1er régiment qu'il commande.

La municipalité était en permanence. Puech, autre blanc désigné comme chef de parti par Laveaux, y prononce un discours où il suppose les deux fonctionnaires coupables, tout en parlant du respect qui leur est dû. Mais *le peuple* lui répond par l'organe d'un individu qu'on ne nomme pas, qu'il s'oppose à leur élargissement, que la tyrannie est à son comble. La municipalité décide qu'ils garderont *les arrêts*, mais qu'il leur sera procuré les secours dont ils peuvent avoir besoin. Ces faits se passaient dans la journée du 1er germinal (21 mars).

Pierre Michel et les autres officiers réunis au Haut-du-Cap écrivent une lettre à la municipalité, à laquelle ils demandent avec instance la mise en liberté des deux fonctionnaires, sinon de leur faire savoir les crimes qu'ils ont commis. Cette lettre fut apportée par le célèbre Henri Christophe, alors capitaine, dont *l'énergie*, dit Laveaux, intimida la municipalité et les personnes qui s'y trouvaient rassemblées. En même temps, Annecy, autre noir ancien libre qui était allé au Haut-du-Cap, rapporte qu'il y a vu de nombreuses troupes, décidées à agir avec vigueur sous leurs chefs.

Le 22, à une heure du matin, Villatte vient à la municipalité et donne connaissance d'une lettre qu'il venait de recevoir de Pierre Michel, qui le sommait impérieusement de faire mettre en liberté Laveaux et Perroud. Une lettre de T. Louverture arrive aussi dans le même but et les mêmes termes. Tous ces officiers font la menace de marcher contre la ville du Cap et de se porter aux dernières extrémités.

La municipalité, vaincue ainsi que Villatte, envoie sur le champ une députation à Pierre Michel pour lui porter des paroles de paix, et concerter avec lui des mesures de réconciliation générale.

Le 2 germinal (22 mars), à sept heures du matin, la municipalité délibère à huis-clos et convoque les citoyens, *le peuple*, à 9 heures : elle leur fait adresser un discours par Puech pour les préparer à la mise en liberté de Laveaux, de Perroud et des autres détenus. Ils s'en rapportent *à sa sagesse*. La municipalité déclare alors, *à l'una-* « *nimité*, que les fonctions du gouverneur et de l'ordon- « nateur ont été *mal à propos suspendues*, et leurs « personnes, ainsi que celles des officiers qui leur sont « attachés, aussi *mal à propos arrêtées.* » Elle se transporte immédiatement en corps à la prison, élargit les détenus, et les ramène à la maison commune, où des discours sont prononcés, où Laveaux, de son aveu, promet *de tout oublier, de ne pas se venger*. Ensuite, le gouverneur et l'ordonnateur sont accompagnés solennellement à la maison du gouvernement : ils reprennent leurs fonctions.

De retour à la maison commune, la municipalité *proteste* (comme de droit), contre toutes les mesures qu'elle avait prises elle-même.

Laveaux et Perroud étant allés dans l'après-midi au Haut-du-Cap, en revinrent bientôt. La promesse qu'il avait faite publiquement de tout oublier, laissa du calme dans les esprits. Mais le 5 germinal (25 mars), il abandonna la ville pour aller se fixer dans cette bourgade, où les troupes sont encore réunies. Alors Villatte, craignant sans doute d'être arrêté, prend la résolution de quitter aussi le Cap : dans la nuit du 5 au 6 germinal, il en sort, accompagné de Benjamin, Allers, Descoubet, Bienaimé Gérard, Massi, Jeannot, Chervin et Daumec. Ils étaient tous hommes de couleur. Après le départ de Villatte, qui se rendit à son camp, appelé aussi Villatte, Laveaux fait arrêter Léger Duval, ce blanc désigné par lui comme *l'homme le plus dangereux*, cet ancien membre de l'assemblée coloniale, qui, durant cette espèce de *gouvernement provisoire* exercé par Villatte, lui servait de *secrétaire*. Laveaux fait enfin arrêter Poirier, Laignoux, Legris, Lobis et Binet, tous blancs, et les fait embarquer sur la corvette la *Hyéna*. D'autres se cachent, s'enfuient ou sont comprimés. Rodrigue, avec tous ses officiers et sous-officiers de son 1er régiment, *jurent*, devant la municipalité, *obéissance aux lois et aux autorités constituées, fidélité à la République, et dévouement aux chefs de la colonie.*

Rodrigue se tire ainsi d'affaire.

Le calme se rétablit insensiblement dans la ville du Cap, pour le moment.

Nous avons relaté tous ces événemens, d'après Laveaux et le rapport de Marec. Ce dernier ajoute alors :

« *Pinchinat, Sala et Fontaine ne paraissent pour rien dans toute cette affaire.* »

Ils avaient quitté le Cap, pour retourner dans l'Ouest, depuis le 21 février, un mois avant l'affaire du 30 ventôse (20 mars).

Marec est le même qui avait d'abord fait partie de la commission qui entendit Polvérel et Sonthonax, et les colons accusateurs; qui cessa d'en être membre, lorsqu'il passa au comité de salut public. Il a fait son rapport au conseil des Cinq-Cents, le 1er mars 1797, d'après toutes les pièces transmises sur cette affaire, même *après* que la nouvelle agence envoyée à Saint-Domingue eut accusé Pinchinat d'être le *moteur secret* de ces troubles. Ainsi son opinion est de quelque poids pour faire apprécier l'accusation portée contre Pinchinat, par Laveaux et Perroud.

Après le départ de Villatte, qui s'était rendu enfin au camp de la Martellière, *les noirs* de divers autres postes s'étaient rassemblés pour prendre sa défense. Il fut accusé par Laveaux d'avoir fait tirer le canon d'alarme à cet effet, et d'avoir dit aux noirs qu'il avait été forcé de fuir de la ville, parce que le gouverneur voulait les remettre dans l'esclavage. Laveaux avait fait apposer les scellés sur les papiers et effets du fugitif : il avait écrit aux commandans noirs des divers postes d'arrêter Villatte, et ces officiers lui répondirent qu'ils ne reconnaissaient pas ses ordres, mais ceux de Villatte. Laveaux transporta son quartier-général à la Petite-Anse où commandait Beaubert; mais là éclate, suivant Laveaux, une nouvelle insurrection contre lui, Perroud et tous les blancs.

Le 8 germinal (28 mars) T. Louverture arriva enfin

et vint l'y joindre, avec deux bataillons et une nombreuse cavalerie. Laveaux, *excédé de fatigues*, dit le rapport de Marec, déposa toute son autorité entre ses mains durant 24 heures. T. Louverture écrivit alors à Villatte, à qui il envoya une députation composée de membres de la municipalité, du tribunal civil et d'officiers supérieurs, pour l'engager à l'obéissance aux ordres du gouverneur général. Mais, dit le rapport, Villatte fut sourd à toutes ses remontrances et proféra même ces paroles : *Oui, je veux qu'il soit égorgé par les noirs mêmes qu'il caresse.* Cependant, suivant Laveaux, Villatte répondit à T. Louverture, en lui proposant une entrevue ; ce que ce dernier n'accepta pas, dans la crainte que ce fût une embûche. Voilà deux versions opposées, écrites par Laveaux lui-même.

Le 29 mars, *des femmes* du Cap s'étaient rendues au camp de Villatte, pour obtenir de lui l'obéissance à Laveaux ; elles revinrent le 30 au soir, en répandant le bruit que ce dernier et Perroud avaient fait venir *des chaînes* pour remettre les noirs dans l'esclavage. A ces propos, les noirs coururent aux armes, en criant *de tuer les blancs* : ils s'emparèrent des postes, et les blancs d'accourir chez Laveaux. Les noirs marchèrent sur sa maison et voulurent le tuer. Ce que voyant, T. Louverture fit ouvrir les magasins et vider les boucauds et les barils, pour prouver qu'il n'y existait point de chaînes, mais des approvisionnemens : il réussit ainsi à les apaiser et à maintenir l'ordre, en faisant reprendre les postes par les troupes. Ces propos de femmes furent punis peu de temps après, et nous dirons comment et par qui.

Avant de partir des Gonaïves pour venir au Cap, suivant Laveaux, T. Louverture avait fait arrêter et mettre en prison aux Gonaïves, *les mulâtres* Guy, de la Petite-Rivière ; Chevalier, de Terre-Neuve ; et Danty, du Gros-Morne. Ce fut sans doute la cause du retard qu'il mit à se rendre au Cap, et par suite du plan que ses lettres à Laveaux, des 1er, 12 et 18 mars, ont semblé nous indiquer entre eux. Car, pourquoi arrêter des chefs militaires, ses lieutenans, qui étaient si éloignés du Cap, et qui ne faisaient rien en rapport à ce qui s'y passait alors ? Pourquoi ces précautions, s'il n'y avait pas déjà un projet à cet effet ?

A propos de l'imputation relative *aux chaînes*, Laveaux nous explique comment et pourquoi il s'adjoignit T. Louverture en qualité de *lieutenant au gouvernement*.

« Cet horrible moyen de sédition étant déjoué, on en chercha d'autres. On affecta de répandre que *les blancs* possédaient toutes les places qui auraient dû être partagées entre les diverses couleurs ; qu'il était affreux de voir toute l'autorité entre les mains d'un homme unique, et que cet homme unique fût *un blanc*. On *m'insinuait* de m'adjoindre Villatte (Villatte vaincu et obligé de fuir !), et que ce moyen seul pouvait ramener le calme. Je compris que je ne réussirais à bien affermir *la confiance* que m'avaient accordée *les noirs*, qu'en m'adjoignant en effet un homme d'une autre couleur ; mais je ne crus pas que cet honneur dût être la récompense de la perfidie et de la trahison. Je pris donc mon parti, et fis reconnaître pour adjoint au général gouverneur, le brave, le fidèle Toussaint Louverture. Ce choix fit autant de plaisir *aux noirs et aux blancs*, qu'il déplut aux amis et complices de Villatte (les mulâtres). »

Dans la relation de ce fait qu'il envoya en France, Laveaux avait dit, d'après Marec, au lieu d'une *insinua-*

tion, que Villatte était *hautement* désigné pour être son adjoint. La différence entre les deux versions est certainement grande. On pourrait encore concevoir l'insinuation ; mais prétendre qu'en ce moment quelqu'un se permît de dire hautement qu'il fallait Villatte à cette fonction, c'est ce que le bon sens réfute. Ce dernier était visiblement vaincu ; il était en état de fugitif à son camp, et T. Louverture triomphait de son rival, entouré qu'il était de nombreux officiers dévoués à lui, de nombreuses troupes obéissant passivement à ses ordres.

Mais il est clair qu'alors, et d'après la nouvelle émeute des noirs de la campagne et de la ville contre les blancs, contre Laveaux et Perroud en particulier, Laveaux dut reconnaître qu'il était à bout de son autorité, qu'il ne lui était plus possible de s'y maintenir, et qu'il était victime de son incapacité politique et de sa perfidie, qui l'avaient porté à commettre faute sur faute, et à faire naître une division funeste entre T. Louverture et Villatte, entre les noirs et les hommes de couleur ; que dès-lors il lui fallait subir le joug de *son cher fils*. Ne venait-il pas de déposer entre ses mains toute son autorité durant vingt-quatre heures ?

Le rusé T. Louverture n'a-t-il pas pu lui-même faire répandre ce bruit dont parle Laveaux, pour amener *son bon papa* à cette nécessité, en ménageant son amour-propre ? Ce serait peu connaître la finesse de tact de ce noir célèbre, que de croire qu'il était incapable d'une telle combinaison.

Évidemment, en cette circonstance, le génie du noir l'emporta sur l'étroit esprit du blanc nommé Laveaux. En place des chaînes qui n'existaient pas pour mettre les noirs dans l'esclavage, Laveaux s'en mit volontairement une au cou. Il fut aussitôt remplacé *de fait*, dans le gouvernement de Saint-Domingue. Dès ce moment il ne put rien faire sans l'aveu de T. Louverture, sans prendre ses conseils, nous allions dire ses ordres. Il en fut ainsi jusqu'à l'arrivée de Sonthonax, qui eut lieu peu après, lequel l'effaça encore *de fait*, jusqu'à ce qu'enfin T. Louverture le fit nommer membre du corps législatif, en lui donnant cette planche de salut pour sortir honnêtement de la colonie.

Avant d'avoir récompensé les services de T. Louverture, Laveaux avait reconnu ceux des colonels B. Léveillé, Pierre Michel et Pierrot, en les élevant au grade de *général de brigade*. Certes, on ne peut le nier, sans eux le gouverneur et l'ordonnateur ne fussent pas sortis de prison, et peut-être même qu'à la fin ils eussent péri. Il ne fit donc rien de trop par cette promotion ; mais comme ils avaient agi sous l'inspiration de T. Louverture, qui depuis longtemps leur avait envoyé des *hommes de confiance*[1], il était juste que ce dernier reçût quelque chose de plus distingué, et ce fut la *lieutenance* du gouvernement.

C'est à cette occasion que Laveaux, dans son enthousiasme philantropique, représenta T. Louverture comme le *Spartacus* prédit par Raynal, *dont la destinée était de venger les outrages faits à toute la race noire*. Ce gouverneur aimait à faire preuve de ses connaissances en histoire : ainsi, le rapport de Marec dit qu'en rendant compte au gouvernement français des motifs qu'il avait eus pour mettre Rodrigue en liberté, lors de son arrestation, il écrivait : « Que, voulant *imiter l'empereur Titus*,

---

[1] Voyez sa lettre du 21 février à Laveaux au chapitre V.

» qui regrettait une journée, parce qu'elle n'avait pas été
» couronnée par une belle action, il décida que Rodrigue
» n'irait point à bord de la *Vénus*. »

Dans une pareille circonstance, comparer T. Louverture à Spartacus, c'était, selon nous, faire une fausse application de la pensée de Raynal ; car il ne s'agissait pas de se venger des blancs européens, auteurs de tous les maux endurés par la race noire, et c'est ainsi que Raynal l'entendait. Les mulâtres du Cap, auxquels Laveaux attribuait seuls son arrestation, n'étaient certainement pas les ennemis des noirs ; ils l'avaient prouvé au moment de la déclaration de la liberté générale par Sonthonax, et les noirs ont prouvé aussi leurs sentimens d'attachement pour eux dans l'affaire de Galbaud, en les défendant ; ils l'ont prouvé encore, en partie du moins, en voulant prendre la défense de Villatte, en voulant se ruer contre Laveaux et Perroud, qu'on leur dénonçait comme ayant fait venir des chaînes pour les remettre dans l'esclavage. Le sentiment de la reconnaissance égara donc la tête du gouverneur et le fit déraisonner : son excuse est dans ce sentiment même qui est toujours honorable.

Si nous ne voulions voir dans son exaltation que la pensée politique conçue dans le dessein d'abattre une fois pour toutes l'influence des hommes de couleur, en prônant ainsi T. Louverture aux yeux des noirs, nous dirions avec Pamphile de Lacroix :

« Cette déclaration produisit d'abord *un bien apparent* ;
« mais elle fut *le coup de grâce* qui fit expirer à Saint-
« Domingue l'autorité de la métropole. C'est de cette dé-
« claration, qu'il faut dater la fin *du crédit des blancs* et
« la naissance *du pouvoir chez les noirs*. »

Sans nul doute, cet auteur se connaissait mieux en

politique que Laveaux : son appréciation est judicieuse. Au reste, ce résultat devait infailliblement arriver à Saint-Domingue : Sonthonax est venu l'accroître peu après. Ils n'en sont pas l'un et l'autre plus coupables, peut-être, pour l'avoir produit : il était dans la nécessité de la situation. La maxime politique du *divide et impera* finit toujours par amener un tel résultat, contre tout gouvernement qui la pratique [1].

Et qu'importe à la postérité de savoir que ce fut T. Louverture qui jouit de cet honneur au lieu de Villatte ? Ils étaient tous deux de la race noire, et le premier était certainement bien supérieur au second, par son aptitude à diriger les affaires ; il avait donc plus de droit à ce poste, malgré les services antérieurs de Villatte. La postérité n'a qu'une chose à attendre de lui ; c'est qu'il use de son pouvoir dans l'intérêt général de sa race. Si l'histoire prouve qu'il a manqué à sa mission, alors la postérité usera de son droit, pour demander compte à sa mémoire de tout le bien qu'il n'aura pas fait, de tout le mal qu'il aura occasionné. Voilà la justice, voilà le sentiment avec lequel nous devons juger aujourd'hui du résultat de l'affaire du 30 ventôse.

Nous venons de comparer T. Louverture avec Villatte : c'est le moment d'exprimer notre opinion sur la conduite qu'a tenue ce dernier en cette circonstance.

A notre avis, que nous fassions abstraction ou non de toutes les particularités que nous avons signalées à la charge de Laveaux, indiquant de sa part une intention

---

[1] Le *machiavélisme* n'est pas seulement presque toujours une preuve de sentimens pervers dans un gouvernement ; c'est encore une sottise de sa part.

malveillante contre Villatte personnellement et contre tous les hommes de couleur sans distinction, nous ne pouvons que blâmer la conduite de Villatte et la qualifier de *coupable*, moralement, militairement et politiquement parlant.

Moralement, en ce que, quels que fussent les torts de Laveaux envers lui, il n'avait pas le droit de laisser avilir son autorité de gouverneur, ni celle de Perroud comme ordonnateur : son droit était d'adresser ses plaintes au gouvernement français, en exposant les faits, en les particularisant, de manière à espérer justice. Son devoir moral lui indiquait cette marche, conforme à la hiérarchie du pouvoir.

Comme *militaire*, il se devait de faire appeler immédiatement Pageot, qui était commandant de la province du Nord, pour prendre l'autorité dans la ville du Cap, n'étant lui-même que commandant militaire de l'arrondissement.

Ensuite, sous le rapport *politique*, Villatte devait reconnaître que les intrigans de toutes couleurs au Cap ne formaient pas le peuple de la colonie, dont l'insurrection simultanée (si elle avait été possible) eût pu justifier, peut-être, cette dépossession du pouvoir légal en Laveaux et Perroud. Encore sous ce rapport, le tort de Villatte ne fut pas moins grave : il n'ignorait pas sans doute tout ce qui se préparait, se ménageait entre Laveaux et T. Louverture; il devait prévoir que ce dernier prendrait infailliblement parti pour le gouverneur, et qu'alors il ne pourrait lutter contre lui, qu'il serait cause de l'élévation de son rival heureux. Enfin, quel résultat pouvait-il espérer, même de son succès plus que douteux ? Villatte, simple général de brigade comme T. Louverture, Bauvais et Rigaud, espérait-il se poser en gouverneur de Saint-Domingue, au détriment de ses collègues ? Pouvait-il croire que le gouvernement de la métropole eût approuvé la déchéance de Laveaux, survenue par une cabale populaire, en violation de toutes les lois ?

Le devoir strict de Villatte, sous le triple rapport moral, politique et militaire lui prescrivait donc de se placer à la tête des troupes de la garnison, de mettre immédiatement en liberté le gouverneur, l'ordonnateur et les autres détenus, de les rétablir dans leur autorité, et de balayer la ville du Cap des intrigans qui souillaient cette autorité, qui troublaient la tranquillité publique. Ce serait perdre le sens moral et faire preuve de passions indignes de l'historien, que de conclure autrement.

Supposons qu'après une telle conduite, Laveaux eût persévéré dans ses préventions contre Villatte, tout l'odieux lui serait resté aux yeux de la métropole, aux yeux de tous les homme sensés de la colonie, aux yeux de l'histoire. N'est-il pas, pour un homme placé à une situation élevée dans la société, dans la hiérarchie des fonctions publiques, des circonstances où il faut préférer d'être victime de l'accomplissement d'un devoir consciencieux, plutôt que d'être ou même de paraître de connivence avec les méchans ? La postérité n'est-elle pas là, ne doit-elle pas arriver pour flétrir les supérieurs qui abusent de leur pouvoir ? La condition de l'homme est-elle de toujours réussir, alors même qu'il est animé des meilleurs, des plus beaux sentimens ? Il faut qu'un homme public s'attende à ces revers de fortune ; mais il ne doit jamais les mériter par ses fautes, par une conduite que sa propre conscience condamne.

Comparons la conduite de Villatte avec celle de Montbrun, au Port-au-Prince, le 18 mars 1794; et reconnaissons que, si ce dernier fut animé contre Desfourneaux dont il exigea l'embarquement, du moins il a respecté en Sonthonax le représentant de l'autorité de la métropole; il l'a rétabli dans ses fonctions de commissaire civil, et il n'avait pas autre chose à faire. Montbrun a été victime de ses exigences à l'égard de Desfourneaux; cela est prouvé par son odieuse arrestation, par sa longue détention durant 46 mois. Mais, enfin, le jour de la justice a lui ensuite pour ce brave militaire : un tribunal impartial l'a justifié aux yeux de ses contemporains; il a pu être rendu à sa patrie qu'il a continué de servir honorablement; et la postérité ne peut que condamner ses persécuteurs.

Villatte aurait donc dû agir comme Montbrun. Loin de là, il acquiesce à l'arrêté de la municipalité; il se revêt de l'autorité supérieure; il laisse le gouverneur et l'ordonnateur en prison; il s'empresse d'écrire au marquis de Casa-Calvo, au Fort-Dauphin, pour lui notifier sa position nouvelle. Il justifierait par ces actes, *toutes* les imputations qui lui ont été faites par Laveaux et Perroud, si l'histoire ne pouvait pas constater la conduite tortueuse de ces deux administrateurs, qui semaient intentionnellement la division parmi les défenseurs de la colonie. Dans tous les cas, il a mal agi en cette circonstance : en prenant pour secrétaire, dans ce moment, ce Léger Duval signalé par Laveaux, cet ancien membre de l'assemblée coloniale, il s'est placé sous l'influence évidente d'un ennemi de sa couleur, de sa classe; il a prouvé un défaut de bon sens et donné lieu à croire (et nous le croyons aussi), qu'il était satisfait de l'humiliation subie par ces deux autorités. Cela même était un tort de sa part.

Sans contredit, Villatte était un bon militaire, brave et intrépide, fidèle à la France, alors notre patrie ; il a eu le mérite d'avoir défendu le Cap et ses dépendances contre les Anglais et les Espagnols, d'avoir honorablement résisté à toutes leurs offres, à toutes les séductions qu'ils employèrent pour le porter à trahir ses devoirs ; il a maintenu l'ordre et la discipline parmi les troupes qu'il commandait, tracé le noble exemple de subir toutes les privations auxquelles les habitans étaient en proie dans son commandement. Mais il n'était qu'un soldat, qui savait seulement *aller rondement en besogne,* selon son expression dans sa lettre à Laveaux, en date du 22 février 1795 : il était incapable de combinaisons politiques, et il l'a prouvé au 30 ventôse.

Pour l'instruction de nos lecteurs, mettons en regard, à côté de notre appréciation du caractère et de l'incapacité de Villatte, l'appréciation que nous fournit le rapport de Marec, sur la capacité de Laveaux. Après avoir résumé la situation de Saint-Domingue, d'après la correspondance des deux hauts fonctionnaires de cette colonie, Marec dit au conseil des Cinq-Cents :

« Mais cette situation n'est en général que la situation militaire de la colonie à cette époque, et c'est la situation politique et commerciale que le conseil des Cinq-Cents a désiré surtout connaître. J'observe que depuis le départ pour France des derniers commissaires civils à Saint-Domingue, la colonie n'a cessé d'être régie sous l'empire du gouvernement militaire, gouvernement robuste de sa nature, et le seul peut-être qui conviendrait à cette colonie jusqu'à la pacification générale ; *mais gouvernement devenu sans vigueur et sans efficacité dans les mains débiles qui en tenaient les rênes*, et surtout au milieu de l'anarchie, pour ainsi dire organisée, qui dévorait toutes les parties de la colonie. J'ajoute que l'immense correspondance que je viens d'analyser, est en général la correspondance d'officiers militaires, plus enclins à parler de ce qui concerne leur état, de ce qui a trait à la défense ou à l'attaque, de ce qui touche à la police militaire, que de ce qui concerne l'économie politique, l'ordre judiciaire ou administratif, les finances, l'agriculture, le commerce et l'industrie. J'avoue que cette correspondance volumineuse n'offre aucun détail sur la plupart de ces importans objets ; que sur quelques-uns d'entre eux elle n'indique que de faibles aperçus, et que je me trouve hors d'état de vous présenter aucun résultat positif sur l'administration économique de Saint-Domingue à l'époque dont il s'agit.... »

Telle fut l'appréciation du savant rapporteur, sur l'administration de Laveaux et de Perroud, au moment où il allait parler de celle de l'agence envoyée dans la colonie, et dont Sonthonax était le chef. Laveaux, comme gouverneur et militaire, y est jugé par les passages que nous avons soulignés.

Quant à Perroud, qui savait tourner ses phrases lorsqu'il s'agissait de dénoncer Pinchinat et tous les mulâtres comme auteurs de tous les maux de Saint-Domingue, on reconnaît la même stérilité dans sa correspondance que dans celle de Laveaux, dans les parties qui étaient de son ressort, comme ordonnateur des finances, embrassant les divers objets qui s'y rapportaient.

Ainsi, cette doublure d'incapacités politique et administrative n'avait de capacité réelle que pour l'intrigue, que pour réussir à établir la mésintelligence entre les défenseurs de la colonie, à calomnier les vrais patriotes auprès de la métropole, si toutefois on peut appeler *capacité*, ce qui tendait évidemment à lui faire perdre Saint-Domingue, dans un avenir plus ou moins éloigné.

Après ce jugement porté sur Laveaux, il est curieux d'entendre son propre jugement sur les hommes de couleur en général, à l'occasion de l'affaire du 30 ventôse. Nous l'extrayons encore de son compte-rendu qui nous a fourni tant d'observations. Il avait débuté dans ce pamphlet par établir, comme un fait *positif,* que Vincent Ogé *avait soulevé les esclaves;* il concluait : « Que ce sont les « mulâtres qui sont les premiers auteurs de la révolte des « esclaves et qui les ont armés pour leur aider à conqué-« rir leurs droits, avant l'arrivée de Polvérel et Sontho-« nax , » — partant, que les mulâtres furent la cause des dévastations commises par les noirs dans le Nord et dans toutes les autres localités de la colonie. Arrivé à l'affaire du 30 ventôse, il dit :

« Mais, s'il est *évident* que des hommes de couleur *seuls* ont ourdi et exécuté le complot de notre arrestation, beaucoup de lecteurs ne verront pas aussi clairement les motifs qui les ont portés à ces excès. Il est douloureux sans doute d'avoir à les éclairer *sur une vérité aussi affligeante qu'incontestable.* Les hommes de couleur sont tourmentés d'une *haine* insurmontable contre *les blancs.* Cette haine est d'autant plus active qu'elle a pour principe *un orgueil* qu'ils n'osent pas avouer. Ils voient *avec dépit* la nécessité dont leur seront *toujours les blancs,* attendu *l'impéritie et l'incapacité* qu'ils ne justifient que par *une ambition sans bornes.* A les entendre, ils devraient seuls posséder le pays et lui donner des lois; mais il est à présumer que la France n'a pas fait tant de sacrifices à la liberté et à l'égalité, pour remettre entre les mains *de dominateurs imbéciles*, le sort des hommes (les noirs) qui lui doivent leur existence civile et politique. Loin de moi cependant l'idée de confondre *tous* les hommes de couleur avec *les perfides* agitateurs de la colonie. Non, je sais qu'il en est un grand nombre qui ont *mérité et obtenu* le plus haut degré d'estime, et loin de les envelopper *dans le mépris* que méritent les autres, je les trouve d'autant plus recommandables, qu'ils ne manqueraient pas d'exemples propres à les entraîner vers le mal, s'ils étaient capables d'y tomber. »

Cet ancien gouverneur de Saint-Domingue, alors à Paris, avait encore le cœur gros par le souvenir du coupable attentat commis sur sa personne : l'excuse de ce jugement porté contre la masse des hommes de couleur est naturellement dans ce fait exorbitant. Nous remarquons seulement qu'il eut tort d'avancer cette assertion : que ce furent les seuls hommes de couleur du Cap qui ourdirent ce complot. Le rapport de Marec, que nous venons de citer, nous dispense ici de réfuter le jugement de Laveaux sur l'impéritie et l'imbécilité des mulâtres ; et nous regrettons vraiment qu'il n'ait pas désigné nominativement quelques-uns du grand nombre de ceux qu'il exceptait de son mépris : peut-être y aurions-nous trouvé le nom de celui qui, par un sentiment de justice, se trouvant à la tête d'un gouvernement républicain, *assura le sort des noirs et leur liberté en partageant entre eux les propriétés des blancs colons.* Car, nous l'avons dit, et personne ne peut en disconvenir, c'est surtout par la propriété qu'on garantit aux hommes leur liberté naturelle, en leur procurant cette indépendance individuelle qui la leur assure dans la société civile. Pétion, enfin, a prouvé qu'il pouvait se *passer des blancs* pour faire le bien qu'il trouvait dans son cœur.

Le lecteur aura remarqué que jusqu'ici nous n'avons pas dit notre opinion sur la manière habile dont T. Louverture a exploité la situation faite à la colonie par l'affaire du 30 ventôse.

La postérité est-elle en droit de blâmer ce noir intelligent d'avoir profité de l'incapacité politique de Laveaux pour s'élever à une position supérieure ? Nous osons dire : non !

T. Louverture avait le sentiment, la conscience de ce dont il était capable, et il l'a justifié. Ambitieux comme tous les militaires, il devait désirer d'arriver, sinon au pouvoir, du moins à un grade plus éminent que celui de général de brigade. Dès qu'il se fut soumis à Laveaux, il a pu reconnaître ses préventions contre Villatte, contre tous les hommes de couleur. Laveaux étant gouverneur général et Européen, il était le seul homme qui pût le recommander au gouvernement français : il fallait donc le flatter, le fasciner par des témoignages d'une considération soutenue, par une obéissance raisonnée, par les expressions d'un tendre attachement, en se prêtant à toutes ses passions. Tout prouve, d'après leur correspondance citée, que Laveaux se préparait à une lutte contre Villatte, ou tout au moins qu'il prévoyait cette éventualité. Villatte excitait la jalousie de T. Louverture, de même que celui-ci excitait la sienne : ils étaient rivaux. Avec de pareils sentimens de part et d'autre, survient l'affaire du 30 ventôse où Villatte se conduit mal : ce serait vouloir trop exiger de la nature humaine et de l'ardente passion de l'ambition, que de désirer que T.

Louverture, en cette circonstance, n'eût pas profité de la faute de son rival. Tant pis pour celui-ci, s'il n'a pas su se conduire en militaire soumis, en fonctionnaire subordonné, en bon citoyen, en homme politique perspicace. Tout ce que nous devons désirer pour T. Louverture, en nous supposant témoin de ces événemens, c'est qu'il sache s'arrêter sur la pente de l'abîme que Laveaux a ouvert devant lui, que Sonthonax va bientôt élargir sous ses pas. S'il s'y précipite, nous examinerons aussi sa conduite pour dire notre opinion à son égard, comme nous l'exprimons à l'égard de Villatte.

En attendant cette époque, nous voyons dans sa correspondance avec Laveaux, que dès le 10 avril, étant à la Marmelade, T. Louverture lui signalait Delair, à Jean-Rabel, comme un perturbateur de la tranquillité publique; que le 15, rendu aux Gonaïves, il lui annonce avoir pris des mesures pour éclairer *les noirs contre leurs ennemis;* que là encore, le 18, il revint sur le compte de Delair qui, selon lui, travaillait l'esprit des noirs de Jean-Rabel, du Moustique et du Pendu, ainsi qu'Étienne Datty, mais qu'il prend ses précautions pour les éclairer ; qu'ensuite, *des blancs* ayant été tués dans la paroisse de Bombarde, par des assassins dont le chef se nommait Larose (un noir de l'habitation Foache, *fort lié avec Delair,* dit Laveaux, pour insinuer contre ce mulâtre), T. Louverture lui écrivit :
« J'ai frémi *d'horreur* en apprenant ce fait. Vous n'au-
» rez pas de peine *à deviner* d'où est parti ce coup funeste.
» Est-il donc décidé que *les cultivateurs* seront toujours
» le jouet et l'instrument des vengeances *de monstres que*
» *l'enfer a vomis dans cette colonie !* Cela surpasse l'ima-
» gination. Le sang de tant de victimes crie *vengeance !* »
Ces *monstres,* ce sont les mulâtres !

Enfin, pour terminer nos citations dans ce long chapitre, une autre lettre de T. Louverture à Laveaux, datée des Gonaïves, le 21 avril, lui dit que le général Pierre Michel lui en a envoyé quelques-unes venant du camp Villatte :

« Ma première observation a été, dit-il, avant de prendre lecture, de ne pas trouver la signature de Villatte. *Ce fin merle* s'en est bien gardé ; il a cependant su *blouser* les autres sans se compromettre lui-même.

» Je me suis aperçu par le style et le passage de la mort *des prétendus martyrs* de la liberté générale, Ogé et Chavanne, que l'auteur de ces deux lettres *est un homme de couleur*. Il impose impunément quand il dit que ces deux chefs moururent *pour la liberté*. J'ai des preuves par devers moi qui m'assurent le contraire : quand je serai un peu débarrassé de mes occupations, *je lâcherai* une proclamation relativement à ces deux lettres. J'ai fait arrêter Pauthe, commandant de Terre-Neuve, *homme de couleur* soi-disant *blanc*. J'ai été instruit qu'il est *intimement lié* avec Chevalier, et qu'il correspondait avec Delair. » L'amitié même était coupable !

Le 25 avril, en effet, T. Louverture *lâche* sa proclamation : il y désigne les hommes de couleur comme des *ennemis de la liberté générale et de la sainte égalité*. Et cependant, si dans le Nord et dans l'Artibonite, des hommes de couleur trahirent cette cause en 1793, ce fut principalement par ses soins, par ses intrigues, pour les gagner à la cause de l'Espagne !

O vous, Africains, mes frères ! vous qui *m'avez coûté* tant de fatigues, de sueurs, de travaux, de misères !.... Avez-vous oublié que *c'est moi le premier qui levai l'étendard de l'insurrection contre la*

tyrannie, contre le despotisme qui nous tenaient enchaînés ? [1]....
Mais, frères et amis, vous êtes incapables de ces atrocités par vous-mêmes, je le sais : *des monstres, couverts de crimes*, et qui n'osent plus paraître devant leurs semblables, cherchent à vous entraîner *avec eux* dans le précipice, pour n'être pas plus longtemps *isolés dans la nature.*

Ils osent, *les scélérats*, vous débiter *que la France veut vous rendre à l'esclavage ! Comment pourriez-vous ajouter foi à des calomnies aussi atroces ?* [2]

Faites bien attention, mes frères, *qu'il y a plus de noirs* dans la colonie *qu'il n'y a d'hommes de couleur et d'hommes blancs ensemble*, et que s'il y arrive quelques désordres, ce sera à nous, *noirs*, que la République s'en prendra, *parce que nous sommes les plus forts.... Je suis responsable de tous les événemens, comme chef....*

Si, en lisant cette proclamation dont copie lui fut envoyée, Laveaux n'a pas reconnu son maître en son lieutenant, c'est que sans doute il était l'homme le moins capable de juger un écrit quelconque. La seule chose dont on puisse s'étonner, c'est que ce pauvre gouverneur ait persévéré jusqu'en France, à représenter l'élévation de T. Louverture par lui, comme *la plus glorieuse* mesure qu'il ait prise. Elle devint sans doute *la plus utile*, dans les vues secrètes que l'on ne tarda pas à concevoir *contre la population noire*, jusqu'à ce qu'enfin on jugeât nécessaire de briser cet instrument. Mais dans le moment, l'u-

---

[1] Voilà T. Louverture qui se vante d'être le premier qui leva l'étendard de l'insurrection dans le Nord, en justifiant ainsi toutes les traditions répandues à ce sujet. Si des crimes et des dévastations ont été commis à cette occasion, il a donc sa part de responsabilité devant l'histoire. Conçoit-on alors que Laveaux ait *ensuite* publié en France son compte-rendu où il attribue cette insurrection des noirs à Ogé, et tous les crimes commis par eux aux hommes de couleur ? Cette partialité ne suffit-elle pas pour faire juger de la haine qu'il leur portait ?

[2] En 1802, T. Louverture s'est-il ressouvenu de ce passage de sa proclamation ?

tilité de cette mesure ressort des services que T. Louverture rendait à Laveaux, en excitant les passions des noirs contre les hommes de couleur, que ce gouverneur haïssait évidemment.

Quant à T. Louverture, nous sommes forcé de dire qu'il les haïssait aussi, puisqu'il secondait si puissamment les vues de Laveaux contre eux[1]. Certes, nous l'avons dit, à ses yeux, mulâtres, blancs et noirs n'étaient pour lui-même que des instrumens dans ses mains; tous devaient servir à son élévation, à la satisfaction de son ambition, de son orgueil, de sa vanité, sinon subir le sort le plus affreux. Au temps dont il s'agit, les hommes de couleur étaient pour lui le premier obstacle à vaincre, tandis que les blancs facilitaient ses vues; mais patience, le tour de ces derniers viendra, les noirs aussi auront leur tour. Voyez comme il se pose aux yeux des noirs, comme leur chef et le premier parmi eux qui a levé l'étendard de l'insurrection contre les colons! S'il leur désigne les mulâtres comme *des scélérats, des monstres*, ennemis de la liberté générale et de la sainte égalité, il ne plante pas moins ses jalons pour arriver aux blancs, si cela devient nécessaire; et dans ce but, il rappelle aux noirs qu'ils sont plus nombreux que les mulâtres et les blancs réunis, qu'ils sont les plus forts. Il semble même vouloir donner un avertissement à la France, dans le cas où elle voudrait

---

[1] T. Louverture avait de proches parens dans cette classe ; il les aimait : comment donc a-t-il pu, par la suite, commettre tant de crimes à l'égard de cette classe? Ces crimes ne furent-ils que le fruit de l'erreur dans le système politique qu'il adopta et dont il fut victime? Mais la Providence sait punir les crimes quelle que soit leur cause : elle n'examine pas s'ils sont le résultat de l'erreur ou de mauvais sentimens. La raison a été donnée à l'homme pour se bien conduire ; il a reçu la conscience pour maîtriser ses passions. Tant pis pour lui, s'il y succombe.

rétablir l'esclavage des noirs. Mais nous verrons par la suite s'il ne le rétablit pas lui-même *de fait*, tout en se servant des mots *de liberté et d'égalité*, en justifiant ainsi la prévision de Boissy-d'Anglas, que nous avons fait remarquer dans son lumineux rapport.

Nous verrons sans doute beaucoup de proclamations de T. Louverture; mais à notre avis, celle-ci qui paraît être la première qu'il émit, est un chef-d'œuvre d'astuce et de ce machiavélisme qui le distingua parmi ses contemporains. De ce jour, par le langage qu'il tient aux noirs, il a effacé, annulé complètement l'autorité de Laveaux.

Quand il excitait ainsi les passions contre les hommes de couleur, il ne s'apercevait pas, malgré toute sa sagacité, tout son génie, qu'il détruisait ses propres forces; il ne prévoyait pas quelle serait l'injuste récompense qu'il recevrait un jour de la part de ceux qui, dès-lors, se servaient de son influence pour arriver à ce résultat; il ne croyait pas qu'un cachot du fort de Joux serait sa dernière demeure. C'est là, peut-être, que recevant une assistance cordiale de la part de l'un *de ces scélérats, de ces monstres que l'enfer a vomis sur la terre de Saint-Domingue*, il aura reconnu ce qu'il y avait de coupable, lorsque sa plume traçait ces injures imméritées, contre des hommes qui n'avaient demandé cependant *ni aux négresses, ni aux blancs colons* de leur donner l'existence [1].

---

[1] Le mulâtre Martial Besse, détenu aussi au château de Joux, copia pour T. Louverture, le mémoire qu'il avait rédigé pour être adressé au Premier Consul. (Vie de T. Louverture par M. Saint-Rémy, p. 100.)

André Rigaud lui-même, (suivant les mémoires du fils de T. Louverture), également détenu dans ce château, donna à son ancien ennemi des témoignages de sa sympathie dans leur commun malheur, dans les persécutions dont

C'est là, c'est dans cette communauté de malheur, que T. Louverture dut se convaincre que la cause du noir et du mulâtre était *indivisible*, et qu'il avait eu tort de s'affaiblir lui-même, en suivant les inspirations de Laveaux et de tant d'autres dans la suite. Quel beau rôle n'eût-il pas joué, quelle belle et noble mission n'eût-il pas remplie alors, s'il eût usé de son influence comme lieutenant au gouvernement, pour modérer le juste mécontentement de Laveaux? Au lieu de reproches à adresser à sa mémoire, l'historien n'aurait eu que des éloges à faire d'une telle conduite.

Dans l'aveuglement de son ambition, il a osé dire des mulâtres, qu'ils étaient *des monstres* que l'enfer a vomis sur la terre de Saint-Domingue! Mais, s'ils n'ont été que des êtres produits par l'union des deux races européenne et africaine, ce sont donc ces deux races d'hommes qui sont elles-mêmes *l'enfer!* Cette conséquence est logique, si l'on admet ces prémisses énoncées par un sentiment passionné. Voyez à quoi aboutit l'injustice!

Sous un autre rapport, et si l'on pouvait se permettre d'imiter l'injustice d'un tel raisonnement, ne pourrait-on pas dire *des mulâtres* — qu'ils sont *les vrais enfans des colonies,* puisqu'ils y sont nés par la volonté de Dieu, auteur de toutes choses?[1] Tout blanc peut réclamer l'Europe pour sa patrie, tout noir l'Afrique pour la sienne; mais le mulâtre, à cause de sa couleur *jaune,* ne peut jouir

---

ils étaient tous trois l'objet, et que, certainement, ils ne méritaient pas de la part de la France.

Mars Plaisir, autre mulâtre, son fidèle domestique, donna aussi à cet homme célèbre et malheureux, les preuves du plus profond dévouement.

[1] « Encore un coup, dit Moreau de Saint-Méry, c'est l'homme de ce climat qui brûle. » Tome 1, page 76.

de cette faculté : il doit donc considérer les Antilles spécialement pour sa patrie, son pays [1].

Misérable distinction que tout cela ! Nouveau motif pour l'historien, qui doit s'inspirer des sentimens religieux et des principes de la saine philosophie, de condamner, de flétrir davantage le régime colonial, fondé par les Européens au détriment de la race noire ! Quelle que soit la couleur des hommes, ils sont tous les enfans de cet Être suprême qui régit l'univers ; et en quelque lieu qu'ils naissent, leur devoir, dicté par la religion et la morale, les oblige à s'aimer comme frères.

---

[1] Les deux races, blanche et noire, ont été *transplantées* dans les Antilles. Elles y ont trouvé les aborigènes, race *jaune*, dont on ne saurait déterminer l'origine. Dieu a voulu que *les mulâtres* eussent la même couleur. Dépendait-il des blancs et des noirs qu'il en fût autrement? Mais au fond de toutes ces querelles, nées du régime colonial, ce n'est point *la couleur* qu'on poursuivait, qu'on persécutait ; mais *le principe de la liberté*, parce qu'il faisait obstacle aux vues coupables que l'on avait conçues.

CHAPITRE VII.

Projet avorté de l'envoi de trois commissaires à Saint-Domingue. — Le Directoire exécutif est autorisé à y envoyer une Agence de cinq membres. — Roume, désigné pour la partie espagnole, arrive à Santo-Domingo. — Députés de Laveaux et des généraux auprès de lui. — Il tente une réconciliation entre Villatte et ceux du Nord. — Projet affreux de la faction coloniale. — Diverses lettres de Toussaint Louverture, de Perroud, etc. — Opinions de Laveaux sur la liberté générale des noirs. — Relations de Roume avec l'archevêque Portilla et Don J. Garcia.

Pendant que les débats se poursuivaient entre les colons et les ex-commissaires civils, la convention nationale avait résolu d'envoyer de nouveaux commissaires à Saint-Domingue. Suivant le rapport de Defermon, présenté à cette assemblée le 15 juillet 1795, ils avaient été nommés auparavant. Ils l'étaient même déjà au 13 mai, date du rapport que fit Garran sur Julien Raymond qui, accusé par les colons et incarcéré pendant quatorze mois, n'avait obtenu que sa liberté provisoire : ce rapport, en le disculpant des accusations portées contre lui et lui faisant obtenir sa liberté définitive par la convention, avait pour but de faciliter son départ pour Saint-Domingue avec ces commissaires, lesquels voulaient avoir avec eux cet homme de couleur qui avait été si longtemps en correspondance avec ceux de l'Ouest et du Sud. Il paraît que ces commissaires étaient Bourdon (de l'Oise), Charles Tarbé et un autre, et que ce fut à l'influence du parti colonial qu'ils furent choisis ; car ces trois hommes étaient entièrement vendus à ce parti. Heureusement, il ne fut pas donné suite à cette désignation.

Mais, le 24 janvier 1796, une loi rendue par les deux conseils des Anciens et des Cinq-Cents, autorisa le Directoire exécutif à envoyer dans la colonie, cinq agens qui lui seraient subordonnés, qui recevraient ses instructions, et dont l'un d'eux serait spécialement chargé de résider à Santo-Domingo pour veiller aux intérêts de la France, jusqu'à ce qu'elle pût prendre possession effectivement de la partie espagnole, tandis que les quatre autres se fixeraient dans la partie française. Roume, que le comité de salut public avait déjà nommé pour se rendre à Santo-Domingo dans le même but, fut encore choisi pour cette mission par le Directoire exécutif. Les quatre autres agens furent Southonax, Julien Raymond, Giraud et Leblanc.

Pour passer à Santo-Domingo, Roume était parti de Cadix : il arriva à son poste le 19 germinal (8 avril). Il y apprit aussitôt l'affaire du 30 ventôse et ce qui l'avait suivie. Roume de Saint-Laurent était d'origine anglaise ; créole de la Grenade, il avait été membre d'une cour de justice dans cette île et ensuite commissaire ordonnateur à Tabago, avant la révolution. Dans sa première mission, il avait montré un esprit assez conciliant, quoique d'un caractère faible et d'une imagination qui l'égarait, par la singularité de ses opinions politiques : ce qui est un défaut dans un homme public.

En apprenant les événemens survenus au Cap et la position insoumise de Villatte, resté à son camp de la Martellière, il en comprit le danger pour le salut de la colonie. Dans le louable désir d'opérer une réconciliation entre ce général, et Laveaux et T. Louverture, il leur écrivit, ainsi qu'à Perroud, pour leur annoncer son arrivée et les inviter à lui envoyer des commissaires de leur choix, afin de lui expliquer les détails de l'affaire du 30 ventôse, en les autorisant à prendre à ce sujet et sous sa direction, toutes les résolutions qui seraient jugées convenables dans l'intérêt de la chose publique. N'ignorant pas les préventions de Laveaux et de Perroud contre Pinchinat, et par suite contre Rigaud, Bauvais et tous les hommes de couleur, il jugea convenable en même temps, d'inviter ces deux généraux à lui envoyer aussi des commissaires, avec la même autorisation.

Laveaux députa Perroud lui-même qui fut accompagné de quelques officiers noirs, nommés députés par Laveaux, et sans doute par T. Louverture, ou pour ce dernier en son absence du Cap. Mais le 23 avril, étant au Fort-Dauphin, Perroud écrivit à Laveaux, que le marquis de Casa Calvo s'opposait à ce que ces officiers noirs se rendissent à Santo-Domingo, et qu'il était forcé de partir seul sur un brig de guerre espagnol.

Nos documens ne nous apprennent pas qui fut le représentant de Villatte. Bauvais choisit Jacques Boyé, et Rigaud envoya Sala, deux hommes honorables parmi les blancs.

Le 25 floréal (14 mai), la conférence entre les divers commissaires eut lieu sous la présidence de Roume. Celui-ci, après avoir entendu la relation de l'affaire du 30 ventôse et des circonstances qui l'avaient précédée, leur dévoila toutes les intrigues du parti colonial, en France, auquel il attribua tout ce qui s'était passé au Cap depuis quelque temps, par la correspondance que ce parti entretenait. Le rôle qu'avait joué au Cap, de l'aveu même de

Laveaux, ce Léger Duval, ancien membre de l'assemblée coloniale, qui servit de secrétaire à Villatte durant le mouvement, était bien propre à convaincre les commissaires des assertions de Roume. Il leur fit savoir, enfin, ce qu'un colon de Saint-Domingue lui avait dit à Paris et que nous transcrivons ici. Ce colon était *du Cap.*

« Je sors, disait-il, de chez les commissaires Page et Brul-
« ley, où se sont trouvés beaucoup de mes compatriotes
« de Saint-Domingue. La convention nationale aura beau
« vouloir *l'égalité des mulâtres et la liberté des noirs,* elle
« finira par avoir le dessous, par les mesures qu'on vient
« de prendre.

« Nous commencerons par *brouiller les mulâtres avec*
« *les nègres*, en coalisant ceux-ci *avec les blancs.* Ce
« moyen procurera la destruction totale de *ces figures à*
« *rhubarbe.* — Ensuite, nous *brouillerons les nègres*
« *créoles avec les bossals* (ceux venant d'Afrique), en
« coalisant ceux-ci *avec les blancs :* ce second moyen
« nous délivrera de tous *ces docteurs maroquins.*—Enfin,
« la France, *ennuyée* de tous les crimes qui se seront
« commis, ne pourra plus regarder *les nègres que comme*
« *des bêtes féroces, indignes de la liberté. Elle rétablira*
« *l'esclavage :* nous nous déferons de tous ceux qui auront
« de l'énergie, nous en ferons venir d'Afrique, et nous les
« tiendrons sans cesse sous le fouet et dans les chaînes. »

Voilà l'aveu d'un colon de Saint-Domingue à Roume, voilà le plan dressé chez Page et Brulley, ces hommes qui conseillaient *d'empoisonner* les chefs des nègres insurgés. On se rappelle que nous avons fait remarquer que les rapports de Defermon et de Boissy-d'Anglas indiquaient le projet du rétablissement de l'esclavage, fermentant déjà en France, en 1795.

Nous ne dirons pas que Laveaux était un agent des colons ; mais la mésintelligence qu'il entretenait entre T. Louverture et Villatte, entre les noirs et les mulâtres, par suite de ses préventions personnelles, servait à souhait le désir et le plan des colons. Nous verrons plus tard comment d'autres agens de la métropole, par leurs fautes, sinon par leurs intentions, le servit aussi ; comment T. Louverture le réalisa ; comment, enfin, la France, un peu plus qu'*ennuyée*, tenta de le mettre à exécution, malheureusement pour les colons et pour elle-même, mais fort heureusement pour la race noire.

Enfin, les commissaires respectifs des généraux, convaincus par les sages paroles de Roume, reconnurent qu'une réconciliation franche était du devoir de tous, que l'oubli du passé devait être proclamé au nom de la France et du bien général. Ils se donnèrent l'accolade fraternelle et républicaine, au nom de leurs commettans, pour leur servir d'exemple.

Roume s'empressa d'écrire à Laveaux, T. Louverture, Villatte, Léveillé, Pierre Michel, pour leur faire savoir le résultat de la conférence des commissaires et les inviter tous à l'oubli du passé, à la bienveillance entre eux, à l'union. Il prêchait dans le désert, comme au temps de sa première mission.

Laveaux nous apprend qu'il répondit à Roume : « Il est « impossible de songer à faire rentrer Villatte dans la « ville du Cap. Les *crimes* de cet homme ne laissent aucune « voie à l'indulgence, et il ne faut plus songer à obtenir « la moindre subordination, s'il n'est pas puni. »

S'il y avait, entre tous ces cœurs aigris l'un contre l'autre, quelqu'un qui pût donner l'exemple de l'oubli du passé, c'était sans contredit Laveaux qui avait été maltraité : chef supérieur, la générosité pouvait partir de lui. Mais, en cette qualité même, il jugea que la discipline militaire, la subordination, exigeaient la punition de Villatte et de ceux qu'il considérait comme ses complices. Indépendamment de ces considérations, qui sont puissantes sur l'esprit de tout homme impartial, nous pensons qu'il n'aurait pu être généreux envers Villatte; car le maître qu'il s'était donné en partageant son pouvoir, ne l'eût pas souffert. Laveaux s'était trop avancé sur le terrain de la persécution pour pouvoir reculer ; il avait trop fomenté la mésintelligence entre T. Louverture et Villatte, avant l'affaire du 30 ventôse, pour pouvoir oublier et pardonner ce fait, d'ailleurs coupable. Il a pris soin lui-même de nous l'apprendre, quand, après avoir promis l'oubli du passé, de ne pas se venger, étant au sein de la municipalité, et rendant compte ensuite de cette affaire à T. Louverture, il lui dit qu'un tel crime ne peut s'oublier.

En preuve de ce que nous disons des exigences de ce dernier, nous voyons que dans une lettre du 26 avril qu'il écrivit à Laveaux, il lui dit :

« Il faut que Villatte reconnaisse ses torts envers vous. « L'oraison dominicale dit : *Pardonnez-nous, seigneur,* « *nos offenses comme nous pardonnons à ceux qui nous* « *ont offensés.* Mais, dans l'état militaire, point de subor- « dination, point de discipline, point d'armée. La hiérar- « chie le veut et l'exige. »

Laveaux se tint dès-lors pour averti ; il ne pouvait pas répondre autre chose à Roume. Le maître avait parlé, d'après la loi militaire.

La conférence des commissaires avait eu lieu le 14 mai ; mais dès le 10, Perroud écrivait de Santo-Domingo à Laveaux :

N'envoyez rien au ministre de la marine, sur l'affaire du 30 ventôse, avant mon retour au Cap. Préparez le compte que vous en avez à rendre, de la manière la plus claire, et *sans la moindre observation*. Que tous les noms *des pervers* qui ont commis le crime soient bien tracés avec les époques, les arrêtés de la municipalité en extrait, et *sans réflexions*.

Vous ne perdrez pas de vue que cette grande machination est le travail empoisonné des *Léopardins* qui sont toujours derrière le rideau, quand il y a la plus petite scène révolutionnaire. Ce sont ces ennemis de la chose publique qui soufflent le poison de la discorde et alimentent le désordre qui déchire la colonie. Tous les ennemis de la liberté générale servent ces hommes dangereux ; il y a *des blancs, des mulâtres* et *des noirs* qui sont leurs satellites. *Les premiers*, comme les plus instruits, *sont les moteurs des crimes* ; ce sont eux qui les propagent par la main des autres. *Les seconds*, toujours ambitieux et inquiets sur ceux qui peuvent les dévoiler, servent avec chaleur les premiers dans leurs projets destructeurs. *Les derniers*, en bien plus petit nombre, sont les instrumens passifs des deux autres classes, quand, toutefois, leur ignorance et leur crédulité deviennent victimes des manœuvres captieuses des pervers qui *souillent* cette terre ....

Pour placer les classes d'hommes d'après l'état de nature, l'on met *les mulâtres les derniers*, comme descendans des blancs et des noirs ; relisez les lettres du citoyen Roume, vous y trouverez cet ordre hiérarchique ....

Le citoyen Roume vient de donner une nouvelle preuve de générosité à Villatte ; il vient de lui écrire pour le rappeler à son devoir et réparer, *s'il se peut*, la faute énormissime qu'il a faite en quittant son poste ....

J'aurais trop de choses à vous dire, si je vous entretenais de tout ce que le citoyen Roume m'a communiqué *sur le sort* de Saint-Domingue. Je vous instruirai de tout, quand je serai près de vous.

Le lendemain, 11 mai, Perroud écrit encore à Laveaux :
« Que nous sommes heureux, mon cher gouverneur,
« d'être Français ! Combien nous jouirions, *si les monstres*
« *de contre-révolutionnaires*, par les mains et le souffle
« impur des *Léopardins*, n'avaient point mis de désunion

« entre les chefs, inspiré la méfiance chez une petite por-
« tion de cultivateurs, enfin fait commettre des crimes
« qui déchirent encore cette colonie qui commençait à
« renaître de ses cendres ! »

Comme on le voit, Laveaux ne manquait pas de conseils : d'un côté T. Louverture, de l'autre Perroud, agissaient sur son esprit.

Ainsi encore, on voit qu'avant la conférence des commissaires, Perroud était au courant de tout ce que Roume leur dévoila. Il savait que c'étaient les *Léopardins*, c'est-à-dire, *les blancs* anciens partisans de l'assemblée de Saint-Marc et de celle du Cap même, qui étaient *les moteurs* de tous ces troubles, et Léger Duval, ancien membre de ces assemblées, n'y a joué qu'un trop grand rôle. Et *les monstres de contre-révolutionnaires* ne pouvaient être aussi que *des blancs* qui divisaient les chefs, qui égaraient une petite portion des cultivateurs ; car les mulâtres, qui étaient classés au dernier rang dans l'état de nature, souffraient seuls en ce moment de toutes ces divisions, suscitées par leurs ennemis de tous les temps.

N'est-il pas évident, par toute la correspondance que nous avons citée, ne sommes-nous pas autorisé à dire, que ceux qui divisaient les chefs secondaires, étaient *les blancs* eux-mêmes, à commencer par Laveaux et Perroud, et non pas les mulâtres qu'ils désunissaient avec les noirs ? Les mulâtres pouvaient-ils être des contre-révolutionnaires, lorsqu'ils avaient tout gagné par la révolution ? Sans cette révolution, Villatte, leur chef dans le Nord, aurait-il pu prétendre à l'honneur de devenir un général dans l'armée française ? Cette petite portion de cultivateurs noirs qui lui restaient attachés, malgré ses fautes et ses torts au 30 ventôse, ne prouvaient-ils pas qu'ils ne le considéraient point comme un ennemi de la liberté générale ?

Continuons à citer la correspondance de cette époque.

Le 1er germinal, le lendemain de l'arrestation de Laveaux et Perroud, qui se trouvaient encore en prison, T. Louverture adressa une lettre à Adet, ministre de France aux États-Unis; elle est datée des Gonaïves. Il disait à Adet :

> L'attentat le plus horrible et le complot le plus infâme viennent d'éclater dans la ville du Cap. La souveraineté nationale est outragée, dans ce moment, dans la personne du gouverneur général et de l'ordonnateur civil de Saint-Domingue. Le coup le plus funeste est porté aux principes de la convention nationale, à la liberté et à l'égalité ; et si le projet des factieux eût eu *le plein succès qu'ils en attendaient*, c'en était fait *de la race blanche européenne* dans cette partie de la République : *l'existence entière de cette race était menacée par les méchans, et l'esclavage allait succéder à la liberté*. Mais l'Être suprême, qui veille sans cesse sur les bons, n'a pas permis *que le crime fût consommé* : il a voulu *me conserver* en me faisant éviter leurs piéges.... Une centaine de citoyens *de couleur* se sont portés au gouvernement, armés de poignards et de pistolets ; cette troupe d'assassins, parmi lesquels *il n'y avait pas un citoyen blanc, pas un citoyen noir*, etc.

Cette lettre se terminait par l'invitation faite à Adet, d'instruire la France de cet événement.

C'est le 21 mars que T. Louverture l'a écrite : ce n'est que le 26 que Laveaux lui-même lui a écrit, en lui disant qu'il n'y avait que des hommes de couleur qui l'ont arrêté, et le 21, T. Louverture affirmait déjà cette imputation à Adet ! Par l'accusation qu'il porte contre les hommes de couleur, d'avoir eu le projet de détruire tous les blancs pour rétablir l'esclavage des noirs, on voit qu'il s'était entendu d'avance à ce sujet avec Laveaux. Cette accusation fut bientôt après reproduite par l'agence présidée par Sonthonax.

Cependant, le 11 mai, Adet répondit à T. Louverture pour le féliciter d'avoir eu le bonheur d'arracher de la prison les chefs de la colonie. Ce ministre ajoutait, pour le prémunir contre la violence, « que tous ces troubles de-
» vaient être attribués aux ennemis de la France et de sa
» colonie, qui, tour à tour agitant hommes de couleur,
» blancs et noirs, sèment la méfiance, commencent par
» égarer et finissent par pousser aux crimes. Parmi des
» citoyens, tous égaux, qu'il n'y ait qu'une rivalité : celle
» de combattre l'Anglais... »

Le même jour Adet écrivait à Laveaux qu'il avait reçu deux lettres de Villatte, des 14 et 22 ventôse (4 et 12 mars), renfermant des dépêches pour la France, qu'il lui priait de faire passer.

« Quelques expressions des lettres de Villatte, dit-il, me firent soupçonner qu'il n'existait pas entre lui et les chefs de l'administration, toute l'harmonie que le bien public exige. Cependant, citoyen, je dois vous le dire, la lettre du général Villatte, en me faisant soupçonner quelque mésintelligence, ne me laissait aucun doute sur son attachement à la République, à la liberté et à l'égalité : *il désirait des commissaires pour réunir les cœurs et calmer les têtes.* Si donc il a rompu la subordination, s'il a violé ses devoirs envers son chef, je me persuade qu'il a été entraîné à cette démarche par des conseils perfides, et je me flatte *qu'il n'est point un traître.* »

Telle était l'appréciation du ministre Adet. Nous la donnons ici, comme atténuation de la faute commise par Villatte, que nous avons déjà jugée, et parce que nous n'avons aucun autre document à citer de ce dernier. Il désirait des commissaires, *civils* sans doute, pour interposer l'autorité de la métropole dans la colonie, livrée à la malveillance évidente de Laveaux et de Perroud, *avant* l'affaire du 30 ventôse. On vient de voir que l'intervention de Roume fut inefficace. Bientôt on va voir ce qui advint pour lui à l'arrivée de nouveaux commissaires, de l'agence au Cap.

Le 11 mai, étant aux Gonaïves, T. Louverture informe Laveaux qu'il avait envoyé Clervaux, Desravines et Dessalines au Gros-Morne, pour arrêter Étienne Datty et ses agens qui croyaient T. Louverture disposé à les livrer aux Anglais, pour les rendre esclaves, mais qui tuaient *tous les hommes de couleur.* « Je suis devenu le *loup blanc* » des méchans. Je suis assez fort pour tenir tête *aux scé-* » *lérats* et les réduire, soyez-en bien persuadé. »

Le lecteur remarquera que c'est la seconde fois que le brigand Étienne Datty se soulève ; à la première, en tuant des blancs et des mulâtres, et Laveaux en accusa alors Pinchinat qui était au Cap ; à la seconde, il ne tue que des mulâtres, d'après T. Louverture. Cependant nous arriverons plus tard à un acte de ce dernier, où il attribua ces crimes *à des mulâtres.* Tel était le système de cette époque, de n'attribuer tous les crimes qu'à eux seuls, quoiqu'ils en fussent les premières victimes. Laveaux ne l'avait-il pas inauguré en attribuant la capitulation du Fort-Dauphin à la trahison de Candy, bien que ce mulâtre eût été victime de sa foi dans les Espagnols ?

Après la conférence des commissaires, le 14 mai, Roume avait également écrit à Bauvais et à Rigaud, pour leur faire connaître le projet sanguinaire de la faction coloniale, et les prémunir contre ses intrigues.

Le 15 mai Perroud adressa la lettre suivante à Rigaud :

C'est avec une satisfaction bien douce, citoyen général, que je vous annonce la fin des dissensions qui déchiraient la partie du Nord, et qui allaient enlever aux chefs *vertueux* à qui la France doit la conservation de cette précieuse portion de l'île, tout le fruit de leurs glorieux et infatigables travaux. (Villatte était nécessairement compris parmi ces chefs vertueux.)

Des hommes profondément pervers, ceux qui jusqu'à présent ont dirigé les poisons de l'infernale faction *Léopardine*, étaient parvenus à armer les patriotes contre les patriotes, et leur sang allait peut-être encore rougir cette terre, quand l'agent de la République, le citoyen Roume, conduit par le génie bienfaisant qui veille sur les destinées de la France, est venu mettre fin à nos calamités.

Réunis ici à vos députés, à ceux du général Bauvais et du général Villatte, le citoyen agent de la République, qui s'est convaincu à Paris, du complot affreux qui s'y tramait contre la prospérité de Saint-Domingue, nous a fait connaître la source de nos maux et la cause de nos divisions. Cette source et cette cause se trouvent dans les machinations criminelles *de ces méprisables colons*, qui, dans la lutte à laquelle ils osèrent provoquer les immortels proclamateurs des droits de l'homme aux Antilles françaises, n'avaient d'autre but que de tuer la liberté et l'égalité à Saint-Domingue.

Frappés de cette vérité, heureux de ne rencontrer parmi nous *aucuns coupables*, nous nous sommes tous simultanément précipités dans les bras les uns des autres, et avons juré entre les mains de l'agent de la République *l'oubli des torts* qui ont dû nécessairement résulter *de l'erreur fatale* dans laquelle nous étions plongés.

Votre républicanisme bien connu, prouvé par tant de travaux et *un dévouement si constant à la cause de la République*, m'est garant que vous approuverez les mesures conciliatoires auxquelles ont si puissamment contribué vos députés. Salut et fraternité. PERROUD.

Certes, cette lettre est irréprochable de tout point ; mais les précédentes, des 10 et 11 mai tenaient un autre langage à Laveaux ; mais bientôt deux écrits de Perroud, publiés au Cap, prouveront de sa part qu'en donnant l'accolade fraternelle aux députés de Rigaud et de Bauvais (espèce de *baiser Lamourette*, vrai *baiser de Judas*), cet ordonnateur n'était nullement sincère.

Le 19 mai, il écrivit à Laveaux que le lendemain il partirait de Santo-Domingo pour revenir au Cap :

« Nous serons accompagnés des citoyens J. Boyé, commandant de Jacmel, et Sala, député au corps législatif. Ces deux citoyens sont chargés par l'agent de la République de vous amener Villatte, s'il est encore dans son camp, et de porter avec eux l'olivier de la paix, pour que l'union et la confiance règnent entre vous et ce général de brigade. Nous vous porterons une lettre du citoyen Roume, par laquelle il vous engage à éteindre cette malheureuse affaire, et pour que la chose publique seule soit précieuse à tous les citoyens qui sont sous votre commandement. »

Mais déjà depuis le 12 mai, l'agence de la partie française était arrivée au Cap, et le sentiment de conciliation était banni du territoire de Saint-Domingue. Roume avait perdu son temps, si c'est jamais le perdre que d'essayer de ramener les cœurs à la concorde.

Pour terminer ce chapitre, nous donnons ici une lettre écrite de Paris le 23 mai, par Dufay à Laveaux. Il dut la recevoir quelque temps après les faits accomplis dont nous parlerons dans le chapitre suivant ; mais elle est curieuse, après ce que dit Perroud à Laveaux, de ce qu'il a appris de Roume *sur le sort* de Saint-Domingue. La voici ; elle était *confidentielle* :

« Je crois, mon ami, que tu as parfaitement vu (à ton ordinaire) l'objet de la *députation* qu'on voulait envoyer, ainsi que de celles qu'on a envoyées en France. Je l'aurais envisagé comme toi. *J'aurais permis*, et rien de plus.

« Je pense bien *comme toi,* mon cher Laveaux, *sur la*

nécessité de rendre à la culture un grand nombre de cultivateurs, et je suis de ton avis sur le besoin d'avoir à Saint-Domingue une force imposante de troupes européennes. Si, dans le temps, *j'ai dit* qu'on trouvait *de grandes ressources dans les seules troupes du pays*, c'est qu'*alors il fallait tenir ce langage*, et j'étais sûr qu'on ne m'en aurait pas données ; mais *dans le particulier, dans l'intérieur des comités du gouvernement, je parlais confidentiellement d'une autre manière* : un jour je t'expliquerai tout cela. »

Voilà le langage intime et confidentiel du député du Nord, qui fit à la convention nationale, le 16 pluviôse an II, (4 février 1794), l'exposé de la situation de Saint-Domingue, en démontrant que Sonthonax avait été *contraint* de proclamer la liberté générale des noirs : exposé qui porta la grande voix de Danton à en demander la confirmation par le décret du même jour.

Il ressort de cette lettre de Dufay, que Laveaux, *le cher et bon papa des noirs*, était en correspondance avec lui et faisait sentir, en France, *la nécessité* d'une force imposante de troupes françaises dans la colonie, *pour rendre à la culture, ces noirs* qui combattaient contre les Anglais et qu'il avait fait enrégimenter. Aussi citerons-nous ici, parce que c'en est l'occasion, les passages suivans d'un écrit de Laveaux, du 19 juin 1797, publié à Paris, en réponse à un discours prononcé au conseil des Cinq-Cents, par Viennot Vaublanc, colon de Saint-Domingue. Vaublanc l'accusait à la tribune d'avoir écrit au comité de salut public, en vendémiaire an III (octobre 1794), qu'il fallait déporter les colons, *tous les blancs* de Saint-Domingue *et les dépouiller de leurs propriétés*, en leur donnant en échange des biens nationaux en France.

Mais Laveaux répondit à cette accusation, inexacte sous quelques rapports :

« Qu'en avril 1795, il avait effectivement proposé d'échanger, pour les colons *mécontens* de la liberté générale, leurs propriétés en biens situés en France; mais que ceux-là seuls qui *admettaient* la liberté générale pourraient rester à Saint-Domingue, et qu'il a d'ailleurs proposé *de rembourser*, c'est-à-dire *d'indemniser la valeur de tous les noirs, à tous les propriétaires restés fidèles à la République ;* qu'il avait donné le mode de remboursement ou d'indemnité, et qu'enfin il maintenait qu'il ne fallait pas revenir sur le décret du 16 pluviôse. »

Si telle fut sa manière de voir, de résoudre la question de l'abolition de l'esclavage, alors qu'en France le parti colonial intriguait pour faire revenir sur ce décret, on doit convenir, qu'en proposant *d'indemniser* les colons pour la valeur vénale de leurs anciens esclaves, il leur fournissait des armes pour prouver la nécessité du rétablissement de l'esclavage, puisque d'abord il ne croyait pas, évidemment, qu'en vertu *des principes* de la révolution, de la déclaration des droits de l'homme, la convention nationale fût dans *le devoir* de décréter la liberté générale, et qu'ensuite les finances obérées de la France ne lui permettant pas de songer à indemniser les colons, on en viendrait naturellement à l'idée plus simple de rétablir l'esclavage au moyen des forces imposantes qu'il réclamait.

Après cette correspondance de Laveaux et de Dufay, après son écrit en réponse à Vaublanc, peut-on admettre que ce gouverneur de Saint-Domingue fut plus attaché aux noirs qu'aux hommes de couleur? Il n'y a, selon nous, qu'une réponse à faire à cette question : *Non !*

Pour remplir sa mission spéciale dans la partie de Saint-

Domingue cédée à la France, le caractère conciliant de Roume fut plus efficace qu'en essayant de ramener l'union dans l'ancienne partie française.

Dès son arrivée, l'archevêque Portilla avait ordonné aux prêtres de sa juridiction de sortir de la colonie et de retirer le mobilier des églises et des communautés religieuses établies là. Les prêtres furent plus sages que leur pasteur. Comme il était impossible que la population entière abandonnât le sol et ses propriétés, pour user du droit qui était réservé à tous ceux qui ne voudraient pas vivre sous les lois de la France, ces prêtres pensèrent avec raison, qu'ils ne pouvaient pas se séparer de leurs ouailles. Cette disposition favorable servit à Roume, pour ramener l'archevêque à des idées plus conformes à son propre devoir : il fut convaincu et demeura dans son diocèse, surtout par les formes qu'employa l'agent de la République.

Les députés des généraux, venus auprès de Roume, profitèrent de cette circonstance pour lui représenter la nécessité de faire passer dans la partie française, les armes et les munitions disponibles qu'offriraient les places de la partie espagnole, et dont on avait grand besoin pour la guerre qu'on soutenait contre les Anglais. Ces objets appartenaient à la France, en vertu du traité de cession. Roume écrivit en conséquence à Don J. Garcia, qui prétexta de la neutralité de l'Espagne dans la guerre entre la France et la Grande-Bretagne, afin de ne rien livrer en fait d'armes et de munitions. Mais il offrit de livrer immédiatement la partie espagnole à l'autorité française, persuadé qu'on ne pourrait en prendre possession. Toutefois, cette offre de Don Garcia amena la prise de possession du Fort-Dauphin par Laveaux qui s'y rendit dans les premiers jours de juin. Le 14, les troupes espagnoles évacuèrent la place. C'est alors qu'elle reçut le nom de *Fort-Liberté*.

CHAPITRE VIII.

Instructions données à l'agence par le Directoire exécutif. — Antécédens des agens et des individus venus avec eux. — Réception qui leur est faite au Cap. — Discours de Sonthonax. — L'agence fait comparaître Villatte. — Laveaux sabre lui-même les femmes du Cap. — Divers arrêtés relatifs à Villatte. — Accusation de l'agence contre les hommes de couleur. — Arrêté contre Pinchinat. — Villatte est mis *hors la loi* et se rend à bord de la *Méduse*. — Sa déportation et celle de divers autres en France. — Ecrits de Perroud et de J. Raymond. — Motifs de ce dernier. — Système préconçu contre la classe des hommes de couleur. — Réflexions à ce sujet. — Diverses lettres de Rigaud et de Toussaint Louverture.

Les quatre agens envoyés dans la partie française de Saint-Domingue étaient partis de l'île d'Aix, près de Rochefort, le 17 germinal (6 avril); ils arrivèrent au Cap le 23 floréal (12 mai). Deux vaisseaux de 74 canons, le *Wattigny* et le *Fougueux*, et la frégate la *Vengeance* formaient une division qui les reçut, sous les ordres du capitaine Thévenard. En même temps, une autre division commandée par le capitaine Thomas, monté sur la frégate la *Méduse*, partit de Brest, ayant 900 hommes de troupes, des armes, des munitions et 50 mille francs. Nous avons nommé les quatre agens dans le chapitre précédent; avec eux venaient divers officiers généraux; des officiers d'administration, de santé, etc.

Le 14 floréal (3 mai), étant en mer, l'agence tint une

séance à bord du *Wattigny* où étaient ses membres, pour l'ouverture des paquets *secrets*, dit le rapport de Marec. Ce rapport ne dévoile rien à cet égard, comme de raison ; mais nous constatons qu'outre les instructions ostensibles du Directoire exécutif, il y en avait de *secrètes*. Cette remarque n'est seulement que pour l'appréciation morale des faits qui surviendront, lorsque nous connaissons déjà la teneur de la correspondance *officielle et confidentielle* du gouverneur Laveaux.

Les instructions *ostensibles*, suivant Marec, portaient « la consécration des principes et des sentimens *sur la* « *liberté, l'égalité et la nature de tous les droits garantis* « *par la constitution* de l'an III. Elles contenaient des « dispositions militaires, des vues politiques appropriées « aux circonstances, de bonnes règles d'administration « économique, et enfin des considérations générales *sur* « *les hommes blancs, jaunes et noirs*, sur leurs carac- « tères, leurs mœurs, leurs habitudes, leurs passions et « leurs préjugés, avec des indications judicieuses et véri- « tablement philosophiques sur la manière d'anéantir in- « sensiblement les préjugés des couleurs, et de réaliser, « dans la dispensation équitable des grades et des em- « plois, le grand principe de l'égalité politique. Votre « commission, ajoute le rapporteur, aurait désiré trouver « aussi dans ces instructions, quelques dispositions rela- « tives à l'acceptation et à la mise *en activité* de la cons- « titution à Saint-Domingue ; mais, je dois le déclarer, « *les instructions sont muettes sur ce point.* »

Arrêtons-nous à ce passage du rapport de l'homme, du représentant consciencieux, parlant au conseil des Cinq-Cents.

Qu'importe à nous, qui étudions l'histoire de notre pays,

de savoir que le Directoire exécutif, le gouvernement français ait établi dans ses instructions ostensibles, la consécration de tous les principes favorables à notre population, d'après la constitution de cette époque qui les garantissait, lorsque nous voyons que ces instructions étaient muettes *sur l'exécution de ces principes,* par ce seul fait que le gouvernement ne prescrivait pas à ses délégués de la mettre en activité? Là était la question principale. Si la garantie constitutionnelle était réellement *une lettre morte,* le champ le plus libre était laissé aux passions personnelles des délégués, des agens. Aussi, remarquons-nous dans ce même rapport de Marec, non-seulement qu'il a signalé diverses infractions à la constitution, mais qu'il dit en plusieurs endroits, qu'elle n'a été que proclamée. « Si je devais, dit-il, la constitution à la main, m'at-
» tacher à peser chacune des délibérations des agens, il
» en est *plus d'une,* je dois le dire, qui ne pourrait supporter
» ter cet examen sévère. La constitution n'a été ou n'a
» pu être mise en activité à Saint-Domingue, *que long-*
» *temps après l'arrivée des agens.* Que dis-je? *elle n'y*
» *est même encore,* en quelque sorte, *que proclamée.*
» Pendant l'espèce d'*interrègne des lois* qui a existé dans
» cette colonie jusqu'à ce moment, pendant le gouverne-
» ment provisoire sous lequel elle a été régie, même de-
» puis l'arrivée des agens, *leurs diverses mesures ont plus*
» *ou moins participé de l'arbitraire* qui est propre à cette
» nature de gouvernement. »

Était-ce la faute personnelle des agens? N'était-ce pas plutôt le résultat des instructions *secrètes*? Et pourquoi de telles instructions? C'est qu'évidemment, à côté des principes établis dans les instructions ostensibles, favorables à toute la population de la colonie, il y avait mission pour les agens de sévir contre des individus désignés à l'avance, par la correspondance de Laveaux et de Perroud avec le ministre de la marine, avec le gouvernement français. Il fallait ôter à ces individus le droit de réclamer les garanties constitutionnelles : de là le silence, le mutisme des instructions sur l'application de la constitution ; de là le besoin d'une administration arbitraire.

Quand un gouvernement ou ses agens arrivent à de telles pensées à l'égard de certains *individus*, ils arrivent non moins promptement *aux classes* mêmes dans lesquelles on les range.

Ce préalable était nécessaire à établir, avant de parler des agens et des personnes qui les accompagnèrent. Voyons donc quels ils étaient tous.

Le premier personnage de l'agence était Sonthonax. Nous avons assez analysé ses actes dans notre deuxième livre, nous aurons assez d'actes à examiner dans celui-ci, pour que nous ayons besoin de dire en ce moment ce qu'il a été dans sa première mission. « Il fut choisi, suivant » Marec, à cause même de cette mission où il avait, ainsi » que Polvérel, *promis aux noirs la liberté*, où il avait *osé » leur en promettre, et même leur en procurer la jouis- » sance provisoire*, dont la convention nationale avait » ratifié le moyen *dans un moment d'enthousiasme*[1] : » liberté, enfin, qui était de nouveau garantie par la constitution de l'an III. C'était donc par rapport *aux noirs* que Sonthonax revenait à Saint-Domingue. Il revenait aussi par rapport *aux hommes de couleur*, mais dans un autre but.

---

[1] Nous demandons au lecteur si ces expressions du rapport n'indiquent pas un *regret* de la déclaration de la liberté générale, *une arrière-pensée*, dès 1796, à l'égard *des noirs*.

Julien Raymond, second personnage, était envoyé par rapport *aux hommes de couleur*, « pour leur prouver que
» la République française les comptait *aussi* au nombre de
» ses enfans..., que la vertu et les talens leur ouvraient,
» comme à tous les Français, la carrière des premières
» magistratures de l'État. Il importait enfin..., en pla-
» çant au milieu d'eux un homme de leur couleur..., *d'é-*
» *touffer ces semences funestes d'ambition, ce fatal désir*
» *d'indépendance*, qui commençaient à germer dans le
» cœur *de quelques chefs militaires de cette couleur*, et de
» leurs aveugles partisans. »

On voit ici toute l'influence des rapports de Laveaux, de Perroud, sans même nous arrêter aux suggestions de Sonthonax, si prévenu contre les hommes de couleur à son départ, et à celles de Desfourneaux, irrité et confus de sa défaite au Port-au-Prince. Ces chefs militaires, c'est *Villatte* d'abord, devenu coupable, il est vrai, mais dont la culpabilité a été provoquée par des injustices, des préventions au-dessus desquelles il aurait dû se placer; c'est *Bauvais* toujours si soumis aux autorités de la métropole; *c'est le Vainqueur de Léogane et de Tiburon*, pour nous servir de l'expression de Garran, c'est *Rigaud*, enfin, qui, comme Bauvais, n'a cessé de correspondre avec Laveaux depuis le départ des commissaires civils. Citerons-nous des officiers secondaires? Ils n'avaient aucune influence comme ces trois généraux.

Aveuglement des gouvernemens et de leurs agens! Le chef militaire qui vient de réduire Laveaux à un rôle subalterne, qui prépare une *indépendance bâtarde* pour la colonie, est considéré comme l'officier par excellence, qui seul veut la retenir sous la souveraineté de la France!...

Le troisième membre de l'agence était Giraud, ancien

membre de la convention nationale, « homme moral, juste,
» modéré, expérimenté dans l'exploitation et la connais-
» sance du commerce des denrées coloniales, » dit Marec.

Le quatrième et dernier, était Leblanc qui avait été adjoint ou employé sous Genet, aux États-Unis, qui connaissait presque tous les colons de Saint-Domingue réfugiés dans ces États. Il fallait se garantir — « des manœuvres,
« de l'astuce et de la perfidie de certains d'entre eux, as-
« sister et protéger les autres, » — et Leblanc convenait pour être de l'agence, à cet effet.

Voilà les quatre délégués du Directoire exécutif, chargés d'assurer l'empire de la France à Saint-Domingue.

Avec eux venaient :

Le général de division Donatien Rochambeau, nommé spécialement en qualité de commandant en chef de la partie espagnole, ayant sous ses ordres le général de brigade Mirdonday qui possédait sa confiance. Rochambeau, on se le rappelle, avait été gouverneur provisoire de la partie française, lors de l'embarquement de d'Esparbès, en octobre 1792. Depuis cela, il avait été gouverneur de la Martinique où il dut céder le terrain aux Anglais. Il avait passé aux Etats-Unis, où il était en relation avec les colons, et de là s'était rendu en France. Il allait donc, ou plutôt il devait être placé auprès de Roume ;

Le général de division Desfourneaux, *possédant la confiance de Sonthonax*, dit Marec, et nous n'en doutons pas : il en fut ainsi jusqu'au 2 mai 1797 ;

Les généraux de brigade Martial Besse, A. Chanlatte, Bedot et Lesuire, que nous avons déjà vus figurer dans divers événemens. Besse et Chanlatte avaient figuré aussi, le 13 vendémiaire an IV, en défendant la convention nationale contre les royalistes ;

Les adjudans-généraux Kerverseau (ancien secrétaire de Duport-du-Tertre, ministre de la justice) et Rey, l'un des champions de l'affaire du 14 juillet 1793, aux Cayes, où Rigaud faillit d'être tué. On se rappelle que Rey avait fui des Cayes pour se soustraire à un mandat d'arrêt de Polvérel et Sonthonax : il avait passé aux Anglais, à Jérémie, et s'était ensuite rendu aux États-Unis et de là en France;

Leborgne, en qualité de commissaire des guerres. Ancien secrétaire de Roume et de ses collègues, ensuite de Rochambeau, à Saint-Domingue, il avait été à la Martinique avec ce dernier ; il remplit une mission en France, où les colons l'avaient fait incarcérer sous la Terreur. Nous aurons d'autres renseignemens à placer à côté de son nom, avant la fin de cette année 1796;

Étienne Mentor, noir très-éclairé de la Martinique, brave et courageux, qui fit ses preuves à la Guadeloupe contre les Anglais, y devint capitaine, enleva un navire anglais où il était prisonnier et l'amena en France.

Il y avait d'autres personnes venues avec l'agence, telles qu'Idlinger, Albert, Arnaud Pretty, Édouard, dont nous ferons connaître les antécédens lorsque nous les verrons à l'œuvre, aux Cayes. Malenfant arriva aussi en qualité d'inspecteur général des biens séquestrés : on le connaît déjà par la narration partiale qu'il fit de l'affaire entre Montbrun et Desfourneaux, dans son livre publié en 1814 sur les colonies. Il était attaché à Sonthonax.

L'homme qui était destiné à jouer aussi à Saint-Domingue un rôle important, était Pascal, secrétaire général de l'agence. Nommé d'abord secrétaire pour y venir avec les trois commissaires dont la mission avorta, il avait été maintenu dans cette charge auprès de l'agence. Il devint l'allié de J. Raymond, au Cap, où il épousa une belle-fille de ce dernier.

Barbault-Royer, homme de couleur, qui était déjà venu comme attaché à Galbaud, vint cette fois en qualité de secrétaire particulier de J. Raymond. C'est ce dernier qui l'avait recommandé à Galbaud. B. Royer était natif de l'Inde.

Nous n'avons pas à nous occuper des autres arrivans. Mais les renseignemens donnés sur ceux qui précèdent, serviront à expliquer les faits que nous avons à relater. Ils nous ont paru importans, parce que les antécédens des hommes influent plus ou moins sur leurs déterminations actuelles.

L'arrivée des agens avait été précédée de celle de la corvette la *Doucereuse* qui les annonça. Quatre à cinq jours après, la division du capitaine Thomas entra au Cap : Desfourneaux et les généraux de brigade débarquèrent immédiatement. Le lendemain, la seconde division arriva avec les agens et Rochambeau.

Avant leur débarquement, Laveaux se rendit à bord du *Wattigny*, et eut, dit-on, une longue conférence avec Sonthonax. Que ce fut avec ce dernier seul, ou avec tous les membres de l'agence, il était naturel que ce gouverneur allât au-devant d'eux, pour voir des compatriotes et des autorités nouvelles que la métropole envoyait dans la colonie. Naturellement aussi, soit à Sonthonax en particulier, soit à eux tous, Laveaux ne pouvait que leur représenter la conduite de Villatte sous les plus odieuses circonstances. Ainsi, nous ne nous arrêtons pas à cet incident.

Les agens débarquèrent avec toute la solennité qui

devait être observée à leur égard : la population les acclama aux cris de *Vive la République! Vive la liberté générale! Vive Sonthonax!* Ils se rendirent sur la place du Champ-de-Mars, où, monté sur l'autel de la patrie, Sonthonax, chef de cette commission, prononça un discours comme il savait en faire. Il parla de l'événement du 30 ventôse comme il le devait, d'après le fait matériel, d'après le devoir moral de tous les citoyens. Il termina son discours par ces paroles :

« Citoyens, celui-là *est l'ennemi* de la République, *qui
« cherche à faire naître la division* entre ceux que nos
« oppresseurs appelaient *des castes. Il n'y a pas de caste
« coupable* ; lorsqu'il y a des crimes commis, ce n'est
« pas la peau, c'est le cœur qu'il faut accuser ; et nous
« nous empressons *d'improuver* hautement *les écrits*
« dans lesquels une fausse doctrine, contraire à nos principes, aurait été exprimée : les noirs, les hommes de
« couleur, les blancs ont vu sortir parmi eux des traîtres,
« des ennemis des droits de l'homme, et *ce n'est pas nous*
« qu'on pourra accuser de faire rejaillir *sur la classe en-
« tière* les fautes des individus. »

De tels principes seront toujours irréprochables. Mais dans toute médaille il y a deux côtés. Nous parlerons bientôt *des écrits* de Perroud contre toute la *caste* des hommes de couleur, écrits que Sonthonax n'a pas improuvés.

Les agens émirent une proclamation pour annoncer leur arrivée et l'objet de leur mission ; leur secrétaire général l'adressa à toutes les autorités civiles et militaires.

Le lendemain de leur arrivée, ils prirent un arrêté à l'effet de faire comparaître Villatte par-devant eux. Le général Bedos en fut porteur.

Villatte n'hésita pas un seul instant à y obéir. Il se rendit au Cap, escorté de ses aides de camp. En entrant dans la ville, la population entière l'accueillit avec les démonstrations de la plus sincère sympathie. Il n'y eut pas seulement que les hommes de couleur, mais les noirs, les blancs, tous éprouvèrent ce sentiment : il était naturel de leur part, Villatte était dans une position malheureuse, dans cette situation qui excite toujours un vif intérêt dans les masses. Cette population se rappelait d'ailleurs que Villatte avait partagé ses peines et ses souffrances, l'avait protégée et défendue contre les ennemis de la République, alors que Laveaux était au Port-de-Paix remplissant également son devoir, et que T. Louverture, l'heureux du jour, dirigeait l'ennemi du dehors contre elle. Le commandement de Villatte avait toujours été fort doux pour ses administrés, sans distinction de couleur.

Et puis, n'avons-nous pas constaté des causes réelles de mécontentement, de la part de cette population, contre Laveaux et Perroud? Les femmes surtout, toujours plus expansives dans leur joie comme dans leur douleur, montrèrent en cette occasion un véritable enthousiasme à la vue de Villatte.

Il y eut conséquemment une foule nombreuse qui se porta auprès de la maison où siégeait l'agence. Dans de telles circonstances, la curiosité seule attire beaucoup de gens, sans qu'on puisse dire qu'il y a attroupement séditieux. Mais la rancune de Laveaux, son amour-propre blessé de ces témoignages de sympathie, le portèrent à un de ces actes qu'on ne saurait trop flétrir, lorsqu'ils sont commis par une autorité supérieure. Se rappelant trop son ancien métier de lieutenant-colonel des dragons d'Orléans, il ne se contenta pas de faire dissiper cette foule, il monta lui-même à cheval, se mit à la tête d'un escadron et chargea sans pitié, *à coup de sabre*, toute cette population du Cap, et principalement *les femmes* : il y en eut 45 de blessées plus ou moins grièvement. Ce fait cruel est attesté par un témoin oculaire, par Barbault-Royer, qui dit, dans un écrit qu'il publia en l'an v : « J'étais présent « à cette scène sur laquelle les commissaires jetèrent à « peine leur attention. »

Ces malheureuses femmes étaient massacrées par Laveaux, qui se vengeait bassement ainsi des propos qu'on avait attribués à celles qui s'étaient rendues au camp de Villatte, quand Laveaux occupait la Petite-Anse après sa sortie de prison.

En rendant compte de ce fait sanguinaire, Marec explique l'intérêt que prit la population du Cap à Villatte, par tous les services que cet officier général lui avait rendus ; il dit que « sa venue au Cap excita un engouement « extrême dans la classe des ouvriers et des marchands « de denrées ; » il rappelle, à la louange de Villatte, « qu'au temps de l'affreuse famine subie dans cette ville, il « réservait sévèrement *pour les malades et les Européens*, « le peu de denrées d'Europe qui se trouvaient dans la « place. Cette conduite l'avait rendu *cher au peuple*, et « c'est ce qui explique le témoignage *de sensibilité* qu'il « en recevait en ce moment. » Villatte n'était donc pas un ennemi des blancs !...

Le même rapporteur ajoute : « Laveaux, de son aveu, « dans une de ses lettres du 17 messidor, (5 juillet), se « crut obligé de déployer l'appareil de la force militaire « pour dissiper cet attroupement *qui allait*, dit-il, *devenir* « *criminel*. » Vaine excuse ! car il n'y avait de sa part que le désir atroce de se venger de cette population, qu'il avait poussée au mécontentement, par son despotisme inintelligent.

« Villatte, continue le rapporteur, passa deux heures dans le sein de la commission. *Elle n'a point donné les détails de cette longue conférence;* mais le résultat fut de renvoyer Villatte à son camp, avec injonction d'instruire *son armée* des dispositions de la commission, de prescrire à cette armée de pourvoir par des détachemens à la garde des forts occupés par elle, et de ne recevoir désormais d'ordres que du général Laveaux. Villatte reçut aussi l'injonction *de licencier* tous les hommes qui l'entouraient contre le gré du *général en chef* (Laveaux), et d'attendre dans son camp des ordres ultérieurs *pour se rendre au Cap, où il aurait la ville pour prison.* »

Cette décision prouve que la commission redoutait le dévouement *de l'armée* de Villatte pour cet officier: cette armée était en plus grande partie composée *de noirs.* Elle voulut qu'il la licenciât lui-même, afin de pouvoir l'arrêter après cette opération; et pour mieux l'y porter, elle lui inspira la confiance dont elle avait besoin de pénétrer son esprit, en lui annonçant que toute sa punition, pour sa conduite dans l'affaire du 30 ventôse, se bornerait à lui faire garder la ville du Cap pour prison. A cette décision on reconnaît l'esprit de Sonthonax.

Une réflexion nous vient. Si Villatte fut coupable dans l'affaire du 30 ventôse, la municipalité qui avait rendu des arrêtés pour légitimer le mouvement populaire, ne l'était-elle pas aussi? Pourquoi ses membres ne furent-ils pas appelés également pour expliquer leur conduite en cette occasion?

Quoi qu'il en soit de cette partialité évidente, « le 26 « floréal (15 mai), dit Marec, la commission prit à l'égard « de Villatte un arrêté *plus sévère.* Ce jour elle avait en- « tendu un rapport circonstancié sur l'affaire du 30 ven-

« tôse. Elle ne put s'empêcher d'y reconnaître tous les
« caractères d'une véritable révolte. Elle arrêta en con-
« séquence que des mesures seraient prises pour s'assurer
« de la personne de Villatte, et l'envoyer en état d'arres-
« tation à bord du vaisseau commandant en rade, se ré-
« servant de suivre *les ramifications* de cette affaire, et
« d'en poursuivre *les auteurs, fauteurs et adhérens.* »

Le fait est, qu'après avoir obtenu la confiance de Villatte pour le licenciement de sa troupe, on leva le masque d'hypocrisie qu'on avait pris à son égard. Le 18 mai, la commission prit un arrêté *plus motivé ;* elle envoya le général A. Chanlatte auprès de Villatte pour obtenir de lui *de dénoncer* ceux qui l'avaient porté à la révolte. Mais Villatte se refusa à cette bassesse, et déclara à Chanlatte *qu'il était prêt à obéir aux ordres* qui lui seraient donnés par la commission. Sur le rapport de Chanlatte, la commission entendit les généraux Laveaux, T. Louverture, Pierre Michel et Léveillé. Notons qu'en rendant ses divers arrêtés, la commission avait entendu tous les ennemis de Villatte, en l'absence de celui-ci ; elle ne voulut point lui donner la faculté d'expliquer sa conduite, de réfuter en leur présence les faits plus ou moins mensongers qu'ils racontaient contre lui. Était-ce agir selon les plus simples notions de la justice ?

Par la réserve faite de suivre *les ramifications* de cette affaire du 30 ventôse, *d'en poursuivre les auteurs, fauteurs et adhérens,* on se proposait, non-seulement d'opérer les nombreuses arrestations qui eurent lieu alors au Cap, et dans tout le Nord et l'Artibonite, mais encore de faire arrêter Pinchinat dans le Sud, Pinchinat dénoncé en France par Laveaux et Perroud, comme étant le fauteur, le moteur de tous les troubles, de tous les crimes. A cette décision, nous reconnaissons encore le génie de la rancune personnifié en Sonthonax ; nous nous expliquons les dépêches *secrètes* confiées à l'agence du Directoire exécutif.

Aussi le rapport de Marec nous apprend que :

« La commission acquérait de jour en jour de nouvelles lumières sur cette affaire, l'une des plus importantes qui auront marqué dans la révolution de Saint-Domingue, puisqu'elle *semblait* avoir pour objet *d'établir sur la destruction de la couleur blanche et sur l'ignorance des noirs, le triomphe de la couleur jaune, et l'élévation de quelques individus accrédités.* Le 26 prairial (14 juin) la commission : « Considérant, dit-elle, qu'il résulte de l'examen *le*
« *plus impartial* des pièces produites dans cette affaire,
« qu'il a existé *un complot affreux contre la sûreté de la*
« *colonie, la souveraineté de la métropole et l'existence*
« *des Européens* à Saint-Domingue ; que le chef les plus
« en évidence de cette conjuration est le *ci-devant* géné-
« ral Villatte, et que ses complices les plus apparens sont
« les nommés Thomas André, Beaucorps, Binet, Legris,
« Lagneux, Allers aîné, Bossière, Bienaimé Gérard, Des-
« coubet, Potrier, Daumec [1], Despeyron, Blot, Beaubert
« jeune, Joseph Laboulay, Bérard, Demangle, Penet père,
« Penet fils, Nicolas Grissot, Binot (presque tous hommes

---

[1] Daumec, devenu sénateur de la République d'Haïti, fit partie de la mission envoyée à Paris, en 1825, par Boyer, à l'occasion de l'ordonnance de Charles X qui reconnaissait l'indépendance d'Haïti. Embarqué, déporté en 1796, pour un prétendu projet d'indépendance, il concourut au Port-au-Prince à l'acceptation de cette ordonnance, qui, malgré son ambiguité, admettait, octroyait *le fait existant.*

Les hommes qui subissent des persécutions politiques doivent s'y résigner ; car ils ne savent pas à quoi Dieu les destine : souvent la compensation de leurs tribulations arrive longtemps après. Boyer lui-même faillit d'être noyé à bord du vaisseau le *Duguay-Trouin*, parce qu'il était l'ami de Pétion qui combattait pour l'indépendance ; et ce fut à lui que Dieu réserva l'honneur de faire reconnaître cette indépendance de son pays !

» de couleur); » — la commission arrêta que tous les individus sus-dénommés seraient envoyés en état d'arrestation en France, pour être mis à la disposition du Directoire exécutif·

« Le 27 prairial (15 juin) elle lança un mandat d'amener contre le citoyen Pinchinat, qu'elle considérait comme *le moteur et l'instigateur secret* des troubles qui avaient failli perdre la colonie, et qu'on *soupçonnait* n'être venu au Cap et ne s'y être arrêté *si longtemps*, que pour ourdir cette trame criminelle. [1] »

La *Vénus*, bloquée au Cap par les Anglais, n'avait pu partir ! Le séjour de Pinchinat y fut prolongé forcément, et le même rapporteur a déclaré plus avant, qu'il n'était pour rien dans l'affaire du 30 ventôse !

Voici cet arrêté concernant Pinchinat :

« La commission du gouvernement français, déléguée aux îles sous le vent, considérant qu'il résulte des dépositions et informations prises à l'occasion de l'arrestation du gouverneur général Laveaux et de l'ordonnateur Perroud, le 30 ventôse dernier, qu'un des motifs *cachés* de cette rébellion était *de détacher la colonie de la métropole, et de former une assemblée coloniale;* que le citoyen Pinchinat *est l'auteur* de ces troubles, *l'instigateur secret* de ce projet criminel; qu'il est venu dans cette partie qui n'est pas son séjour ordinaire, pour ourdir cette trame; — Arrête que le citoyen Pinchinat est mandé au Cap par le retour de la corvette la *Doucereuse*, pour rendre compte de sa conduite à la commission. Charge la délégation dans le Sud de l'exécution du présent arrêté. »

Remarquons que si, parmi les individus arrêtés comme

---

[1] Rapport de Marec, p. 81 et 82.

complices de Villatte, il y a quelques blancs, Rodrigue, désigné antérieurement par Laveaux comme étant *le chef* du parti de l'indépendance, ne s'y trouve point compris. Il est vrai qu'il s'était platement soumis à Laveaux, à la sortie de celui-ci de prison. Et si Pinchinat devint seul accusé dans l'Ouest et dans le Sud, c'est que, pour le moment, il fallait s'assurer du succès de la délégation qui allait partir pour les Cayes. Mais la commission n'avait pas moins le projet de sévir contre Rigaud et d'autres hommes de couleur dans ces deux provinces; car il était impossible qu'elle crût à la perfide pensée qu'elle soupçonnait en Pinchinat, sans croire également qu'il s'entendait avec Rigaud et les autres.

Ainsi, les dénonciations adressées au gouvernement français, par Laveaux et Perroud, avaient produit leur effet.

Accuser Pinchinat de vouloir former une assemblée coloniale, au moment où il venait d'être élu membre du corps législatif, et qu'il demandait vainement à Roume le moyen de se rendre en France pour y remplir ses fonctions !

Dénoncer à la France tous les hommes de couleur de la colonie, de vouloir son indépendance, lorsque Villatte dans le Nord, Bauvais dans l'Ouest, Rigaud dans le Sud, avaient vaillamment défendu ce pays contre les Espagnols et les Anglais !...

Même après que A. Chanlatte eût fait le rapport à la commission, que Villatte avait déclaré être prêt à obéir aux ordres qu'elle lui donnerait, — « elle délibéra sur l'ac-
« cusation portée contre ce général, et décida qu'il serait
« arrêté et conduit à bord du *Wattigny*, et que, dans
« le cas où il refuserait d'obéir, la force serait employée

» contre lui. » Il était tout simple de lui envoyer l'ordre de s'y rendre, puisqu'il avait promis d'obéir.

Redoutant encore le dévouement de sa troupe, la commission fit, le 19 mai, une proclamation qui déclarait *amnistie* en faveur de tous ceux qui mettraient bas les armes. Elle envoya au camp de Villatte une députation composée de César Thélémaque[1], Leborgne et Bellevue, porter cet acte, dont lecture fut donnée à la troupe. Villatte déclara le camp dissous. Mais *un noir* de cette troupe s'exprima avec véhémence contre Laveaux et Perroud : nouvelle preuve que Villatte n'était pas considéré par les noirs comme un de leurs ennemis. Villatte se rendait au Cap avec les trois députés, quand, arrivé à une lieue de la Petite-Anse, il rebroussa chemin et retourna à son camp[2]. Les députés revinrent seuls.

Sur le compte qui fut rendu à la commission par cette députation, elle rendit un nouvel arrêté qui mit Villatte *hors la loi, et ordonna de lui courir sus et de l'emmener mort ou vif.* Mais Villatte, pour éviter une guerre civile entre sa troupe et celle du Cap, se rendit par le port de Caracol, sur la frégate la *Méduse*, où le capitaine Thomas le reçut avec les égards dus à un officier général qui avait si bien défendu la cause de la France. De là, il fut transféré avec ceux accusés de complicité, sur la corvette la *Hyéna*, qui les porta en France. Arrivés à Rochefort, ils

---

[1] César Thélémaque, noir respectable, devenu secrétaire d'Etat de la République d'Haïti, en 1807. Il était natif de la Martinique.

[2] *Il est constant* que Toussaint Louverture était à la Petite-Anse avec « 400 dragons, et qu'il y était *sans ordre* du gouvernement, le jour où Vil- « latte, mandé par l'agence, devait se rendre au Cap, et que ce général n'étant « plus qu'à une lieue de ce bourg, averti par un courrier de ce qui l'y atten- « dait, tourna bride sur le champ, laissant au milieu du chemin les commis- « saires chargés de le ramener, dans un étonnement qui ne cessa qu'à la vue « de Toussaint et de sa troupe. » (Rapport de Kerverseau, qui était alors au Cap.)

furent mis en prison où ils restèrent longtemps avant d'être jugés et acquittés.

La commission ne s'en tint pas à l'arrestation des individus ci-dessus dénommés : le 30 juin, elle décida que Puech, Léger Duval, Durand fils et Chervain seraient arrêtés comme complices de Villatte ; que Delair, Levasseur et Lapointe [1] le seraient égalememt comme *instigateurs* des massacres qui avaient eu lieu dans les montagnes du Port-de-Paix par Étienne Datty, qui cependant avait tué des hommes de couleur comme eux. Les quatre premiers furent déportés en France.

Trente-deux autres citoyens furent destitués des places qu'ils occupaient, et mis sous la surveillance des municipalités des paroisses où ils résidaient.

Telle fut la manière dont l'agence inaugura son pouvoir à Saint-Domingue. A peu d'exceptions près, tous ceux qui subirent cette rigueur étaient des hommes de couleur. Cette agence continua l'œuvre que Laveaux et Perroud avaient commencée, dont Sonthonax lui-même, avant de partir pour la France, en 1794, avait jeté les bases.

On a beaucoup fait valoir la décision de l'agence relative à la déportation de Villatte et de ses amis en France, tandis qu'elle aurait pu les faire juger militairement au Cap. Le rapport de Marec signale cette particularité en disant que « les agens *paraissent* avoir donné une preuve de modération, *de prudence* et d'impartialité. » Mais il dit aussi, au nom de la commission dont il était le rapporteur : « Elle a trouvé que presque tous leurs arrêtés ont « *blessé* l'article 145 de la constitution, en vertu duquel « seul ils étaient fondés à les prendre, et que celles de leurs

---

[1] Un autre Lapointe, du Nord.

« proclamations qui ont promis *amnistie*, ont excédé les
« bornes de leur pouvoir. »

Pour blesser cette constitution, il aurait fallu qu'elle eût été d'abord mise en activité ; et le même rapporteur a dit qu'elle n'avait été que proclamée : cette proclamation n'a eu lieu, au Cap, que le 19 thermidor (6 août), *trois mois* après l'arrivée de l'agence, selon Maree lui-même. L'agence procédait donc *arbitrairement* : déporter les accusés en France, n'était-ce pas une compensation suffisante de l'anathème lancé contre toute la classe des hommes de couleur dont on voulait détruire le prestige et le pouvoir ? La modération et l'impartialité de cette agence n'étaient donc qu'apparentes ; sa *prudence* seule était réelle, car elle avait reconnu que Villatte était aimé des noirs ; il ne fallait pas les irriter par une sévérité exorbitante ; en l'éloignant de la colonie on remplissait mieux le but qu'on se proposait. D'un autre côté, comme on voulait arriver à l'arrestation de Pinchinat, et priver les hommes de couleur de ses conseils éclairés ; comme on se proposait d'arracher le pouvoir à Rigaud, même à Bauvais, il fallait encore être prudent pour ne pas trop éveiller leurs soupçons. Dans une telle combinaison ne reconnaît-on pas le génie de Sonthonax ?

Voilà les vrais motifs de la décision de l'agence par rapport à Villatte.

On a vu Perroud écrire de Santo-Domingo une lettre à Rigaud, où il attribuait l'affaire du 30 ventôse aux colons de la faction *Léopardine*. Il arriva au Cap peu avant l'embarquement de Villatte. Changeant alors de rôle, mais persévérant dans les sentimens haineux qu'il avait toujours nourris contre les hommes de couleur, il rédigea un écrit qu'il intitula : *Précis des derniers troubles qui ont eu lieu dans la partie du Nord de Saint-Domingue.* Il le data du 26 germinal (15 avril) ; mais ce fut un faux, car il ne l'a publié au Cap que le 8 juin, afin de l'envoyer en France sur la même corvette qui amenait Villatte et ses compagnons d'infortune. Il publia un second écrit intitulé : *Conspiration dévoilée d'une horde de mulâtres de Saint-Domingue, contre les autorités républicaines et contre les blancs.* Ces deux écrits attribuaient les projets les plus abominables aux hommes de couleur. Villatte et Pinchinat surtout, y furent accusés de vouloir *l'extermination des blancs et l'indépendance de la colonie.* Perroud venait ainsi en aide à la commission.

Sonthonax, qui avait dit dans son discours prononcé au Champ-de-Mars, qu'il improuvait de tels écrits, donna son assentiment à ceux de Perroud, qui accusaient toute la classe des hommes de couleur. C'était toujours le même homme, s'inquiétant fort peu de ses déclarations antérieures, agissant par expédient.

Ainsi, voilà tout *un système* combiné contre les hommes de couleur. Pour l'appuyer et le démontrer, en même temps que Perroud publiait ses écrits, Julien Raymond faisait imprimer au Cap, une *adresse aux citoyens de couleur du département du Sud*, qui fut expédiée aux Cayes à la délégation envoyée là par l'agence. Nous n'avons pas cette adresse de Raymond ; mais le mémoire publié par Rigaud en 1797, nous en fait connaître la substance. Raymond faisait aux hommes de couleur le reproche *de s'être accaparés de toutes les places, de tous les emplois publics;* il peignait les plus marquans d'entre eux comme *des hommes plongés dans la débauche et la dissolution, dévorés d'ambition et insatiables de richesses* [1].

[1] Nous trouvons dans sa correspondance avec les hommes de couleur du Sud

Raymond étant homme de couleur lui-même, on est porté à se demander quels ont pu être ses motifs pour faire un pareil écrit, s'il n'avait pas reconnu qu'effectivement les hommes de sa classe méritaient les reproches sanglans qu'il leur adressa. Ces motifs, nous allons essayer de les expliquer.

On sait déjà que Raymond avait passé en France, dès 1784, pour plaider la cause de la classe des affranchis, et qu'il y avait publié de nombreux écrits dans ce but. Son long séjour dans la métropole et la liberté générale l'avaient ruiné. Dans notre deuxième livre, nous avons cité un écrit de lui, où ses opinions à l'égard des esclaves insurgés, avant la liberté générale, démontraient non-seulement un cœur égoïste, mais un esprit politique borné, ne comprenant pas la portée de la révolution coloniale, ou comprenant trop qu'il n'était plus possible de songer à maintenir l'esclavage, pour exécuter le plan d'émancipation graduelle qu'il avait adopté avec les *Amis des noirs*.

et de l'Ouest, une lettre du 30 mai 1792, où il leur disait que, quoique écarté, comme propriétaire dans la colonie, de la mission de Polvérel, Sonthonax et Ailhaud, il devait être envoyé avec eux pour aider à cette mission auprès des hommes de couleur, *pour remplir l'honorable fonction de pacificateur*, et qu'il déclina cet honneur parce qu'il apprit les vues perfides des colons contre lui. Il ajoute dans une note : « En temps et lieu, je prouverai *l'intention pré-« méditée et essayée plusieurs fois de faire périr* à Saint-Domingue *les ci-« toyens de couleur qui ont dirigé leurs frères et qui ont montré le plus d'é-« nergie.* »

Or, que venait-il faire en 1796, en publiant son adresse où il peignait les hommes de couleur sous de tels traits, sinon prêter la main à ce projet d'extermination des plus éclairés et des plus énergiques ? Lorsque l'agence dont il faisait partie attribuait à toute la classe de couleur les odieux projets consignés dans son arrêté, n'était-ce pas la désigner aux poignards ?...

Julien Raymond haïssait Rigaud par rapport à la mort de Labuissonnière ; il enviait, il jalousait Pinchinat, qui, dans la colonie, avait exercé sur ses frères une plus grande influence que celle à laquelle il prétendait : de là son adresse contre eux. Dans toute sa correspondance, il parlait de *sa ruine* : il souscrivait donc à tout pour refaire *sa fortune !*

Pour mieux juger de l'esprit de Raymond, de ses idées, de ses sentimens à l'égard des mulâtres, citons un passage de l'un de ses écrits, publié à Paris, en 1791. C'est une lettre qu'il adressa à Brissot, pour répondre indirectement à un autre écrit d'un blanc nommé Laborde. Ce dernier le qualifiait de *mulâtre;* on sait que dans le langage colonial, cette expression signifie l'homme né d'un blanc et d'une négresse, ou d'un nègre et d'une blanche. Julien Raymond assimila cette qualification à une injure : il dit dans sa lettre à Brissot :

« Laborde me désigne comme *mulâtre*, en parlant de celui qui vous a fourni des faits. *Si je l'étais, je n'en rougirais pas,* parce qu'une âme honnête n'a jamais à rougir que de mauvaises actions ; mais Laborde doit me connaître assez, pour savoir *que je suis fils et petit-fils, en légitime mariage, de pères blancs européens* et habitans de Saint-Domingue.... »

Il résulte de sa réclamation *cutanée,* que J. Raymond était ou *quarteron* ou *métis,* plus rapproché du blanc que du noir par la couleur de sa peau, et qu'il établissait à ce sujet une grande différence entre lui et les vrais mulâtres, qu'il se targuait encore de sa qualité d'enfant légitime, par rapport à ceux de sa classe nés enfans naturels [1].

D'après ces antécédens de J. Raymond, peut-on être étonné de son adresse aux hommes de couleur ? Ruiné par la révolution, ayant besoin de refaire sa fortune, égoïste à l'égard des noirs, imbu des préjugés coloniaux contre les mulâtres, il devait s'estimer trop heureux, trop honoré du choix qu'avait fait de lui le Directoire exécutif, pour ne

---

[1] Dans son rapport particulier sur J. Raymond, du 13 mai 1795, Garran dit en deux fois, « qu'il mettait les intérêts de la France *au-dessus* de la cause « même des hommes de couleur. »

pas se dévouer corps et âme au succès du système que l'agence avait mission de faire réussir à Saint-Domingue, que Sonthonax, son chef, avait adopté par l'effet de ses préventions, de ses passions, de ses rancunes.

Nous avons vu Sonthonax, à la fin de sa première mission, animé de préventions contre tous les hommes de couleur, parce que des traîtres s'étaient montrés parmi eux ; nous l'avons vu se rapprocher plus des blancs colons que des hommes de couleur ; nous l'avons vu partial, favorisant Desfourneaux plus que Montbrun, et étendre sur tous les officiers, tous les fonctionnaires choisis et placés par Polvérel, la jalousie, le mécontentement qu'il éprouvait contre son collègue : tous ces faits, nous ne les inventons pas, c'est le rapport de Garran qui nous les a appris.

D'après toutes ces considérations, on conçoit facilement quel était *le système* que l'agence venait établir dans la colonie. Il faut en parler, avant de relater les autres actes de cette commission et les faits qui en ont été la conséquence : ce préalable est indispensable pour comprendre les uns et les autres.

Quel était donc ce fameux système ?

Il est clair, évident, que la puissance *des colons* ayant été détruite — par toutes les opérations de Polvérel et de Sonthonax, pour faire régner la loi du 4 avril 1792, — par la liberté générale, proclamée par eux, et confirmée par la convention nationale, — *la classe blanche* se trouvait au *second rang* et était remplacée au pouvoir, par l'ancienne classe intermédiaire, les anciens libres, les hommes de couleur, *mulâtres et noirs*. Or, dans cette dernière classe, les mulâtres étaient plus nombreux et plus instruits : la plupart de ceux qui exerçaient l'autorité en 1796, avaient été élevés en Europe. Étant en possession de l'influence et de l'autorité, cela ne pouvait point convenir à la métropole qui, naturellement, avait ses sympathies *pour les blancs*. Son gouvernement d'alors, de même que celui qui lui succéda, ne pouvait pas admettre que les blancs fussent effacés [1].

Il fallait reconstituer la puissance de ces derniers, malgré la trahison des colons qui avaient livré la colonie à la Grande-Bretagne et à l'Espagne, malgré le dévouement de ceux des hommes de couleur restés fidèles à la France.

Joignez à cette considération politique, l'influence exercée sur l'esprit du gouvernement et sur celui de Sonthonax, par l'affaire de Montbrun contre Desfourneaux, par les dénonciations incessantes adressées par Laveaux et Perroud à la métropole, contre Villatte et tous les hommes de couleur du Nord, et par les insinuations, les suggestions relatives à Pinchinat dont la capacité politique n'était pas contestable, à Rigaud, à Bauvais qui se distinguaient dans l'Ouest et dans le Sud et qui conquéraient par leur épée une position supérieure.

L'agence venait donc *pour rétablir la puissance des blancs*. Elle arriva, et que trouva-t-elle en débarquant au Cap? L'affaire du 30 ventôse et ses suites. Dès-lors, cette agence pouvait-elle ne pas s'empresser de mettre à exécution le système préconçu? Quel était le meilleur moyen de le faire réussir? Celui qu'on a employé.

Accuser toute la classe des hommes de couleur « du « complot affreux, du projet d'établir sur la destruction « de la couleur blanche et sur l'ignorance des noirs, le « triomphe de la couleur jaune et l'élévation de quelques « individus accrédités; de conspirer contre la sûreté de

---

[1] Nous prions le lecteur de relire le discours de l'abbé Maury, au tome premier, pages 173 à 175. En 1796, le gouvernement français et Sonthonax se pénétrèrent de ses idées.

« la colonie, la souveraineté de la métropole, enfin, l'exis-
« tence des Européens à Saint-Domingue [1]. »

De là l'arrestation et la déportation de Villatte et de ses amis, l'arrêté du 15 juin contre Pinchinat, que Sonthonax avait cru trempé dans le prétendu complot de son assassinat à Saint-Marc, en novembre 1793, qu'il avait cru complice de l'affaire entre Montbrun et Desfourneaux; de là encore la mission confiée à la délégation qu'on envoyait aux Cayes ; de là, enfin, les deux écrits de Perroud et l'adresse de J. Raymond.

Il faut être dénué du bon sens le plus vulgaire, pour ne pas comprendre ces manœuvres machiavéliques dont l'exécution est confiée surtout au fougueux Sonthonax, d'une capacité rare, mais sachant se passionner trop, à cause de son caractère emporté. Pour lui, qui se croit réellement l'ange tutélaire des noirs, pour avoir eu l'honneur de proclamer la liberté générale dans le Nord, quoique *contraint* par les circonstances impérieuses de cette époque ; pour lui qui avait cru que les noirs étaient généralement *bêtes* (Polvérel nous l'a appris dans une de ses lettres à son collègue), c'est la chose *la plus politique et la plus utile pour la France,* que de détruire le prestige des hommes de couleur : la *bêtise* qu'il suppose aux noirs les rendra, selon lui, plus maniables, plus faciles à gouverner, à diriger.

---

[1] En 1796, Sonthonax oubliait sa lettre du 18 février 1793 à la Convention nationale, où il disait que « la classe *la plus intéressée* au bonheur de la co-
« lonie, celle des citoyens du 4 avril, désirait *une amélioration au sort des*
« *noirs* : » il oubliait que dans sa proclamation du 29 août sur la liberté générale, il représentait aux noirs émancipés les hommes du 4 avril, « comme ceux à
« qui ils devaient leur liberté par l'*exemple* qu'ils leur tracèrent, du courage
« à défendre les droits de la nature et de l'humanité, etc.» Mais que lui importaient ses précédentes déclarations ? Vrai brouillon politique, il ne fut jamais conséquent dans sa conduite.

Mais Sonthonax n'avait pas deviné la capacité de l'homme noir qui venait de remplacer Laveaux dans le gouvernement de la colonie. Il n'avait pas vu tout ce qu'il y avait de finesse et d'habileté en T. Louverture. Il ne s'en est aperçu que le jour où il lui a fallu s'embarquer à la hâte, sous l'accusation — *de vouloir faire tuer tous les blancs, afin de proclamer l'indépendance de Saint-Domingue.*

Si nous anticipons ici sur le cours des événemens que nous aurons à relater, c'est que nous croyons qu'il est de notre devoir de placer, autant que possible, à côté des faits politiques, le résultat qu'ils produisent et la moralité qui en découle souvent. Ici, le lecteur voit d'avance ce qui adviendra de l'accusation portée contre la classe des hommes de couleur, — de conspirer contre la vie des Européens pour se rendre indépendans de la France. Sonthonax et ses collègues, lui surtout, ont fourni des armes à un homme qui saura les employer contre ce superbe proconsul, sans être plus vrai, plus sincère que lui en s'en servant. Ne serait-ce pas là le cas de dire, d'après la parabole du Rédempteur du monde : *Tous ceux qui prendront l'épée, périront par l'épée.* N'est-ce pas ainsi que se manifeste souvent la justice de Dieu ?...

En 1796, dans la ville du Cap, on accusait *injustement* les hommes de couleur de vouloir *l'indépendance* de Saint-Domingue. Mais lorsque Dieu aura marqué l'époque pour sa réalisation, ce sera l'un d'eux qui, *à une lieue du Cap*, en donnera le signal à tous ses frères *noirs et mulâtres;* ce sera lui-même qui, à une époque plus reculée, jettera les bases de la reconnaissance de ce droit politique, par la France dont les agens, en 1796, détruisaient l'influence des hommes de sa classe. Les progrès de la vraie Philantropie survenant ensuite, la grande et sainte voix de la Justice se faisant entendre dans les conseils des Rois, ce sera encore un homme de cette *couleur jaune* qui signera, avec un descendant de l'antique et respectable famille de Bourbon, l'acte aussi honorable pour la France que pour la race africaine, qui a admis au rang des nations cette population qu'on tourmentait, qu'on divisait, pour mieux la subjuguer.

Vraiment, et nous le disons dans toute la sincérité de notre cœur, plus nous avançons dans ces études de l'histoire de notre pays, plus nous reconnaissons que les hommes auraient tort de s'enorgueillir des succès qu'ils obtiennent dans les choses politiques. Quel que soit le génie d'un homme, il y a une puissance supérieure dont il n'est qu'une faible émanation : c'est à elle, c'est à sa volonté qu'il obéit, alors qu'il croit tout faire par ses talens. Les plans les mieux concertés échouent devant cette volonté divine qui a son but, qui doit l'atteindre. Et la conclusion que nous tirons de cette croyance intime, c'est que les hommes ne doivent point se haïr et perpétuer entre eux les animosités nées de leurs différends, de leurs querelles : enfans d'un même père, de cet Etre suprême qui a tout créé, ils doivent tendre sans cesse à se rapprocher les uns des autres. Là est leur devoir moral : l'enfreindre, c'est se rendre coupables du crime de lèse-humanité.

D'après ces idées, ces sentimens, nous ne devons avoir aucune aigreur contre Laveaux, Perroud, Sonthonax et ses collègues, ni contre le Directoire exécutif ou tous autres gouvernemens. Ils ont tous été les aveugles instrumens de la Providence, préparant sans le vouloir, à leur insu, l'indépendance de Saint-Domingue. Par leurs injustices récidivées envers les hommes de couleur, ils leur ont donné un défi qui a été noblement relevé par l'un d'entre eux. Mais Pétion a compris en 1802, ce dont il avait toujours été pénétré : — que *la cause du mulâtre était et sera toujours intimement liée à celle du noir*. Il a agi en conséquence de ce sentiment de fraternité qui les unit ; et lorsque nous arriverons à cette époque mémorable, nous le démontrerons, nous dirons ce qu'il a fait.

Maintenant, continuons l'examen des actes de l'agence.

La nomination faite par Laveaux, de T. Louverture à la lieutenance du gouvernement, n'impliquait pas, pour l'agence, l'obligation de le reconnaître en cette qualité, puisque 1° Laveaux n'était point autorisé à partager ni à déléguer son pouvoir, son autorité ; et que 2° nommé gouverneur *provisoire*, ce titre cessait de droit par l'arrivée de l'agence, et qu'il ne fut plus qualifié que de *général en chef* de l'armée, pour la partie française, tandis que Rochambeau était commandant en chef pour la partie espagnole. Mais, d'après *le système* des dépêches *secrètes*, d'après *les vues* conçues par l'agence, et surtout d'après *les faits* existans, il était impossible que cette agence ne prît pas une résolution à l'égard de T. Louverture dont l'influence était visible ; et cette résolution fut de l'élever au grade de *général de division*. Cette promotion eut lieu dans les derniers jours de mai, pendant que l'agence déportait Villatte.

A cette époque, Rigaud écrivit une lettre à Laveaux pour lui accuser réception d'une autre de Sonthonax, imprimée, qui donnait l'approbation de l'agence, à toutes les promotions d'officiers militaires faites par Laveaux, notamment à compter du 30 ventôse. La lettre de Rigaud fut apportée par Bonnet : — « J'envoie Bonnet, mon aide

« de camp, dit-il, afin d'avoir des renseignemens certains
« pour ma gouverne. » Jeune officier d'une intelligence
remarquable déjà, devenu par la suite un de nos militaires
et de nos hommes politiques les plus capables, le plus habile administrateur des finances de notre pays, Bonnet
était certainement envoyé pour voir ce qui se passait au
Cap, pour fixer Rigaud sur ce qu'il avait à attendre de la
part de l'autorité nouvelle arrivée dans la colonie. Rigaud
avait écrit aussi à l'agence, pour la féliciter de son arrivée
et lui donner l'assurance de son dévouement à la France
et à sa constitution nouvelle. La réponse de l'agence,
signée de Sonthonax, le complimenta pour avoir *toujours
correspondu* avec le gouverneur Laveaux [1] ; elle lui dit
qu'on n'était pas surpris de le trouver à son poste, connaissant *son attachement* à la République française et *la
haine* qu'il portait à ses ennemis ; elle le félicita des succès qu'il avait eus sur eux ; elle lui dit, enfin : *Vous avez
protégé l'Européen faible et opprimé.*

Était-ce faire de Rigaud un éloge immérité ? N'avait-il
pas effectivement toujours correspondu avec Laveaux,
malgré les difficultés de la guerre ? Sonthonax, dans les
débats contre les colons, ne l'avait-il pas défendu, lui et
les hommes de couleur du Sud ? N'avait-il pas exalté leur
patriotisme, leur dévouement à la France, et la valeur
militaire de Rigaud, à propos de la prise de Léogane sur
les Anglais ? Tout ce que disait la lettre qu'il signa n'était
donc que pure vérité, même à l'égard des Européens, des
Français dont beaucoup étaient alors employés, ou dans

---

[1] D'après cela, que dire de cette phrase de Pamphile de Lacroix ? — « Le
« Sud et le Nord de la colonie, séparés par l'invasion anglaise, n'avaient *jamais* entretenu des relations fréquentes, qui d'ailleurs *répugnaient* au général Rigaud, toujours disposé à accuser le général de Laveaux, de favoriser
« les nouveaux libres. » Tome 1er, page 307.

les fonctions militaires, ou dans les fonctions administratives du département du Sud, comme dans celui de l'Ouest où commandait Bauvais.

Nous venons de citer des lettres de Rigaud; citons-en de T. Louverture.

Étant aux Gonaïves, le 1er juin, il écrivit à Laveaux :

Mon cher général, d'après tous les renseignemens que j'ai eus, il n'est que trop *certain* qu'il existe *une nouvelle conspiration* des plus atroces, et A. Chanlatte, *à ne pas en douter*, est le directeur de tout ce qui doit s'opérer. Les méchans, les ennemis de la liberté générale et de l'égalité (les mulâtres) ont juré ma perte ; ils calculent tous les moyens imaginables pour me détruire, et sous tous les rapports, je dois périr victime de leur scélératesse par quelques embuscades qu'ils se proposent de me tendre. Bien leur vaudra de m'ajuster bien ; s'ils me manquent, *je ne les raterai pas* ; et s'ils réussissent, ma cendre sera doublement *vengée* par ceux qui, *naturellement*, doivent me succéder. — Gabriel Lafond (noir ancien libre) oubliant tous les maux qu'il a endurés, à cause *de ceux* mêmes par qui il est aujourd'hui séduit, s'est déclaré *sourdement* mon ennemi, et est un des principaux instrumens de vengeance des MM. (mulâtres). *Ces derniers* disent que c'est moi qui ai déjoué et fait manquer *leur vaste projet*, et qu'il faut, de toute nécessité, se défaire de moi pour n'avoir plus d'entraves à l'avenir, parce que, disent-ils, ils viendront après facilement à bout du reste.

Gabriel Lafond, Tonne, Pérès, Dupiton et d'autres tiennent continuellement des conciliabules chez Chanlatte (au Cap). Faites en sorte de leur signifier de s'en retourner aux Gonaïves, en leur faisant dire que c'est *moi* qui les demande, avec tous les autres de cette partie.

Général, si le commissaire (Sonthonax) *n'embarque pas* Chanlatte, je ne prévois que beaucoup de troubles à Saint-Domingue. Tous les malveillans s'appuient sur lui, et leur audace s'accroît journellement.

P. S. *Déchirez* cette lettre après que vous l'aurez lue.

Cet ordre final n'a pas eu d'exécution, et nous remercions le général Laveaux de sa désobéissance.

Pense-t-on que T. Louverture croyait à l'existence

d'une conspiration ? Une conspiration au Cap, de la part de Chanlatte, au moment où l'on embarquait Villatte, où *le système* traquait les hommes de couleur ! Allons donc ! Veut-on savoir *le motif caché* (nous copions l'expression à la mode à cette époque et dont l'arrêté contre Pinchinat nous offre un exemple) de cette dénonciation de T. Louverture contre A. Chanlatte ? Qu'on se rappelle que cet officier, laissé à Plaisance par Polvérel, à la fin de 1793, reprit Ennery des mains de T. Louverture qu'il refoula jusqu'au-delà de la Marmelade. Gabriel Lafond et les autres dénommés dans cette lettre, étaient des hommes de Saint-Marc où Chanlatte avait été capitaine-général de la garde nationale ; c'étaient ses amis : de là le crime pour lequel ils périrent tous, en 1799.

Ce n'est pas tout. Le 3 juillet, le *général de division* T. Louverture, *commandant le département de l'Ouest* (Desfourneaux commandait le département du Nord), écrit à Laveaux qu'il réunit *les preuves* contre *les coupables* qu'il avait fait arrêter et emprisonner aux Gonaïves, avant de se rendre au Cap pour l'affaire du 30 ventôse, — Guy, Chevalier et Danty. Il annonce à Laveaux que Savary (le traître de Saint-Marc) vient d'arriver du Sud avec Bonnet, et qu'il attend les ordres de Sonthonax et de Laveaux à son sujet [1]. Il revient sur la nécessité de faire renvoyer aux Gonaïves, Gabriel Lafond et les autres, — « parce que « leur séjour au Cap ne tend absolument qu'au mal et « qu'ils ne préméditent rien de bon. » Il voulait les avoir sous sa main.

Le 16 juin, il dénonce encore Delair, Levasseur et Va-

---

[1] L'agence, par deux actes, fit arrêter et déporter Savary en France, sur le vaisseau le *Fougueux*. Il partit en juillet.

lerai : ce dernier était un officier qui avait combattu les Anglais avec une valeur éprouvée, sous ses ordres. Mais ils sont des mulâtres ! — « *La méfiance*, dit T. Louverture, « *est toujours la mère de toute sûreté.* »

Il n'a oublié ce proverbe qu'une seule fois, — le jour où le général français Brunet l'a invité à venir chez lui, pour l'arrêter et le déporter en France.

Dans son aveuglement, il se méfiait des mulâtres ; il se confia aux blancs. Sont-ce les mulâtres qui l'ont fait périr ?...

Cette même lettre, adressée à Laveaux, lui donna un avis concernant Sonthonax :

« J'écris par ce courrier au commissaire Sonthonax, et je lui donne connaissance *de ce que les méchans débitent sur son compte*, pour égarer les crédules cultivateurs et autres. On leur fait accroire qu'il est revenu de France pour les remettre dans l'esclavage, et une quantité d'autres absurdités. »

Comment Sonthonax ne reconnaîtra-t-il pas un dévouement sincère en T. Louverture qui lui donne des avis si salutaires !

Le 27 juin, nouvelle lettre à Laveaux :

Je vois avec plaisir que la commission va fixer les limites de votre commandement en chef, avec celui du général Rochambeau, et les commandemens des généraux divisionnaires et ceux des généraux de brigade, sous les ordres des généraux divisionnaires. Comme vous me dites qu'il va peut-être me falloir deux généraux de brigade, et comme Bauvais est déjà sous mon commandement, il ne m'en faudra plus qu'un ; et *comme je suis pur et sincère*, et que j'aime l'ordre et la tranquillité, *je ne veux que des hommes comme moi* (des noirs). Par conséquent, *je ne vois* dans tous ceux que vous me nommez, que Pierre Michel *qui me convient*, ou bien Bedos ou Pageot (deux blancs)[1].

[1] Nous verrons plus tard ce que devint Pierre Michel, d'après ses ordres à H. Christophe. A ses yeux, les deux blancs valaient ce noir.

Pour les autres (les mulâtres) *je n'en veux aucunement, et particulièrement* Chanlatte. *Mes officiers et soldats sont déjà fort mécontens de lui* ; et il ne faut pas, pour vouloir faire un petit bien, faire un grand mal, parce que, si Chanlatte vient ici, ce ne sera que pour faire *des cabales, contre moi, contre vous,* et contre les intérêts de la République ; *et cela me forcerait, peut-être, à manquer à mon chef, et peut-être aussi à la République*. Car, il y a ici des hommes *emprisonnés* pour des cabales qu'ils ont faites pour Chanlatte. De grâce, général, faites en sorte qu'il ne soit pas dans mon commandement, — *ni Martial Besse* [1].

Vous savez bien, nous en avons parlé ensemble, que j'ai des officiers avec moi qui ont bien mérité d'être généraux de brigade.... il est bien juste, mon général, que vous me laissiez un à nommer parmi mes officiers, quand il en sera temps.

Après les sollicitations et les menaces, — les caresses :

Le plaisir que j'ai eu de recevoir votre lettre a été pour moi la plus douce satisfaction *d'un fils* qui reçoit les nouvelles *d'un père qu'il aime tendrement*. Soyez persuadé, général, de ce que je vous ai dit et dirai toujours, — que je suis et serai *pour vous* jusqu'à la fin de mes jours. Je vous désire pour toujours une heureuse santé. *Je vous embrasse de tout mon cœur, et vous aime autant que moi-même.*

Ces diverses lettres de T. Louverture prouvent qu'il était aussi rancuneux que méfiant et qu'injuste. Il n'a pu oublier le succès momentané d'Antoine Chanlatte contre lui ; car bientôt après, il avait chassé Chanlatte d'Ennery. Succès et revers sont des chances habituelles à la guerre, et un brave militaire apprécie toujours la valeur de son ennemi et l'estime. Une âme élevée ne conserve point un profond ressentiment pour de tels faits surtout, quand souvent ils ne dépendent que d'une circonstance minime et fortuite. T. Louverture était méfiant, parce qu'il jugeait

---

[1] Le même Martial Besse qui l'assista au château de Joux.

des autres par lui-même ; il était injuste, même à l'égard des officiers qui avaient le mieux servi sous ses ordres et aidé à ses succès : Guy, Danty, Chevalier, qui ne s'était rallié à Laveaux qu'avec lui, Valerai, qui l'avait si bien secondé aux Vérettes et sur les rives de l'Artibonite ; tous ces officiers n'étaient persécutés, que parce que cela entrait dans les vues de Laveaux lui-même qui avait soufflé la méfiance contre les hommes de couleur. T. Louverture voulait parvenir, et il suivait les vues de Laveaux et *le système* mis à exécution par l'agence. Il était trop perspicace, pour ne pas reconnaître que c'était le meilleur moyen de réussir dans sa vaste ambition. Ce n'est pas une excuse que nous présentons là pour lui ; car, nous le répétons, si, devenu lieutenant au gouvernement ou général de division, il se fût appliqué à protéger les hommes de couleur, ses frères enfin, ses neveux, ceux-ci l'auraient aidé ; et peut-être eût-il eu l'honneur de proclamer lui-même l'indépendance de Saint-Domingue, en 1802.

CHAPITRE IX.

Arrestation et déportation de Rochambeau en France. — Les Anglais prennent Bombarde qu'ils abandonnent ensuite. — Exécution à mort d'Étienne Datty. — Révolte et crimes commis par des noirs du Port-de-Paix. — Nouvelle insurrection des noirs du côté du Cap. — L'agence déclare le Nord *en danger.* — Ses motifs et son but. — Elle proclame la constitution de l'an 3. — Elle annule les élections faites dans l'Ouest et le Sud, et convoque une assemblée électorale unique au Cap. — Ses motifs. — Election de Laveaux, de Sonthonax et de 4 autres députés au corps législatif. — Lettres de Toussaint Louverture à Laveaux. — Dissensions parmi les membres de l'agence.

Nous venons de voir déporter Villatte : assistons à la déportation de Rochambeau.

Un arrêté du Directoire exécutif, du 12 février 1796, l'avait spécialement nommé commandant en chef de la partie espagnole. Roume, quoique faisant partie de l'agence, était également désigné pour y exercer ses fonctions. Si Rochambeau vint au Cap avec les agens pour la partie française, il semble que ces agens n'avaient point à intervenir dans l'objet de sa mission. Avant de se rendre à son poste, il était naturel qu'il passât quelques jours au moins dans le lieu où il débarqua, et c'est ce qu'il fit.

Mais durant son séjour au Cap, il paraît que pour y avoir été gouverneur provisoire, il crut qu'il lui était permis d'aller visiter certains postes extérieurs, sans autorisation de l'agence, et qu'il en a même distrait les commandans, empiétant ainsi sur les attributions de Laveaux, son ancien subordonné. Cette grave accusation fut portée contre lui par l'agence, dans l'arrêté qu'elle prit pour ordonner sa déportation : elle l'a accusé de plus de s'être fait le centre des individus *mauvais citoyens* qui censuraient, sinon les actes de l'agence, du moins la conduite de certains d'entre eux ; d'avoir publiquement avoué qu'il gouvernerait *militairement* la partie espagnole, sans être tenu d'obéir aux ordres de l'agence. Leblanc, un de ses membres, ayant publié un article sur un journal fondé au Cap par elle, et s'étant servi d'une expression qui parut être une insulte dirigée contre le secrétaire de Rochambeau, ce secrétaire, nommé Paulin Goy, fut chez lui demander des explications à ce sujet. Il fut éconduit, et sur le rapport de Leblanc à ses collègues, l'agence arrêta sa *déportation* sur la frégate la *Vengeance*, parfaitement nommée à cette occasion. Cet arrêté porta Rochambeau à adresser une lettre à l'agence pour réclamer la mise en jugement de son secrétaire dont on se plaignait. C'eût été de sa part faire une démarche raisonnable et fondée sur la loi, s'il n'avait pas joint dans sa lettre des termes de mépris pour Leblanc, en disant *qu'il ne respectait en lui que son caractère public*, et en insinuant que cet agent était un ancien *suppôt* de Robespierre : ce qui, du reste, était vrai.

Là-dessus, l'agence prit son arrêté du 30 messidor (18 juillet), qui *destitua* Rochambeau de son commandement, en ordonnant qu'il retournerait en France sur la corvette le *Berceau*, avec deux de ses aides de camp, et que cet arrêté lui serait notifié. Mais l'ayant fait notifier sans les considérans, les motifs qu'elle y alléguait, Rochambeau se crut en droit de réclamer de les savoir avant d'obéir, et il protesta même contre cette décision, prétendant que l'agence n'avait aucun pouvoir sur lui, vu sa mission spéciale. L'agence, considérant sa lettre subversive *de toute subordination* et comme une nouvelle insulte, prit un autre arrêté en vertu de la constitution (qu'elle n'avait pas encore proclamée), qui ordonna *son arrestation* et son embarquement sur le *Berceau*, pour y être *détenu à sa disposition*. Rochambeau en ayant reçu la notification, se rendit de suite sur ce navire où il protesta de nouveau contre l'arbitraire de la décision de l'agence.

Pour mieux colorer ses motifs, en écrivant au ministre de la marine, l'agence lui rappela que dans le passage de Rochambeau aux États-Unis, il y avait eu des liaisons avec un grand nombre d'ennemis de la France, — les émigrés français; elle l'accusa d'avoir *des intentions* contraires aux vues et aux intentions du gouvernement républicain. Les intentions et les soupçons suffisaient à cette agence pour arrêter et déporter.

Enfin, Rochambeau, débarqué à Bordeaux, y fut incarcéré dans le château du Hâ. En le faisant remettre en liberté par les autorités de cette ville, le Directoire exécutif n'a pas moins maintenu sa destitution [1].

Pendant qu'il était au Cap, il écrivit au ministre de la marine la lettre suivante, qui est fort intéressante au point de vue historique :

« La partie française est la propriété de quatre corps d'armée de noirs et de quatre individus : — Laveaux,

---

[1] Il resta sans emploi en France jusqu'au 11 pluviôse an 8 (31 janvier 1800) : le gouvernement consulaire le réintégra, et il se trouva à l'armée de réserve qui gagna la bataille de Marengo.

T. Louverture, Rigaud et Bauvais. On veut dégoûter les *officiers blancs* venus d'Europe, *afin de travailler plus sûrement le pays en finances* et de n'avoir que les Africains pour observateurs.

« Je croyais, en arrivant ici, y trouver les lois de la liberté et de l'égalité établies d'une manière positive ; mais je me suis cruellement trompé…. *Les pauvres blancs* sont vexés et humiliés partout. Il sera, je crois, difficile de rétablir l'ordre parmi *les dilapidateurs,* parce que, disposant des Africains, ils les pousseront à la révolte quand on voudra diminuer leur influence et leur crédit. Je ne crains pas même *de prédire, qu'après avoir donné la liberté aux noirs, on sera obligé de leur faire la guerre pour les rendre un jour à la culture.* »

Il ressort de cette lettre, que Rochambeau faisait le frondeur au Cap, et que s'il mécontenta l'agence, ce n'est certainement pas pour ce qu'il y disait de Rigaud et de Bauvais, dont elle travaillait à diminuer l'influence, mais bien en ce qui concernait Laveaux et T. Louverture. Ayant aggravé ses torts parce qu'il a dit de Leblanc personnellement, l'agence n'hésita plus à le déporter.

Cette lettre de Rochambeau au ministre de la marine, nous explique d'avance pourquoi on fit choix de lui en 1801, pour être de l'expédition de cette année, et les motifs de sa confirmation en qualité de capitaine-général, après la mort de Leclerc. A cette époque il s'agissait *de faire la guerre aux noirs pour les rendre à la culture,* et le général qui, en 1796, avait *prédit* cette nécessité, était réellement bien propre à recevoir cette mission pour empêcher que *les pauvres blancs* ne fussent vexés et humiliés. On sait d'avance aussi comment il y a réussi !

Il est à remarquer, d'après le rapport de Marec, que

Sonthonax fut le seul membre de l'agence qui ne consentit point à la déportation de Rochambeau, et qui *protesta* même contre son arrêté. Il motiva son opinion contraire en disant : « Qu'il était bien éloigné de voir des motifs « *suffisans* de destitution contre Rochambeau ; que ceux « articulés contre lui ne lui paraissaient pas appuyés sur « *des preuves certaines* ; que cette mesure *sévère* lui pa- « raissait *impolitique dans les circonstances* où se trou- « vait la colonie ; et en conséquence, il vota contre la des- « titution. »

Et cependant Sonthonax avait signé seul, comme président de l'agence, l'arrêté qui mandait Pinchinat au Cap, — parce qu'on le considérait comme *l'auteur* des troubles du 30 ventôse, *l'instigateur secret du projet criminel de détacher la colonie de la métropole et de former une assemblée coloniale !*

Nous constatons donc que Sonthonax avait deux poids et deux mesures dans la distribution de la justice. Facile *à soupçonner* lorsqu'il s'agissait de Pinchinat, il devint *scrupuleux* quand il s'agit de Rochambeau. Distinction entre le mulâtre et le blanc, entre le mulâtre et le noir, telle était sa justice en 1796. Son opinion ne reposait que sur l'appréciation morale de la conduite de Rochambeau ; car pour lui, *le droit* n'était rien dans une telle affaire. Mais le rapport de Marec signale encore, dans les arrêtés de l'agence, la violation de l'article 145 de la constitution, qui proscrivait toute détention arbitraire, et il démontre que la détention de Rochambeau n'était autre chose. Selon Sonthonax, sa déportation était impolitique, parce que l'agence venant de déporter Villatte, il ne convenait pas d'en faire autant à l'égard d'un blanc, cette agence ne devant agir que contre les mulâtres.

Pendant que Laveaux allait prendre possession du Fort-Liberté, le 14 juin, les Anglais vinrent s'emparer de Bombarde avec deux mille hommes de nouvelles troupes qu'ils venaient de recevoir au Môle. Mais la fièvre jaune s'étant déclarée bientôt parmi les vainqueurs, ils se virent forcés d'abandonner leur conquête. Le général Pageot, qui s'était porté de ce côté là pour empêcher qu'ils ne s'étendissent plus loin, profita de leur retraite pour les assaillir : ils perdirent quelques centaines d'hommes et deux pièces de canon.

Nous avons dit que dans les premiers jours de mai, au moment où l'agence arrivait au Cap, Etienne Datty avait, une seconde fois, soulevé les noirs des montagnes du Port-de-Paix, *en tuant des hommes de couleur*, d'après le témoignage même de T. Louverture, qui envoya alors trois de ses officiers pour arrêter le cours de ces assassinats. L'agence s'était empressée de déléguer Albert, (l'ancien délégué dans la Grande-Anse avec Pinchinat et Nicolas Delétang) pour diriger ces moyens de répression. Etienne Datty et une douzaine de ses complices furent arrêtés et livrés à un conseil de guerre, qui condamna à mort ce chef de brigands et cinq parmi les autres : le 10 septembre, ils furent exécutés au Port-de-Paix. Mais, quelques semaines après, les noirs de ce quartier se soulevèrent de nouveau, à cause de ces exécutions à mort. Pageot leur était devenu odieux et ne pouvait les comprimer ; l'agence et Laveaux requirent T. Louverture de se rendre sur les lieux.

Il réussit à apaiser cette révolte ; mais il ne fit arrêter *aucun* des brigands qui s'étaient signalés par de nouveaux assassinats. En dressant un procès-verbal à ce sujet, il y consigna que les révoltés demandaient Levasseur,

Delair et Villatte pour les commander, alors que ces trois hommes de couleur avaient été déjà arrêtés et déportés en France, insinuant ainsi que c'étaient les mulâtres *ennemis de la République française et de la liberté générale* (sic), qui étaient les auteurs de la révolte. Cependant, nous trouvons dans le rapport de Marec, que l'agence rendit compte de ces événemens en France, en disant que — « les premiers « actes de ces malheureux égarés furent marqués au coin « de la barbarie et de la haine la plus prononcée *contre* « *les blancs et des hommes de couleur*. Une partie de « ceux qui furent rencontrés, furent impitoyablement *as-* « *sassinés* ; toutes les habitations qui leur étaient desti- « nées furent brûlées.... »

Ainsi lancé au galop dans la voie de la persécution contre les hommes de couleur, T. Louverture n'arrêtait pas son cheval : une seule préoccupation assiégeait son esprit, — c'était de parvenir à une position supérieure, en flattant les passions de ceux qui pouvaient y contribuer.

Le fait est que les révoltés alléguaient, suivant Marec, pour principaux griefs : 1° le supplice d'Etienne Datty ; 2° surtout la peine capitale infligée à ce rebelle, tandis que *d'autres rebelles* autant et plus coupables peut-être avaient été renvoyés en France (Villatte et d'autres) ; 3° la persécution de tous les cultivateurs qui avaient servi sous les ordres d'Etienne ; 4° les poursuites à main armée, dirigées contre eux par Pageot ; 5° enfin, *le parti pris depuis quelque temps, de ne leur payer qu'en monnaie de papier* le produit de leur travail, monnaie qui était pour eux *presque de nulle valeur*.

Voilà, en définitive, la source de tous ces troubles, de tous ces assassinats, ce qui donnait à Etienne Datty une si grande influence sur l'esprit de tous ces malheureux :

c'était le tripotage de Perroud dans l'administration des finances, *qu'il travaillait à sa guise* (pour nous servir de l'expression de Rochambeau); c'était ce tripotage, autorisé par Laveaux, qui mécontentait les cultivateurs du Port-de-Paix, comme il avait mécontenté les officiers du 1er régiment commandé par Rodrigue, et tous les habitans du Cap. Au lieu de mettre un terme à ce scandale financier, on trouvait plus commode d'accuser les hommes de couleur de tous les faits de brigandage qui en étaient la conséquence, bien qu'ils en fussent victimes.

Tandis que ces faits se passaient dans le quartier du Port-de-Paix, d'autres faits tout aussi graves avaient également lieu à l'intérieur, dans les paroisses avoisinant le Cap. Les noirs de la troupe de Villatte, le voyant déporter en France, reprirent les armes en demandant que ce général leur fût remis. A eux s'en joignirent d'autres, de la Grande-Rivière particulièrement, auxquels l'agence avait fait distribuer des armes apportées avec elle de France. A ce moment, le baron de Cambefort et le marquis de Rouvray, qui se tenaient toujours à Banica avec les Anglais, profitant des mauvaises dispositions de ces insurgés, revinrent les pousser à la révolte contre l'autorité française. En vain l'agence chargea le général Pierre Michel de les harceler : n'ayant pas su tirer parti d'un premier succès obtenu contre eux, il revint au Cap. L'agence considéra alors la situation assez périlleuse, pour émettre une proclamation, le 1er fructidor (18 août), qui déclara la partie du Nord *en danger* ; c'est-à-dire, pour pouvoir y établir *la loi martiale, l'état de siége.* Le 6 août, elle avait proclamé la constitution, qui se trouvait alors *suspendue.*

A ce sujet, le rapport de Marec constate ces choses curieuses, résultant de la correspondance de l'agence avec le gouvernement français :

« Elle présente, dit-il, *des réflexions très-douloureuses sur la position critique des Européens* dans la colonie, *sur l'acharnement dont ils sont l'objet de la part des Africains insurgés, sur l'insubordination des généraux noirs, sur l'impuissance* où est la commission d'arrêter tant de désordres, et sur la triste extrémité où elle est réduite de combattre *l'anarchie et l'ignorance,* par des proclamations et des arrêtés qui, à chaque instant, sont *mal interprétés,* quelquefois *censurés,* rarement *exécutés....* »[1]

De là, la justification de l'acte qui déclarait la partie du Nord *en danger*.

Cependant, nous aurions cru trouver une autre conclusion de la part de cette agence, après la déportation de Villatte et de ses compagnons, après la terrible accusation portée contre la classe des hommes de couleur, seule cause de tous les maux dont on souffrait alors. Mais voilà que maintenant, c'est le tour *des noirs qui sont acharnés contre les blancs ;* c'est aussi le tour *de ces généraux* qui, parmi eux, ont été considérés comme les sauveurs de la colonie, pour avoir mis en liberté Laveaux et Perroud : ces généraux noirs sont insubordonnés ! La commission est impuissante à arrêter les désordres !

Que faudra-t-il donc faire, pour protéger les Européens ? Recourir, s'il se peut, à ces nombreuses troupes européennes que sollicitait Laveaux, dans sa correspondance *confidentielle* que Dufay nous a dévoilée ; et alors, ce sera le moyen d'agir et contre les noirs et contre les mulâtres.

---

[1] Rapport de Marec, pages 103 et 104.

Voit-on, du reste, comment *les réflexions douloureuses* de l'agence s'accordent au fond avec celles de Rochambeau, relativement aux noirs ?

Tous ces actes parvenus en France, livrés à la pâture de la faction coloniale qui ne cessait de publier des écrits contre l'affranchissement des noirs, qui gagnait chaque jour quelques nouveaux prosélytes à son infâme cause, ne pouvaient manquer de faire *réfléchir* aussi le gouvernement directorial sur la position critique des Européens à Saint-Domingue. Et croit-on alors que, reconnaissant l'impossibilité d'y envoyer des troupes, à cause de la guerre avec la Grande-Bretagne, ce gouvernement n'aura pas arrêté d'y obvier, en faisant *semer la division* parmi toute cette population noire qu'on lui désignait comme hostile aux Européens ? Il avait envoyé ses agens pour détruire l'influence de la classe la plus éclairée, d'après les rapports mensongers du gouverneur et de l'ordonnateur ; et à peine ils se mettaient à l'œuvre, qu'ils se déclaraient impuissans pour arrêter les désordres et l'anarchie qu'ils attribuaient aux noirs. Il faudrait avoir une foi aveugle dans la prétendue bienveillance de ce gouvernement, pour croire qu'il n'arriverait pas à cette pensée de la faiblesse et de l'impéritie.

Tel sera le résultat des rapports de l'agence : *la guerre sera allumée* entre les seuls défenseurs de la colonie.

Quoi qu'il en soit, le 19 thermidor (6 août), comme nous l'avons dit, l'agence avait proclamé la constitution de l'an III au Cap. Ayant écrit à Rigaud et à Bauvais pour déclarer nulles et non avenues les élections qui avaient eu lieu en mars et avril, dans le Sud et l'Ouest, l'agence ordonna, par cette même proclamation, la convocation d'une assemblée électorale *unique* dont le siége fut fixé au Cap, afin de nommer des membres au corps législatif, en considérant toute la partie française comme ne formant qu'*un seul* département. Jusque-là, en effet, il n'avait pas été rendu une loi pour déterminer le nombre de départemens qu'il y aurait à Saint-Domingue. Mais on a vu que le rapport de Boissy-d'Anglas proposait d'en établir deux : ce projet n'avait pas été adopté. La raison, comme les lois antérieures, ne prescrivait-elle pas alors de considérer cette colonie formée en trois provinces ou départemens, de même que le décret du 22 août 1792 l'avait déjà fait ? N'était-ce pas en vertu de ce décret que Sonthonax avait fait nommer six députés à la convention nationale pour le Nord, et que Laveaux et Perroud avaient fini par autoriser les élections de l'Ouest et du Sud ? Où l'agence prenait-elle le droit de ne considérer la colonie que comme un département unique ?

Le fait est, qu'elle voulait avoir les électeurs au Cap, sous ses yeux, sous sa main, pour influencer leur choix et empêcher surtout que Pinchinat ne fût nommé de nouveau. Elle se persuadait que, si elle avait permis de nouvelles élections dans le Sud ou dans l'Ouest, lui et d'autres citoyens qu'elle considérait comme partisans de Rigaud et de Bauvais, y auraient été élus, et elle ne le voulait pas : de tels hommes, au corps législatif, n'auraient pas manqué de défendre la classe de couleur contre les odieuses imputations lancées à son égard.

Le 28 fructidor (14 septembre), l'assemblée électorale se réunit au Cap, et élut pour toute la colonie, — Sonthonax, Laveaux, Thomany, Brothier, Louis Boisrond et Pétiniaud.

Thomany était frère du noir ancien libre que nous avons

vu arrêté par les blancs de Jérémie, en février 1793 : c'était un noir respectable. Brothier et Louis Boisrond avaient été membres de la commission intermédiaire. Pétiniaud était de Jacmel où Sonthonax l'avait employé dans l'administration des finances, en 1794. Ainsi, cette députation se composait de 4 blancs : Sonthonax, Laveaux, Brothier et Pétiniaud, — d'un noir, Thomany, — d'un mulâtre, L. Boisrond, inféodé à Sonthonax, ami intime de J. Raymond avec qui il avait été longtemps en correspondance.

A propos de cette élection, A. Chanlatte écrivit une lettre à Rigaud où il lui disait que le général noir Pierre Michel surtout avait influencé ces élections, en déclarant hautement aux électeurs qu'il ne fallait pas nommer *des mulâtres*, parce que c'étaient eux qui avaient livré les villes de la colonie aux Anglais. Dans son écrit, Barbault-Royer confirme cette influence exercée par Pierre Michel[1].

Que cette allégation fut fondée ou non, toujours est-il que ces élections furent annulées par le corps législatif, à cause de leur irrégularité constitutionnelle. Dans son rapport, Marec, en mentionnant cette tenue de l'assemblée électorale, rappela que le Sud et l'Ouest avaient déjà nommé des députés au corps législatif, et que Brulley et d'autres colons prétendaient aussi à la députation, en disant qu'ils avaient été élus *aux Cayes*, le 12 septembre. C'était un mensonge imaginé par la faction coloniale, pour mieux faire annuler toutes les élections.

---

[1] Il paraît que lorsqu'il cessa de poursuivre les insurgés, c'était pour pouvoir assister aux élections : dévoué à T. Louverture, encore plus qu'à Sonthonax, il venait y assurer l'élection de cet agent et de Laveaux, que T. Louverture voulait éloigner de la colonie. En 1799, il fut tué pour la cause de Rigaud!

Ainsi, en mars 1797, la colonie paraissait avoir trois députations d'origine différente. Ce fut une des causes de l'annulation prononcée contre toutes, et cela par le tort même de l'agence du Directoire exécutif.

Ce qui peut confirmer les assertions d'A. Chanlatte et de Barbault-Royer, concernant l'influence attribuée au général Pierre Michel dans les élections, est la curieuse lettre suivante de T. Louverture à Laveaux. Il était aux Gonaïves, le 17 août, quand il reçut avis de *son cher papa* que l'assemblée électorale allait se réunir. Le même jour il se rendit sur l'habitation Descahos, une de ses propriétés où il s'est retiré souvent pour méditer ses plans : de là il écrivit à Laveaux :

Mon général, mon père, mon bon ami,

Comme *je prévois avec chagrin qu'il vous arrivera* dans ce malheureux pays, pour lequel et ceux qui l'habitent, vous avez sacrifié votre vie, votre femme et vos enfans, *des désagrémens*, et que je ne voudrais pas avoir *la douleur* d'en être spectateur, *je désirerais que vous fussiez nommé député*, pour que vous pussiez avoir la satisfaction *de revoir votre véritable patrie*, et ce que vous avez de plus cher,—votre femme et vos enfans, et être à l'abri *d'être le jouet des factions* qui s'enfantent à Saint-Domingue ; et je serai assuré, et pour tous mes frères, d'avoir pour la cause que nous *combattons* le plus zélé défenseur. Oui, général, mon père, mon bienfaiteur, la France possède bien des hommes ; mais quel est celui qui sera à jamais *le vrai ami des noirs* comme vous ? Il n'y en aura jamais !

Le citoyen Lacroix est le porteur de ma lettre ; c'est mon ami, c'est le vôtre : vous pouvez bien lui confier quelque chose de vos réflexions *sur notre position actuelle* : il vous dira tout ce que j'en pense. Qu'il serait essentiel que nous nous voyions et que nous causions ensemble ! Que de choses j'ai à vous dire ! Je n'ai pas besoin, par des expressions, de vous témoigner l'amitié et la reconnaissance que je vous ai : je vous suis assez connu.

Je vous embrasse *mille fois* ; et soyez assuré que si mon désir et mes souhaits sont accomplis, que vous pouvez dire que vous avez à Saint Domingue, *l'ami le plus sincère* que jamais il y a eu.

Votre fils, votre fidèle ami, — TOUSSAINT LOUVERTURE.

T. Louverture était général de division, Laveaux général en chef : Rochambeau venait d'être déporté. Desfourneaux était le seul général de division qui restait. Mais T. Louverture savait que Desfourneaux ne pouvait pas lui être préféré, pour remplacer Laveaux dans le poste de général en chef, à raison même *du système* dont l'agence poursuivait la réalisation dans la colonie ; il sentait sa force et le besoin qu'on avait de lui. Éloigner Laveaux par la députation, c'était se frayer le chemin pour arriver à la tête de l'armée. D'un autre côté, faire élire Sonthonax en même temps, c'était aussi se débarrasser de l'homme le plus important de l'agence. De là, le mot d'ordre envoyé à Pierre Michel et aux autres officiers noirs du Cap, de diriger, d'influencer les élections pour obtenir ce résultat. Barbault-Royer signale aussi la part très-grande prise dans ces élections, par Henri Christophe, l'un des électeurs.

Quant à Laveaux, pouvait-il se refuser à cette injonction d'aller revoir sa véritable patrie, sa femme et ses enfans, pour éviter les désagrémens prévus par son fils et son ami, pour éviter d'être le jouet des factions? D'ailleurs, une lettre de lui à T. Louverture, du 11 décembre 1796, datée de Vigo, en Espagne, où il débarqua, nous apprend qu'il était déjà fatigué de Sonthonax, contre lequel il se plaint, et *qui*, dit-il, dans l'agence, *faisait déplacer arbitrairement tout le monde*. Laveaux accepta donc avec reconnaissance la planche de salut que lui envoyait T. Louverture. Celui-ci, en recevant son adhésion, lui écrivit de nouveau le 31 août :

Mon cher général, mon père, mon bon ami,

Que votre lettre du 10 courant (du 27 août) a été agréable et satisfaisante à mon cœur! Que je suis heureux d'avoir en vous un ami aussi sincère et aussi vrai! Autant mon cœur ressent de joie en lisant votre lettre, autant il souffre *de tous les chagrins qu'il sait que vous éprouvez sans cesse.* Mais, tel qu'il en puisse être, *résignons-nous* entièrement en la divine Providence; *imitons Jésus-Christ* qui est mort et qui a tant souffert pour nous, pour nous donner l'exemple, que l'homme sage et vertueux est fait pour souffrir; car celui qui permet que nous souffrions, est celui qui nous consolera. Mettons tout notre espoir en lui. Vous le savez, plus l'homme est sage et vertueux, plus il est sujet à éprouver la méchanceté des hommes.

Oui, mon général, mon père, mon bienfaiteur, mon consolateur : il n'y a que vous qui pouvez être *l'appui inébranlable de la liberté générale*; il n'y a que vous qui la ferez vaincre ses ennemis : le nom de Laveaux sera à jamais gravé *dans le cœur des noirs.*

Je n'ai pas perdu un seul instant pour envoyer *des hommes de confiance pour inspirer à tous les électeurs,* toute l'importance qu'il y a pour le bonheur *de tous les noirs, que vous soyez nommé député. Vous le serez,* et rien ne dépendra de moi pour cela.

Je relis chaque jour votre lettre ; elle me servira, dans les plus grands chagrins, de consolation. Je la conserverai comme un gage le plus sacré de votre amitié, et dans quel lieu, dans quelle circonstance que ce soit, comptez sur le cœur de Toussaint Louverture qui sera, *avec la grâce de Dieu,* toujours votre fidèle ami et saura mourir pour vous, s'il le fallait. Que je serai heureux d'être près de vous, *pour vous serrer dans mes bras et vous embrasser mille fois!* ....

J'ai lu avec attention *votre mémoire* à la commission. Que j'admire *votre amour pour les noirs!* Ils n'en seront pas ingrats : ceux qui sont dans l'erreur sauront par la suite apprécier, *avec la grâce de Dieu,* toute la reconnaissance qu'ils vous doivent.

Les officiers de mes régimens ont dîné deux jours avec moi : nous avons tous bu à la santé *de notre bon papa,* et avons juré de toujours l'aimer.

Que je désirerais d'être auprès de vous pendant huit jours! Que de choses j'ai à vous dire!

Je vous embrasse *mille fois* de tout mon cœur, et vous aime autant, et croyez-moi jusqu'à la mort votre fidèle ami.

TOUSSAINT LOUVERTURE.

Après sa nomination à la lieutenance du gouvernement, T. Louverture s'était écrié : *Après bon Dieu, c'est Laveaux !* Et Laveaux crut qu'il était un Dieu à Saint-Domingue pour les noirs : il dut le croire encore plus, après avoir reçu ces deux lettres de T. Louverture. Rien ne peut mieux, à notre avis, donner la mesure de la ruse et de la finesse de cet homme, que l'idée qu'il conçut de faire élire Laveaux membre du corps législatif : rien ne décèle davantage aussi tout ce qu'il y avait de fourberie et d'hypocrisie dans son caractère, que ces deux lettres. Il savait, à n'en pas douter, que Laveaux, effacé par lui et par l'agence dans la position supérieure qu'il occupait avant l'affaire du 30 ventôse, était mécontent secrètement ; et voyez comme il lui *dore la pilule*, avec tous les témoignages de sa sincère affection, et le console de sa déchéance en lui rappelant que Jésus-Christ a beaucoup souffert, qu'il est mort pour tracer aux hommes sages et vertueux comme Laveaux, l'exemple de la résignation ! Aussi, parfaitement résigné, l'ex-gouverneur ne tarda pas à partir, à quitter cette terre de Saint-Domingue où il ne pouvait plus attendre que des désagrémens. Il s'embarqua le 19 octobre sur une frégate qui fut forcée de relâcher à Vigo, ayant manqué de toutes sortes de provisions, et faisant 33 pouces d'eau par heure. Ces détails se trouvent dans la lettre écrite par Laveaux à T. Louverture.

En appréciant le fait de la nomination de Laveaux au corps législatif, Pamphile de Lacroix paraît avoir ignoré les particularités que nous venons de relater. Mais il nous semble se tromper quand il dit que « T. Louverture
« devait tressaillir à l'idée de voir le général Laveaux quit-
« ter la colonie, étant déjà *initié* dans l'avenir par le com-
« missaire Sonthonax qui, espérant plus de servilité dans

« un chef noir, avait fait entendre à T. Louverture qu'il
« le destinait au commandement en chef, et que cette
« confidence avait suffi pour éclairer ses espérances. » Il
nous semble se tromper également en disant que « Son-
« thonax *recherche* le titre de député de la colonie au corps
« législatif, pour avoir à montrer à la France un titre de
« popularité en faveur de sa nouvelle administration. » Et
cela, parce *qu'il craignait* les plaintes que Rochambeau
irait porter contre lui.

Nous avons prouvé que Sonthonax n'a pas été contraire à ce général, déporté par ses collègues. Sonthonax
n'a pas recherché davantage la députation : sa nomination n'a été que l'œuvre de T. Louverture, qui voulait se
débarrasser également de lui[1]. Nous verrons ce dernier
lui signifier de se rendre à son poste ; car il ne désirait
nullement quitter la colonie. Quand l'ordre chronologique
des faits nous amènera à parler de la nomination de T.
Louverture au rang de général en chef, nous dirons les
motifs qui déterminèrent Sonthonax.

Et la preuve que Sonthonax n'avait pas recherché la
députation, se trouve dans le rapport de Marec : il dit que
cet agent *l'avait acceptée contre l'attente de ses collègues*.
S'il l'avait désiré, aucun de ses collègues n'aurait pu l'i-
gnorer. Cette élection amena même une espèce de scène
dans le sein de l'agence.

Comme elle coïncidait avec les assassinats commis dans
le quartier du Port-de-Paix, par les noirs insurgés après
l'exécution d'Étienne Datty, on prétendit que ces hommes
les commettaient au cri de *Vive Sonthonax !* Leblanc en

---

[1] Cette assertion se trouve dans un compte-rendu d'A. Chanlatte, au ministre de la marine, du 9 juin 1809. Il y dit que « le vœu du peuple, *dirigé* par
« Toussaint avait appelé Sonthonax au corps législatif. »

prit occasion pour déclarer qu'à son avis, lui, Giraud et J. Raymond n'ayant pu inspirer que *de la méfiance,* il faisait la motion expresse « au nom du salut public, au nom « de l'humanité expirante dans les tourmens les plus af- « freux, au nom *de la patrie,* que son collègue Sontho- « nax prenne *seul* les rênes du gouvernement de la colo- « nie, y rétablisse l'ordre, y fasse valoir *le talisman de* « *son nom* et de ses actions passées, pour parvenir à at- « tendre de nouvelles *forces* de la métropole. » Raymond et Giraud appuyèrent cette motion avec chaleur.

Il faut convenir qu'elle était de nature à blesser la délicatesse et même l'honneur de Sonthonax ; car c'était dire implicitement ou ironiquement, que ses collègues le soupçonnaient de vouloir se rendre *nécessaire,* en employant des manœuvres machiavéliques pour faire soulever les noirs. Aussi, repoussa-t-il cette motion en disant : — « Pour prouver que je possède exclusivement la confiance « du peuple, Leblanc *ose insinuer* que mon nom est *le* « *cri de ralliement* des révoltés, comme si, pour gouver- « ner, il fallait avoir la confiance des incendiaires et des « assassins, comme si des rebelles à la loi doivent être « honorés du nom *de peuple.* » En conséquence, Sonthonax déclara à ses collègues qu'il voulait rester député, mais que cédant au vœu qu'ils lui manifestaient, il ajournait son départ pour France au mois de germinal suivant (mars-avril 1797).

Malgré l'issue de la scène survenue entre les agens, cette circonstance fut l'origine des causes qui portèrent Giraud et Leblanc à se retirer de Saint-Domingue quelques mois après.

Quand l'histoire constate de tels faits avec certitude, on a peine à concevoir que *des Européens* prétendent toujours *à la supériorité morale* de la race blanche sur toutes les autres, notamment sur la race noire. Dans ces faits tragi-comiques, on voit trois Européens instruits, éclairés, adjoints à un pauvre mulâtre, se disputant l'influence du pouvoir qu'ils exercent sur toute une population noire, que leurs passions vont pousser à des actes abominables, et qu'on accusera ensuite de barbarie, pour trouver une excuse à la tentative du rétablissement de son esclavage qu'on médite. Ce n'est pas là de la supériorité morale !

Nous ajournons à rendre compte des autres opérations de l'agence, pour parler enfin de celles de la fameuse délégation qu'elle envoya aux Cayes. Passons donc du Nord au Sud, pour voir ce que firent les délégués dans cette partie.

CHAPITRE X.

Objet de la mission confiée à la délégation. — Sa réception aux Cayes. — Sentimens manifestés par les délégués et les personnes de leur suite. — Pinchinat forcé de se cacher. — Arrivée de Desfourneaux, et sa lettre à Laveaux. — Plan de campagne contre la Grande-Anse. — Conduite immorale des délégués et de Desfourneaux. — Leurs actes. — Desfourneaux battu au camp Raimond. — Succès incomplet de Rigaud aux Irois. — Nouveaux ordres de rigueur de l'agence. — Arrestations. — Soulèvement. — Assassinats. — Fuite de Rey et de Desfourneaux. — Rigaud arrive aux Cayes et rétablit l'ordre. — Retour de Pinchinat. — Actes divers. — Mission de Martial Besse et d'A. Chanlatte. — Les délégués retournent au Cap. — Mission de divers envoyés en France. — Ils sont capturés par les Anglais et échangés en Europe.

Nous avons à relater dans ce chapitre des faits coupables, criminels, de la part de quelques hommes, dans les trois nuances d'épiderme qui distinguaient les individus à Saint-Domingue, et qui les firent classer sous la dénomination de blancs, mulâtres et noirs. Avant d'en parler, voyons quels étaient les antécédens des délégués, et quelle mission ils venaient remplir dans le Sud et dans l'Ouest, surtout dans la première de ces provinces.

« Le 10 prairial (29 mai), dit Marec, l'agence avait jugé nécessaire d'envoyer des délégués dans la partie du Sud, commandée par le général de brigade Rigaud, homme de couleur... Il convenait d'éclairer et de surveiller l'administration de la province du Sud ; il convenait aussi d'essayer de substituer peu-à-peu à l'aspérité du gouvernement militaire, la douceur du règne des lois constitutionnelles, et de l'autorité des magistratures civiles.... »

Tel était le but apparent, officiel, de la mission de la délégation. Dans le Nord, le gouvernement militaire régnait, comme il avait toujours régné dans la colonie ; à ce gouvernement, l'agence avait réuni l'exercice du pouvoir arbitraire le plus exorbitant, signalé par le rapporteur lui-même ; elle n'avait pas fait publier la constitution qui fut proclamée trois mois après, et aussitôt suspendue par l'état de danger, la loi martiale, et cependant elle voulait faire cesser dans le Sud le gouvernement militaire !

Les délégués avaient pour instructions, avouées dans les actes :

« 1° D'égaliser tous les droits entre tous les citoyens sans distinction de couleur ; 2° de ne pas oublier dans les récompenses à accorder, *les services rendus* par les hommes qui avaient concouru à la conservation du territoire français ; 3° *de rechercher si la conspiration qui avait éclaté au Cap*, le 30 ventôse, *n'avait pas des ramifications dans le Sud ;* 4° *de destituer* l'ordonnateur Gavanon et le contrôleur Duval Monville, dont la cupidité dévorante avait *anéanti* les ressources nationales ; 5° enfin, ils étaient porteurs d'un arrêté de la commission du gouvernement, qui leur enjoignait d'envoyer Pinchinat devant elle, comme prévenu d'avoir organisé les troubles du Cap, et pour rendre compte de sa conduite : ils étaient investis, de plus, du droit de décerner des mandats d'arrêt contre ceux qui conspiraient contre la sûreté et la tranquillité publique. Leurs pouvoirs ne devaient durer que trois mois. »

Tels sont les renseignemens que nous fournissent le rapport de cette délégation et celui de Marec, que nous avons sous les yeux. Mais nous avons assez fait remarquer quel était *le système* que l'agence avait reçu mission d'établir à Saint-Domingue, pour que l'on comprenne celle de la délégation. *Les services rendus* à cette colonie par tous les hommes employés dans le Sud, dont la plupart avaient été placés par Polvérel, n'étaient certainement pas contestables ; ceux qu'avaient rendus Gavanon et Duval Monville, placés par Rigaud, ne l'étaient pas davantage ; car le département du Sud se suffisait sous le rapport des finances : ces deux blancs, dévoués à la France, à leur patrie, les administraient au moins aussi bien que Perroud dans le Nord ; ils n'avaient pas, eux, créé un papier-monnaie pour le faire racheter par *des compères*, à vil prix [1]. Mais, il paraît que le but de leur destitution était de parvenir *à travailler aussi le Sud en finances.*

Maintenant, quels étaient les délégués et leurs acolytes ? Leborgne (de Boigne), Rey et Kerverseau formaient le triumvirat délégué. Avec eux venaient, d'abord, Arnaud Pretty et Idlinger. Desfourneaux fut envoyé trois semaines après. Il avait pour aide de camp, un jeune noir nommé Édouard.

Nous avons promis un supplément de renseignemens relatifs à Leborgne, en parlant de ses antécédens dans le 8ᵉ chapitre. C'est lui qui nous les fournit dans un écrit qu'il publia en 1794, à Paris, où il se défendait d'une inculpation *de vol d'un diamant* à Sainte-Lucie, vers 1784. Il dit :

---

[1] « En fait de gouvernement, il faut *des compères*, sans cela la pièce ne s'achèverait pas. » — Napoléon, d'après le dictionnaire de Bescherelle. — En fait de finances gérées avec infidélité, il faut aussi *des compères.*

« Quelques coups de bâton donnés dans un âge où l'on
« peut se permettre ces incartades, *et une affaire de ga-
« lanterie* sont pour vous *des assassinats et des vols*[1]. »

Admettons seulement cette affaire *de galanterie*, à cause des faits que nous devons signaler de sa part, pendant sa mission aux Cayes ; car, sous ce rapport, c'était un homme dissolu dans ses mœurs. Notre impartialité nous porte encore à dire que dans cet écrit de 1794, il prenait assez bien la défense des hommes de couleur de Saint-Domingue contre les colons, qui l'attaquaient ainsi qu'eux. On se rappelle en outre, que dans le club du Cap, en 1792, il les avait défendus, de même que Laveaux, Rochambeau et Sonthonax ; mais, en 1796, les temps étaient changés, il s'agissait d'un autre système.

André Rey, nous le répétons, avait été le complice des Badolet et des Mouchet, lorsque ces infâmes voulurent tuer André Rigaud, le 14 juillet 1793. Ayant fui des Cayes pour ne pas être arrêté, sur l'ordre lancé contre lui par Polvérel *et Sonthonax*[2], il s'était rendu à Jérémie où il servit sous les Anglais, avant de passer aux États-Unis et de là en France. Et c'était cet homme que Sonthonax envoyait aux Cayes, pour exercer une autorité supérieure sur Rigaud, qui avait versé son sang en défendant le territoire du Sud contre les Anglais !.... Mais Rigaud était mulâtre, et Rey était blanc !

Kerverseau, le seul homme honorable parmi tous ces

---

[1] S'il fallait en croire le rapport de J. Raymond au ministre de la marine, après l'embarquement de Sonthonax, on pourrait ajouter à la charge de Leborgne, qu'il se connaissait en *escroqueries* nombreuses, commises à Tabago, à Paris, à Sainte-Lucie, à la Martinique et au Cap ; et il passait, ajoute Raymond, aux yeux de Sonthonax, pour un *scélérat capable d'organiser le pillage*, etc.

[2] Voyez le chapitre IX du 2e livre de cet ouvrage.

envoyés, était alors adjudant-général. Il devait être de la mission en cette qualité; mais il remplaça Pascal dans la délégation où ce dernier avait été nommé. Instruit, éclairé, modéré, il avait malheureusement un caractère faible. Du reste, qu'eût-il pu faire contre la volonté arbitraire de l'agence, contre le plan du Directoire exécutif? Nous entendons l'excepter, en parlant *des délégués*.

Arnaud Pretty était chef d'escadron : il fut envoyé pour prendre le commandement de la gendarmerie et l'inspection des cultures. A Jérémie, dans les premiers temps de la révolution, cet homme s'était montré l'un des plus féroces parmi les blancs, contre les hommes de couleur. Mais il était dévoué à Sonthonax; mais il s'agissait d'agir contre ces hommes.

Idlinger, d'origine allemande, demeurait avant la révolution à Bordeaux, d'où il avait fui, comme *banqueroutier frauduleux*, pour passer à Saint-Domingue. Il vint au Cap, où il se lia avec le fameux Bacon de la Chevalerie, premier président de l'assemblée de Saint-Marc. A la fin de 1793, il était au Port-au-Prince, et Sonthonax l'employa comme ordonnateur de finances, à la fuite de Rinville qui emporta sa caisse. Revenant des Cayes, en avril 1794, Polvérel le destitua de cet emploi. A la prise du Port-au-Prince par les Anglais, il se joignit à eux et prouva qu'il avait été officier dans un régiment d'Allemagne. Ayant bientôt commis *des fraudes* au préjudice de la maison Dalton, il s'enfuit du Port-au-Prince, passa aux États-Unis, et ensuite en France. Revenu au Cap avec l'agence, il fut envoyé aux Cayes, en qualité d'ordonnateur, pour remplacer Gavanon, dont le seul crime était d'aider Rigaud à soutenir la défense du Sud.

Nous avons déjà fait la connaissance de Desfourneaux

dans notre deuxième livre. D'un caractère brutal envers ses inférieurs, jurant toujours, étourdi, inconséquent, mais dévoué à Sonthonax à qui il avait dû son avancement, il avait été nommé d'abord *commandant général;* mais, par réflexion, on changea ce titre en celui *d'inspecteur général* des troupes du Sud et de l'Ouest, pour dissimuler sa mission réelle.

Son aide de camp Édouard, d'une taille avantageuse, d'une figure assez belle, avait été au service de Philippe-Égalité. C'était un jeune présomptueux, se croyant fort supérieur aux noirs de la colonie, pour avoir été en France.

La délégation trouva aux Cayes, un jeune homme de couleur nommé Lilladam qui, de France, passa à Londres et s'y enrôla, en 1794, dans la légion des émigrés que Venault de Charmilly y organisa pour Saint-Domingue. Bientôt éconduit de ce corps à cause de sa peau jaune, il se rendit aux États-Unis, d'où il vint aux Cayes, au commencement de 1796. Là, il fut accueilli par Rigaud, qui ignorait ses antécédens et qui l'employa. Mais, à l'arrivée de la délégation, il se rallia à elle et se dévoua avec zèle à servir ses vues.

Tels furent les hommes que l'agence opposa aux défenseurs de la République française dans le Sud. Partis du Cap le 16 juin, sur les corvettes la *Doucereuse* et l'*Africaine*, les délégués se firent débarquer à Tiburon avec une trentaine d'officiers : le reste des militaires continua sur ces navires pour les Cayes; c'étaient des soldats européens.

En débarquant, les délégués passèrent l'inspection des troupes; ils demandèrent combien il y avait d'*officiers noirs* dans la garnison : il y en avait une douzaine de présens. Et aussitôt ils commencèrent à reprocher aux hommes de couleur de prendre toutes les places d'officiers, tous les emplois civils. Durant leur route jusqu'aux Cayes, ils ne cessèrent d'adresser d'insidieux discours aux noirs qu'ils rencontraient : quelques-uns parurent se prêter à leurs vues en se plaignant des mulâtres, et les délégués de croire présomptueusement que leur mission serait facilement remplie. Ils ne se doutaient pas que ces noirs rendraient exactement compte de tout aux hommes de couleur : ce qu'ils firent cependant[1].

Enfin, les délégués arrivèrent aux Cayes, où ils furent reçus avec la plus grande solennité par Rigaud et les autorités secondaires. Ce fut le 23 juin.

La réapparition de Rey aux Cayes causa une joie peu commune aux anciens *Léopardins* qui s'y trouvaient. Cet homme se répandit par toute la ville, fier de sa nouvelle position, excitant les esprits contre Rigaud et les hommes de couleur. Ce sentiment de haine était trop naturel de sa part, pour qu'il pût feindre. Son caractère public le rendait inviolable !

Le premier acte d'autorité que fit la délégation, fut de destituer l'ordonnateur Gavanon et de le remplacer par Idlinger, de destituer le contrôleur Duval Monville et de

---

[1] Ceci nous rappelle une particularité qui eut lieu, en 1816, lors de la mission de MM. le Vicomte de Fontanges et Esmangart. Un haïtien noir conçut l'idée d'aller voir ces commissaires de la France, et de se plaindre à eux du sort malheureux des noirs depuis qu'ils n'avaient plus *de maîtres* : il se vêtit comme s'il était dans la plus affreuse misère. Le vieux Vicomte donna tête baissée dans cette ruse ; se croyant encore dans l'ancien régime, il parla sans ménagement à cet haïtien. Celui-ci se retira avec toute l'apparence d'une vive joie, de voir rétablir bientôt la puissance de la France à Haïti. Mais il se rendit auprès de Pétion, à qui il raconta toute la conversation qu'il avait eue avec M. de Fontanges, en lui disant : *Président, n'a pas fié blancs !!! Yo trop coquins !* (Président, ne vous fiez pas aux blancs ! Ils sont trop rusés !)

Ce citoyen faisait de la diplomatie à sa manière. Il en avait plus appris que Pétion, de la mission envoyée par Louis XVIII.

le remplacer par un autre blanc nommé Lamontagne. En procédant ainsi contre deux blancs, ce n'était pas seulement pour prouver qu'elle n'en voulait pas aux seuls hommes de couleur ; c'était pour se donner le maniement des finances, chose toujours essentielle en toutes circonstances, et surtout dans celle-ci.

Leborgne et Rey parcoururent ensuite la plaine des Cayes en compagnie d'Arnaud Pretty, pour entretenir les cultivateurs noirs de propos malveillans contre les hommes de couleur, en leur disant que ces derniers *voulaient rétablir l'esclavage* et se déclarer *indépendans de la France*, qui *seule* pouvait les rendre libres. Arrivés au camp Périn, Pretty insurgea la garde de ce poste contre son chef, qui fut emprisonné. Rigaud fut forcé de s'y rendre pour y mettre ordre et délivrer cet officier, qu'il rétablit dans son commandement. C'était un mulâtre.

Pinchinat, informé que la délégation était munie de l'arrêté de l'agence rendu contre lui, avec ordre de l'envoyer au Cap, va auprès des délégués et leur demande si une telle mesure a été réellement prise à son égard, lorsqu'il sait n'avoir rien à se reprocher au sujet de l'affaire du 30 ventôse. Leborgne, leur chef, ose nier qu'ils soient porteurs d'un pareil ordre. Leur but était de lui inspirer de la confiance, et Leborgne l'engage alors à aller lui-même au Cap ; que ce serait le moyen de donner des explications de sa conduite à l'agence. « Pinchinat, dit le « rapport des délégués, paraissait décidé à y aller de son « propre mouvement. » Mais à ce moment, il apprend que la délégation a reçu un nouvel ordre de l'arrêter : c'est encore la délégation qui le dit dans son rapport.

En ce temps-là Desfourneaux arrive aux Cayes, ayant débarqué à l'Anse-à-Veau. Un troisième ordre envoyé par Sonthonax pressait la délégation de mettre à exécution l'arrêté contre Pinchinat. Celui-ci en est informé et prend le parti de quitter les Cayes : il se porte dans les montagnes des Baradères, où il trouve un asile à l'abri de ces persécutions. Il sortit des Cayes le 17 juillet.

Avant de se rendre aux Baradères, étant dans la plaine des Cayes, Pinchinat avait adressé une lettre, le 18 juillet, à la délégation, pour réclamer son inviolabilité comme membre élu au corps législatif ; il lui disait qu'il n'appartenait qu'à ce corps de décider de son sort ; et en conséquence, il demandait un passe-port à la délégation pour se rendre en France. Mais elle répondit à cette lettre, en faisant paraître une proclamation où elle ordonnait de ne pas donner asile à Pinchinat, de l'arrêter et de l'amener pardevant elle. La présence de Desfourneaux lui faisait croire à sa force, parce que jusque-là aucune opposition n'était faite à aucun de ses actes.

Pinchinat était estimé et aimé des mulâtres et des noirs du Sud, qui venaient depuis peu de mois de le nommer député au corps législatif ; sa fuite et cette proclamation excitèrent autant d'indignation contre l'agence et sa délégation, que de sympathie pour lui. Les esprits s'échauffèrent, et avec raison, lorsqu'ils reconnaissaient que ces persécutions n'étaient que le résultat de la haine et d'un plan combiné contre toute la classe de couleur.

A cette cause déjà très-légitime de mécontentement, s'en joignirent d'autres non moins réelles. C'étaient les dilapidations du trésor public, la vie sensuelle des deux délégués et de Desfourneaux. Ils occasionnaient une dépense de 200 piastres par jour pour leur table ; ils prodiguaient l'argent de l'État à des filles ; ils en prenaient pour se livrer à un jeu effréné.

L'agence venait de publier au Cap une proclamation qui accordait *amnistie à tous les colons et émigrés* qui servaient sous les Anglais, s'ils voulaient se rallier à la cause de la France. Cet acte fut envoyé à la délégation qui lui donna la plus grande publicité, dans l'espoir d'amener ceux de la Grande-Anse à l'accepter. Ainsi, tandis qu'on faisait tout pour humilier les hommes qui avaient défendu le territoire de la colonie, pour leur ravir les emplois, les positions qu'ils occupaient, on faisait un pont d'or à ceux qui avaient trahi la cause de la France, qui avaient appelé la Grande-Bretagne, et qui soutenaient sa cause en maintenant l'esclavage des noirs. Certainement, cette amnistie offerte n'eût été qu'un acte très-politique, s'il y avait chance de succès auprès de ces éternels ennemis de la race noire, et si l'on ne se montrait pas injuste envers les défenseurs de la colonie. Mais, dans les circonstances où on le publiait, il ne parut qu'un acte de révoltante injustice.

Pour donner une idée de l'esprit qui guidait les exécuteurs des ordres de l'agence, imbus de ses projets et de ses vues, lisons la lettre suivante adressée par Desfourneaux à Laveaux, dès son arrivée aux Cayes : elle fut écrite le 29 messidor (17 juillet) :

Je viens de passer la revue des troupes en garnison aux Cayes. Les moyens qu'offre cette partie de la colonie ont permis aux chefs de fournir aux troupes l'habillement et l'équipement nécessaires; aussi la tenue des troupes est-elle belle. La composition de la légion présente un colosse effrayant de force armée entre les mains d'un seul homme qui, au commandement de cette légion, réunit le commandement de Saint-Louis, place forte du Sud, et l'inspection de tous les ateliers du département. Rien n'est aussi dangereux pour la liberté publique et l'autorité nationale, qu'un tel conflit de pouvoirs réunis sur une seule tête. Lefranc, chef de brigade de cette légion, est l'homme que je veux désigner ; sa moralité, l'opinion publique et des plaintes sourdes contre cet officier, me font *présumer* que loin d'employer l'autorité vraiment colossale qui lui est confiée pour le rétablissement de l'ordre et le maintien des lois de la République, elle n'est entre ses mains qu'un instrument de vengeance, de dilapidation et de persécution. Comment, d'ailleurs, un tel chef ne serait-il pas *à craindre*, ayant le commandement de 4 à 5000 hommes prêts à exécuter les ordres, de quelque nature qu'ils puissent être, que pourra leur donner ce chef?

La légion du Sud est composée de 4 bataillons, chacun de 12 à 1500 hommes, et chacun de ces bataillons est commandé par un chef de bataillon qui, dans la même proportion d'une autorité également funeste, en ce que chacun d'eux commande un arrondissement ou cantonnement, ce qui lui donne le droit d'inspecteur particulier des ateliers, et que par ce moyen il augmente encore la masse d'autorité dont il est déjà revêtu.

Ce que je dis de l'infanterie est absolument applicable à la cavalerie dont le nombre se monte à 1200. Augustin Rigaud, frère du général, commande cette troupe, comme chef de brigade de cavalerie, et exerce, tant à raison de cet emploi qu'à celui de commandant d'arrondissement, une autorité et une influence sans borne. *Tout est à craindre d'hommes aussi puissans* et aussi jaloux d'une autorité que, par un laps de temps et des circonstances malheureuses, ils ont su affermir sur leur tête. *Vous savez comme moi que quand des hommes ont bu à la coupe du pouvoir, il est bien difficile de la leur arracher des mains, surtout lorsque l'ambition et des vues d'intérêt, jointes à l'immoralité, font la base du caractère de ces mêmes hommes*; et je ne crois pas me tromper, si j'envisage Lefranc et Augustin Rigaud comme *capables* d'entreprendre les desseins les plus coupables et les plus violens pour conserver une autorité qu'ils ont usurpée.

Jugez, mon cher général, d'après le tableau que je viens de vous faire de ces deux chefs de brigade, quelles doivent être l'influence et l'autorité du général Rigaud. Ni *avant* ni depuis la révolution, aucun militaire n'a joui d'une autorité aussi vaste et aussi étendue que celle de cet officier général. *Il est tout, il peut tout, et je le crois capable de tout* [1], pour conserver une autorité devant laquelle tout bon républicain craint de voir expirer la liberté publique et l'autorité nationale.

---

[1] Ceci rappelle le mot de Sieyès, prononcé avec une plus haute intelligence de la situation : « Messieurs, nous nous sommes donné un maître qui sait tout, qui veut tout, et qui peut tout. »

Rien n'est donc plus pressant que de prendre *toutes les mesures quelconques* qui tendraient à *disséminer* les pouvoirs, *à ôter aux grands chefs l'influence alarmante* dont ils jouissent et au moyen de laquelle ils mènent *une populace aveugle* (les noirs) et toujours prête à seconder les vues d'ambition des intrigans. Il est donc de toute urgence d'amener *un changement total* dans les esprits, changement qui ne pourra s'effectuer que lorsque la force armée sera divisée en plusieurs portions commandées par autant de chefs. La dissolution de la légion et sa réorganisation en demi-brigades, régimens ou même bataillons séparés, deviennent indispensables.

Je ne me cache pas *que cette population exige une politique et une prudence consommées*; mais *j'espère que par les moyens que je prendrai, j'y réussirai sans choc violent*, et je vous demande *l'autorisation* de procéder à cette nouvelle organisation, du moment que je verrai jour à pouvoir le faire *avec succès*.

Or, l'autorisation demandée fut envoyée à Desfourneaux ; mais ce que ni Laveaux, ni Sonthonax ni toute l'agence ne pouvaient lui envoyer, c'étaient la politique et la prudence consommées, c'étaient la considération et l'estime indispensables à tout homme qui conçoit de pareils desseins ; c'était encore le relief, le prestige que donnent des succès militaires, antérieurs à leur réalisation. Comme militaire, le général Desfourneaux était connu aux Cayes, pour s'être laissé battre par les noirs insurgés sous Jean François, Biassou et T. Louverture, en deux circonstances : l'une, du côté du Fort-Liberté, l'autre, à Saint-Michel de l'Atalaya, en 1792 et 1793 : il y était encore connu pour son affaire avec Montbrun, le 17-18 mars 1794. Va-t-il être plus heureux sous ce rapport dans le Sud? Bientôt nous parlerons de son attaque contre le camp Raimond, dans les montagnes du Plymouth.

En parlant de l'autorité immense qu'exerçait André Rigaud, Desfourneaux prouvait qu'il ignorait les traditions du pays. Le gouvernement de cette colonie fut-il jamais autre chose, *qu'un gouvernement militaire autocratique ?* Et en ce moment là, dans le Nord et l'Artibonite, y avait-il autre chose sous Laveaux et T. Louverture, même sous l'agence qui aurait dû être une autorité purement civile ? Cette autorité de Rigaud n'était-elle pas le résultat de la guerre existante ? Tandis qu'on venait d'augmenter celle de T. Louverture, en le nommant général de division, était-il juste d'affaiblir celle de Rigaud ? Toute la question était de savoir si réellement ce dernier employait la sienne à mal faire, à compromettre la cause de la France dans le Sud. Mais, sur ce point, on voulait bien croire et dire que lui et les hommes de couleur en général ne visaient qu'à l'indépendance de Saint-Domingue : partant de cette accusation injuste, on devait effectivement désirer d'amoindrir son importance militaire et politique. Faisait-on ainsi les affaires de la France avec intelligence ? La suite des temps nous l'apprendra.

Nous venons de voir comment Desfourneaux appréciait l'influence et l'autorité particulière de Lefranc et d'Augustin Rigaud, sur les noirs que dans son mépris pour la race tout entière il qualifiait *de populace aveugle ;* et ce sera cependant contre ces deux hommes qu'il viendra bientôt se heurter.

Pour mieux arriver à leurs fins, les délégués, après avoir pris une foule de mesures pour désorganiser partiellement l'autorité de Rigaud et de ses lieutenans, s'entendirent avec Desfourneaux afin de faire une marche générale contre les Anglais et les colons, retranchés dans des camps nombreux situés dans les montagnes entre les Cayes et Jérémie, en même temps que Rigaud se porterait à Tiburon, pour marcher contre la bourgade des Irois où des fortifications avaient été construites avec art par les Anglais. C'était du succès qu'ils espéraient obtenir dans cette campagne, que résulteraient les mesures acerbes qu'ils se proposaient de prendre contre les hommes qu'ils voulaient annuler, d'après les ordres de l'agence et surtout de son président Sonthonax.

Avant de se mettre en campagne, les délégués ordonnèrent la démolition du fort de l'Ilet dont Rigaud augmentait la défense, pour garantir la ville des Cayes contre toute entreprise de la part des bâtimens anglais. Ce fort et celui de la Tourterelle mettaient cette ville à l'abri de toute insulte. Mais Rey se rappela qu'au 14 juillet 1793, c'était à l'Ilet surtout que les hommes de couleur avaient pu se défendre contre la tentative de leur assassinat par Badolet, Mouchet et consorts : préméditant contre eux et contre leurs chefs, de pareils attentats, Rey, Leborgne et Desfourneaux voulurent détruire cet ouvrage, sous prétexte qu'*il était moins propre à servir contre les ennemis qu'à battre la ville,* et que la caisse publique ne pouvait fournir les fonds nécessaires à la continuation des travaux. Et à ce sujet, on peut remarquer que l'administration des finances était bien gérée par Gavanon et Duval Monville, puisque Desfourneaux parle au commencement de sa lettre précitée, de la belle tenue des troupes, de leur habillement et équipement, par les moyens que fournissait cette administration.

Nous avons effleuré un sujet délicat, en parlant plus avant des sommes dont disposaient les délégués, en faveur des filles publiques qu'ils entretenaient aux Cayes. Mais Leborgne commit un acte encore plus coupable sous le rapport des mœurs, et ce n'est pas sans répugnance que nous en parlons : l'influence qu'il a pu et dû exercer sur les événemens de cette époque, nous oblige seule à le mentionner. Dans ses désirs licencieux, il apprend que le général Rigaud est fiancé à une jeune personne de couleur d'une rare beauté ; et pour lui occasionner personnellement une vive peine, un de ces sentimens que les hommes éprouvent à un haut degré, — la jalousie qui ne pardonne pas ; pour l'exciter, par ce sentiment blessé, à des actes de fureur afin de le perdre *politiquement*, Leborgne, l'infâme et crapuleux Leborgne, conçoit le dessein de posséder la fiancée de Rigaud. Mettant tout en œuvre pour la séduire, et surtout pour gagner sa mère, vieille mulâtresse habituée, d'après les mœurs corrompues de la société coloniale, à ne pas voir dans ces sortes de cas la honte d'une fille, Leborgne parvient à ses fins honteuses, dans un moment où Rigaud s'était absenté de la ville des Cayes. Ce général revient et va chez le subdélégué du gouvernement français, de ce Directoire exécutif dont les historiens français ont raconté tant de choses ; et Leborgne a encore l'audace de l'immoralité la plus dégoûtante ; il prie Rigaud d'entrer dans sa chambre ; et là, il lui fait voir la jeune personne dont il s'agit. Rigaud est assez maître de sa passion pour se contenir et ne lui parler que des affaires publiques. Mais, son frère Augustin, plus emporté et toujours violent, en prit note ; et nous verrons bientôt ce qu'il fit.

Nous remarquons, dans le mémoire publié par Rigaud, en 1797, ce passage concernant Leborgne, qui indique le mépris que son action occasionna dans le cœur de ce général : « Leborgne était un malhonnête homme ; le géné-
« ral Rochambeau n'hésita pas de lui donner cette qualifi-
« cation, dans une réponse qu'il fit aux délégués du Direc-

« toire ; l'expérience a démontré qu'il en était digne. Il a
« foulé à ses pieds *tous les sentimens de probité et d'hon-*
« *neur ; ses mœurs étaient dissolues ;* et sa conduite a
« prouvé qu'il était propre à tout désorganiser, à semer la
« discorde et à faire naître l'anarchie. »

Il faut convenir en outre, qu'en choisissant Sonthonax pour chef de l'agence envoyée à Saint-Domingue, pour y anéantir l'influence des hommes de couleur, et Sonthonax, à son tour, choisissant des hommes tels que Leborgne, Rey et Desfourneaux ; le gouvernement français, de 1796, travaillait admirablement à détruire l'autorité de la France dans sa colonie. Et encore, si l'on s'était borné à cela !

Enfin, le moment d'entrer en campagne arriva. La délégation ordonna à Rigaud de marcher sur les Irois avec 1200 hommes ; elle fit ordonner à Doyon, chef de brigade, de marcher des Baradères contre le camp Desrivaux avec 600 hommes ; Desfourneaux se mit à la tête de 1800 hommes pour se porter contre le camp Davezac. Les délégués, pour se donner aussi le prestige de la victoire sur laquelle ils comptaient, marchèrent dans la colonne de Desfourneaux. Rigaud assure qu'il fut d'un avis contraire à cette dissémination des forces ; mais il ne fut pas plus écouté en cette circonstance, que lorsqu'il engageait Blanchelande à ne pas diviser ses forces, en allant contre les noirs insurgés des Platons.

Rigaud arriva devant les Irois qu'il attaqua : l'action fut meurtrière. Le général anglais Bowyer y fut blessé dangereusement ; le chevalier de Sevré, également blessé, ne tarda pas à mourir. Une pièce de campagne tomba aux mains de Rigaud ; mais il ne put enlever les Irois et retourna à Tiburon. Cette affaire eut lieu le 7 août.

Le même jour, la colonne de Desfourneaux rencontra le camp Raimond, fortifié, mais moins défensif que celui de Davezac contre lequel il marchait. Desfourneaux dirigea en personne l'attaque qui ne réussit pas : poursuivi par l'ennemi, il se retira en désordre au camp Périn, en faisant enterrer une pièce de campagne [1].

Doyon fut forcé de revenir aux Baradères, par l'insuccès de la tentative contre le camp Raimond. Il n'avait pas combattu.

Nous devons citer ici quelques lignes du rapport imprimé que nous avons sous les yeux, signé Leborgne et Kerverseau, et publié à Paris en 1797, pour faire voir comment ces deux délégués racontent les faits de cette campagne infructueuse; nous aurons à prouver cependant que Kerverseau le signa malgré lui :

« Les délégués, disent-ils, avaient tourné tous les regards vers la guerre contre les Anglais. Toutes les troupes furent mises en mouvement. *Ils avaient jugé qu'ils ne pouvaient se maintenir* que par ce moyen décisif. Un premier succès, et le bon traitement qu'ils se proposaient de faire *aux vaincus, devaient les conduire du Sud au Nord*. La colonie était sauvée : les Français en devenaient les maîtres. »

Hélas ! pourquoi ce revers vint-il faire avorter un si beau plan !

Après avoir dit ensuite que Rigaud n'a eu avec l'ennemi *que quelques escarmouchades, où il paraît avoir eu des avantages,* ils ajoutent qu'à l'attaque du camp Rai-

---

[1] Nous avons une lettre de Desfourneaux, du 7 août, adressée à la délégation au moment d'entrer en campagne. Il lui disait qu'il avait *peu d'espoir* d'enlever les camps ennemis, partout bien fortifiés. Ce fut une raison de plus pour la délégation de se joindre à sa colonne, afin de soutenir son moral affaibli.

mond, les troupes européennes seules et la garde nationale blanche donnèrent, que les soldats de la légion du Sud se prirent *d'une terreur panique* et se mirent à fuir : « Ils se montrèrent *aussi lâches et indisciplinés* dans « cette affaire, qu'ils se sont montrés *féroces et sangui-« naires* dans les troubles civils. Le général Desfourneaux « fut obligé de faire *sa retraite :* elle fut honorable. » Il fallait une cause à cette déroute, et ce furent les soldats noirs et mulâtres qui en furent accusés.

« Les délégués étaient instruits de l'esprit de vengeance qui animait les troupes légionnaires contre le général Desfourneaux ; il leur avait fait, *avec justice, de violens reproches sur la lâcheté* qu'ils avaient montrée dans l'attaque; *mais il généralisa beaucoup trop ces reproches qui humilièrent tout un corps,* qui, quand il s'agit de vengeance, est habile à en faire naître l'occasion. La perte du général Desfourneaux fut jurée ; des promotions à des grades militaires ne purent *raccommoder les affaires* de la délégation que le général Desfourneaux *perdait par trop de zèle..* »

Nous avons tenu à faire accuser Desfourneaux par les délégués eux-mêmes. On voit ce qu'ils en disent. Le fait est, que ce général accabla d'injures et de vexations les noirs et les mulâtres de la légion, en attribuant à eux seuls son insuccès ; sa grossièreté soldatesque ne connut aucune borne dans les termes de mépris dont il se servit à leur égard. Ce *zèle de caserne* ruina en effet le crédit dont les délégués avaient besoin pour se soutenir dans leur odieuse mission ; et ces délégués ne disent pas qu'ils y ajoutèrent par leurs propres reproches, leurs propres injures adressées aux soldats de la légion. Nous exceptons toujours Kerverseau : c'est de Leborgne et de Rey que nous parlons.

Au lieu de rentrer triomphans aux Cayes, ils y revinrent le 18 août, abattus et confus. Là ils reçoivent les dernières dépêches de l'agence qui leur prescrivent :

« 1° De convoquer les assemblées primaires pour envoyer des électeurs au Cap ; 2° d'organiser des tribunaux conformément à la constitution qui, enfin, venait d'être proclamée au Cap ; 3° de procéder à l'organisation de l'armée (suivant l'esprit de la lettre précitée de Desfourneaux); 4° d'arrêter une fois Lefranc pour l'envoyer au Cap. » On avait déjà envoyé cet ordre d'arrestation.

C'est alors aussi qu'arriva aux Cayes la honteuse lettre ou adresse de J. Raymond, si injurieuse pour les hommes de couleur du Sud.

« Cette lettre, disent les délégués, tendait à les prémunir contre *la perversité* de Pinchinat et de ses manœuvres. Cette lettre excita une telle indignation, une telle rage contre *son auteur*, que le seul vœu que forment ceux à qui elle est adressée est de mettre en lambeaux celui qui l'a écrite; ils affectèrent pour lui le plus profond mépris. Il est vrai que cette lettre *peignait Pinchinat sous les traits les plus hideux. Le général Rigaud n'était pas épargné lui-même*[1]. »

Les hommes de couleur du Sud n'avaient-ils pas raison d'être indignés contre J. Raymond, de n'avoir pour lui que du mépris, quand il attaquait ainsi l'honneur de Pinchinat et de Rigaud, pour servir bassement les passions, le ressentiment de Sonthonax, et les vues du gouvernement français ?

---

[1] Nous avons sous les yeux le rapport précité de J. Raymond : pour accuser Sonthonax, il le blâma d'avoir ordonné l'arrestation de Pinchinat et de Lefranc, *deux hommes aussi marquans*, dit-il. L'infâme ! Il passa légèrement sur son adresse qui fit tant de mal.

C'est dans de telles circonstances que les délégués reçoivent avec les dépêches de l'agence, une lettre de Sonthonax du 17 août, ainsi conçue :

« Il est malheureux que toutes les démarches que vous avez faites jusqu'à ce jour pour vous saisir de Pinchinat, aient été infructueuses : les intrigues de cet homme, dont *l'influence* dans la partie du Sud est vraiment *colossale*, peuvent nuire beaucoup *aux succès* de vos opérations ; *ne négligez donc rien* pour que les ordres *de la commission* à son égard soient exécutés promptement... *Ma dernière lettre* contenait l'ordre d'arrêter Lefranc. »

Boute-feu révolutionnaire, Sonthonax, comme un ange exterminateur, a été jeté parmi cette population ardente, pour y allumer toutes les passions, pour assouvir les siennes propres ; car il ne peut pardonner à Pinchinat son influence acquise par ses talens, la participation qu'il lui a injustement attribuée à un projet imaginaire de son assassinat à Saint-Marc, la complicité qu'il lui a supposée avec Montbrun agissant avec tant de vigueur contre Desfourneaux, la complicité qu'il lui a encore supposée avec Villatte dans l'affaire du 30 ventôse : vengeance ! voilà ce qui l'anime contre Pinchinat. Et c'est ce même Desfourneaux qui tient l'épée de l'extermination décrétée ! Mais à ce moment, Sonthonax ne pensait pas que cette épée venait d'éprouver un fatal échec devant le camp Raimond.

Toutefois, Desfourneaux ne s'arrêtant pas à cette considération, croit le moment propice pour mettre à exécution les ordres formels de Sonthonax. Les délégués pensent de même : ils ne voient pas plus que lui que la fermentation est dans les esprits. En même temps qu'ils font publier *la constitution* le 10 fructidor (27 août), ils font arrêter *de nuit* Gavanon, qu'ils envoient à bord de l'*Africaine*, qui était dans la rade des Cayes, sous le prétexte qu'il tenait des conciliabules nocturnes chez lui. Ils font aussi arrêter et envoyer sur le même navire un autre blanc nommé Tuffet Laravine, sous le prétexte qu'il a tenu des propos incendiaires. En faisant opérer ces deux arrestations, c'est encore pour prouver qu'ils n'en veulent pas seulement aux hommes de couleur. C'est l'arbitraire à côté de la légalité.

Desfourneaux avait mandé le colonel Lefranc, de Saint-Louis. Dès son arrivée, ce général l'apostropha en ces termes : « Te voilà donc, f.... *gueux de mulâtre !* Va, bien « d'autres que toi ne m'échapperont pas ; *vous y passerez* « *tous, caste maudite !* Conduisez ce b....-là à bord de « *l'Africaine !* »

Tel fut le procédé de ce général envers Lefranc, auquel la délégation avait enlevé déjà la charge d'inspecteur des cultures.

Lefranc, arrêté, est conduit dans la direction du port. Mais ce mulâtre était un homme courageux et d'une force herculéenne : en chemin il s'échappe des mains de deux aides de camp qui le conduisaient, et quoique poursuivi par eux le sabre nu à la main [1], il réussit à leur échapper et se rend à la Tourterelle : il y trouve des soldats de la légion qu'il commande. En courant par la ville, il avait crié *aux armes !* Au fort, il fait tirer le canon d'alarme.

Desfourneaux fait battre la générale.

Ces deux appels sinistres font armer toute la population

---

[1] Le rapport des délégués dit que Lefranc se dégagea des mains des officiers, en leur donnant *des coups de tête*. Nous avons ouï dire, en effet, que Lefranc, inspecteur de culture, infligeait aux cultivateurs vagabonds, pour toute punition, *de se battre avec lui à coups de tête*. Il était excessivement redouté pour ce genre de punition qui tenait de sa nature brutale.

des Cayes, déjà émue par l'arrestation et l'embarquement de Gavanon et Tuffet Laravine, deux hommes considérés et estimés. Les hommes de couleur et les noirs, soldats ou gardes nationaux, accourent en foule à l'Ilet et à la Tourterelle.

Les troupes européennes et les blancs de la ville se rendent à la maison occupée par les délégués. Desfourneaux s'y rend aussi.

Le général Bauvais, dont nous n'avons pas encore parlé, était aux Cayes avant l'arrivée de la délégation, par cause de maladie. Quoique, dans leur rapport imprimé, les délégués prétendent que Bauvais et Rigaud s'étaient rendus à Léogane pour délibérer, avec d'autres officiers de couleur, sur la question de savoir s'il faudrait admettre la délégation dans le Sud, et qu'Élie Bourri et Proya furent les seuls qui votèrent pour son admission, le besoin que les délégués avaient de semer la division, la désunion entre les chefs, les porta à ôter le commandement de l'arrondissement des Cayes à Augustin Rigaud, pour le donner à Bauvais, mais en lui ordonnant d'aller établir son quartier-général à Léogane, comme place frontière. Il ne faudrait que cette décision pour faire juger de l'esprit qui animait cette délégation. Conçoit-on, en effet, que Bauvais devienne commandant de l'arrondissement des Cayes, à la résidence de Léogane, c'est-à-dire, à plus de 40 lieues du siége de cet arrondissement ? Que Bauvais, l'égal de Rigaud en grade, soit placé sous ses ordres aux Cayes ? La délégation avait donc le projet de retirer à Rigaud le commandement du Sud ? Cette décision nous explique alors le but de la présence de Desfourneaux aux Cayes ; en lui donnant le titre d'inspecteur général des troupes, c'était bien avec l'arrière-pensée de lui faire occuper la position de Rigaud, si leur projet avait réussi. Arrêter Lefranc d'abord, puis Augustin Rigaud, puis Rigaud lui-même!

C'était, au reste, compter beaucoup sur cette docilité de Bauvais envers n'importe quel agent qui parlait au nom de la France; et nous n'en sommes pas étonné: il n'a su faire autre chose, quelles que fussent les circonstances.

Au bruit de la générale et du canon d'alarme, Bauvais se rendit auprès de la délégation. Du moment qu'il avait accepté sa nomination aux Cayes, il n'avait pas autre chose à faire que de se rendre à ses ordres. Jacques Boyé, chef de brigade, et Pierre Fontaine, aide de camp de Bauvais, s'y rendirent avec lui. Il obéit aveuglément à la délégation.

Desfourneaux donna l'ordre au chef de brigade Nadan, d'aller s'emparer de l'un des forts, avec une portion des troupes européennes. Cet officier fut repoussé et blessé dans l'action qui s'engagea. Desfourneaux marcha contre l'autre fort, et ne put l'enlever. La nuit fit cesser le combat.

Pendant la nuit du 28 au 29 août, tous les noirs de la plaine des Cayes furent mis sur pied par Augustin Rigaud, qui s'était d'abord porté à la Tourterelle auprès de Lefranc, et qui de là s'était rendu en plaine d'où il revint au fort.

Le lendemain, 29, la délégation envoya une députation à ce fort, pour sommer *les rebelles* de se soumettre, en livrant Lefranc pour être embarqué sur *l'Africaine*. Cette députation, composée de Bonnard, Bleck, Fontaine et Blanchet aîné, alors sénéchal aux Cayes, ne put rien obtenir d'eux.

Lefranc et Augustin Rigaud s'étaient empressés de mander le général Rigaud, en lui faisant savoir ce qui se passait aux Cayes. De leur côté, les délégués reconnurent la nullité de leurs moyens et le pressèrent aussi de venir, en lui envoyant un exprès. Il partit de Tiburon avec les troupes qu'il y avait amenées ; mais il ne put arriver aux Cayes que le 31 août. Tiburon est à 25 lieues des Cayes.

Durant ce temps, Desfourneaux et Rey, reconnaissant qu'ils ne pouvaient lutter contre ce mouvement populaire, s'embarquèrent dans un bateau pour fuir cette ville, agitée en grande partie par eux. Mais les forts ayant tiré sur ce bateau, ils se jetèrent en toute hâte dans un frêle canot et se firent porter sur l'Ile-à-Vaches, d'où ils poursuivirent leur voyage aux Gonaïves, et ensuite au Cap.

Pour colorer cette fuite inconcevable de la part de deux militaires, les délégués Leborgne et Kerverseau prétendirent avoir pris un arrêté où ils déclaraient « que la délé« gation resterait à son poste, jusqu'à ce qu'elle en soit « chassée par la force ou rappelée par ses commettans. « Elle chargea le délégué Rey et le général Desfourneaux « d'aller rendre compte à la commission, au Cap, des évé« nemens qui se passaient aux Cayes. »

Avant l'arrivée de Rigaud dans la plaine, des blancs avaient été assassinés. La délégation y avait envoyé Édouard, Lilladam, P. Fontaine et Armand, noir, inspecteur de cultures, pour essayer de calmer l'effervescence des cultivateurs. Les deux premiers furent tués. Arnaud Pretty le fut également.

Ces assassinats furent évidemment l'œuvre de Lefranc et d'Augustin Rigaud, deux hommes qui ont toujours été violens et même cruels dans leurs vengeances. La postérité doit en charger leur mémoire[1].

Les noirs de la plaine, accourus aux portes des Cayes, avaient été retenus pour ne pas y pénétrer. Mais ils fini-

---

[1] Il paraît que Joseph Rigaud, frère noir du général André Rigaud, contribua aussi à ces assassinats : de là la pensée qu'ils exécutèrent les ordres du général. M. Hérard Dumesle l'en défend avec raison. Voyez son ouvrage intitulé *Voyage dans le Nord d'Haïti*, page 368.

rent par y entrer et commirent des assassinats sur des blancs, étant excités par Lefranc et Augustin Rigaud.

Dès l'arrivée du général Rigaud aux Cayes, Leborgne et Kerverseau rendirent un arrêté qui lui donnait *tous les pouvoirs*, afin de faire cesser le cours des atrocités qui s'y commettaient [1]. Il fit inviter tous les blancs et leurs familles à se rendre chez lui ; il envoya des patrouilles pour les escorter en sûreté, et parvint ainsi à en sauver le plus grand nombre. Cependant, pendant sa présence même, des crimes furent encore commis dans la ville : ils eurent lieu surtout dans la nuit du 31 août au 1er septembre.

Etait-il possible qu'il les empêchât sur tous les points, quand une multitude avait envahi la ville des Cayes ? Rigaud ne se trouvait-il pas dans la même situation que Montbrun, au Port-au-Prince, dans la nuit du 17 au 18 mars 1794 ?

A partir du 1er septembre, le calme commença à renaître aux Cayes, parce que Rigaud réussit à faire évacuer la ville par la multitude qui l'encombrait. Le même jour, il avait publié une proclamation à cet effet.

La délégation a avancé, qu'en arrivant aux Cayes, Rigaud s'était rendu dans les forts de l'Ilet et de la Tourterelle, pendant la nuit du 30 au 31 août. Cette fausseté n'a été imaginée que pour établir le concert prétendu qui aurait existé entre ce général, son frère et Lefranc ; car, selon cette délégation, elle est tout-à-fait irréprochable, de même que Desfourneaux, de même que l'agence du Cap.

[1] Le rapport des délégués nous apprend qu'ils députèrent auprès de Rigaud, Bauvais et deux autres citoyens, pour lui dire « qu'ils l'attendaient avec « impatience *pour l'embrasser* et terminer des dissensions malheureuses. » Ils le disent, pour accuser Rigaud de s'être refusé à une réconciliation, comme s'il pouvait croire à la sincérité d'une telle réconciliation avec Leborgne !

Celle-ci ayant donné les ordres les plus arbitraires, ses envoyés voulant les exécuter, Lefranc et Pinchinat devaient courber la tête. Comment ! c'est au moment même où l'on publiait la constitution, que cette délégation faisait arrêter Gavanon et Tuffet Laravine et les embarquait pour être déportés au Cap! Si le premier tenait des conciliabules chez lui, si le second avait tenu des propos incendiaires, n'y avait-il pas un juge civil aux Cayes pour les juger? Et que reprochait-on à Lefranc pour l'arrêter et l'envoyer aussi au Cap? La position qu'il occupait et que Desfourneaux avait signalée dans sa lettre à Laveaux? Mais alors, il fallait arrêter aussi tous les autres officiers du Sud, et c'était réellement là le but qu'on se proposait. Et tous ces hommes devraient se soumettre à cette injustice?

Nous regrettons, nous condamnons tous les assassinats que Lefranc et Augustin Rigaud ont fait commettre sur des blancs, sur la personne d'Edouard, d'A. Pretty et de Lilladam. Ce furent des atrocités; il n'y avait pas là le cas de la légitime défense. Cette défense ne devait consister qu'à résister à l'oppression, à s'armer, à armer la population, à arrêter les agens que la délégation envoya en plaine pour exciter les cultivateurs contre leurs frères, et à les embarquer, eux, les délégués et Desfourneaux, à les renvoyer au Cap, dans cet antre où se distillaient toutes les calomnies lancées contre la classe des hommes de couleur.

Voilà quel était le seul droit de Lefranc et d'Augustin Rigaud, et en appeler ensuite à la justice du gouvernement de la métropole contre ses agens. Nous savons fort bien que cette justice ne leur aurait point été rendue; car pour nous, il est évident, par tout ce que nous avons dit précédemment, que le Directoire exécutif avait combiné son plan. Mais du moins l'histoire n'aurait point eu la mission de consigner dans ses fastes, des faits monstrueux. Ces faits injustifiables s'expliquent à nos yeux, par la violence connue du caractère de Lefranc et d'Augustin Rigaud : leurs antécédens révolutionnaires parlent assez haut sous ce rapport. Ils ont été cause que les calommies répandues sur toute la classe de couleur, sans raison, ont eu l'apparence de la légitimité, aux yeux des hommes qui aiment à confondre une classe entière dans les faits reprochables à des individus.

Et l'agence en a fait sa partie belle; elle a profité de ces assassinats odieux pour justifier toutes ses mesures acerbes; et le Directoire exécutif, comme nous le verrons, en a fait le texte d'un message au corps législatif, où il a accepté toutes les accusations de ses agens.

Tandis que les délégués investissaient Rigaud de tous les pouvoirs, — un conseil populaire des citoyens réunis au fort de l'Ilet rédigeait aussi un acte, le même jour 31 août, par lequel ils lui déféraient le salut public, — les blancs réunis dans la maison de ce général, connaissant l'arrêté de la délégation, y ajoutaient leurs prières à Rigaud, de prendre les rênes du pouvoir pour les sauver, eux et leurs familles.

Le 2 septembre, les capitaines et les subrécargues des navires américains sur la rade des Cayes, lui firent une adresse pour le remercier de la protection efficace qu'il leur avait accordée depuis son arrivée; ils lui dirent que, de retour sur leur terre natale, ils ne manqueraient pas de publier et de déclarer que c'était à lui seul qu'ils devaient la conservation de leurs propriétés.

Le 4, les citoyens des Cayes, sans distinction de couleur, au nombre de 500, signèrent une adresse à l'agence, au Cap, pour lui dire la cause des troubles survenus dans cette ville et dans la plaine : « Nous ne vous cacherons « pas que ces malheurs doivent leur origine aux mesures « imprudentes, arbitraires et vexatoires de vos délégués, « et notamment du général Desfourneaux.... »

Comment l'agence eût-elle accueilli ces explications, quand elle avait envoyé ces hommes pour agir ainsi ? Ils furent approuvés, loués !

Apprenant dans sa retraite, les événemens des Cayes, Pinchinat y revint le 5 septembre. Leborgne et Kerverseau, qui étaient complètement annulés, depuis qu'ils avaient chargé Rigaud de tous les pouvoirs ; qui se trouvaient dans l'isolement qui suit la déchéance de toute autorité, firent prier Pinchinat par le général Bauvais, de venir les voir. Comme il mettait peu d'empressement à se rendre auprès d'eux, ils lui envoyèrent encore d'autres personnes à cet effet : Pinchinat céda enfin et les vit. Leborgne lui témoigna tous ses *regrets* d'avoir été chargé de le faire arrêter, blâma cette mesure *injuste,* en le félicitant de n'avoir pas été au Cap, en lui *promettant de tout faire* auprès de l'agence pour la porter à revenir à des sentimens plus convenables à son égard. Quand, quelques semaines plus tard, ces deux délégués s'embarquèrent aux Cayes, Pinchinat les accompagna jusqu'à bord du navire, leur donnant ainsi le témoignage de l'oubli du passé. Ces détails peuvent paraître inutiles à l'histoire ; mais nous les consignons ici pour avoir le droit de dire que, rendu au Cap, Leborgne fit tout le contraire de ses promesses : son rapport imprimé atteste la haine qu'il portait à Pinchinat, à qui il attribue d'avoir été dans la plaine des Cayes, avec Augustin Rigaud, pour exciter les noirs contre tous les blancs, pour les faire égorger. Et ce rapport mensonger a été envoyé par l'agence, au Directoire exécutif; et Pinchinat n'a pu se faire écouter en France, par la suite ! Leborgne et Sonthonax l'y ont poursuivi avec acharnement.

Le 10 septembre, les citoyens des Cayes firent une adresse à Roume, où ils exposèrent les faits survenus depuis l'arrivée de la délégation : ils y protestaient de leur dévouement à la France, en priant cet agent de venir parmi eux pour consolider l'ordre par sa présence. Mais les députés qu'ils envoyèrent auprès de lui n'étant arrivés à Santo-Domingo, qu'après le passage de Leborgne et de Kerverseau dans cette ville, Roume ne voulut point recevoir ces députés ni l'adresse dont ils étaient porteurs. Il accueillit des blancs qui quittèrent les Cayes après les événemens de fructidor, et qui lui relatèrent les choses comme Leborgne les avait présentées. Cette circonstance expliquera plus tard la conduite de Roume à l'égard de Rigaud, quand celui-ci sera en dissension avec T. Louverture.

Le 12, le calme étant tout-à-fait rétabli aux Cayes, Rigaud émit une proclamation où il rappelait à la population, les mesures qu'il avait prises pour sauvegarder les personnes et les propriétés. Il y faisait un appel aux hommes de couleur, aux blancs, aux noirs, pour les inviter tous à la concorde. Aux premiers, il rappelait les calomnies dont ils étaient l'objet de la part des méchans : « C'est en pré-
« chant l'égalité, que ces hommes *pervers* veulent anéantir
« votre caste ; les succès qu'ils ont obtenus *dans le Nord*,
« leur donnent l'espoir d'y parvenir facilement dans le Sud
« et dans l'Ouest; mais ils se trompent, soyez en cer-
« tains[1]. »

---

[1] L'espoir qui animait Rigaud ne comptait pas assez avec la politique européenne : ses illusions furent dissipées en 1799 et 1800).

C'était trop directement désigner l'agence et tous ceux qui coopéraient avec elle ; c'était rompre en visière. Aussi bien, ce résultat serait toujours arrivé, mais Rigaud eut tort de parler ainsi. Cette proclamation exprimait au peuple du Sud, le désir qu'avait Rigaud, occupé des opérations militaires, que le peuple choisît des personnes capables de diriger les affaires civiles et administratives, jusqu'à ce que le Directoire exécutif en eût autrement ordonné. C'était encore avouer son intention de rompre entièrement avec l'agence, puisqu'elle était le représentant du Directoire exécutif ; et ce fut un tort de sa part.

D'un autre côté, Rigaud voulait évidemment que le peuple lui témoignât la nécessité de concentrer tous les pouvoirs entre ses mains, et c'est ce qui eut lieu. Cette ruse est ordinairement commune à tous les chefs qui se trouvent en pareilles circonstances ; on peut même l'appeler *innocente*, puisqu'il s'agit du salut public. T. Louverture ne tarda pas à l'employer aussi ; mais, à la place de Rigaud, il s'en fût tiré plus adroitement, vis-à-vis de l'agence. Aussi, quelle que fût l'assurance que ce dernier donna de son dévouement à la France, *le système* d'exclusion contre les hommes de couleur étant déjà arrêté, le Directoire exécutif s'autorisa de cet acte, pour rompre à son tour avec Rigaud [1].

Deux jours avant la proclamation de Rigaud, les citoyens de la commune des Cayes avaient signé une a-

---

[1] Nous remarquons dans le rapport de Marec, qu'on fit réimprimer la proclamation de Rigaud, à Paris, pour la distribuer à tous les membres du corps législatif, afin de prouver qu'il était en état de rébellion, et de disposer ce corps à tout approuver de la part de l'agence. — « Proclamation, dit Marec, qui ne sera sans doute pas *oubliée* dans le jugement *futur* de cette horrible affaire. »

dresse au Directoire exécutif et au corps législatif, pour expliquer les événemens à ces autorités de la métropole. Cette adresse se terminait aussi par des protestations de dévouement à la mère-patrie. Précédemment, le 5 août, la même commune avait rédigé un mémoire adressé au mêmes autorités, en réfutation des actes de Laveaux et des écrits publiés par Perroud contre les hommes de couleur : la commune se plaignait également, et de la délégation et de l'agence qui avaient pris au Cap, des impressions défavorables à cette classe. Mais ces écrits ne firent non plus aucune impression favorable sur l'esprit du Directoire exécutif : la classe des hommes de couleur était déjà condamnée.

Ce gouvernement fit bien : elle était trop attachée à la France !

Le 19 septembre, la commune des Cayes réunit ses citoyens de toutes classes, et adressa un acte à Rigaud, pour le remercier de nouveau de les avoir sauvés, dans sa propre maison, de la fureur populaire excitée par la délégation et Desfourneaux. C'étaient les blancs surtout qui exprimaient ce remercîment, car eux seuls avaient été menacés. Rigaud fut invité à garder les rênes du gouvernement du Sud : c'est à cet acte qu'adhérèrent bientôt après toutes les autres communes du département, les fonctionnaires civils, les corps militaires. Dans ceux-ci, les Européens qui en faisaient partie et qui n'avaient jamais vu faire aucune distinction entre eux, et les mulâtres et les noirs, se plurent à en donner un témoignage à Rigaud. Il en fut de même parmi les fonctionnaires civils : la plupart étaient des blancs, plus capables d'occuper les emplois par leur instruction. Tous restèrent dans leur position civile et militaire, et il n'en pouvait être autrement, puisqu'effectivement il n'y avait jamais eu, dans le Sud comme dans l'Ouest, aucune intention de la part des hommes de couleur de s'emparer seuls des emplois. A la fin de 1793, Polvérel, voyant les blancs trahir la cause de la France, n'avait plus confiance en eux : il plaça des hommes de couleur, comme nous l'avons dit, dans le commandement de toutes les villes, de tous les bourgs ; ces chefs militaires étant restés fidèles à la République française, ayant combattu vaillamment pour elle, pourquoi auraient-ils abandonné leur position ? En 1793, le ministre Monge lui-même avait prescrit aux commissaires civils de les placer.

Le 20 septembre un autre acte fut rédigé par Pinchinat, auquel acte adhérèrent également toutes les communes du Sud. Il avait pour but de soutenir la légitimité, sinon la légalité de la nomination des six députés au corps législatif, dans l'assemblée électorale tenue en germinal par autorisation de Laveaux et de Perroud. Il protestait contre l'annulation de ces élections prononcée par l'agence à qui il n'appartenait pas, en effet, d'en décider, et contre la formation d'une seule assemblée électorale au Cap ; il faisait voir la partialité de cette agence qui, en la convoquant, avait arbitrairement fixé 103 électeurs pour le Nord et l'Artibonite, et seulement 56 autres pour le Sud et l'Ouest : l'agence se fondait sur l'appréciation de la population ; mais il lui était impossible de la connaître, même par approximation. Cet acte déférait au corps législatif la décision à prendre à ce sujet, en n'admettant même dans son sein qu'une partie des six députés élus, s'il le jugeait convenable. Enfin, le général Rigaud y était invité à prendre des mesures pour envoyer ces députés en France.

Leur départ fut résolu en même temps que celui de trois autres citoyens, nommés pour aller porter au Directoire exécutif les adresses citées plus haut, en date du 5 août et du 10 septembre. Sala ayant été tué dans l'attaque des Irois, il n'y avait plus que 4 députés au corps législatif : Pinchinat, Decoud, Georges Pierre, D. Gelée, — J. Raymond, nommé alors, étant membre de l'agence. Les trois citoyens chargés des adresses étaient Rénéaum, Garrigou (deux blancs), et Lachapelle, homme de couleur. Nous verrons les deux derniers rendus en France, trahir leur mandat et se joindre à la faction coloniale, à Leborgne, à Sonthonax, pour accuser Rigaud et tous les hommes de couleur de la colonie, des projets absurdes qu'on leur imputait. Et cependant les adresses dont il s'agit avaient été rédigées par eux !

En même temps, Rigaud prit la résolution d'envoyer en France son aide de camp Bonnet, chargé d'une mission personnelle auprès du Directoire exécutif.

L'adresse particulière des citoyens des Cayes à l'agence du Cap, signée le 4 septembre, lui avait été envoyée par trois commissaires. Desfourneaux et Rey y étant aussi arrivés, l'agence expédia aux Cayes les généraux Martial Besse et A. Chanlatte, avec l'invitation à Leborgne et Kerverseau de revenir au Cap. Ils partirent des Cayes le 14 octobre, se rendirent à Santo-Domingo et arrivèrent au Cap le 6 novembre. C'est là, sous les yeux de l'agence, qu'ils rédigèrent leur rapport qui fut adressé au Directoire exécutif.

Après leur départ, en compagnie du fameux Idlinger, le contrôleur Lamontagne, placé par eux, constata que durant leur séjour aux Cayes, les dépenses générales de l'administration ordonnées par eux, s'étaient élevées à la somme de 6,766,000 livres, — et celles particulières aux délégués à 300 mille francs. Il est entendu que c'est à partir du 23 juin, jour de leur arrivée aux Cayes, jusqu'au 31 août où ils cessèrent de fonctionner, ayant revêtu Rigaud de tous les pouvoirs. Ces chiffres parlent assez haut ; mais ce que l'histoire doit constater, c'est que l'administration dut solder des comptes de fournisseurs *en linons, mouchoirs de Madras, batiste, mousseline,* etc., consommés par les maîtresses des délégués (Kerverseau toujours excepté) et de Desfourneaux.

Lamontagne fut forcé d'annuler un marché passé par Idlinger avec la maison Nathan, établie aux Cayes, par lequel il lui accordait le monopole de toutes les denrées provenant de l'impôt du quart de subvention, en retour de la solde et de l'habillement des troupes dont cette maison de commerce s'était chargée. L'habile ordonnateur substitué à Gavanon par les délégués, s'entendait, comme on voit, dans les opérations fructueuses. Lamontagne remit les choses comme par le passé, en rétablissant l'ordre dans les finances.

Martial Besse et A. Chanlatte avaient reçu une autre mission : c'était de s'enquérir des citoyens, de tous les faits qui s'étaient passés aux Cayes depuis l'arrivée de la délégation, et d'en faire le rapport à l'agence. Celle-ci envoya l'ordre à Bauvais, qui avait été présent et qui ne s'était retiré des Cayes que le 6 septembre pour se rendre à Jacmel, de lui faire également un rapport circonstancié. Ces trois généraux firent individuellement leurs rapports et s'accordèrent cependant à déclarer à l'agence, — que le département du Sud était dans l'état le plus florissant (la lettre de Desfourneaux l'atteste également) ; que la liberté et l'égalité y régnaient en faveur de tous les individus, sans distinction de couleur; mais que les délégués et Desfourneaux portèrent la perturbation dans toutes les parties du service, fomentèrent la désunion entre les citoyens, provoquèrent les événemens désastreux de la fin du mois d'août, par la dissolution de leurs mœurs, par leurs vexations, par leurs actes tyranniques [1].

Si on lit le rapport signé Leborgne et Kerverseau, on verra les éloges qu'ils font à chaque page de la conduite de Bauvais dans ces circonstances. Or, s'il s'est accordé avec les deux autres généraux pour blâmer la conduite des délégués et de Desfourneaux, il faut croire qu'elle était réellement blâmable.

Quant à Martial Besse, ce que nous en avons raconté dans notre deuxième livre, prouve l'attachement et le dévouement qu'il portait à Sonthonax ; et s'il a été d'accord avec ses collègues, c'est que la vérité est une.

Nous n'avons pas les rapports de ces deux généraux, mais nous possédons celui d'A. Chanlatte : on y lit ces passages :

En acceptant la mission que vous m'avez confiée, j'ai en même temps contracté l'engagement solennel de vous en rendre compte avec la franchise qui caractérise l'homme libre.

L'origine des malheureux événemens qui ont eu lieu dans le département du Sud, dans les journées des 9 et 10 fructidor, date de l'arrivée du général Desfourneaux dans ce département. Les premiers actes arbitraires qu'il a exercés se sont portés sur les officiers de la garde nationale de toute couleur et de tous grades, en leur faisant mettre bas leurs épaulettes, avec des paroles injurieuses... Ce général ne perdait pas de vue la haine qu'il a jurée aux hommes appelés *de*

[1] Mémoire de Rigaud en 1797, p. 46.

couleur et à la ruine totale des départemens du Sud et de l'Ouest. Il avait, dans tous les endroits, placé des hommes qui, comme lui, avaient fait le même serment. Ceux-là parcouraient les habitations, prêchaient aux braves cultivateurs *qu'il ne fallait point travailler pour être libre*, et que tous ceux qui les y engageaient étaient *des tyrans* et n'exécutaient pas la volonté nationale. Ces hommes promettaient *des grades supérieurs* aux citoyens qui seconderaient et exécuteraient leurs ordres, relativement aux arrestations illégales qu'ils projetaient [1]. Déjà, avant l'arrivée du général Desfourneaux dans le Sud, le citoyen Rey, dont *l'immoralité* était bien connue de tous les citoyens de la colonie, avait occasionné une secousse dans tous les esprits, d'autant plus fondée qu'il ne tarda pas à confirmer l'opinion qu'on avait conçue de lui. — Leborgne était *trop violent, trop exalté* ; ce caractère ne convenait point à un délégué du gouvernement français [2]. Il ne pouvait que l'entraîner à des erreurs incalculables. Cet homme, d'ailleurs, n'avait pas assez *de moralité* pour résister aux séductions de tous genres. — *Leur conduite privée* a révolté tout le monde ; ils affichaient un luxe scandaleux qui ajoutait encore aux vexations multipliées qu'ils faisaient éprouver aux citoyens paisibles. Leur maison était un lieu *de débauche* ; ils *dépensaient des sommes énormes....* On profita de l'absence du général Rigaud.... pour faire des arrestations, notamment celle du citoyen Lefranc. Il n'en fallait pas davantage *pour irriter les citoyens cultivateurs qui avaient toute leur confiance dans ce citoyen, qui a constamment soutenu avec acharnement leur liberté !* .... »

A. Chanlatte rend justice ensuite à Rigaud pour toutes les mesures qu'il prit dès son arrivée aux Cayes, afin de préserver les personnes et les propriétés ; il parle de l'état florissant des cultures dans toutes les campagnes qu'il a parcourues. Il concluait à engager l'agence à envoyer dans le Sud et l'Ouest de nouveaux délégués mûris par l'âge, dont la probité et le civisme seraient bien connus. Il disait enfin de Rigaud et des autres hommes de couleur:

---

[1] Le rapport des délégués avoue qu'ils avaient des brevets signés *en blanc*.
[2] Leborgne avait pris le surnom de *Marat des Antilles*.
[3] Rapport de Marec, pages 103 et 104.

« Ce sont ces hommes que l'on vous a désignés comme les ennemis de la République, et voulant même faire scission avec elle, pour se livrer à des puissances étrangères, qui inspirent cet amour du travail, le respect pour les personnes et les propriétés, et la soumission aveugle aux lois de la République et à tout ce qui est émané légalement de ses délégués. J'ai achevé ma mission. »

On remarquera qu'aucun tort n'a été reproché à Kerverseau personnellement. Rigaud, dans son mémoire, dit de lui :

« Nous lui rendrons la justice que nous jugeons lui être due. Nous croyons qu'il avait des intentions pures; il n'avait ni anciennes haines à assouvir, ni des vengeances particulières à exercer ; il paraissait propre à maintenir la paix et la cordialité parmi les citoyens : nous le croyons *vertueux*, mais il était *faible;* il se laissa entraîner par les factieux. »

Kerverseau, en effet, s'il a signé le rapport de la délégation avec Leborgne, paraît néanmoins avoir apprécié individuellement les faits de fructidor d'une autre manière ; car nous trouvons dans son rapport au ministre de la marine, que nous avons déjà cité, en date du 7 septembre 1801, qu'il dit en parlant de sa mission aux Cayes : « Je « n'ai rien à ajouter au compte *particulier* que j'ai rendu « dans le temps, de nos opérations. L'opinion publique « a prononcé, et je n'appellerai point de son jugement. » Cet aveu implique qu'il ne signa le rapport commun avec Leborgne, que par ordre de l'agence, pour répondre à la politique du Directoire exécutif [1].

---

[1] Dans son rapport précité, J. Raymond dit effectivement que Kerverseau en fit un particulièrement où il relatait les événemens tels qu'ils avaient eu lieu

Que penser alors de cette agence, de Sonthonax surtout, qui seul parmi ses membres, avait connu les antécédens de Leborgne, de Rey, de Desfourneaux, d'Arnaud Pretty, d'Idlinger, de tous ces hommes envoyés pour mettre tout à feu et à sang dans le Sud comme dans l'Ouest ?

« Est-ce au choix de ces agens, dit le rapport de Marec, au caractère personnel de tel ou tel d'entre eux, à leur conduite passée dans la colonie, aux actes de leur administration actuelle, qu'il faut attribuer les malheurs que j'ai à décrire ? Ou n'ont-ils été que le produit de la résistance apportée à l'autorité des délégués, l'effet *des intrigues criminelles* de Pinchinat, et *de cet esprit d'ambition et d'indépendance* reproché depuis quelque temps aux hommes de couleur, et principalement à leurs chefs militaires ? Il a été jusqu'à présent *très-difficile, impossible* même à votre commission de découvrir *l'exacte vérité* sur la cause de ces maux. Ce qu'il y a d'incontestable et de déplorable en même temps, c'est leur réalité... Mais *quand les faits parlent* (d'après l'agence du Cap), quand *plus de deux cents blancs* peut-être (ce qui était faux), de tout âge et de tout sexe ont été inhumainement massacrés *par les ordres des hommes de couleur ou même de leurs propres mains, faut-il encore hésiter à les accuser* [1] ?... Je poursuis, au reste, mon récit, et j'en puise la particularité dans les diverses dépêches et actes de la commission de Saint-Domingue.

« Quelque temps après, ajoute la commission dans sa

réellement ; mais que Sonthonax exigea qu'il en retranchât tout ce qui pouvait prouver que la délégation Leborgne-Rey et Desfourneaux avaient mal agi. Voilà comment les gouvernemens sont entraînés dans une fausse voie. Au reste, Sonthonax s'entendait très-bien avec le Directoire exécutif.

[1] Suivant un écrit de Pinchinat, il n'y eut que 40 personnes *de toutes couleurs* qui furent assassinées dans ces troubles. Mais c'était trop ; il ne fallait pas qu'une seule le fût. Les délégués conviennent qu'il y eut des noirs et des mulâtres assassinés avec les blancs.

lettre du 18 vendémiaire (9 octobre), Pinchinat sortit de la ville des Cayes, accompagné d'Augustin Rigaud, frère du général de ce nom. Ensemble ils parcoururent les ateliers ; ils cherchèrent à exciter les esprits contre la délégation ; ils insinuèrent aux noirs que les blancs nouvellement arrivés d'Europe n'étaient revenus que pour les remettre aux fers, et qu'il était temps de les exterminer, afin de n'avoir plus rien à craindre d'eux ; que les blancs n'avaient jamais voulu sincèrement la liberté des noirs ni des hommes de couleur ; que les hommes de couleur et les noirs étaient les véritables habitans, les vrais propriétaires des colonies ; que tout leur appartenait, et que les blancs devaient être exterminés ou chassés. » Ces insinuations perfides, ajoute le rapporteur, *corrompirent* ainsi *l'opinion des noirs ;* et il ne fallait plus qu'une occasion pour réaliser *les projets* exécrables des agitateurs. »

Quel tissu de calomnies contre le malheureux Pinchinat, qui n'avait rien de plus pressé que de se soustraire à l'arrestation ordonnée par l'agence ! Comme il a payé cher, de même que Montbrun, la propre imprudence de Sonthonax qui fut cause de l'affaire du 17-18 mars 1794 ! Le rancuneux Sonthonax (soyons juste !) ne pouvait oublier, en effet, qu'il fut acculé au fort Sainte-Claire avec son fidèle Desfourneaux. Julien Raymond, ce métis qui ne voulait pas être mulâtre, ne pouvait non plus pardonner à Pinchinat d'avoir exercé, par son génie révolutionnaire, plus d'influence que lui sur la conduite des hommes de couleur : de là toutes ces accusations mensongères, absurdes, criminelles.

Sonthonax, on le voit, n'était pas revenu de l'idée qu'il avait eue dans sa première mission, sur la *bêtise* des noirs. Eh ! fallait-il donc à ces hommes des lumières transcendantes pour comprendre que *leurs vrais ennemis* étaient effectivement *les blancs* qui les avaient arrachés, eux ou leurs ancêtres, de leur pays natal, pour les soumettre au plus dur esclavage à Saint-Domingue et dans les autres colonies ? Ne leur suffisait-il pas de leur simple bon sens pour saisir cette vérité, pour comprendre en même temps que *les mulâtres, leurs enfans, leurs neveux,* maltraités comme eux, ne pouvaient pas être leurs ennemis ? Les noirs du Sud surtout n'avaient-ils pas vu à l'œuvre Rigaud et les autres hommes de couleur, depuis le commencement de la révolution ; ignoraient-ils que c'était ce mulâtre qui avait affranchi 700 noirs, en septembre 1792, avant l'arrivée de Sonthonax dans la colonie ? N'étaient-ils pas présens, quand, sous les yeux de Polvérel, *les troupes blanches* commandées par Harty, *massacraient* vieillards, femmes et enfans parmi eux, avant la liberté générale ?....

On vient de lire l'accusation portée contre Pinchinat et Augustin Rigaud : lisons maintenant celle que la même agence fit porter contre T. Louverture, dans le rapport de ses délégués. Cet acte avait commencé par l'historique des faits antérieurs aux affaires de fructidor, aux Cayes : en parlant de celle du 30 ventôse au Cap, ils disaient :

« Des généraux noirs se montrèrent fidèles et reconnaissans en cette occasion. Ils délivrèrent Laveaux par la force. Ce qui forma deux partis prononcés,—*les noirs, et les jaunes.* Le général Toussaint *augmentait le mal ; il excitait aux mesures les plus rigoureuses contre les hommes de couleur. Il mit les armes aux mains et la haine dans le cœur des deux partis.* »

Ainsi, tandis qu'au Cap, Laveaux, Perroud et l'agence excitaient les noirs contre les jaunes, Leborgne, qui avait essayé d'en faire autant dans le Sud, écrivait au Cap même, à son retour des Cayes et *par ordre* de Sonthonax, cette accusation contre T. Louverture, qui fut transmise au Directoire exécutif; et cela, afin de décliner toute responsabilité dans la désunion que fomentaient ces autorités elles-mêmes. Conçoit-on rien de plus machiavélique, de plus criminel? Ce rapport fut contresigné *pour copie conforme*, par J. Raymond, Sonthonax et Leblanc.

Déjà, Giraud, dégoûté par les passions violentes dont il était témoin, avait pris le parti de retourner en France. Sa religion d'honnête homme, trompée à son arrivée, l'avait fait concourir aux premiers actes de l'agence; mais, lorsqu'il eut reconnu qu'il servait les passions et le ressentiment de Sonthonax, il ne put plus continuer ce rôle passif.

Pour envoyer en France les députés au corps législatif, les commissaires de la commune des Cayes et son aide de camp, Rigaud fit équiper le brig le *Cerf-Volant* qui devait, sous pavillon parlementaire, aller à Plymouth, en Angleterre, et échanger des prisonniers anglais qu'il fit embarquer sur ce navire; mais, avant de s'y rendre, le brig devait toucher à la Corogne, port d'Espagne, où les passagers descendraient. Toutes les dépêches adressées au gouvernement français furent cachées sous le lest du navire, et les passagers figurèrent sur le rôle d'équipage, comme matelots.

Bauvais ayant envoyé en même temps deux des députés élus dans l'Ouest, le *Cerf-Volant* quitta le port d'Aquin le 29 octobre. Le 1er novembre, il rencontra du côté de la Béate deux frégates anglaises, la *Magicienne* et le *Québec*, qui le capturèrent. A la vue des passagers portés comme matelots, il fut facile aux commandans anglais de découvrir le stratagème : d'ailleurs, ils n'étaient pas gens à se laisser tromper en une telle circonstance, lorsqu'on pouvait échanger les prisonniers anglais à la Jamaïque, ainsi qu'on avait déjà fait. Ils firent faire des recherches ; et les dépêches ayant été découvertes, le *Cerf-Volant* demeura bonne prise, et nos envoyés des prisonniers fort intéressans. La seule capture de Pinchinat, dont les écrits avaient tant nui aux Anglais, devenait une bonne fortune de guerre.

Rénéum, P. Fontaine et Decoud furent envoyés à la Jamaïque avec le *Cerf-Volant*. Quelques semaines après, Pinchinat, Bonnet, Rey Delmas, Lachapelle et Garrigou furent transférés au Môle.

Les commandans anglais ne se bornèrent pas à la recherche des dépêches : tout l'argent que possédaient les prisonniers leur fut pris. Pinchinat donna en cette circonstance la preuve d'une véritable délicatesse ; il avait sur lui un ceinturon contenant 70 doublons en or ; c'était toute sa fortune qu'il emportait avec lui : interrogé s'il avait de l'argent dans ses malles, il pouvait nier et prouver qu'il ne s'en trouvait pas ; il avoua qu'il avait ce ceinturon et le remit.

Chaque prisonnier reçut 80 piastres de la libéralité des capteurs. Ils firent cependant *une bonne action :* Rigaud avait donné à Bonnet 50 louis d'or pour être remis à son fils aîné qu'il avait envoyé en France, afin de recevoir une éducation nationale. Les commandans anglais respectèrent ce dépôt paternel. Il faut les louer d'avoir agi ainsi.

Mis à bord de deux vaisseaux dans le port du Môle, les prisonniers avaient la faculté d'aller à terre. Rigaud ne tarda pas à les réclamer, en échange d'autres prisonniers ; mais les Anglais n'y consentirent pas.

Ils refusèrent également, et aux colons et à Sonthonax, de livrer ces hommes qu'ils réclamèrent.

Nous trouvons toute naturelle la démarche des colons ; mais nous qualifions celle de Sonthonax *de mauvaise action*. Un sentiment de délicatesse personnelle aurait dû le porter à s'abstenir de réclamer l'extradition de Pinchinat : sa haine ne connut point de borne, et l'histoire doit flétrir un tel sentiment, en rendant hommage à la générosité des Anglais [1].

Embarqués le 15 février 1797 sur la frégate le *Succès*, les prisonniers furent amenés à Portsmouth, en Angleterre, où ils restèrent jusqu'au 1er août de la même année. Échangés par le gouvernement français, ils furent conduits tous à Cherbourg [2].

---

[1] En 1803, mis tous deux en prison à la Conciergerie de Paris, Sonthonax se rapprocha de Pinchinat. L'infortune a ses enseignemens : elle sait corriger les hommes de leurs passions.

[2] Le rapport de Leborgne a osé dire que Pinchinat s'est *volontairement* rendu en Angleterre — « pour *traiter* avec Pitt de la livraison de Saint-Domingue, et mettre sa fortune à couvert. »

CHAPITRE XI.

Toussaint Louverture est confirmé dans le gade de général de division, par le Directoire exécutif. — Il réorganise ses régimens. — Proclamation de l'agence, du 23 frimaire. — Examen de cet acte. — Le Directoire exécutif l'approuve. — Arrêté de l'administration municipale des Cayes du 10 nivôse, auquel adhèrent toutes les communes du Sud. — Proclamation de Rigaud, du 26 nivôse. — Il correspond avec Toussaint Louverture. — Lettre de Sonthonax à Bauvais. — Mission de Pelletier en France. — Martial Besse renvoyé de Saint-Louis, A. Chanlatte, de Jacmel. — Situation des finances dans le Nord. — L'agence puise des ressources dans l'Ouest. — Organisation de l'instruction publique et de la justice dans le Nord.

En déportant Villatte, l'agence avait rendu compte au Directoire exécutif de l'affaire du 30 ventôse, ainsi que nous l'avons vu d'après le rapport de Marec. Les hommes de couleur avaient été représentés à la France comme une faction odieuse, coupable, qui avait le projet de proclamer l'indépendance de Saint-Domingue, en détruisant les blancs et en asservissant les noirs. Elle ne pouvait pas dire mieux pour remplir la mission dont elle avait été chargée, et à laquelle les passions de son président Sonthonax donnaient une nouvelle force.

Naturellement, le Directoire exécutif devait accueillir avec faveur ce rapport qui résumait ses propres vues, et récompenser les hommes qui avaient aidé au triomphe du plan formé. Il était juste, d'ailleurs, de reconnaître les services rendus au gouverneur Laveaux et à l'ordonnateur Perroud, par les chefs qui les avaient fait remettre en liberté.

Une corvette française fut envoyée à cet effet, et arriva au Cap, dans les derniers jours de novembre. Le Directoire exécutif expédia un brevet qui confirmait T. Louverture dans le grade de général de division ; et d'autres brevets confirmèrent aussi les autres généraux et officiers supérieurs dans ceux qu'ils avaient obtenus. Un sabre d'honneur et une paire de pistolets, magnifiquement travaillés exprès, furent décernés à T. Louverture, d'autres sabres aux généraux Pierre Michel et Léveillé. Ils reçurent ces présens dans une fête célébrée à cette occasion au Cap.

T. Louverture profita de ce nouveau relief pour donner une organisation définitive aux régimens qu'il avait créés. Du reste, la guerre subsistante le nécessitait.

J.-J. Dessalines, commandant de Saint-Michel, eut le commandement du 4ᵉ régiment, devenu fameux sous lui ; Moïse, commandant du Dondon, celui du 5ᵉ ; Clervaux, commandant des Gonaïves, celui du 6ᵉ; Desrouleaux, celui du 7ᵉ; Christophe Mornet, celui du 8ᵉ : ces deux derniers commandant les Vérettes et la Petite-Rivière. Déjà, Rodrigue était colonel du 1ᵉʳ régiment ; Edouard, du 2ᵉ ; Noël Léveillé, du 3ᵉ. Le 9ᵉ formé alors, eut Maurepas pour colonel. Tous ces corps prirent ensuite la dénomination de *demi-brigades*.

Le 25 novembre, l'agence rendit compte au Directoire des événemens de fructidor, aux Cayes. Alors, elle n'expédia point le rapport de ses délégués qui n'était qu'annoncé : elle attendait ceux qu'elle avait chargé de lui faire les généraux Martial Besse, A. Chanlatte et Bauvais, pour savoir quel parti prendre à l'égard des départemens du

Sud et de l'Ouest. Elle envoya ces différens rapports (excepté celui de Bauvais, témoin oculaire des faits) par une dépêche du 8 nivôse (28 décembre), parce qu'elle venait de rendre sa proclamation du 23 frimaire (13 décembre) dont nous faisons connaître ici le texte.

Il est temps de déchirer le voile qui couvre les événemens qui se sont passés dans le Sud de la colonie, au mois de fructidor dernier : il est temps d'éclairer le peuple sur les atrocités qui s'y sont commises.

La commission, avant de se décider, a scruté soigneusement la cause des troubles ; elle a interrogé des hommes de toutes les couleurs *et de tous les partis* ; elle a reçu les rapports de ses délégués ; elle les a comparés aux mémoires faits par les chefs des rebelles : *juste et impartiale* dans ses recherches, sa lenteur à instruire les habitans de la colonie est le gage de son amour pour la vérité.

Des attentats inouis ont été commis aux Cayes, à Saint-Louis et dans plusieurs autres communes de la partie du Sud. La délégation du gouvernement a été avilie [1], les délégués incarcérés, la commission méconnue, ses paquets interceptés, ses courriers massacrés.

Les lois de la nature et le droit des gens ont été foulés aux pieds ; les propriétés ont été livrées au pillage, et les personnes au fer des assassins ; des hommes et des femmes ont été hachés en morceaux ; deux cents citoyens de tout âge, de tout sexe et de toute couleur, ont été immolés de sang froid.

Quel a été le prétexte de tant de fureurs ? L'arrestation d'un seul homme. Quel en a été le vrai motif ? L'ambition démesurée de quelques chefs, la cupidité de leurs complices, la crainte de voir leurs rapines dévoilées, leur tyrannie abattue, la source de leurs profusions tarie. Quels moyens ont-ils employés ? Les armes ordinaires *des factieux*, — le mensonge et la calomnie [2].

Ils ont séduit les noirs, par la crainte du retour à l'esclavage ; ils ont dit aux citoyens de couleur qu'une *conspiration* était formée pour livrer leur caste à la proscription et à la mort ; que les commissaires du

---

[1] Après s'être avilie elle-même par l'immoralité de ses membres (Kerverseau excepté), par leurs débauches et leurs passions en tous genres.

[2] Les membres de l'agence n'étaient donc que *des factieux ?* car elle n'a employé que *le mensonge et la calomnie* pour parvenir à ses fins.

gouvernement en étaient les chefs, leurs délégués les principaux agens, tous les Français venus d'Europe les complices.

La commission se respecte trop elle-même, elle honore trop les lumières et le bon sens de ses concitoyens, pour répondre à de si grossières impostures, autrement que par le défi formel de citer *un seul de ses actes* qui porte la plus légère empreinte des odieux *projets* qu'on ose lui imputer.

Prenons pour exemple l'affaire de Villatte. C'est contre son embarquement que les factieux du Sud se sont le plus élevés. Ce général est arrêté, et avec lui un grand nombre de citoyens de couleur. Le fait était constant, et les dispositions du code pénal précises. Eh bien ! la commission, par son indulgence, n'a-t-elle pas arrêté le sang prêt à couler ? Ne s'est-elle pas bornée à éloigner des hommes qui ne pouvaient plus demeurer dans la colonie sans danger pour la tranquillité publique, à envoyer en France des coupables, dont elle aurait pu ordonner le supplice [1] ? A-t-elle fait parmi les co-accusés acception de personne ? Les instigateurs blancs, les complices noirs n'ont-ils pas été également embarqués ? Une foule de citoyens de couleur, plus malheureux que coupables dans la rébellion du 30 ventôse, n'ont-ils pas été rendus à la liberté ? Quels sont les hommes qu'elle a revêtus de sa confiance, pour aller dans le Sud prêcher *l'évangile de la paix* ? Ne sont-ils pas les généraux Chanlatte et Martial Besse, tous deux citoyens de couleur ? N'a-t-elle pas fait partager les faveurs du gouvernement à plusieurs hommes de couleur connus par leur attachement à la France ? Où est la passion dans cette conduite constante et uniforme ? Où est la haine ? Où est la défiance ? Où est la partialité ?

Aux Cayes, un chef militaire prévenu d'un *projet* d'assassinat, est arrêté par ordre de la commission pour être conduit au Cap ; il s'échappe des mains de ses gardiens ; il cherche dans les forts un asile contre la loi. Un traître les lui livre : tous les instigateurs de la sédition l'y suivent : ils tirent le canon d'alarme. Des émissaires se répandent dans la plaine et soulèvent les ateliers ; trois jours se passent dans les plus mortelles alarmes, mais le sang des citoyens *n'a pas coulé*, leurs propriétés sont *respectées*. Le quatrième jour André Rigaud paraît : il se rend de suite au fort de l'Ilet, et ne se concerte qu'avec les rebelles. Le lendemain, les barrières lui sont ouvertes ; il entre en ville à la tête

---

[1] Une commission militaire, composée de Français honorables, les a tous acquittés, malgré le Directoire exécutif et ses agens.

de ses troupes, environné d'une foule de brigands ; *et avec lui le pillage et la mort.* Il demande une ampliation de pouvoirs ; elle lui est accordée ; la vie des citoyens est mise sous sa sauvegarde, et ses satellites dépouillent, égorgent les amis de la France, et les dépositaires de l'autorité du gouvernement sont entourés de cadavres ensanglantés de leurs fidèles défenseurs.

Le brave Édouard, citoyen noir arrivé de France, l'honneur des Africains, l'apôtre et le martyr de la liberté, a succombé sous le fer des assassins soudoyés par Rigaud. Ses vertus, sa contenance héroïque ont forcé à l'admiration jusqu'à ses bourreaux.

Lilladam, jeune citoyen du 4 avril, également arrivé d'Europe, et élevé dans les principes du plus pur républicanisme, a été leur victime. L'antropophage Lefranc l'a déchiré et mis en lambeaux de ses propres mains.

Citoyens, la commission du gouvernement français est loin de voir dans cet enchaînement d'attentats *le crime des hommes de couleur.* Non, malgré l'astucieuse scélératesse des ordonnateurs de la révolte, le sang qu'ils ont répandu ne retombera pas sur la tête des citoyens du 4 avril. Si l'ambition ou la cupidité en ont aveuglé quelques-uns, c'est un malheur qui est commun avec les blancs, avec les noirs, avec toutes les sociétés nombreuses, mais dont on ne peut accuser ceux qui sont restés fidèles.

Des hommes de toutes les couleurs se trouvent au nombre des chefs de la révolte : des hommes *de toutes les couleurs* en ont été les instrumens ou *les victimes.* Les premiers sont très-heureusement en petit nombre, et la commission doit les signaler à la colonie entière, pour prémunir les bons citoyens contre leurs artifices.

Les deux Rigaud, Duval Monville, Salomon, Lefranc et Pinchinat, voilà les chefs de la révolte des Cayes [1]. Ce Pinchinat qui, en 1791, a sacrifié 300 noirs à la rage des factieux du Port-au-Prince, en stipulant leur déportation à la baie de Honduras, pour prix de leur fidé-

---

[1] Dans son rapport, J. Raymond prétend que Leblanc voulait mettre *hors la loi* tout le département du Sud ; que Sonthonax n'était pas éloigné d'adopter les mesures les plus rigoureuses ; que tous deux ne voulaient voir de coupables dans cette affaire, que les hommes de couleur, et que ce fut lui, Raymond, qui les porta à restreindre l'accusation contre les six personnes désignées. Il donnait ainsi une pleine satisfaction à sa haine pour Rigaud et Pinchinat, après avoir calomnié la généralité des hommes de couleur par son adresse. Il dit aussi que c'est Sonthonax qui rédigea cette proclamation.

lité aux hommes de couleur, et du sang qu'ils avaient versé pour leurs droits ; ce Pinchinat qui, après avoir secoué dans le Nord de la colonie le flambeau de la discorde, est revenu exercer ses fureurs dans le Sud, pour couvrir ce malheureux département de sang et de victimes.

La commission, fidèle à ses principes, se bornera, quant à présent, à rendre justice à ses agens *calomniés*, à payer le tribut de la reconnaissance publique à ceux qui, dans ces scènes douloureuses, ont bien mérité de la patrie et de l'humanité. Elle mettra le comble à la *modération* dont elle a déjà donné tant de preuves, en renvoyant au corps législatif et au directoire exécutif la punition des coupables, et en implorant la clémence nationale pour cette multitude d'hommes égarés, épouvantés ou séduits, dont les délits purement matériels ne peuvent être attribués qu'à ceux qui, par l'abus de leur influence ou de la force, les ont contraints à les commettre.

Dans ces circonstances, la commission a arrêté et arrête ce qui suit :

Art. 1er. La commission du gouvernement déclare que les ex-délégués Rey, Leborgne et Kerverseau, *sont à l'abri de tout reproche*. Elle est satisfaite de la conduite *sage et modérée* qu'ils ont tenue dans la mission qu'on leur a confiée.

2. Les arrêtés pris par lesdits délégués jusqu'au 14 fructidor, époque à laquelle ils n'ont pu agir librement, sont et demeurent approuvés : ils seront exécutés selon leur forme et teneur.

3. Déclarons *fausses et calomnieuses* les accusations portées contre le général Desfourneaux, relativement à la mission qu'il a remplie dans le Sud.

4. Le jugement des coupables, dans les événemens des Cayes, ainsi que l'examen définitif de cette affaire, sont renvoyés au directoire exécutif de France, et en tant que de besoin au corps législatif.

5. Copie des rapports et des pièces y relatives sera adressée au directoire exécutif et au corps législatif.

6. En attendant la décision de l'un ou de l'autre des deux pouvoirs, la commission ne correspondra qu'avec l'administration, les municipalités et les tribunaux de la partie du Sud.

7. La commission autorise *tous les habitans* de cette partie *à se retirer*, soit dans la partie espagnole de l'île, soit dans les pays neutres ou alliés de la République, sans avoir besoin d'autres passeports que ceux de leurs municipalités respectives.

8. Les sommes dues tant par l'ancienne administration du Sud, que par la nouvelle, ne pourront être acquittées que dans le cas où les

ordonnances auront été visées par l'agent central de la comptabilité en résidence au Cap [1].

9. Le général Chanlatte prendra le commandement de l'arrondissement de Jacmel ; le général Bauvais commandera à Léogane, et aura sous ses ordres les commandans du Grand-Goave, du Petit-Goave, de l'Anse-à-Veau et du Fond-des-Nègres ; le général Martial Besse aura le commandement de Saint-Louis.

10. Ces divers généraux seront indépendans entre eux. En cas qu'il s'agisse de marcher contre l'ennemi, ils se réuniront sous les ordres du plus ancien en grade.

Fait au Cap, le 23 frimaire (13 décembre) l'an v^e de la République française une et indivisible.

(Signé) LEBLANC, *président*, SONTHONAX, RAYMOND, *commissaires*, PASCAL, *secrétaire général.*

Un grand écrivain a dit : *Le style est l'homme même.* Nous disons ici : *Cette proclamation est Sonthonax même.* Ce sont la passion et l'inconséquence réunies au machiavélisme.

Nous remarquons d'abord que la commission dit qu'elle s'est adressée aux hommes *de tous les partis*. Quels étaient donc ces partis, sous une constitution proclamée récemment pour réunir tous les citoyens dans une même foi en la République française une et indivisible ? Le parti colonial, le parti des blancs, celui des hommes de couleur, celui des noirs ?....

Si cette commission avait donné publicité aux instructions *secrètes* du Directoire exécutif et à ses dépêches à ce gouvernement, dont Marec a fait l'analyse dans son rapport, aurait-elle pu lancer le défi de prouver les odieux projets formés contre toute la classe des hommes de cou-

---

[1] Leborgne devint cet agent central. Kerverseau fut employé comme adjudant-général de la division du Nord, sous les ordres de Desfourneaux. Quant à Rey, nous ignorons ce qu'il devint après sa fameuse équipée. Idlinger fut nommé ordonnateur civil au Cap.

leur, pour pouvoir réagir un jour contre la liberté des noirs?

En signalant les six personnes désignées par leurs noms, elle y mêle, on ne sait pourquoi, Duval Monville et Salomon, deux blancs. Et pourquoi pas Gavanon et Tuffet Laravine, arrêtés et embarqués comme conspirateurs? N'était-ce pas une inconséquence flagrante? L'accusation individuelle portée contre Pinchinat n'avait d'autre but que d'exciter les noirs contre les hommes de couleur: Sonthonax leur rappelait l'affaire des *suisses*. Nous l'avons traitée dans notre premier livre: nous n'y revenons pas.

C'est sans doute une pénible tâche pour une autorité despotique et violente, de décider entre ses agens imprudens et malveillans, et toute une population qui s'arme pour résister à l'oppression: elle ne peut pas les condamner publiquement, surtout lorsqu'ils n'ont fait qu'exécuter ses ordres vexatoires. Mais aussi, elle ne peut pas caractériser comme moraux des faits blâmables, coupables. S'ils ont existé au vu et su de tout le monde, les épithètes *sage* et *modérée* ajoutées au mot *conduite*, — *fausses* et *calomnieuses* à celui d'*accusations*, ne détruiront pas ces faits: ils resteront tels qu'ils ont existé; seulement, l'autorité se déconsidère en voulant les justifier par un tel sentiment d'injustice: elle fait naître la répulsion.

Notons encore une inconséquence de la part de l'agence. Elle croyait pouvoir exercer l'autorité nationale dont elle était revêtue, en signalant André Rigaud comme l'auteur de tous les crimes qui ont été commis; elle disposait du commandement de plusieurs arrondissemens en faveur de trois généraux; mais que faisait-elle, qu'ordonnait-elle pour le reste du département du Sud soumis à Rigaud?

Elle se borna à déclarer qu'elle ne correspondrait plus qu'avec l'administration, les municipalités et les tribunaux qui se trouvaient dans cette localité; et tous ces corps s'étaient prononcés par des adresses, contre les délégués et Desfourneaux : leurs attestations furent flétries comme fausses et calomnieuses. Était-ce d'ailleurs à ces autorités civiles de prendre soin de la défense du territoire contre un ennemi entreprenant qui était en présence?

Le fait est que l'agence, ou plutôt Sonthonax qui connaissait mieux Rigaud que ses collègues, qui comptait sur son dévouement à la France autant que sur sa valeur, Sonthonax était assuré que Rigaud continuerait à agir contre les Anglais. S'il eut l'air de vouloir faire le vide autour de lui, en autorisant tous les habitans du Sud à s'expatrier, il n'était pas moins certain qu'il n'en serait rien de leur part; car il savait fort bien qu'on n'abandonne pas ainsi ses pénates sans motifs sérieux, pour aller errer à l'aventure, sans ressources, sur la terre étrangère. Cette disposition avait toute la valeur d'une phrase à grand effet : il fallait frapper les imaginations.

D'ailleurs, quoi qu'il ait dit de Rigaud, Sonthonax était convaincu qu'il ne voulait pas l'extermination des blancs : en arrivant au Cap, ne lui avait-il pas écrit? *Vous avez protégé l'Européen faible et opprimé.* En engageant les blancs surtout à s'expatrier, c'était pour exciter la générosité de Rigaud envers eux ; c'était pour les recommander à lui-même, par ce point d'honneur qu'il lui connaissait.

Mais, en même temps, il voulait prouver au Directoire exécutif qu'il avait rempli sa mission par cette invitation faite aux blancs du Sud, après l'avoir remplie sous un autre rapport, en détruisant le prestige des hommes de couleur ; car Rigaud était leur personnification militaire, et Pinchinat leur personnification politique [1].

Et le Directoire exécutif en fut tout aise : sa politique triomphait ! Ayant reçu tous les rapports de ses agens et les documens à l'appui, il adressa au corps législatif un message, le 3 floréal an v (22 avril 1797), pour lui recommander de rendre un acte d'*amnistie*, à l'occasion des troubles de fructidor. Il y disait :

« Doit-on y comprendre ceux qui, pour se conserver une autorité qu'ils avaient *usurpée*, pour se soustraire à l'autorité du gouvernement, ont trempé de sang-froid leurs mains dans le sang de leurs concitoyens ; qui, comme Pinchinat, les deux Rigaud, Lefranc, Duval Monville et Salomon, ont été les artisans des fléaux qui viennent de désoler le Sud de Saint-Domingue, et ont commis ces atrocités depuis la notification de la constitution de l'an III? Ah ! sans doute, *le souvenir de leurs crimes ne leur permettrait pas de croire à la possibilité du pardon*, et leur doute, sur la sincérité du législateur, nuirait à l'efficacité de la loi. Il paraîtrait donc plus *politique* [2] de désigner *ces êtres malveillans ; et en leur laissant la possibilité d'aller cacher leur honte et leurs remords sur une terre étrangère*, de mettre en garde contre leurs perfidies et leurs manœuvres, tous ceux qui seront appelés à jouir des bienfaits de l'amnistie. »

Nouvelle inconséquence de la part du Directoire exécutif ; car il ne prit aucune mesure pour ôter le commande-

---

[1] Dans une note précédente, nous avons dit que Sonthonax se rapprocha de Pinchinat. A la fin de 1799, nous le verrons rendre justice aux sentimens et aux services de Rigaud.

[2] Pauvre Directoire exécutif ! sa *politique* n'a pas moins été qualifiée d'*imbécile* par un écrivain français (M. Lepelletier de Saint-Rémy, t. Ier, p. 278.)

ment du Sud à Rigaud. Que n'envoyait-il de France un général pour prendre ce commandement, pour mettre Rigaud en demeure d'obéir ou de se révolter ouvertement? Nouvelle injustice ; car il savait alors, en avril 1797, que ce général continuait de faire une guerre acharnée aux Anglais.

Et la France a été étonnée, même après d'autres injustices et des crimes qu'il nous faudra bien relater, que les mulâtres de Saint-Domingue aient tant contribué à lui faire perdre cette colonie ! Il aurait donc fallu qu'ils fussent des hommes sans énergie !

Cependant, quant à Rigaud, il ne persista pas moins dans son dévouement à cette patrie, même après qu'il eut eu connaissance de cet étrange message du Directoire exécutif. Dans son mémoire du 18 thermidor an v (5 août 1797), il écrivit ces paroles :

« Tant que le sang circulera dans mes veines, je prouverai par des faits mon amour pour la République française une et indivisible, et ma haine pour ses ennemis. Ma vie lui appartient ; depuis longtemps je la lui ai consacrée, je ne vivrai que pour la défense de ses intérêts ; et quand la mort tranchera le fil de mes jours, mes derniers vœux seront pour sa gloire et sa prospérité. »

Nous venons d'entendre la voix de deux autorités en délire ; entendons aussi la grande voix du peuple convaincu de ses droits.

Le 10 nivôse (30 décembre) l'administration municipale des Cayes, sur la connaissance acquise de la proclamation de l'agence, prit l'arrêté suivant :

Considérant que le premier devoir des citoyens est la conservation de leurs vies, celle de leur pays et de leurs propriétés ;

Considérant que si, par les effets de cette proclamation, le général

Rigaud prenait le parti d'abandonner ses fonctions, le département se trouverait exposé à une subversion totale, par la retraite d'un chef investi de la confiance publique et qui seul est capable de contenir la portion du peuple la moins éclairée : portion qui pourrait se porter aux plus terribles égaremens, dès que ce chef cesserait de la commander;

Considérant que l'article de la proclamation qui défend le paiement d'aucunes dépenses anciennes et nouvelles, sans que les ordonnances aient été visées par l'agent de la comptabilité séant au Cap, est impraticable, tant à cause de l'éloignement qu'à l'obstruction des voies de communication qui sont occupées par l'ennemi; qu'une des suites nécessaires de cette mesure serait d'affamer ce département, de le priver de toute espèce de munitions de guerre, et par là l'exposer à l'invasion de l'ennemi en cas d'attaque;

Considérant que les dangers de la mer et de la guerre, et les exemples de ceux qui viennent d'en être victimes (par la capture de Pinchinat, etc.), doivent empêcher la majeure partie des citoyens de profiter de la retraite que la proclamation *semble* leur présenter dans les pays neutres ou alliés; qu'un plus grand nombre encore doit en être empêché par le défaut absolu de moyens et par la crainte du sort affreux qui les attend chez des nations étrangères, où privés de tous secours, ils verraient périr leurs femmes et leurs enfans, et périraient eux-mêmes, entourés des besoins de première nécessité;

Considérant qu'étant obligés, par ce motif, de rester dans leurs foyers, le premier de leurs soins doit être d'assurer leur conservation;

Considérant que depuis que le général Rigaud a pris le commandement, il a conservé le département du Sud contre les entreprises de l'ennemi; qu'il a repris les postes qui nous avaient été enlevés, et qu'il y aurait le plus grand danger à perdre ce chef, au commandement duquel les soldats sont accoutumés et qui est d'autant plus nécessaire, qu'on a des avis certains que, dans ce moment, les Anglais arment au Môle contre les parties de la colonie restées françaises;

Considérant que depuis les malheureux événemens qui sont arrivés aux Cayes en fructidor dernier, le général Rigaud n'a cessé d'employer tous les moyens qui étaient en lui pour rétablir et entretenir l'ordre et la tranquillité; que par ses soins l'agriculture se vivifie de jour en jour, le commerce reprend son cours, et les finances leur activité;

Considérant que le peuple ne doit pas être la victime du laps de temps qui s'écoulera jusqu'à la décision qui est renvoyée au Directoire exécutif et au Corps législatif; qu'à cet effet, il paraît convenable que jusqu'à cette époque il ne soit rien innové dans l'état actuel des choses ;

Arrête : 1° Que le général Rigaud est et demeure requis de continuer à remplir les fonctions de son commandement dans le département du Sud, jusqu'à ce que le Corps législatif ou le Directoire exécutif en ait autrement ordonné : le rend responsable, en cas de refus, des événemens qui pourraient survenir dans le département.

2° L'invite à prendre dans sa sagesse toutes les mesures qu'il jugera nécessaires, tant pour la sûreté intérieure que pour la conservation d'un département qui a toujours resté fidèle à la République.

3° L'autorise à employer les voies qu'il croira les plus sûres et les plus promptes pour faire passer au gouvernement français toutes les pièces relatives à l'accusation intentée contre lui et consorts, et à provoquer un jugement définitif, seul moyen d'obtenir une paix durable dans le département.

4° Que l'administration continuera provisoirement à être régie comme par le passé et dirigera les finances jusqu'à ce que le gouvernement français se soit expliqué.

5° Que les arrêtés pris en fructidor dernier auront leur pleine et entière exécution.

6° Qu'expéditions du présent arrêté seront envoyées au Directoire exécutif et au Corps législatif, à la commission du gouvernement français séante au Cap, au général André Rigaud, et à l'ordonnateur civil par intérim du département du Sud.

Si l'autorité a des droits qu'elle peut, qu'elle doit exercer dans l'intérêt général,—le peuple, source de tous pouvoirs, a aussi ses droits, des droits antérieurs. En usant de ceux contenus dans cet arrêté, l'administration municipale des Cayes ne fit qu'un bon usage de la puissance populaire : toutes les communes du Sud adhérèrent à ses décisions, parce qu'il s'agissait du salut public, mis en danger par l'agence du Cap.

Mais, si le lecteur se rappelle nos observations faites dans notre introduction, sur la jalousie préexistante entre le Sud et le Nord, il verra ce sentiment traditionnel se réveiller dans toute sa force, par l'injustice de l'autorité arbitraire placée au Cap. Cette disposition s'accrut bientôt par la décision prise par la métropole, et cette décision devint une des causes de la guerre civile du Sud, que la mission du général Hédouville et celle de Roume décidèrent : ainsi l'avait *arrêté, médité* le gouvernement français, aidant parfaitement les vues de la faction coloniale [1].

Cependant nous allons dire dans un instant ce que fit André Rigaud, *pour prévenir cette guerre* qu'il pressentait dans la politique machiavélique de la métropole et de ses agens.

En attendant, convaincu que tout homme qui arrive au pouvoir par l'ascendant de son génie ou de ses services, a des obligations sacrées à remplir envers le peuple qui lui défère son salut, Rigaud se soumit au vœu de ses concitoyens par la proclamation suivante, en date du 15 janvier 1797 :

La proclamation de la commission du gouvernement, en date du 23 frimaire, a jeté l'alarme dans le département du Sud : la commune des Cayes, les autres communes ont expliqué leurs intentions.

Le salut du département entier, les craintes qu'éprouvent ses habitans, la conservation de leurs vies et de leurs propriétés, la défense de leur pays, leur ont inspiré une mesure qui m'impose l'obligation de rester à mon poste, lorsque je pensais que mon devoir était de le quitter.

Inculpé dans de malheureux événemens dont il est inutile de rappeler ici le souvenir, ma justification devant se porter en France au tribunal suprême, à qui la décision en est déférée, mon devoir était d'y comparaître, d'aller y porter ma tête ou faire éclater mon innocence.

---

[1] Même sous ce rapport, le Directoire exécutif a justifié l'épithète *d'imbécile* appliquée à sa politique par M. Lepelletier de Saint-Rémy ; car, si elle réussit en faveur des colons et de toute la race blanche à Saint-Domingue, les excès commis par eux, dans leur réaction, devaient inévitablement amener leur expulsion, leur exclusion de ce pays. Nous examinerons plus tard si cette politique ne fut pas aussi perverse qu'imbécile.

Ce fut mon premier mouvement. Ma résolution était inébranlable, et il n'y avait pas à balancer un moment.

Les communes alarmées de mon départ, pressées par les motifs impérieux énoncés dans leurs arrêtés, me requièrent formellement de rester à mon poste, et me rendent responsable des malheurs que mon absence leur fait présager. Elles m'empêchent donc de remplir un devoir qui ne concerne que moi, pour m'en imposer un qui intéresse tout le département, d'oublier ma propre cause pour ne songer qu'à leur défense.

Eh bien! oui, je resterai à mon poste, je ferai le sacrifice de tout ce qui m'est personnel, pour ne m'occuper que du salut de mes concitoyens. Je le dois, ce sacrifice, aux témoignages d'estime et de confiance dont ils m'honorent, et que je suis jaloux de mériter.

J'y resterai jusqu'à ce que le Corps législatif ou le Directoire exécutif de la République française, qui doit décider de mon sort, m'ordonne d'aller me justifier, ou prononce définitivement.

J'y resterai, et je défendrai le département au péril de ma vie, jusqu'à ce que le gouvernement français ait pourvu aux moyens de garantir cette partie précieuse de la colonie, que j'ai conservée, que je suis jaloux de lui offrir intacte des invasions de l'ennemi extérieur, et de mettre à l'abri des entreprises de l'ennemi intérieur.

J'y resterai, sans crainte qu'on se prévale de mon absence au tribunal où je suis déféré; j'y enverrai néanmoins ma justification. J'ai encore assez bonne opinion de l'impartialité et de la justice de la commission déléguée par le gouvernement français aux îles sous le vent, pour ne pas douter que sa religion ayant été surprise par des envieux, des ennemis de mon repos, des méchans conjurés contre moi, qui l'ont induite à erreur, elle ne concoure loyalement avec moi à prémunir mes juges contre toute prévention.

J'y resterai, et je serai toujours fidèle à la République.

Ma vie ne m'appartient pas; elle est à ma patrie; dès longtemps je la lui ai consacrée. Je prends donc l'engagement solennel de défendre le département comme je l'ai défendu jusqu'à présent, de le conserver intact à la République au péril de mes jours. Que mes concitoyens se rassurent, qu'ils soient tranquilles, je veille à leur salut : je sens l'importance du fardeau dont je me suis chargé en cédant à leurs vœux; je jure de les remplir fidèlement.

Vive la République!

ANDRÉ RIGAUD.

Il faut ne posséder qu'un esprit étroit, qu'une âme incapable de sentir les grandes choses, d'apprécier les grandes situations d'un homme politique, qu'un cœur égoïste enfin, pour ne pas découvrir dans cette judicieuse et éloquente proclamation, l'accent de la conviction qui animait Rigaud en ce moment-là. Malheureux serait le lecteur qui n'y verrait qu'une de ces scènes de jonglerie politique à l'usage de certains chefs !

Quels étaient les antécédens de Rigaud ?

Né à Saint-Domingue, rangé dans la classe opprimée des mulâtres, il fut envoyé dans son enfance à Bordeaux, cette ville dont l'esprit public a tant contribué à faire reconnaître les droits politiques de sa classe ; il y fut élevé dans les principes français, essentiellement portés au républicanisme sur la fin du 18e siècle. De retour à Saint-Domingue, il fit partie de l'expédition de Savannah ; il y combattit sous les ordres du brave comte d'Estaing, pour la liberté d'un peuple. Rentré dans son pays, il prit bientôt les armes contre le régime colonial, afin d'assurer à lui et à sa classe la liberté politique, et son premier combat fut une victoire, le second encore une victoire. Il concourut à des conventions, à des concordats qui légitimèrent l'emploi des armes dans les mains de sa classe. Avant l'injuste Sonthonax, il avait assuré la liberté à des centaines de noirs dans ce département du Sud, où il commandait ; ces hommes le connaissaient, l'estimaient à raison de sa conduite envers eux. Depuis trois ans, il combattait dans son pays contre ces mêmes Anglais qu'il avait vus sur un autre champ de bataille, et qui vinrent principalement pour ravir aux noirs la liberté dont ils jouissaient sous son patronage. Tout récemment, Roume et Perroud lui-même lui avaient fait connaître le plan infernal de la faction coloniale en France, pour rétablir l'esclavage à Saint-Domingue, en décimant la classe des hommes de couleur.

Et Rigaud, sorti des entrailles d'une négresse africaine, eût abandonné ses frères maternels dans le moment où sa présence, ses talens militaires leur étaient le plus nécessaires ! Rigaud se serait arrêté dans cette noble carrière, devant la proclamation passionnée, machiavélique de l'agence, devant la politique astucieuse du gouvernement français ! Ce serait alors que la postérité aurait eu le droit de lui demander compte du mauvais usage qu'il aurait fait de sa raison, de flétrir sa mémoire. Nous savons bien qu'il finit par être vaincu dans cette lutte inégale de la bonne foi opposée à l'astuce ; mais du moins il a rempli son devoir, et la liberté de ses frères ne sortit pas moins triomphante de tous les obstacles qu'on lui opposait : Dieu et leur propre énergie leur suscitèrent les moyens de rester libres.

Après avoir émis sa proclamation du 15 janvier, Rigaud conçut une idée, ou plutôt il éprouva un sentiment dont on ne saurait trop le louer. A Miragoane commandait, comme militaire, un digne et honorable Français, comme il y en avait beaucoup alors sous les ordres de Rigaud et de Bauvais : Pelletier était son nom. Rigaud le chargea d'une mission *secrète* auprès de T. Louverture, pour lui donner tous les renseignemens sur la conduite des délégués et de Desfourneaux aux Cayes, et sur les funestes événemens de fructidor. Le but de cette mission, dont Pelletier se chargea volontiers, était de prémunir T. Louverture contre l'astuce de Sonthonax, et d'établir entre eux des relations fondées sur la fraternité militaire et sur la juste crainte qu'ils devaient éprouver tous deux, que les manœuvres de la faction coloniale et l'aveuglement du Directoire exécutif et de ses agens, ne fussent funestes à la liberté des noirs et à l'union des mulâtres avec eux. Rigaud n'ignorait pas cependant que T. Louverture s'était déjà montré hostile aux hommes de couleur ; mais il crut qu'il devait prendre cette initiative auprès de son frère d'armes, et lui faire transmettre ses pensées par un officier d'honneur, justement considéré dans le Sud et dans l'Ouest, et d'autant moins suspect dans une telle mission, qu'il était connu aussi pour être sincèrement attaché à la France, leur patrie commune.

Pelletier réussit à s'aboucher avec T. Louverture, aux Gonaïves, malgré l'ordre d'arrestation que Sonthonax envoya contre lui ; il avait éventé cette mission qui lui donnait de l'ombrage.

Ces détails que nous puisons dans l'écrit déjà cité de Gatereau, se trouvent confirmés par le passage suivant du rapport de Kerverseau, au ministre de la marine, et par une lettre de Sonthonax que nous citerons plus loin :

« Les tentatives que fit Sonthonax pour pénétrer *le*
« *mystère* d'une correspondance très-suivie qu'il entre-
« tenait avec Rigaud, depuis que celui-ci s'était déclaré
« en scission ouverte avec les agens... »

Ainsi, il est constaté, pour nous, que Rigaud fit ce qu'il put pour éclairer T. Louverture, pour appeler son attention sur la politique que suivaient Sonthonax et le gouvernement français : politique qui tendait à désunir des frères, qui devait amener leur ruine commune, au grand avantage de la faction coloniale qui s'agitait en France, qui tramait contre eux afin de parvenir à la restauration de l'esclavage.

Il nous est démontré encore que la promotion de T.

Louverture au grade de général de division n'avait pas excité en Rigaud cette jalousie et cette peine extrêmes dont parle Pamphile de Lacroix et dont d'autres auteurs égarés ont reproduit l'assertion ; car si ces sentimens existaient à un si haut degré dans le cœur de Rigaud, il n'eût pas pris cette initiative d'une correspondance intime. On l'a beaucoup accusé d'orgueil, de vanité, d'amour-propre, de méfiance, comme tous les mulâtres : en admettant que ces défauts furent le partage de son caractère, ils devaient lui inspirer assez de fierté pour ne pas faire les premiers pas auprès de T. Louverture ; car Rigaud savait bien ce qu'il valait, pour ne pas se dégrader à ses propres yeux et à ceux de son émule, par une telle démarche [1].

D'un autre côté, il nous est également démontré que T. Louverture, en accueillant Pelletier, en ne le faisant pas arrêter malgré les ordres de Sonthonax, en correspondant avec Rigaud, n'avait pas contre ce dernier ce que des étrangers se sont plu à appeler *haine instinctive du noir contre le mulâtre*, et *vice versâ*. La haine qu'il lui montra plus tard fut toute *personnelle*, et à raison de la désobéissance autorisée de Rigaud. Nous prouverons que ce dernier lui obéit constamment, agit par ses ordres jusqu'au moment où sa conduite *légitima* cette désobéissance.

Après que Pelletier eut rempli cette mission, Rigaud le chargea de ses dépêches pour le Directoire exécutif et le corps législatif. Il partit de l'Anse-à-Veau dans le mois de

---

[1] Dans notre introduction nous avons dit que Rigaud fut « justement mécontent de la partialité de Sonthonax qui avait élevé T. Louverture au grade de général de division et au rang de général en chef. » Mais depuis, nous nous sommes procuré des documents qui prouvent le contraire.

pluviôse (janvier ou février 1797) et passa par les États-Unis pour se rendre en France [1].

On a dit que Sonthonax avait réussi à détacher Bauvais de la cause de Rigaud, et c'est une erreur. La preuve de notre assertion se trouve dans le mémoire publié par ce dernier : il y parle d'une lettre que Sonthonax écrivit à Bauvais, sans doute pour obtenir ce résultat que son machiavélisme désirait ; mais Bauvais en donna communication à Rigaud, qui cite cette phrase insidieuse : — « Pendant « qu'un de vos camarades va terminer sa carrière *par une* « *perfidie*, vous vous immortaliserez par votre fidélité. » Il fut facile à Bauvais de découvrir, au contraire, la perfidie de Sonthonax : il avait trop de sens et de bons sentimens pour ses frères, pour se laisser prendre à une telle amorce ; il connaissait d'ailleurs tout le dévouement de Rigaud pour la France. Bauvais avait sans doute un respect outré pour les agens de la métropole ; mais autre chose est d'obéir à un ordre, une décision émanée de l'autorité, et autre chose est de se laisser circonvenir par une insinuation malveillante ; et la lettre de Sonthonax n'est rien que cela [2].

[1] La veuve de Pelletier, française, vint avec son fils dans la partie de l'Est d'Haïti, après sa réunion à la République. Boyer les protégea ; il leur donna toutes les facilités pour s'y établir avantageusement. Borgella, alors commandant à Santo-Domingo, leur fut également utile. Ils avaient connu cette respectable femme et son mari.

[2] Nous avons le registre de correspondance de Sonthonax où se trouvent cette lettre et bien d'autres que nous citerons bientôt. Il l'écrivit à Bauvais et une semblable à T. Louverture, le 6 février 1797. Sonthonax leur disait, que des lettres interceptées par un corsaire républicain, et écrites par le baron de Cambefort et d'autres émigrés, annonçaient que Rigaud *négociait la remise du Sud* avec les Anglais. Ou c'était un stratagème de ces émigrés, ou c'était un mensonge de Sonthonax pour réussir à diviser ces généraux. Rigaud avait

Martial Besse était encore dans le Sud et A. Chanlatte dans l'Ouest, lorsque la proclamation de l'agence leur déféra, au premier l'arrondissement de Saint-Louis, au second celui de Jacmel. Ils voulurent s'installer dans leurs commandemens respectifs. Mais les populations, excitées et irritées par les autres dispositions de cet acte, se soulevèrent et les contraignirent à retourner au Cap. A. Chanlatte, plus adroit que son collègue, fit plus longtemps tête à l'orage populaire [1].

Il est à présumer qu'à Saint-Louis, Lefranc aura été le principal artisan de ce mouvement; car c'était lui ravir son commandement. Mais Rigaud lui-même n'était pas homme à rester en arrière dans une telle circonstance : étant signalé par l'agence, s'il avait accepté M. Besse à Saint-Louis, un autre ordre eût pu le déplacer aussi. De plus, on ne pouvait pas oublier comment M. Besse avait administré Jacmel en 1794.

C'est encore Rigaud, plus que Bauvais, qui fit mettre en mouvement les populations de l'arrondissement de Jacmel, par Ridoré, mulâtre, Lafortune et Conflans, deux noirs, qui reçurent à cet effet les instructions secrètes de R. Desruisseaux.

Bauvais, incapable d'une telle résolution par son extrême

---

effectivement envoyé un agent au Môle, dans les derniers jours de janvier ; c'était pour proposer, comme nous l'avons dit au chapitre X, l'échange de prisonniers anglais contre Pinchinat, Bonnet, etc. Un mois auparavant, le 10 nivôse an 5 (30 décembre) Sonthonax avait écrit à Pétion qui était en garnison à Léogane. « Je sais que depuis longtemps vous êtes sourdement persécuté par
« les factieux; je n'ignore point que vous avez eu la plus grande part aux succès
« contre les Anglais au siége de Léogane en germinal dernier, et que par la plus
« injuste partialité, la relation de ce siége n'a fait aucune mention de vous. »
Après avoir cherché à exciter Pétion contre Bauvais et Rigaud qui publièrent cette relation, pour laquelle nous les avons du reste blâmés, il essayait de diviser Bauvais avec Rigaud.

[1] Martial Besse retourna au Cap le 13 février 1797, et A. Chanlatte, le 4 mai.

modération, fut tellement dégoûté de tous ces troubles civils, qu'il donna sa démission au mois d'avril 1797, en demandant à Sonthonax un passeport pour aller aux États-Unis, à cause de maladie. Sonthonax le voulait bien; il désirait le remplacer par Christophe Mornet ; mais T. Louverture ne consentit pas à cet arrangement. La démission fut donc refusée à Bauvais [1]. Sonthonax le remit à Jacmel : il donna alors le commandement de l'arrondissement de Léogane à Laplume, en l'élevant au grade de général de brigade.

Le département du Sud resta donc isolé, soustrait aux ordres de l'agence, par sa propre faute, par ses injustices. Celui de l'Ouest continua ses relations avec elle, reçut ses ordres et y obtempéra.

Nous avons dit que ces deux départemens se suffisaient depuis longtemps par leurs ressources financières, résultat du bon état des cultures et de la prospérité commerciale qu'il attire toujours ; mais aussi de la bonne gestion des finances par Bonnard à Jacmel, et par Gavanon aux Cayes.

Quant au Nord, nous avons parlé de celle de Perroud, de sa création de papier-monnaie. Vainement cet ordonnateur, et Laveaux avec lui, soutinrent-ils que cette province était bien administrée en finances. Pour prouver le contraire, voyons ce qu'on lit dans le rapport de Marec.

L'agence, par une dépêche du 18 vendémiaire (9 octobre), exposa la situation générale dans laquelle elle trouva la colonie, c'est-à-dire la partie du Nord. Arrivant aux finances, elle dit au ministre de la marine :

---

[1] Depuis cette demande de démission par Bauvais, Rigaud l'appelait souvent *Mademoiselle Bauvais*. Il ne pouvait pardonner cette faiblesse de caractère dans un homme si brave. Cette plaisanterie influa peut-être sur la conduite ultérieure de Bauvais, en 1799, alors que Rigaud avait besoin de lui contre T. Louverture.

« Les ressources de l'administration *vicieuse* de la colo-
« nie, *entièrement épuisées* ; une dette énorme, un crédit
« ruiné ; la culture faiblement encouragée... »

Voilà quelle était cette situation. Il ne peut pas être question ici du département du Sud, où les délégués ont trouvé assez de fonds pour porter leurs dépenses personnelles à 300 mille fr. en deux mois, à près de 7 millions pour autres dépenses.

A l'égard de l'Ouest, le même rapport de Marec nous fait savoir qu'il fut tiré pour 300 mille francs en lettres de change sur le trésorier de Jacmel ; ensuite, que quelques *factieux* de Léogane (les officiers de la garnison) s'opposèrent à l'envoi au Cap de 300 autres mille francs demandés par l'agence ; ensuite encore, qu'il fut pris 100 milliers de café à Jacmel.

Quand on lit de telles choses, et qu'on voit attaquer, persécuter Rigaud et ses frères, uniquement parce qu'il a plu au Directoire exécutif et à ses agens, d'imaginer un système de réaction contre eux, peut-on ne pas entrevoir dans un avenir plus ou moins éloigné, le divorce de Saint-Domingue avec la France ?

Aussi Perroud s'empressa-t-il (d'après Marec) de donner sa démission. Mais, comme cet homme *à peau blanche* avait fait deux écrits contre les hommes *à peau jaune*, l'agence lui donna le titre d'agent maritime de la République à la Havane. Il fut remplacé par un nommé Thibault, ci-devant ordonnateur à Tabago.

« Les agens, dit Marec, voulant sortir d'incertitude sur l'état des finances de la colonie, connaître à cet égard toutes ses ressources, rassurer les habitans et les commerçans étrangers, ont adopté un *plan* d'administration générale, basé sur *des principes* propres à inspirer la confiance ; plan qui *sera* imprimé, publié et envoyé au ministre, et que le Directoire pourra apprécier, etc. »

Nous citerons, dans le 13e chapitre de ce livre, en suivant l'ordre chronologique, une lettre curieuse de Sonthonax à T. Louverture, sur l'état des finances dans le Nord, et l'on verra que le dénûment de la caisse publique fut une des causes de l'expulsion de cet agent de la France.

D'un autre côté, nous voyons que Raymond s'occupait spécialement de *l'instruction publique.* Les actes de l'agence sous ce rapport, durant six mois, se bornèrent à ce qui suit, d'après Marec :

1° Un plan d'organisation *d'une* école primaire *à établir* au Cap, et une proclamation y relative, rédigée dans les meilleurs principes;

2° Un arrêté pour envoyer à tous les commandans militaires de la colonie, le journal l'*Impartial,* dans lequel la commission fait imprimer ses arrêtés et proclamations.

3° Un arrêté pour envoyer à toutes les communes le procès-verbal imprimé de la cérémonie qui a eu lieu à Jacmel, à l'occasion de la mort de l'ex-commissaire civil Polvérel.

4° Un règlement sur le traitement des membres du comité d'instruction publique, des instituteurs, etc.

5° Enfin, une proclamation *éloquente* sur la célébration des fêtes nationales.

Ce que l'agence fit de mieux, ce fut d'avoir envoyé en France quelques jeunes enfans noirs et jaunes, pour y recevoir une instruction supérieure à celle qu'on pouvait donner dans la colonie. Eux tous en profitèrent, facilités par leur intelligence. T. Louverture envoya son beau-fils Placide et son fils Isaac, à la même époque.

Quant à *l'ordre judiciaire*, — « l'organisation de cette « partie essentielle de l'administration publique, dit en- « core Marec, *est à peine ébauchée* dans la colonie de « Saint-Domingue... » Quelques justices de paix, quelques tribunaux correctionnels : — c'est tout, durant six mois.

Mais en revanche, beaucoup d'arrêtés sur la haute police, sur la police ordinaire : parmi eux, plusieurs ont été *censurés* par le rapporteur, comme *illégaux*, comme portant *des peines* que le corps législatif seul avait le droit de prescrire.

On conçoit que le mandat d'amener lancé contre Pinchinat, député élu au corps législatif, mandat décerné avant que la constitution eut été proclamée, avant qu'une nouvelle assemblée électorale *unique* eut été convoquée au Cap, on conçoit bien que celui-là *n'était pas illégal*, tant on avait représenté sa conduite sous un jour défavorable.

Ainsi donc, l'agence envoyée à Saint-Domingue pour établir en définitive l'ordre constitutionnel, le règne des lois par la publication de la constitution de l'an III ; cette agence présidée par un avocat de grande capacité, plus apte qu'aucun de ses collègues à apprécier l'influence de la loi sur les destinées d'un pays quelconque, s'occupa plus d'intrigues politiques et du soin d'assurer sa domination par l'arbitraire, que de ce qui pouvait garantir aux citoyens le libre exercice de leurs droits. Sous elle, l'autorité militaire prit un nouveau développement ; l'autorité civile ne résida que dans les administrations municipales des communes, toujours en lutte avec les chefs militaires ; l'ordre judiciaire, à peine *ébauché*, était insuffisant à assurer le régime légal contre l'arbitraire dont le gouvernement, l'agence donnait l'exemple aux officiers de tous grades ; l'instruction publique était nulle.

Le soin qui occupa le plus cette agence, après celui de sa domination, fut la partie des finances, et encore comment ! L'état des cultures qui en fournissaient les moyens, fut effectivement le fait du pouvoir militaire dans les trois provinces de la colonie.

CHAPITRE XII.

Départ et mort de Leblanc. — Ses soupçons contre Sonthonax, et procédés de ce dernier envers lui. — Mission de Martial Besse en France. — Faits relatifs aux élections des députés de Saint-Domingue. — Ils ne sont pas admis au corps législatif. — Nouvelles élections au Cap de 7 autres députés. — Arrivée du général anglais Simcoë, et mesures prises par lui. — Les Anglais sont chassés de divers points. — Sonthonax fait arrêter Desfourneaux. — Il élève Toussaint Louverture au rang de *général en chef*. — Lettre de ce dernier à Laveaux. — Rigaud échoue de nouveau contre les Irois. — Lettre de Lapointe à Rigaud, et sa réponse. — Mémoire de Rigaud en faveur des hommes de couleur.

On a vu, dans le 9ᵉ chapitre de ce livre, Leblanc, membre de l'agence, y faire la motion — « que Sontho-« nax prît seul les rênes du gouvernement de la colonie, « pour y rétablir l'ordre et la confiance, en faisant valoir le « talisman de son nom et de ses actions passées; » — et Sonthonax décliner cette responsabilité, en promettant de ne rester dans la colonie que jusqu'en germinal de l'an v.

Leblanc, comme nous l'avons dit, avait été employé aux États-Unis pendant que Sonthonax était commissaire civil à Saint-Domingue. Il y avait entendu les colons réfugiés; il connaissait les procédés de ce commissaire envers eux. Depuis cette motion, Giraud, dégoûté, s'était retiré volontairement en France. Sa résolution paraît avoir ébranlé la fermeté de Leblanc qui, dans l'agence, était celui qui résistait le plus à Sonthonax.

Il paraît encore qu'après la mission de la délégation et de Desfourneaux, qui produisit de si funestes résultats aux Cayes, cette disposition d'esprit en Leblanc s'accrut au point, qu'après avoir signé, comme président de l'agence, la proclamation du 23 frimaire, sa conscience vint en aide à son esprit pour ne lui faire entrevoir que malheurs et que désastres dans la colonie. Il s'aperçut alors que Sonthonax, quoi qu'il eût dit lors de sa motion, avait pris la chose au sérieux et se croyait seul appelé à gouverner Saint-Domingue.

En ce moment-là, l'agence allait expédier en France la frégate la *Sémillante*, pour porter au Directoire exécutif ses dépêches du 26 décembre 1796 et 5 janvier 1797, par lesquelles elle lui transmettait toutes les pièces relatives à la mission de la délégation et sa propre proclamation. Leblanc, malade d'ailleurs, prit donc le parti d'abandonner l'agence et de se rendre en France, de même que Giraud. Il le fit avec éclat, après une altercation avec Sonthonax ; et avant le jour fixé pour le départ de la frégate, il se rendit à son bord : elle était mouillée au Port-Français, près du Cap. Mais là, il se croit *empoisonné* : par qui ? Ses soupçons se dirigèrent contre Sonthonax à qui le rapport en fut fait.

Pourquoi ces soupçons d'une perfidie aussi atroce ? Historien, voulant ici défendre Sonthonax contre une telle monstruosité, nous devons en rechercher la cause.

Nous lisons, en effet, dans l'écrit de Gatereau déjà cité, que le bruit avait couru au Cap, que Thomas, capitaine de la frégate la *Méduse* où s'embarqua Villatte, eut une vive discussion avec Sonthonax, à cause des égards qu'il avait eus pour le prisonnier, et que ce capitaine était mort presque subitement, après avoir dîné avec l'agence : ce qui occasionna une sorte de révolte de la part de l'équipage de la frégate, qui soupçonna qu'il avait été *empoisonné* dans le dîner. Nous lisons de plus dans le même écrit, que le vieux général Pierrot étant mort peu après Thomas, on avait encore attribué cet événement au *poison* qu'il aurait reçu, après avoir refusé à Sonthonax de sévir avec rigueur contre les mulâtres du Cap. Gatereau ajoute encore que T. Louverture, quand il venait au Cap, se gardait de boire et de manger chez Sonthonax.

Gatereau, marié à une femme de couleur, a beaucoup écrit en faveur de cette classe dont nous faisons partie. Mais, nous ne nous aveuglons pas au point d'accueillir toutes les imputations faites contre les hommes qui se sont montrés le plus injustes envers cette classe. Sonthonax aussi était marié à une femme de couleur. Mais, en 1792, il avait déporté Gatereau avec d'Esparbès : de là, sans nul doute, le ressentiment, la rancune, la haine même de Gatereau pour lui. Indépendamment de cette considération, ne peut-on pas induire de choses toutes naturelles, que Thomas, Européen, a pu mourir par l'effet de notre climat destructeur, après un repas trop copieux ? Que le général Pierrot, d'un âge avancé, a pu, a dû mourir aussi facilement ? Et quant à T. Louverture, son caractère soupçonneux et méfiant a pu seul le porter à s'abstenir de toutes boissons, de tous alimens chez Sonthonax.

Quoi qu'il en soit, on voit dans ces faits, dans ces bruits préexistans, la cause des soupçons injustes de Leblanc contre Sonthonax. Trop emporté, trop violent dans ses passions *politiques*, il ressentit d'autant plus vivement l'injure faite à son honneur par Leblanc, que celui-ci, lors de sa motion, avait semblé donner crédit au bruit qui circulait alors, que les assassinats du Port-de-Paix étaient suscités par lui, puisque les noirs les auraient commis au cri de *Vive Sonthonax !* : ce qui, du reste, n'était pas bien prouvé.

Dans l'irritation produite en lui, Sonthonax se disposait à faire contraindre la *Sémillante* à partir, en lui tirant des coups de canon, lorsqu'elle mit à la voile. Un tel procédé eût été inqualifiable ; la seule intention manifestée par Sonthonax, d'en agir ainsi à l'égard de son collègue malade, et porté sans doute au délire par la maladie même, a suffi pour accréditer contre lui toutes les imputations que la malveillance a lancées à son égard.

Peu de jours après son départ, Leblanc mourut à bord de la frégate.

Il paraît que peu après, Martial Besse fut envoyé aussi en mission en France, porteur de dépêches de l'agence, réduite à deux membres : il revenait alors du Sud. Sonthonax n'a pas dû ignorer la répugnance éprouvée pour ce général, par T. Louverture, et qu'il manifesta dans une de ses lettres à Laveaux. Bientôt, nous verrons encore éloigner A. Chanlatte, sans doute par le même motif. Ces deux militaires, de même que Villatte, avaient combattu contre T. Louverture, quand il était au service de l'Espagne : il ne savait pas oublier, et Sonthonax faisait tout pour lui être agréable.

Venons à un sujet plus intéressant : examinons ce qui s'est passé en France et à Saint-Domingue, à propos de la représentation de cette colonie.

En achevant la constitution de l'an 3, la convention nationale avait rendu un décret, le 13 fructidor (30 août), par lequel il était défendu de faire des élections au corps législatif pendant toute l'année républicaine, du 23 septembre 1795 au 22 septembre 1796, c'est-à-dire pendant l'an 4. Mais, comme la plupart des membres de la convention entraient dans les deux conseils, des Anciens et des Cinq-Cents, par rapport à Saint-Domingue, le 1er vendémiaire an 4 (23 septembre) un autre décret décida que ses députés qui avaient été admis à la convention, siégeraient au corps législatif jusqu'à ce que la colonie pût élire d'autres membres. Dufay, J.-B. Belley, Garnot, Mills et Boisson Laforêt, purent donc y prendre place. Joseph Georges, élu en 1793, n'avait pas été en France.

On a vu que ces députés avaient écrit à Saint-Domingue pour engager les provinces du Sud et de l'Ouest à en envoyer aussi en France. Ceci est attesté dans un rapport de Cholet au conseil des Cinq-Cents, du 22 avril 1798. Ainsi, quand Pinchinat le soutenait au Cap, pour convaincre Laveaux et Perroud de la nécessité d'autoriser les élections dans ces provinces, il disait vrai. Par suite de l'autorisation accordée de mauvaise grâce, par des motifs politiques que nous avons signalés, les élections eurent lieu en germinal an 4, dans l'ignorance absolue du décret du 13 fructidor.

En arrivant au Cap, l'agence les déclara nulles en vertu de ce décret. Mais, poussant l'inconséquence jusqu'à la passion, en faisant proclamer la constitution en août 1796, elle convoqua cette assemblée électorale dont nous avons parlé, où furent élus Laveaux, Sonthonax, Thomany, Brothier, Louis Boisrond et Pétiniaud : celle-ci aurait dû en nommer sept, mais elle réserva une place pour la partie ci-devant espagnole, a-t-elle dit dans ses procès-verbaux, quoique l'agence n'eût point convoqué des électeurs pour cette partie dont on n'avait pas même pris possession. De quel droit l'agence agissait-elle ainsi, sinon d'après sa volonté dictatoriale ? Sur quelle loi se basa-t-elle pour n'avoir qu'une seule assemblée électorale au Cap ? Sur une loi du 10 juillet 1791. N'avait-elle pas été abrogée, cette loi, par le décret du 22 août 1792 ?

Laveaux étant parti pour France en octobre, sur le même navire partirent Brothier, Thomany, Louis Boisrond et Pétiniaud, laissant Sonthonax, leur collègue, continuer sa dictature.

Mais, en France, on contesta les élections du Cap, faites en contravention ouverte au décret du 13 fructidor an 3. Cela donna lieu à la formation d'une commission au conseil des Cinq-Cents, dont Doulcet fut le rapporteur. Il fit ressortir « la nullité des élections ordonnées
« par l'agence qui *osa* convoquer *dans un seul point* les
« électeurs d'un pays qui a plus de 200 lieues de côtes ; la
« fixation *arbitraire* par elle du nombre des électeurs ;
« la précipitation de la convocation de l'assemblée électo-
« rale ; le petit nombre des votans, sans connaissance
« exacte du *chiffre* de la population ; l'état *de danger* où
« elle avait déclaré être la partie du Nord ; les *excès*, les
« *violences* faites dans l'assemblée ; enfin, le désir d'exer-
« cer *une influence certaine* sur les électeurs. » Après avoir ainsi stigmatisé les agens du Directoire exécutif, le rapporteur conclut à faire déclarer *nulles* les élections du Cap : ce qui eut lieu. En conséquence, les députés rendus en France ne furent pas admis au corps législatif.

Ce rapport de Doulcet, présenté le 23 février, fut immédiatement suivi de celui de Marec, du 1er mars, dont nous avons cité tant de passages. Ce dernier, on le conçoit fort bien, disposa favorablement le corps législatif pour l'agence à Saint-Domingue.

Or, une loi avait été rendue, le 27 pluviôse an V (15 février), qui déterminait que cette colonie enverrait désormais 13 députés au corps législatif. Dès qu'elle parvint au Cap à Sonthonax et à J. Raymond, avec le rapport de Marec, ils jugèrent bien que le Directoire exécutif réussirait à la fin, à faire admettre les 6 députés, élus déjà au Cap. Sonthonax surtout, qui dirigeait les affaires, compta sur la présence de Laveaux en France.

En conséquence, il ordonna la convocation d'une nouvelle assemblée électorale au Cap, toujours en vertu de la loi du 10 juillet 1794. Malgré la scission opérée avec le département du Sud, ses électeurs et ceux de l'Ouest y furent appelés ; mais aucun ne se rendit à cet appel : les difficultés de la guerre étaient d'ailleurs trop réelles, pour leur permettre de se rendre dans le Nord.

L'assemblée électorale se tint au Cap, le 9 avril 1797, et élut 7 membres pour compléter la députation des 13, bien que les 6 premiers eussent été exclus. De l'urne électorale sortirent les noms suivans : Leborgne, G.-H. Vergniaud, deux blancs ; Etienne Mentor, J.-L. Annecy, Pre Antoine fils, trois noirs ; J. Tonnelier et A. Chanlatte, deux mulâtres. Ces deux derniers et les deux blancs partirent le 14 juin, du Port-de-Paix, sur le brig la *Loyauté*, fort bien nommé pour amener Leborgne en France [1].

[1] Sonthonax avait fait compter 200 piastres à chacun de ces 4 députés. Le 5 juin, Leborgne lui écrivit de lui faire donner 3 milliers de café en sus, afin de prouver à la France que les noirs étaient dignes de la liberté, puisqu'ils savaient travailler. C'eût été autant de pris sur l'ennemi. Mais il avait affaire à un dictateur intelligent. Sonthonax lui répondit que ses états de comptabilité, comme agent central, étaient une meilleure preuve en faveur des noirs, que ne pouvait être *ce faible échantillon de café*.

Les trois noirs furent retenus dans le Nord, à cause d'une mission que leur réservait Sonthonax, dans l'Ouest. A. Chanlatte y était encore, quand l'assemblée électorale l'élut député : Sonthonax lui faisait ainsi donner un congé, utile à ses vues.

Le général anglais Simcoë arriva d'Europe au mois de mars : il releva le général Forbès dans le commandement supérieur qu'il exerçait. Déjà plusieurs autres généraux avaient été relevés : les Anglais reconnaissaient la difficulté de se maintenir encore longtemps dans la colonie, où ils avaient perdu considérablement d'hommes par la guerre et surtout par la fièvre jaune, et dépensé d'énormes sommes, sans étendre leur conquête. Simcoë mit un peu d'ordre dans ces dépenses, en réduisant au tiers le grand nombre de légions qui avaient été créées pour donner de l'emploi aux émigrés français et aux colons. Garder les diverses places et les positions occupées, fut pour cet officier la chose indispensable.

Depuis longtemps, avant l'affaire du 30 ventôse, T. Louverture avait écrit des lettres à Laveaux pour être autorisé à attaquer les Anglais à Las Caobas et à Banica, et Laveaux s'y était refusé en alléguant pour motifs, que ce serait violer le traité de paix fait avec l'Espagne. Or, le territoire de la partie espagnole avait été cédé à la France, et les Espagnols favorisaient les Anglais. T. Louverture jugeait donc mieux que le gouverneur, car la guerre a des lois inflexibles ; mais il dut obéir à son chef.

Sonthonax ne pouvait pas adopter les futiles raisonnemens de Laveaux : il tenait d'ailleurs à favoriser l'élévation de T. Louverture. Celui-ci visait au titre de *général en chef*, et voulait ajouter ce nouveau fleuron à la couronne militaire qu'il avait obtenue avec le grade de général de division. Il eut l'ordre ou l'autorisation de s'emparer d'abord du bourg du Mirebalais où les Anglais s'étaient maintenus jusque-là, se reliant avec d'autres points, également en leur possession.

De son côté, Sonthonax n'était pas fâché de prouver en France qu'il savait pousser avec vigueur les affaires militaires comme celles qui tenaient à la politique, et qu'enfin il était un homme *nécessaire* à Saint-Domingue. Pour mieux faire réussir T. Louverture sur qui il avait ses vues, il ordonna à Desfourneaux, commandant du Nord, de marcher aussi contre Vallière, afin d'en chasser les Anglais, et des hauteurs où ils se tenaient dans le voisinage de Banica. Le plan de cette campagne (suivant Pamphile de Lacroix) avait été préparé par le colonel du génie Vincent. Les colonels Moïse, H. Christophe et Charles Chevalier contribuèrent beaucoup à son succès : le 5 mars, Vallière fut pris.

Au lieu de marcher contre Banica, Desfourneaux revint au Cap, probablement pour ne pas trop aider aux succès de T. Louverture : ce qui mécontenta Sonthonax [1].

Pendant ce temps, T. Louverture marchait contre le Mirebalais qu'il enleva, le 9 avril, aux mains du vicomte de Bruges. Il ne s'y arrêta pas ; il envahit les montagnes des Grands-Bois, et intercepta ainsi toutes communications entre les Anglais qui occupaient alors Las Caobas, Banica, Las Matas, Saint-Jean et Neyba. Ces bourgades furent évacuées, et leurs garnisons se concentrèrent au

---

[1] Après cette campagne, Sonthonax promut Moïse au grade de général de brigade, le 19 mars, et Laplume le 20. Peu après, il éleva au même grade J. J. Dessalines et Clervaux, et Paul Louverture à celui de colonel. Etienne Mentor fut fait adjudant-général, sur la demande de T. Louverture. Jacques Boyé l'était déjà, au 26 janvier.

Cul-de-Sac. T. Louverture s'y porta à la tête de sa cavalerie pour faire une simple apparition, d'après son rapport à Sonthonax : à son approche, les avant-postes de la Croix-des-Bouquets se replièrent sur ce bourg qui ne fut pas attaqué. Il fit maintenir des troupes dans les montagnes des Grands-Bois et du Trou-d'Eau.

Tandis qu'il allait contre le Mirebalais, les généraux Bauvais et Laplume, sur l'ordre de Sonthonax, faisaient marcher le chef de bataillon Pétion contre les postes occupés par les Anglais, dans la colline de la Rivière-Froide et sur le morne L'hôpital [1]. Ces ennemis avaient fait venir des troupes de Saint-Marc, sous les ordres de Dessources ; et au moyen de ce renfort, ils avaient repoussé Pétion. Les garnisons revenues de l'Est furent employées à garder la Croix-des-Bouquets et la plaine qui l'environne.

Après cette campagne, T. Louverture retourna aux Gonaïves. Là, il reçut une lettre de Sonthonax qui lui témoignait *le désir qu'il vînt au Cap.* Il y arriva le 1er mai.

Le dictateur qui n'avait pas tenu *la balance de l'impartialité* entre Desfourneaux et Montbrun, qui ne l'avait pas tenue davantage entre ce général et Rigaud, ne la tint pas non plus entre T. Louverture et lui. Dans la nuit du 1er au 2 mai, Sonthonax fit arrêter Desfourneaux qui fut embarqué sur la flûte l'*Indien,* dans la rade du Cap.

Il ordonna d'empêcher toutes communications avec lui.

---

[1] Pétion fut nommé chef de brigade adjudant-général, le 19 mai, sur la demande de Laplume, pour continuer à servir dans l'arrondissement de Léogane. A cette occasion, Sonthonax lui écrivit d'employer tous ses soins pour prémunir Laplume contre les intrigues et les séductions de Rigaud. L'intérêt du moment lui fit oublier que Pétion avait soutenu Montbrun, dénoncé par lui. Rigaud avait envoyé quelques troupes à Laplume, pour aider Pétion dans ses efforts contre les Anglais : Sonthonax ordonna de les renvoyer dans le Sud, afin d'éviter tout contact avec les hommes qui servaient sous Rigaud.

Le 4, il répondit à une lettre de Desfourneaux, qu'on ne pouvait lever le scellé mis sur ses papiers ; il le fit transférer à bord de l'aviso *les Droits de l'homme* (droits violés à son égard), qui le transporta au Port-de-Paix où le général Bedos reçut l'ordre de l'enfermer au Grand-Fort, d'empêcher toutes communications avec lui, même de la part des *sentinelles,* sous le prétexte qu'il pourrait chercher à soulever les troupes, et de le réduire seulement à la ration de *pain,* attendu qu'il n'y avait pas assez de salaison : enfin, il fut traité comme un écolier insoumis, — au pain sec et à l'eau.

Nous avons ces divers ordres sous nos yeux, au moment où nous écrivons ces lignes. Tels furent les procédés employés envers Desfourneaux.

Voyons comment Kerverseau parle de ce fait, dans son rapport :

« A mon retour (de sa mission aux Cayes) l'agence, par son arrêté du 2 nivôse an v (22 décembre 1796), me nomma adjudant-général, chef de l'état-major de la division du Nord commandée par le général Desfourneaux ; et j'en exerçais les fonctions, lorsque l'arrestation *arbitraire et vexatoire* de ce général, et la promotion de Toussaint au généralat en chef, qui la suivit immédiatement, établirent un nouvel ordre de choses dans la colonie.... Le jour même de son installation, Toussaint partit du Cap, *sans prendre congé* (de Sonthonax). »

Une lettre de T. Louverture à Laveaux, datée de l'habitation Descahos, le 23 mai, lui parle d'abord des Anglais qu'il a *chassés* des différentes bourgades de la partie espagnole, et lui dit ensuite :

« Je viens d'être promu, par la commission du gouvernement français, au grade de général en chef de Saint-

Domingue. Inspiré par l'amour du bien public et le bonheur de mes concitoyens, *je ne suis point ébloui par l'éclat des grandeurs....* Mes vœux seront à leur comble, et ma reconnaissance parfaite, si, avec l'aide de Dieu, je suis assez heureux pour pouvoir, après avoir expulsé les ennemis de la colonie, dire bientôt à la France : — L'étendard *de la liberté* flotte enfin sur la surface de Saint-Domingue ! »

Cette dernière phrase était à l'adresse du Directoire exécutif : T. Louverture l'écrivait pour être communiquée par Laveaux, son prôneur obligé ; et il venait de laisser Sonthonax stupéfait de son brusque départ du Cap ! Il méditait déjà son renvoi de la colonie ; il se conciliait d'avance l'approbation du Directoire exécutif.

C'est donc l'arrivée de T. Louverture au Cap, désirée par Sonthonax, qui détermina l'arrestation de Desfourneaux ; c'est pour pouvoir élever le noir que le blanc fut ainsi maltraité. Il reçut le grade de général en chef, le 3 mai.

L'appréciation de ces faits par Kerverseau nous explique toute la pensée de Sonthonax. Arrêter Desfourneaux arbitrairement, c'est n'avoir contre lui aucun motif plausible, avouable. Nommer immédiatement un autre général de division au rang de général en chef, c'est prouver qu'on a voulu se débarrasser violemment de l'autre pour arriver à ce résultat. Desfourneaux était plus ancien que T. Louverture ; il arriva général de division avec l'agence. Laveaux étant congédié depuis quelques mois, c'était à Desfourneaux qu'eût dû revenir cette haute promotion, et en l'arrêtant, il n'y avait plus d'obstacle aux vues qu'on se proposait.

Cette conduite seule suffit pour faire juger du caractère de Sonthonax et de la passion qu'il savait mettre pour arriver à ses fins. Pour lui, Desfourneaux n'était plus un instrument utile [1].

Comment Rigaud, déjà interdit, proscrit, eût-il pu se plaindre de l'élévation de T. Louverture, lui *mulâtre* qui ne pouvait avoir aucune prétention, lorsqu'un *blanc* toujours si choyé, si caressé, subissait une telle rigueur? Et quels enseignemens ne ressortent pas de ces faits? Naguère, Desfourneaux ne pensait qu'à enlever à Rigaud sa position : le voilà maintenant traqué par rapport à T. Louverture !

Cependant, Rigaud n'était pas resté dans l'inaction. Dans ses proclamations il avait promis de continuer à combattre les Anglais : il marcha contre eux aux Irois, au milieu d'avril, pendant que T. Louverture agissait contre le Mirebalais. Il donna de nouveaux assauts au fort de ce lieu et ne put l'enlever. Ce fort avait l'avantage d'être situé tout près du rivage de la mer : la frégate la *Magicienne* vint s'embosser et cribla la troupe assaillants de ses boulets. Rigaud dut renoncer à cette conquête impossible; mais il détacha un de ses bataillons qui se porta sur le bourg de Dalmarie et l'incendia.

Durant ce temps, les Anglais faisaient reprendre le Mirebalais et les Vérettes, par Dessources. Ce succès appela le nouveau général en chef sur les bords de l'Artibonite : il y vint avec une nombreuse armée, contraignit Dessources à abandonner les Vérettes, le poursuivit et le tailla en

---

[1] Dans son rapport, J. Raymond attribua l'arrestation de Desfourneaux à une *protestation* qu'il rédigea pour être envoyée en France, contre les élections du mois d'avril. Sonthonax a pu la prendre pour prétexte; mais le vrai motif fut le désir d'élever T. Louverture. D'ailleurs, J. Raymond, resté au Cap, n'aurait pu l'avouer sans déplaire au général en chef dont il fut le complice dans l'embarquement de Sonthonax.

pièces. Se rabattant contre le Mirebalais, il reprit ce bourg en chassant les Anglais : ils n'y revinrent plus. Paul Louverture en prit le commandement.

Le général en chef marcha ensuite contre Saint-Marc, dans les premiers jours de juin. Après quelques actions où périt le colonel Desrouleaux, du 7e régiment, il dut renoncer à l'enlever.

On était arrivé alors au mois de juillet. Les Anglais voulurent essayer, encore une fois, de porter Rigaud à trahir la cause de la France, dans la supposition que la conduite de l'agence envers lui, la connaissance qu'il avait en ce moment du message du Directoire au corps législatif, et la promotion de T. Louverture au généralat en chef, seraient autant de motifs pour le porter à accepter leurs offres. Ils avaient déjà reconnu qu'il était inaccessible aux offres d'argent ; ils tentèrent de le convaincre par des considérations politiques, pour conserver l'existence de la classe des hommes de couleur, menacée par la duplicité du gouvernement français. En conséquence, l'infâme Lapointe fut chargé de lui adresser la lettre suivante :

Arcahaie, le 12 juillet 1797.

Au général André Rigaud, commandant la province du Sud.

La guerre que le commissaire Sonthonax allume contre vous, doit vous convaincre de la perversité de ses projets et de sa constante résolution de faire de Saint-Domingue, le sépulcre de tout ce qui fut avant la révolution, libre et propriétaire : cet homme altéré de sang, après avoir anéanti ou pour mieux dire réduit à un tel point de nullité, les blancs, qu'il n'a plus rien à craindre d'eux, appelle la vengeance des nègres contre les hommes de couleur. Les malheureux blancs qui se trouvent dans son parti, aveuglés par la haine et le préjugé abondent dans son sens. Pour les y amener, il a dépeint à leurs yeux les hommes de couleur comme les destructeurs de Saint-Domingue. Le perfide sait bien le contraire ; mais pour justifier ces atroces complots, il le répète sans cesse. Le gouvernement français feint de le croire ou le croit réellement ; *il vous a mis hors la loi*, et Sonthonax, avide de tout ce qui peut contribuer à faire couler un sang qui n'eut d'autre tort que celui de l'avoir trop écouté, a déjà sonné le tocsin de la mort sur la tête de ce qu'il appelle aujourd'hui *les mulâtres*.

De grands préparatifs sont faits contre vous : le nègre Toussaint, aidé des blancs qui ont eu la lâcheté de se ranger sous sa bannière, emploie la vigilance la plus active pour s'ouvrir une communication dans le Sud. Nous le gênons à la vérité ; il faudrait pour cela nous forcer ; eh ! la chose n'est pas aisée. Je ne crois pas, quoi que m'en aient dit quelques-uns de ses partisans que j'ai été à même de voir ces jours derniers, que son projet soit de vous attaquer à force ouverte. Cet esclave est trop lâche pour l'entreprendre ; mais je suppose qu'il compte sur l'influence que lui donne sa couleur et le rôle qu'on lui fait jouer, sur les noirs, pour capter ceux de votre province. Alors vous vous verriez réduit à périr de la main de ses satellites, devenus plus féroces à l'instigation des bourreaux qui arment leurs bras contre vous.

Vous connaissez sans doute la proclamation de Sonthonax par rapport à vous ; vous aurez sans doute remarqué avec quelle barbare adresse il rappelle l'affaire des nègres de la Croix-des-Bouquets, connus sous la dénomination de *suisses*, embarqués par Caradeux pour la baie des Mosquitos.

Attendrez-vous que ce monstre consomme ses forfaits ? Attendrez-vous qu'il porte les derniers coups à la population libre ? .... et que par son machiavélisme il soit parvenu à faire de cette île superbe une nouvelle Guinée ? La faction dont il est l'agent n'eut jamais d'autre but ; et, quoique ce terrible système soit changé en France, le cruel n'a pas renoncé à ses projets. Ouvrez, je vous en conjure, les yeux, promenez vos regards dans l'avenir ; et recourant à cette énergie qui vous a fait surmonter tant d'obstacles, prenez un parti qui vous sauve et ceux que la fortune lie à votre sort, d'un massacre et d'une proscription semblable à celle qu'il exerça contre les blancs, lors de son premier voyage dans cette colonie.

Nous touchons peut-être au moment où une paix générale rendue à l'Europe règlera les destinées de Saint-Domingue. Ne serait-il pas flatteur pour vous d'avoir préservé les restes infortunés des hommes et des propriétés des lieux où vous commandez, de la fureur dévastatrice des brigands qui ne connaissent que l'anarchie ? Croyez que, quelle que soit la puissance destinée à posséder Saint-Domingue, elle s'estimera heureuse d'y trouver le noyau d'une colonie contre laquelle tant de coups ont été dirigés, et les conservateurs auront seuls raison.

N'attendez pas que la guerre s'allume dans les lieux où vous commandez : vous connaissez ses ravages. Ils entraîneraient infailliblement la destruction de ce que vous avez conservé, et le hideux en retomberait sur vous.

Je ne vous propose aucun parti : vous êtes grand et sage. Je vous envoie un ouvrage imprimé vers la fin de l'année dernière, sous les yeux du directoire français ; lisez-le avec attention : cette lecture fixera votre opinion sur tout ce qui a trait à la colonie. Je désire que vos réflexions se rencontrent avec les miennes.

Si vous êtes jaloux de répondre à mon ouverture, j'en serai enchanté. Cela pourrait nous mener, sans compromettre notre honneur, à quelque chose d'utile à la colonie. Je suis autorisé à cette démarche par mes chefs ; le désir de concourir à la restauration de mon pays me l'a fait entreprendre. Par le moyen de mes bâtimens armés vous pourrez correspondre avec moi par les barges de Léogane. Je ne vous indiquerai aucun moyen d'exécution. Peut-être ne les auriez-vous pas ; mais mes bâtimens me les donnent. Celui qui protège le parlementaire chargé de la présente, reparaîtra cinq jours après son arrivée devant le Petit-Goave. Alors, à un signal, qui sera pavillon *national* devant, et *anglais* derrière, vous pourrez le renvoyer. Votre loyauté m'est garante de sa sûreté. Son équipage est de deux hommes.

Faites tout pour la perfection de votre ouvrage ; la conservation, c'est votre apanage ; ne souffrez pas qu'on le souille. Je ne puis m'étendre davantage. Il me suffit : j'ai commencé, continuez ; et si vous le désirez, nous nous expliquerons ouvertement. (Signé) J. B. LAPOINTE.

Telle fut la lettre captieuse adressée à Rigaud, par le traître qui avait livré l'Arcahaie à la Grande-Bretagne, rétabli le plus dur esclavage contre les noirs, assassiné de sa propre main des hommes de couleur, les uns et les autres ses frères. Elle fut apportée au Petit-Goave par le major Ango ; et la corvette anglaise qui le protégeait, était commandée par un ancien officier de la marine française, émigré, du nom de Du-Petit-Thouars, colon du Nord.

Lisons maintenant la réponse de Rigaud.

Aux Cayes, le 29 messidor an 5 de la République française une et indivisible (17 juillet 1797).
Le général Rigaud, à J. B. Lapointe, aux Arcahaies.

J'ai reçu avec autant de surprise que vous méritez de mépris, la lettre que vous m'avez écrite ; et mon étonnement s'est accru à chaque ligne que j'en ai lue.

D'abord, j'ai cru que ce pouvait être l'aveu des crimes que vous avez commis envers votre patrie et vos frères : je m'imaginais que, reconnaissant enfin la profondeur de l'abîme où vous vous êtes précipité, vous vouliez, avant de subir le sort qui vous attend, transmettre à la postérité, par mon entremise, le tableau des plaies que vous avez faites à l'humanité : mon cœur s'ouvrait à la joie en vous croyant encore susceptible de remords.... Mais non : vous persévérez dans le vice, et vous proposez à un républicain intègre de vous imiter !.... de sacrifier ainsi la gloire de vous avoir combattus, vous et vos maîtres, et d'avoir constamment résisté à vos efforts réunis, à vos promesses et à vos menaces ! Et dans quel temps, grand Dieu ! osez-vous tenir ce langage ? Au moment même où la paix rendue à l'Europe, dites-vous, règlera les destinées de Saint-Domingue. Ces destinées peuvent-elles être incertaines ? Et Lapointe peut-il se flatter d'en goûter le fruit ? La colonie de Saint-Domingue peut-elle appartenir à une autre puissance qu'à la République française ? Et pouvez-vous espérer d'y finir paisiblement vos jours, après avoir abreuvé cette terre de tant de sang innocent [1] ?

Est-ce vous qui prenez tant d'intérêt à mes camarades et à moi, vous qui avez fait égorger impitoyablement ceux qu'il était en votre pouvoir de sauver ? Vous qui auriez consommé, si vous l'aviez pu, la destruction de tous les hommes de couleur attachés à leur patrie, avez-vous l'audace de vous montrer sensible aux malheurs dont vous les croyez menacés ?

Si nous avons quelques différens avec les agens que le gouvernement

---

[1] Lapointe est mort aux Cayes, dans la même ville où mourut Rigaud, quelques années après lui ! Après avoir erré à l'étranger, dans le mépris de ceux qui le connaissaient, il obtint de Pétion la permission de rentrer en Haïti dès 1812. Le chef qui secourut Billaud-Varennes dans sa détresse, pouvait bien souffrir que Lapointe vînt mourir sur sa terre natale.

français a envoyés dans la colonie, c'est à ce gouvernement seul à en connaître. Nous n'avons et ne voulons avoir d'autre appui que sa justice.

Si les Africains [1], pour la liberté desquels j'ai combattu, devenaient ingrats au point de méconnaître mes services, je n'en serais pas moins fidèle à ma patrie, pas moins attaché aux sublimes principes qui m'ont dirigé : je trouverais au fond de mon cœur la douce consolation d'avoir embrassé une cause *à laquelle la mienne est nécessairement liée*, et qui aurait été aussi *la vôtre* si vous aviez connu vos vrais intérêts ; mais ils ne sont pas tous si injustes à mon égard : l'affection de ceux qui me connaissent me venge bien de la haine qu'on a suggérée à ceux qui n'ont pas été à portée de m'apprécier. Au reste, un républicain qui, pour le bonheur de son pays, sait affronter la mort dans les combats, doit-il la craindre de la part des factions de l'intérieur ? Et cette crainte doit-elle le porter à trahir ses devoirs, à vivre dans l'ignominie plutôt qu'à mourir, s'il le faut, avec gloire et sans reproche ?

Il n'est pas étonnant que vous m'ayez envoyé un livre composé par un colon et qui ne parle que de la nécessité de l'esclavage. La lecture que j'en ai prise n'a fait que me convaincre de la conformité des principes de l'auteur avec les vôtres et ceux de vos pareils.

Je dois réprimer *votre insolence et relever le ton méprisant* avec lequel vous me parlez du général français, Toussaint Louverture. Il ne vous convient pas de le traiter *de lâche*, puisque vous avez toujours craint de vous mesurer avec lui, *ni d'esclave*, parce qu'un républicain français ne peut pas être un esclave. Ces titres vous appartiennent, parce que vous n'avez jamais su combattre vos ennemis qu'avec les armes de la perfidie lorsqu'ils étaient sans défense, et parce que vous servez des hommes dont vous ne pourrez jamais devenir l'égal, que vous travaillez, en les servant, à maintenir l'esclavage. Toussaint, au contraire, combat sous les drapeaux de la liberté pour affranchir les hommes que vous asservissez. Sa qualité *de nègre* ne met aucune différence entre lui et ses concitoyens, sous l'empire d'une constitution qui n'établit pas les dignités sur les nuances de l'épiderme.

Lorsque vous aurez pris connaissance de mes sentimens par la lecture de la présente, vous serez sans doute convaincu que mon honneur serait gravement compromis, si j'avais une plus longue correspondance

---

[1] On se rappelle que Sonthonax et Polvérel appelaient les noirs *africains*, et les hommes de couleur, *citoyens du 4 avril*.

avec vous. Je ne réponds à votre ouverture, que pour vous payer le juste tribut d'indignation que votre conduite liberticide et sanguinaire vous attire de tous les hommes sensibles. Chargé de si grands forfaits, il ne vous reste plus d'honneur. Vos chefs ont si bien senti cette vérité, qu'après m'avoir envoyé *des propositions anonymes*, ils vous ont chargé de m'en faire de *signées*, comme n'ayant pas d'honneur à compromettre. Mais moi, qui suis jaloux de conserver le mien, je ne puis plus longtemps m'entretenir avec un traître.

Vos envoyés ne méritent pas plus d'égards que vous ; car ce sont aussi des Français rebelles à leur patrie et exposés à toute la rigueur de ses lois. Ils ne peuvent être considérés comme parlementaires, étant chargés d'une mission contraire à toutes les ˙˙s de la guerre. Ce ne serait donc pas manquer de loyauté que de les retenir, et je ne les renvoie que pour vous faire parvenir ma réponse.   (Signé : A. RIGAUD.)

Certainement, Lapointe disait à Rigaud bien des vérités dans sa lettre ; mais elles étaient déjà palpables, pour ainsi dire, et pour Rigaud et pour tous ses frères qui avaient su observer la perversité de la faction coloniale, depuis le commencement de la révolution. Il était prouvé pour eux, que l'aveuglement des passions de Sonthonax personnellement, servait à merveille les projets constamment formés par cette faction, de détruire la classe des hommes de couleur pour maintenir les noirs dans l'esclavage. Un écrit de lui, du 21 septembre 1794, en réponse à Bourdon (de l'Oise), disait des colons : « C'est au décret « du 16 pluviôse qu'ils en veulent ; ils se flattent partout « de le faire rapporter. »

Mais, qu'avait fait la Grande-Bretagne en venant s'emparer de quelques points de la colonie, sinon rétablir la classe blanche dans sa prépondérance ? Ses agens n'avaient-ils pas fait fusiller de nombreux hommes de couleur ? Dans quel but ? De maintenir ou rétablir l'esclavage des noirs.

Nous le répétons : la publicité donnée aux débats, ayant convaincu que les commissaires civils avaient été *contraints* de donner la liberté aux noirs, le regret éprouvé était sincère en Europe où l'on s'était habitué à leur esclavage, pour obtenir une immense production et la richesse qu'elle procure : les Européens y tiennent trop, pour avoir pu, alors, se désabuser sur ce point.

Mais, pour les hommes de couleur qu'on poursuivait alors avec acharnement, était-il de leur devoir de suivre l'inspiration d'un vil égoïsme, en contribuant volontairement à une modification quelconque de la liberté générale? Non ! et ce n'était pas Rigaud surtout, qui avait devancé Sonthonax dans cette voie, qui pouvait s'y prêter. Résister comme il a fait, voilà quel était son devoir : il le remplit consciencieusement ; et ce qu'il répondit à Lapointe, qu'il méprisait avec raison, prouve qu'il avait la profonde conviction, que la liberté générale devait triompher de tous les vains obstacles qu'on lui opposait, de toutes les perfides intentions qu'on avait contre les noirs. Que lui importait, en outre, la haine ou l'injustice dont Lapointe le menaçait de leur part et dont il ne souffrit jamais? Est-ce qu'un homme politique s'arrête ainsi à de pareilles considérations, à de telles appréhensions, s'il a l'âme élevée, si les sentimens de son cœur sont d'accord avec ses principes? Il poursuit sa marche, quel qu'en doive être le résultat: Lapointe ne pouvait comprendre ce que le devoir moral prescrivait à Rigaud.

Nous aimons à trouver dans la réponse de ce dernier, la défense judicieuse qu'il prit de T. Louverture, contre le vil serviteur des Anglais. Elle fut conséquente aux relations qui existaient entre lui et le général en chef, et dont il avait pris la louable initiative, en lui envoyant Pelletier.

D'ailleurs, Rigaud, fils d'une négresse, ne pouvait avoir aucun sentiment de répulsion pour T. Louverture, nègre lui-même, lorsque son frère Joseph Rigaud était aussi un nègre. Le mulâtre ne peut pas haïr le nègre, non plus que celui-ci ne peut le haïr : des différends peuvent exister entre eux, comme il en existe entre les blancs ; mais ce n'est pas à cause *de leur couleur* ni *de leur origine* : elles sont semblables [1].

C'est probablement alors que Rigaud sentit la nécessité de publier son mémoire, qui parut trois semaines après sa réponse à Lapointe. Celle-ci est du 17 juillet, le mémoire est du 18 thermidor (5 août).

Ce document, rédigé *en réfutation des écrits calomnieux contre les hommes de couleur de Saint-Domingue*, présente un résumé succint de tous les faits révolutionnaires, depuis 1789 jusqu'aux derniers événemens produits par les procédés de l'agence et la mission de sa délégation aux Cayes. Il rappelle la perfidie des colons à toutes les époques, contre les hommes de couleur et les noirs, et la conduite de ceux-ci : nous en avons cité assez de passages pour faire comprendre l'esprit dans lequel il fut écrit. Mais en évoquant la grande ombre de Polvérel, il ne dissimula pas le peu d'estime que lui inspirait Sonthonax, dont la conduite fut toujours si différente de celle de son collègue.

« Ombre de Polvérel, dit-il, de quel œil vois-tu aujourd'hui l'accusation injuste que de lâches ennemis intentent contre les hommes de couleur ? Craindrais-tu qu'on pût

---

[1] Le système colonial des Européens a bien pu, a dû même imaginer ces idées absurdes pour mieux asservir la race noire ; mais c'est aux deux branches de cette race à se prémunir contre ces distinctions, afin de ne pas faire des sottises qui nuiraient à leurs destinées.

réussir à les décourager ou à lasser leur constance ? Tranquillise-toi ; mes frères et moi, nous périrons tous avant qu'on porte la moindre atteinte à ton ouvrage. Liberté ! Liberté ! Tel est notre cri de guerre. France ! France ! Voilà notre cri de ralliement ; et *l'audacieux calomniateur* couvert de honte et de confusion, ne trouvera plus de ressource que dans un lâche désespoir. »

Cette évocation des mânes de Polvérel, en même temps qu'il qualifiait Sonthonax de *perfide* et de *machiavélique*, coïncidait avec les mesures que, dans le Nord, T. Louverture prenait en ce moment pour expulser de la colonie le chef de l'agence, de qui il avait reçu le grade de général de division et le rang de général en chef de l'armée.

Cet événement, aussi extraordinaire qu'important, va faire le sujet du chapitre suivant.

CHAPITRE XIII.

Correspondance de Sonthonax avec les généraux et Toussaint Louverture. — Mission d'Etienne Mentor, Annecy et Gracia Lafortune dans l'Ouest. — Préoccupations de Sonthonax contre Rigaud. — Il fait arrêter le général Pierre Michel. — Projet de conspiration. — Message du Directoire exécutif au Conseil des Cinq-Cents. — Insubordination des troupes de l'Artibonite, leur dénûment, leurs plaintes. — Irritation de Toussaint Louverture. — Idlinger et les finances. — Causes du départ forcé de Sonthonax pour la France. — Toussaint Louverture au Cap. — Il se concerte avec J. Raymond et Pascal. — Ses lettres à Sonthonax, ses mesures et diverses autres circonstances. — Sonthonax s'embarque et part. — Son discours du 4 février 1798. — Députation envoyée en France. — Jugement sur Toussaint Louverture, J. Raymond et Sonthonax.

Ce fut sans doute une grave atteinte portée à l'autorité de la métropole, ce fut un grand attentat politique commis par T. Louverture, lorsqu'il se décida à contraindre Sonthonax de quitter la colonie pour retourner en France. Mais, plus nous avons été jusqu'ici sévère, plus nous le serons encore envers ce noir célèbre, plus aussi notre impartialité nous impose le devoir d'exposer toutes les considérations qui peuvent atténuer ce fait qui lui a été reproché, comme prouvant à un haut degré son ambition et son machiavélisme.

Nous avons déjà relaté beaucoup d'actes de la part de

Sonthonax; mais on ne connaît pas encore tout ce que cet agent de la France a fait à Saint-Domingue, pour encourir sa déportation, effectuée d'ailleurs dans les formes les plus douces et les plus habiles en même temps. Il faut donc dire ce qu'il fit, ce qu'il voulait faire encore, exposer la situation qu'il s'était faite à lui-même et à la colonie, pour pouvoir apprécier et juger le fait reproché à T. Louverture. Il faut examiner si ce dernier pouvait raisonnablement continuer à supporter cette situation tendue; s'il n'était pas de son devoir de la faire cesser par la résolution qu'il a prise.

Quoiqu'il eût été au service de l'Espagne, il n'avait pas ignoré de quelle manière Sonthonax avait exercé son pouvoir de commissaire civil dans le Nord et dans l'Ouest, pendant sa première mission. Depuis que cet agent était revenu dans la colonie, T. Louverture avait été à même d'observer cette politique inquiète, ces procédés despotiques qui le caractérisaient et qui lui firent prendre la haute direction de toutes les mesures arrêtées par l'agence. Pour un homme qui réunissait tant de tact à une ambition si grande, rien n'était perdu. Il s'était attaché à complaire à toutes les vues de Sonthonax, dans l'intérêt de cette ambition, soit qu'elles fussent le but du gouvernement français, soit qu'elles fussent le résultat des passions personnelles de cet agent. T. Louverture voulant parvenir à une position supérieure à celle de tous les autres généraux, avait su mettre à profit toutes ses dispositions à l'y élever : il avait été nommé général de division, et enfin général en chef de l'armée.

Mais en même temps, il avait observé comment Sonthonax avait agi à l'égard de Villatte, de Pinchinat et de Rigaud; comment Giraud avait été dégoûté des choses qui se passaient sous ses yeux, quels procédés furent employés à l'égard de Leblanc, envers Desfourneaux, naguère le favori de Sonthonax : tout récemment encore, le général Pierre Michel venait aussi d'être arrêté par ses ordres et mis en détention au fort Picolet. Il suffisait sans doute de toutes ces mesures, pour faire comprendre à T. Louverture que Sonthonax ne considérait les hommes que comme des instrumens qu'il employait quand ils lui étaient utiles, et qu'il brisait ensuite lorsqu'ils n'étaient plus propres à ses vues. Il le comprenait d'autant mieux, que c'était ainsi qu'il les considérait lui-même : de là sa propension à se débarrasser de celui qui le gênait maintenant, dans l'exercice de l'autorité qu'il voulait exercer. Mais, voyons si Sonthonax lui-même ne contribua pas à faire naître l'idée de son expulsion de la colonie : examinons ce qui résulte de sa correspondance particulière, en dehors de cette agence réduite à lui et J. Raymond, au mépris des droits de son collègue.

On a vu Sonthonax chercher à exciter Bauvais contre Rigaud, et nous avons dit que Bauvais, dégoûté, timoré, donna sa démission au commencement du mois d'avril. En même temps, il envoya à Sonthonax une liste d'officiers promus provisoirement à différens grades, pour avoir la sanction de l'agence. Demander sa démission pour aller aux États-Unis, ce n'était pas vouloir exercer à Jacmel ni à Léogane une influence en dehors de celle de l'autorité ; mais comme il n'avait point voulu se désunir avec Rigaud, le dictateur lui devint hostile.

Il écrivit le 7 avril à T. Louverture, alors général de division, commandant le département ou plutôt la province de l'Ouest : « Vous pensez bien, cher général, que

« je n'irai pas jeter à la tête de Bauvais ses propres créa-
« tures et des hommes à sa dévotion. Nous devons être
« très-sévères sur le choix de ces officiers, et je ne ferai
« rien sans vous avoir préalablement consulté. » Alors il
nomma Laplume général de brigade commandant l'arrondissement de Léogane, que la proclamation du 23 frimaire avait déféré à Bauvais; et comme on ne voulait pas
d'A. Chanlatte à Jacmel, il proposa à T. Louverture d'y
envoyer Christophe Mornet : « Je serais d'avis, dit-il, de
« nommer définitivement Christophe Mornet à ce com-
« mandement : sous tous les rapports, c'est, à mon avis,
« l'homme qu'il *nous* faut. Attendu *sa couleur* (noire) il
« sera bien vu, et comme ami de la liberté *des noirs;* sa
« qualité d'ancien libre le rendra aussi agréable *aux*
« *hommes de couleur;* et *les blancs* sachant que c'est un
« officier imbu *de la pureté de vos principes et l'un de*
« *vos élèves*, le verront avec plaisir. »

T. Louverture n'étant pas de cet avis, le 20 avril Sonthonax écrit à Bauvais que l'agence ne peut accepter sa
démission dans les circonstances présentes, qu'elle compte
sur son civisme et son attachement aux intérêts de la République pour rester à son poste : — « Croyez qu'elle vous
« tiendra compte de ce sacrifice. » Mais en même temps,
c'est à Laplume de présenter une nouvelle liste des officiers à nommer. Bauvais, chargé de le faire reconnaître
au grade de général de brigade, reçoit l'ordre d'aller
prendre le commandement de l'arrondissement de Jacmel,
et Laplume est invité de correspondre souvent avec la commission, *et surtout* avec T. Louverture. A ce dernier, Sonthonax écrit le 24 avril : — « Donnez-moi, je vous prie, des
« nouvelles de l'arrivée du brevet de Laplume et de la *sen-*
« *sation* qu'aura faite le nouveau grade dont on l'a décoré. »

Opposer les noirs aux jaunes, voilà toute sa préoccupation : c'est à lui qu'il faut imputer le renouvellement des distinctions de couleurs imaginées par le système colonial.

Il avait à peine élevé Laplume, qu'il se tourmentait de ne pas recevoir de lettres de lui ; il témoigne ses inquiétudes à ce sujet à T. Louverture. Mais à la fin, Laplume lui écrit ; et comme cet officier faisait d'incessantes demandes de grades et des recommandations en faveur d'officiers, *hommes de couleur*, qu'il aimait, on voit que cela inquiète Sonthonax. Il engage Laplume à être plus *avare* de recommandations : il n'ignore pas, en effet, que c'est à l'influence de Rigaud et de Bauvais, que cet officier a dû de ne pas se livrer aux Anglais, avec Pierre Dieudonné et Pompée qu'il avait fait arrêter, et il redoute encore l'effet de cette influence sur son esprit et son cœur. Le 19 mai il lui écrit : « Je connaissais la lettre que Rigaud
« vous a écrite, avant que vous m'en eussiez envoyé copie,
« parce que, *sans sortir de mon cabinet*, je sais tout ce
« qu'on projette partout où est Rigaud. Mes instructions
« vous disent la conduite que vous avez à tenir à son égard :
« prudence et surveillance, sont les deux seules choses que
« j'aie à vous recommander avec les rebelles du Sud. »

En effet, le même jour Sonthonax envoie des instructions à Laplume, pour sa gouverne dans le lieu qu'il commande. A côté des recommandations on ne peut plus convenables, faites pour qu'il ne se laisse pas aller à la persécution contre aucune classe d'hommes, pour les porter à fraterniser ensemble, nous remarquons ces passages :

« Je n'ignore point que les commandans militaires du Petit-Goave, Miragoane, l'Anse-à-Veau, Fond-des-Nègres, compriment les vœux secrets des communes. Le temps des *vengeances* n'est pas loin; mais croyez que *la foudre* ne frappera que sur les seuls coupables, les instigateurs des mouvemens qui ont fait résister aux ordres de votre prédécesseur Bauvais, et qui feraient méconnaître les vôtres... Essayez les moyens de persuasion, de douceur, de paix; *laissez à la France le soin de punir* les auteurs de la rébellion aux ordres de ses agens. Si Rigaud se présentait à Léogane comme simple *voyageur*, et n'ayant que ses aides de camp, recevez-le comme *un camarade, un frère d'armes;* mais s'il venait avec des troupes, faites-lui signifier qu'il n'entrera pas sur le territoire que vous commandez. »

Or, ces commandans militaires, ce Rigaud signalé avec eux, sur qui doit tomber la foudre de la France, sont les amis, les camarades d'armes de Laplume qui leur est attaché. S'ils sont rebelles, Rigaud surtout, pourquoi permettre que ce dernier puisse être admis à Léogane, même sans troupes? N'est-ce pas là une inconséquence propre à porter Laplume à penser que Sonthonax ne sait ce qu'il fait ni ce qu'il veut?

Aussi le 20 juin il écrivit de nouveau à Laplume : « Si
« les mouvemens de Rigaud sont aussi hostiles que vous
« me les représentez, vous ne devez pas hésiter un moment
« à employer tous vos moyens pour le repousser. Tâchez
« de vous entendre avec le général Bauvais *pour le mettre*
« *entre deux feux.* »

Mais le 25 il apprend que Laplume a envoyé une députation à Rigaud, au Petit-Goave.

« D'après la réponse de Rigaud à la députation, vous avez fait une très-grande *faute* d'entrer en très-grande conférence avec lui. Vous vous êtes exposé *aux séductions* de cet homme. Vous avez perdu de l'attitude sévère et réservée que vous deviez tenir à son égard. Rigaud pourra donner à cette entrevue les couleurs d'une fraternisation entre vous deux, et les citoyens qu'il a égarés, vous croyant d'accord, ne le regardant plus comme un rebelle, ne se prononceront plus contre lui. Si je n'étais assuré de la pureté de vos intentions, je m'appesantirais *sévèrement* sur une démarche qui peut avoir des suites dangereuses. Plus d'entrevue désormais *avec les rebelles du Sud*, plus de communications *d'aucune espèce. Ne recevez jamais Rigaud à Léogane*, ni seul, ni accompagné, avec ou sans forces ; il ne faut pas que vous le voyiez ; il ne faut pas que son souffle *empoisonné* puisse s'exhaler sur vous. Si vous êtes menacé ou attaqué par les Anglais, adressez-vous au général Bauvais ; s'il est dans l'impuissance de vous secourir, *alors*, comme la conservation du territoire doit faire passer sur toutes les considérations, *vous demanderez* à Rigaud *des renforts;* mais vous lui observerez bien que les officiers qui les commanderont vous seront subordonnés, et lui-même surtout, dans aucun cas, ne doit mettre les pieds à Léogane. »

Conçoit-on des ordres aussi contradictoires ? Tantôt Sonthonax permet à Laplume de recevoir Rigaud à Léogane, comme un camarade, un frère d'armes, tantôt il lui en fait défendre l'entrée ; il ordonne de le mettre entre deux feux, de commencer la guerre civile, de ne pas recevoir ses troupes dans l'arrondissement de Léogane ; et cependant, si les Anglais menacent Laplume, il l'autorise à demander des renforts à Rigaud ; Laplume doit ainsi, dans ce cas, correspondre avec le rebelle, tandis qu'il lui a défendu toute correspondance avec lui. Il a créé une fausse situation par ses injustices envers Rigaud, et elle l'embarrasse maintenant.

Et tous ces ordres passent sous les yeux de T. Louverture ou lui sont communiqués par des lettres en copie, afin qu'il les renforce par ses propres instructions. Celles envoyées à Laplume se terminaient ainsi : « Je vous re-
« commande fortement de vous appuyer dans toutes vos
« opérations sur les conseils du général en chef. Non-
« seulement comme son subordonné, vous devez exécuter
« ponctuellement tous ses ordres, mais ses moindres *avis*
« doivent être des ordres pour vous. *C'est l'homme de la*
« *commission; c'est l'espoir de l'armée et la terreur de nos*
« *ennemis.* Ecoutez-le, obéissez-lui, et je vous prédis des
« succès[1]. » Ces instructions furent envoyées ouvertes à T. Louverture pour en prendre lecture. Ce général n'a-t-il pas vu dès-lors le côté faible de Sonthonax, n'a-t-il pas apprécié tous ces ordres contradictoires d'une autorité passionnée ?

Il y en a encore d'autres. Le 16 juillet, Sonthonax écrit à Laplume : « Je ne puis *qu'applaudir*, mon bon
« ami, aux motifs qui vous ont déterminé à envoyer des
« députés aux insurgés (Lafortune et Conflans), *concur-*
« *remment* avec Bauvais *et* Rigaud. Cependant, je vous
« conseille *d'éviter toute espèce de liaison*, même momen-
« tanée, *avec cet homme* (Rigaud), qui est évidemment
« *l'auteur des troubles, par l'entremise* de Desruisseaux
« et de Ridoré. »

Il applaudit à l'entente de Laplume avec Rigaud, et il conseille en même temps d'éviter toute espèce de liaison avec lui ! Pour s'entendre, il faut être lié, avoir des rapports ensemble.

Il avait fait envoyer des armes à Laplume; des fusils

---

[1] Ces conseils ont bien profité à Laplume, en effet : il les suivit surtout en 1799.

étaient rendus aux Gonaïves pour lui être encore expédiés ; mais le 29 juillet, il écrit à T. Louverture : « Le « rappport que m'ont fait Mentor et Annecy, et qu'ils vous « ont fait sans doute à vous-même sur la situation de « l'Ouest, me fait trop mal présumer de la *faiblesse* de ce « général (Laplume), pour ne pas craindre avec raison « que ces mêmes armes tourneraient contre lui, et par « conséquent *contre nous*. Cessez tout envoi d'armes et « autres objets. »

Inquiet de l'influence qu'exerçait Rigaud, qu'il avait contraint à la scission, à la *rébellion*, Sonthonax avait imaginé la mission dans l'Ouest, de Mentor, Annecy et Gracia Lafortune, trois noirs, pour détruire cette influence aux yeux des noirs de Léogane, de Jacmel et des campagnes qui avoisinent ces villes. Les deux premiers, députés élus en avril au corps législatif, avaient été retenus pour cette mission, tandis que les autres se rendaient en France. Le troisième était un honnête homme, africain d'origine. Cette mission fut conçue après l'entrevue de Laplume avec Rigaud. Une lettre à T. Louverture, du 24 juin, lui dit :

« Les représentans du peuple, Mentor et Annecy, partiront dans six jours pour se rendre à Léogane, et il n'y a pas de doute que leur présence ne fasse bon effet auprès de *notre ami* Laplume. Ils vous verront en passant et prendront *vos instructions. Je vous prie* de vous joindre à moi pour faire sentir au général Laplume tout le danger de son entrevue avec Rigaud ; elle a été *secrète* : ce qui est de la plus périlleuse conséquence *auprès de nos frères les noirs*, qui vont perdre confiance dans le chef que *nous* leur avons donné dans l'Ouest. »

Quatre jours auparavant, il écrivait à T. Louverture : « *Je vous prie de surveiller les émissaires* de Rigaud « *qui arrivent furtivement aux Gonaïves.* Dominique, du « Cap, est l'un des principaux agens de correspondance [1]. »

Le 28 juin, les députés dans l'Ouest apportent à Bauvais et à Laplume des lettres qui les recommandent et font connaître le but de leur mission.

Sonthonax s'efforce de persuader à Bauvais que Rigaud le fera chasser de Jacmel, comme il en a été d'A. Chanlatte.

« Vous êtes environné *de traîtres* qui vous livreront aux rebelles du Sud. Le danger que vous courez n'est point *imaginaire* ; il est imminent : des hommes sûrs qui sortent d'auprès de vous m'ont donné les renseignemens les plus précis et les plus vrais sur votre position et sur les desseins de Rigaud. Il est donc de votre intérêt comme de celui de la République, *de vous concerter une bonne fois* avec le général Laplume et les représentans du peuple, pour faire avorter les projets de Rigaud. *La commission* attend de vous *des mesures fortes et imposantes.* Vous avez bien commencé ; il ne s'agit plus que de bien finir. »

A Laplume : « Ces trois citoyens se rendent près de « vous pour vous aider à déjouer les intrigues de Rigaud ; « ils sont chargés de ramener, dans la dépendance de « Léogane et de Jacmel, le calme et la paix intérieure, *le* « *règne des lois* et l'obéissance à ses organes. Le citoyen « Gracia Lafortune... a déjà rempli une pareille mission « dans la partie de l'est du département du Nord...; *il est* « *de nation africaine, et je crois même de la vôtre* [2]. Son

---

[1] C'est cette lettre de Sonthonax que nous avions annoncée au chapitre XI : elle prouve ce qu'ont avancé Gatereau et Kerverseau, sur la correspondance dont Rigaud prit l'initiative.

[2] Laplume était Africain, de la nation des *Congos*.

« *éloquence simple, naïve et sans art plaira à nos frères*
« *de l'Ouest;* » (les noirs.)

A quoi ne descend pas Sonthonax, pour convaincre Laplume?

Et des instructions analogues furent données aux trois députés, aux deux représentans surtout qui savaient lire :

« Vous emploierez sous vos ordres le citoyen Gracia Lafortune, délégué par la commission *pour prêcher dans les montagnes l'évangile* de la paix et de la liberté : *l'éloquence africaine,* simple et sans art de ce bon citoyen deviendra *un levier puissant* dans vos mains. C'est à vous à le diriger sur tous les points où il pourra agir, et à tirer parti des avantages que ses effets vous procureront... Vous manderez près de vous le chef des révoltés Lafortune (compagnon de Conflans); vous le ferez *aboucher* avec le délégué Gracia. *L'ascendant* que doit donner à la bonne cause l'influence réunie des représentans du peuple, décidera facilement la conversion de ce Séïde de Rigaud. *Surtout, citoyens, n'épargnez point les promesses !* La commission tiendra la parole de ses agens... »

Or, Étienne Mentor, chef de cette mission, était un homme de tact : il avait été déjà envoyé à Jacmel pendant les agitations occasionnées par le commandement donné à A. Chanlatte; il avait vu ce peuple en mouvement, là et à Léogane, et il s'en était tiré heureusement. Cette seconde fois, se rappelant ces faits et ceux qui eurent lieu aux Cayes dans le mois de fructidor précédent, il se garda de suivre les instructions de Sonthonax à la lettre. Aucun d'eux n'alla dans les campagnes, ni à Jacmel, dans la crainte qu'il ne leur arrivât le sort d'Édouard, tout noirs qu'ils étaient. Après avoir passé quelques semaines à Léogane, ils revinrent au Cap. L'irritation de Sonthonax contre

Rigaud n'en fut que plus grande, et il fut mécontent de ce qu'il appelait *la faiblesse* de Laplume. Il ne fut pas moins mécontent de ce que Bauvais ne voulait pas agir contre Rigaud, et à cette occasion il avait écrit le 18 juillet à E. Mentor et Annecy, qui étaient à Léogane : « *Vous ne devez pas négliger d'acquérir tous les matériaux nécessaires pour développer la conduite de Bauvais,* depuis *la naissance des troubles du Sud*, et notamment depuis l'arrivée de Chanlatte à Jacmel. »

Cependant, sa délégation aux Cayes avait fait l'éloge le plus complet de la conduite de Bauvais pendant les troubles du Sud ! Sonthonax ignorait-il que Bauvais était l'ami de Rigaud ? Quel était donc ce caractère despotique qui voulait que tout pliât à sa volonté dictatoriale ?

En veut-on d'autres preuves ? Voyons ce que Sonthonax faisait du général Pierre Michel, l'un des héros du 30 ventôse, pendant qu'il ordonnait à Mentor et Annecy de réunir des matériaux d'accusation contre Bauvais.

Il paraît que Pierre Michel, aussi brutal que Desfourneaux, était étroitement lié avec ce prisonnier. Le 5 mai, trois jours après l'arrestation de Desfourneaux, le bruit courut au Cap et dans ses environs, que Pierre Michel allait être arrêté aussi. Le commandant de Limonade, nommé Passepartout (nom guerrier), adressa une lettre à cette occasion à Sonthonax, lui disant que des gérans de plusieurs habitations en étaient inquiets. Pierre Michel lui-même lui écrivit à ce sujet le même jour. Sonthonax répondit à l'un et à l'autre, que ce bruit était sans fondement, et que s'il y avait eu lieu, Pierre Michel aurait été arrêté comme Desfourneaux.

« Il est bien vrai, dit-il à Passepartout, que pendant

quelques jours, le général Pierre Michel s'est laissé mal entourer, qu'il a été circonvenu par le général Desfourneaux qui cherchait *à l'égarer.* »

« J'ai été assez clairvoyant, dit-il à Pierre Michel, pour m'apercevoir que pendant quelque temps vous avez prêté l'oreille *à des insinuations perfides, à des conseils insidieux* qui vous auraient conduit à votre perte, si vous aviez eu la faiblesse de les suivre... Vous avez été faible un moment; mais vous n'avez jamais été coupable, et j'étais certain que vous ne le seriez jamais devenu; aussi jamais rien ne fut plus loin de ma pensée, que l'idée de vous punir *du tort* que vous avez eu *d'écouter un homme dangereux* [1], par la raison que j'étais convaincu que vous n'auriez jamais celui de vous laisser entraîner *dans le piège où il s'est pris lui-même...* »

Et alors, Pierre Michel eut ordre de partir pour marcher avec T. Louverture, qui allait attaquer Saint-Marc. Mais il se dit malade et obtint ensuite un permis d'aller se traiter au Port-Margot. A la mi-juillet, quelque insubordination eut lieu parmi des dragons dans ce bourg, et Pierre Michel fut accusé de les y avoir excités. Sonthonax donna l'ordre *de l'arrêter* et de le conduire au Cap. Le général Léveillé, commandant l'arrondissement, ami de Pierre Michel, sollicita la permission de lui faire garder les arrêts chez lui-même, au bureau de l'arrondissement, afin qu'il pût se soigner. Sonthonax le fit visiter par un officier de santé qui constata qu'il avait une maladie chronique; et Sonthonax décida alors, en bon médecin, qu'une

---

[1] C'est Desfourneaux qui est ainsi désigné ! Quand Sonthonax l'employait contre Montbrun et Rigaud, c'était le meilleur citoyen : voulant élever T. Louverture au rang de général en chef, Sonthonax le fait arrêter ; Desfourneaux devient un homme dangereux ! Les accusations portées contre lui dans le Sud n'étaient donc pas *fausses et calomnieuses !*

telle maladie pouvait être traitée d'autant mieux au fort Picolet, qu'il y avait *un air plus pur* que dans la ville : il réduisit en même temps le personnel des gens qui devaient l'y accompagner, à une femme et un domestique, en ordonnant à Léveillé d'interdire toute visite au grand nombre de femmes qui venaient le voir. C'était le 21 juillet.

Le même jour, il en donna avis à T. Louverture et à Moïse. Le 23, il écrivit de nouveau à T. Louverture :

« Je vous ai prévenu que la gravité des faits dont ce général était inculpé, avait déterminé *la commission* à s'assurer de sa personne et à le détenir au fort Picolet. Si la commission avait suivi la marche rigoureuse de *la loi*, elle eût livré *le coupable* à un conseil militaire ; si elle eût écouté les conseils que des hommes de tous les états et *de toutes les couleurs* lui ont donnés, *elle eût déporté pour France le général coupable d'avoir compromis la tranquillité publique*. La commission n'a pas adopté le premier parti, parce que, plus indulgente que sévère, il lui a suffi de prévenir le mal *en s'assurant* de celui qui voulait le faire ; elle a rejeté le second, parce que, outre que la commission ne se conduit pas par la clameur publique, *elle n'a pas cru qu'il fût politique d'envoyer en France* un officier supérieur qui a bien mérité de la République, *le 30 ventôse an IV*, en soutenant la dignité du gouvernement français à Saint-Domingue, et en couvrant, pour ainsi dire, de son corps la première autorité de la colonie. *Détenir* le général Pierre Michel *jusqu'à la paix* serait donc le parti *le plus sûr, le plus convenant, le plus politique*, et sans contredit *le plus indulgent*. Il pourrait, ou rester ici à Picolet, ou auprès de vous au Morne-Blanc (fort des Gonaïves). *Ce sera vous qui en déciderez ; c'est sur votre avis seul, sur les mesures que vous me conseille-*

rez de prendre définitivement à l'égard de ce prisonnier, que je provoquerai de la commission un arrêté qui fixe son sort. Je vous envoie un arrêté relatif à l'arrestation de ce général. *Il ne sera pris aucune autre détermination à son sujet, avant votre réponse.* »

C'est ainsi que Sonthonax, avocat, comprenait la justice. Villatte, selon lui, avait été heureux de n'être pas jugé par un conseil de guerre, et d'être déporté en France : Pierre Michel est fort heureux de n'être pas aussi jugé ni déporté, et d'être détenu dans un fort *jusqu'à la paix*, sans doute parce que tel était le sort réservé à Desfourneaux, fort heureux lui-même d'être détenu au fort du Port-de-Paix. Et pourquoi ne pas les déporter tous deux en France, puisqu'ils étaient devenus des hommes dangereux pour la colonie? Cette mesure eût été plus douce, en les mettant à l'abri des passions qui naissent dans les troubles politiques. Lorsque déjà un général *mulâtre* y avait été déporté, éloigner également un général *blanc* et un général *noir*, c'eût été prouver son impartialité. Mais, outre que les éloges flatteurs faits de Desfourneaux et de Pierre Michel, par la correspondance de l'agence, eussent été difficiles à détruire en France, par les accusations qui motivèrent leur arrestation, Sonthonax devait redouter ce qu'ils auraient raconté de ses procédés despotiques : il devait craindre aussi que les noirs qu'il flattait par système, eussent été émus de voir embarquer pour la France un des leurs, que l'année précédente il portait aux nues. On voit ensuite qu'il n'était pas trop rassuré sur la manière dont T. Louverture envisagerait cette arrestation, tandis qu'elle servait à souhait le projet qu'il méditait en ce moment, en désaffectionnant entièrement les noirs pour Sonthonax, si tant est qu'ils lui portèrent plus d'attachement que les hommes de couleur. Cette lettre à T. Louverture, du 23 juillet, prouve encore à quel point Sonthonax sentait son autorité déchue devant celle dont il avait revêtu le général en chef; elle est au fond celle d'un inférieur à son supérieur, et vingt autres lettres que nous pourrions citer encore le prouveraient[1]. Citons-en une.

Deux jours après celle dont il s'agit, le 25 juillet, Sonthonax écrit de nouveau à T. Louverture, au sujet de Macaya (l'interlocuteur de Polvérel en 1793) et deux autres brigands, dit-il, de la Grande-Rivière, qu'il venait de faire arrêter par le général Moïse, comme prévenus de *complot* pour soulever ce canton. Il dit à T. Louverture qu'il voulait *proposer à la commission*, (c'est-à-dire à lui-même qui faisait tout, à J. Raymond qui signait tout, à Pascal qui enregistrait tout) de nommer une commission militaire pour les juger, mais qu'il est indécis :

« Je pense, continue-t-il, qu'il est urgent de nommer cette commission, *qui ne pourrait prononcer* contre les accusés convaincus *une peine moindre que la réclusion jusqu'à la paix*[2]. *Cependant, avant de me déterminer, j'attendrai votre réponse sur cette mesure. Je désirerais même qu'il vous fût possible de venir conférer avec moi. Outre le plaisir de vous voir et de vous embrasser, mille raisons plus importantes les unes que les autres me font*

---

[1] « Ce n'étaient pas seulement *des égards* que lui témoignait le gouvernement « (l'agence), c'étaient *des respects* qu'il lui rendait (à T. Louverture). Chacun « des agens négociait secrètement avec lui et croyait s'assurer de la suprématie en se l'attachant. Mais, constamment renfermé en lui-même, il se refusait à toutes les avances..... Il ne conférait en particulier qu'avec le seul « Sonthonax auquel il ne cessa de paraître attaché, jusqu'au moment où il le « renversa. » (Rapport de Kerverseau au ministre de la marine.)

[2] Que devenait donc la constitution proclamée, si les tribunaux civils ou même militaires devaient recevoir les injonctions de l'agence, dans le jugement des accusés? Quel affreux despotisme! Et c'est un avocat distingué qui pensait, qui agissait ainsi! Dicter des arrêts à la conscience des juges!

ardemment souhaiter votre présence au Cap pendant quelques jours au moins. J'ai surtout à vous parler sur l'affaire de Pierre Michel. Depuis ma dernière à son sujet, *il a été découvert un plan de conspiration de la plus grande étendue.* Les bornes d'une lettre ne me permettent pas d'entrer dans les détails : qu'il vous suffise de savoir que son dessein était *de soulever l'armée contre les autorités supérieures de la République, d'envahir lui-même le gouvernement et le commandement de l'armée*; et s'il n'avait pu réussir, il se serait réuni aux malveillans des pays reconquis pour faire une trouée et aller se joindre aux Anglais. *Vous, le général Moïse et moi* devions être ses premières victimes; le commissaire Raymond aurait été seulement *détenu comme un otage, ou pour en disposer suivant les circonstances*[1]. Sans croire ni rejeter toutes les déclarations faites à ce sujet, elles sont tellement *précises*, que je crois à la possibilité de tant de crimes. Je vous écris une heure après que les déclarations ont été reçues au secrétariat de la commission. Je vous laisse à juger de leur importance. »

S'il est vrai que le général Pierre Michel conçut un tel projet de conspiration, il n'était donc pas meilleur citoyen que Villatte et que Rigaud ?

Mais ne peut-on pas croire plutôt qu'en ce moment-là, s'adressant à T. Louverture, Sonthonax était dans la même situation où s'est trouvé depuis, l'empereur Paul Ier, de Russie, s'adressant au comte de Pahlen [2]? Est-il pos-

---

[1] Nous prions le lecteur de noter cette phrase; car il verra ce que T. Louverture fit de J. Raymond, après l'expulsion de Sonthonax.

[2] Paul 1er apprend qu'une conspiration a été formée contre lui; il en parle au comte de Pahlen, gouverneur de Saint-Pétersbourg, l'un des conspirateurs. Ce dernier fait précipiter le complot; et dans la nuit, Paul 1er est assassiné. Nous allons voir bientôt comment T. Louverture agit à l'égard de Sonthonax.

sible que Pierre Michel ait formé cette conspiration, lorsque T. Louverture était déjà général en chef de l'armée? Qui ne voit la main de ce dernier dans cette prétendue trame de Pierre Michel?

Déjà, le 6 avril, Sonthonax avait écrit à Charles Chevalier, qui commandait à Caracol, sur *une vaste conspiration* qui paraissait se former en cet endroit, où Moïse commandait en chef. A celui-ci, il avait écrit le 13 du même mois, sur un mouvement semblable dans tout son arrondissement; et il venait de faire arrêter Macaya à la Grande-Rivière, pour le même objet.

Mais, ce qui est encore plus positif, c'est que cinq jours après la nomination de T. Louverture au grade de général en chef, le 8 mai, Moïse adressa une lettre à Sonthonax où il lui disait, qu'il avait appris que le commissaire député au corps législatif, *allait partir pour France :* l'administration municipale du Cap lui écrivit sur le même objet, en le requérant, au nom du peuple, de continuer à tenir les rênes du gouvernement de la colonie. Sonthonax répondit à Moïse : « *Je ne partirai pas : je ne devais pas
« partir ; je n'ai jamais eu l'idée de partir....* Cependant,
« si je recevais un ordre du gouvernement de me rendre
« en France, je donnerais, par mon obéissance, l'exemple
« de celle qui est due par tout subordonné à une autorité
« supérieure. Je partirais, mais avec le plus vif, le plus
« tendre regret *de quitter mes amis* (les noirs). »

T. Louverture étant retourné dans l'Artibonite, le 14 mai, l'administration municipale des Gonaïves, — le 24, celle de la Petite-Rivière, adressent d'autres lettres à Sonthonax au sujet de son départ prochain, et reçoivent semblable réponse de sa part.

Ces bruits coïncidant avec l'élévation de T. Louverture, il n'y a pas de doute pour nous qu'ils furent son œuvre, afin de sonder les dispositions de Sonthonax et de préparer l'opinion en même temps à l'idée du départ de celui-ci. Mais, sa résolution étant de rester dans la colonie, les projets de conspiration auront aussi circulé pour l'effrayer, comme à Saint-Marc, en 1793, ou tout au moins le contraindre de recourir à l'autorité du général en chef qui, seul, pouvait les déjouer ou les maîtriser. Et voyez comment il réussit à amener Sonthonax à se placer entièrement sous son patronage !

Cinq jours après sa nomination, ce commissaire lui écrivit au sujet de la distribution des arrondissemens entre les généraux et de l'organisation complète des divers régimens ; il le consulta sur ces mesures :

« *Un des principaux objets,* dit-il, que la commission a eu en vue, en vous nommant général en chef, *a été de faire réunir à un seul centre tous les rayons du régime militaire ;* et le but serait manqué, si nous laissions exister quelques rayons divergens. Si, au contraire, l'opération *que je vous propose,* est bien faite, il en résultera une très-grande facilité dans la transmission de vos ordres et la plus grande célérité dans leur exécution. Aussitôt que j'aurai *votre réponse* à cet égard, *je soumettrai le tout* à la commission pour qu'il soit pris un arrêté dont l'exécution vous sera particulièrement confiée. »

Certes, au point de vue moral, Sonthonax ne pouvait faire davantage pour s'attacher T. Louverture, par les liens de l'amitié et de la reconnaissance. Il lui avait déjà sacrifié Rigaud, aussi méritant, aussi capable que lui ; pour pouvoir l'élever au généralat en chef, il lui sacrifia encore Desfourneaux. Mais T. Louverture n'était qu'un homme politique ; il sentit lui-même que *la politique seule* dirigeait

Sonthonax; et les sacrifices que ce dernier faisait en sa faveur, furent ce qui le détermina à la grande mesure qu'il prit bientôt après.

En attendant, voyons encore quelques actes du commissaire.

Dans les premiers jours de juin, il était au comble de la joie : il avait reçu, par la voie des États-Unis, le *célèbre* message du Directoire exécutif, du 22 avril, adressé au corps législatif sur les troubles de fructidor aux Cayes. Il le fit réimprimer sur le *Bulletin officiel* de Saint-Domingue, pour le répandre dans la colonie. Il en adressa plusieurs exemplaires à Laplume, le 12 juin :

« Vous y verrez, lui dit-il, un message du Directoire exécutif au conseil des Cinq-Cents, contenant une approbation *illimitée* des opérations de ses agens à Saint-Domingue, et notamment de la proclamation du 23 frimaire dernier sur les événemens du Sud. Méditez bien cette pièce *intéressante ;* elle peut servir de base à votre conduite. Distribuez-en à tous les bons citoyens, *amis* de la France *et de ses délégués.* »

Le même jour, il écrivit à Bauvais :

« Vous trouverez ci-joints quelques exemplaires du Bulletin officiel de ce jour. Le message du Directoire exécutif qui en fait le premier article, vous fera connaître *combien la politique de la commission a toujours été dans le sens de celle du gouvernement qui nous régit. Je suis charmé que vous n'ayez jamais trempé dans les crimes du Sud,* et que vous n'ayez pas à craindre *les effets de la vengeance nationale ;* mais aussi, je dois vous dire, tant comme *votre ami* que comme commissaire du gouvernement, que si, lorsqu'on vous a disputé le commandement du Petit-

Goave, etc., vous aviez montré *la même activité que dans les derniers troubles de Jacmel,* la bonne cause triompherait dans le Sud, et les rebelles seraient *en fuite.* »

On voit ici que le 12 juin, Sonthonax félicita Bauvais de n'avoir pas trempé dans les crimes du Sud et d'avoir agi avec activité dans les troubles de Jacmel ; cependant, plus avant, nous avons fait remarquer que le 18 juillet, il écrivit à Mentor et Annecy, *de ne rien négliger pour réunir des preuves contre Bauvais, au sujet de sa conduite dans les troubles du Sud, et notamment dans ceux de Jacmel.* Est-il possible d'offrir à l'histoire un caractère sujet à plus de blâme que le sien? Comment T. Louverture, si perspicace, aurait-il pu avoir confiance dans les témoignages caressans de son affection ?

A ce dernier, il écrivit aussi, le 14 juin, au sujet du message du Directoire exécutif. T. Louverture avait été repoussé de Saint-Marc, il y avait peu de jours :

« Si, dit-il, un non-succès militaire a trompé notre espoir sur le résultat de votre campagne, nous avons un dédommagement *dans le triomphe politique le plus éclatant* que la commission pût se promettre en France. Déjà vous avez lu le message du Directoire exécutif, contenant *l'approbation entière des opérations et des mesures politiques, militaires et administratives* de ses agens à Saint-Domingue. Cet *intéressant* message vient de nous être adressé directement par le citoyen Oster, vice-consul de la République à Norfolk, et le chef de division Barney a expédié un aviso exprès pour nous l'apporter. Ainsi, cet acte est de la plus grande authenticité : ce doit être pour vous et pour nous un très-grand motif *de consolation* de votre mésaventure. L'approbation donnée par le Directoire exécutif à la proclamation du 23 frimaire dernier, vous démontre jusqu'à l'évidence *combien notre politique s'accorde parfaitement avec celle du Directoire; et c'est parce que je la connaissais bien, que je vous ai parlé des hommes du Sud comme je l'ai fait* [1]. *Jugez donc à présent,* mon bon ami, *si vous devez vous féliciter d'avoir eu confiance en moi,* et si vous avez *à vous applaudir de votre dévouement aux mandataires du gouvernement français.* L'approbation *solennelle* du Directoire exécutif à nos opérations *est aussi l'approbation implicite de votre conduite* à Saint-Domingue. Soyez sûr que le gouvernement français soutiendra toujours ses agens, lorsque, dans leur mission, *ils déploieront un grand caractère, des principes purs, des intentions droites, une grande énergie* contre les Anglais, *et une fermeté inébranlable envers les ennemis du gouvernement* (les anciens libres, surtout les mulâtres).

« Je reviens à votre entreprise manquée, et je me réfère à ma dernière. Au nom de votre propre gloire, *ne vous laissez point abattre;* ayez soin de votre santé, la chance sera pour nous une autre fois. Quand on a tout fait pour réussir, on a le témoignage intérieur d'avoir bien fait, *et cela console.* »

Il faut reconnaître que si Sonthonax fait tout pour consoler T. Louverture de sa *mésaventure* à Saint-Marc, s'il lui donne des éloges pour n'avoir rien épargné pour enlever cette ville, pour toute sa conduite, il ne se ménage pas à soi-même des éloges pour le grand caractère qu'il a montré, en suivant une politique qui s'accordait si bien avec celle du Directoire exécutif, et qui convenait d'ail-

---

[1] Avant de revenir à Saint-Domingue, Sonthonax savait donc quel était le système politique qu'il faudrait y établir, relativement aux hommes de couleur! Nous trouvons encore ici l'explication des dépêches *secrètes*.

leurs tant à sa manière de voir les choses, d'après ses passions.

Mais il a eu beau consoler T. Louverture, celui-ci resta mécontent de l'insuccès de son entreprise contre Saint-Marc, effectuée immédiatement après qu'il eut reçu le grade de général en chef : au lieu d'un *triomphe* qui devait rehausser cette position, ce fut un *revers ;* et son orgueil, son amour-propre en souffrirent. Il eut en même temps d'autres sujets d'irritation : ce fut l'insubordination qui se manifesta parmi ses troupes, toujours si dociles. Ecoutons Kerverseau, parlant au ministre de la marine :

« Une opération militaire sur Saint-Marc, ridiculement
« combinée, ayant été, comme elle devait l'être, suivie d'une
« déroute honteuse, il s'en prit au gouvernement de son
« ineptie et de ses revers, et retourna aux Gonaïves cacher
« sa honte et méditer sa vengeance. Divers symptômes
« d'insubordination qui se manifestèrent dans ses troupes
« aigrirent ses mécontentemens et irritèrent ses soupçons.
« Les tentatives que fit Sonthonax pour pénétrer le mys-
« tère d'une correspondance très-suivie qu'il entretenait
« avec Rigaud, les fixa sur ce commissaire... »

Quant à l'insubordination des troupes, il paraît qu'elle fut réelle ; car nous remarquons une lettre de Sonthonax à Édouard, colonel du 2e régiment, en date du 21 juin, où il est question de la désertion de 200 hommes de ce corps avec armes et bagages. La désunion paraît avoir existé aussi entre les généraux secondaires ; car Moïse, qui était dans l'attaque contre Saint-Marc, ayant écrit une lettre à Sonthonax où il se plaignait hautement de Dessalines et d'Agé, Sonthonax lui en fit des reproches, par sa réponse du 14 juin.

Le 5 juillet, il répondait à une lettre de T. Louverture

qui l'entretenait de la situation de son armée. Ces troupes paraissaient croire que celles du Nord, qui n'allaient pas contre l'ennemi, étaient mieux entretenues, mieux payées que celles de l'Artibonite, toujours guerroyant : de là leur insubordination.

« Je suis profondément touché du tableau que vous me faites de la situation de votre armée, et *de la faiblesse des ressources* de l'administration des Gonaïves pour l'améliorer. Je sens, comme vous, la nécessité de venir au secours des braves gens qui la composent, et la commission fera à cet égard tout ce qui sera possible. *Quelques brillantes couleurs qu'on ait données à la situation du Nord, elle est bien loin d'être aussi aisée qu'on a pu vous le dire.* Nous avons, il est vrai, une belle perspective, des espérances flatteuses ; mais nous ne vivons encore *que d'espoir, et la réalité de nos moyens est très-bornée.... Je désirerais qu'il vous fût possible d'avoir moins de troupes réglées ;* car une armée nombreuse qu'on ne paye pas ou qu'on paye mal, est un feu dévorant pour l'endroit où elle passe. En Amérique comme en Europe, tout grand rassemblement *est essentiellement dévastateur....* »

Et alors, Sonthonax *propose* à T. Louverture de *licencier* le 2ᵉ régiment du Cap, qui, dans l'Artibonite, a donné l'exemple de la désertion et de l'insubordination aux autres corps, chaque soldat cherchant à gagner ses foyers.

« Je vous *propose* aussi d'envoyer au Cap un bataillon pour y être quelque temps en garnison et être successivement relevé par un autre. Les officiers et soldats de ces régimens *verraient par eux-mêmes*, que si leurs frères d'armes jouissent ici de quelques douceurs dont on leur a fait un si brillant tableau, ils ne les doivent qu'aux occasions de trouver dans une ville populeuse et commerçante, des moyens d'exercer chacun son genre d'industrie ; ils participeraient eux-mêmes à ces douceurs qui leur rendraient moins pénibles les devoirs de leur état. *Voilà, cher général, les moyens que j'ai en vue pour retirer l'armée,* tant de l'Ouest (l'Artibonite) que du Nord, *de cet état de détresse et de besoin* dont mon cœur saigne *et que je ferai cesser, soyez-en sûr.* »

Or, comment faire cesser cette détresse, ces besoins, si les finances, dans le Nord comme aux Gonaïves, sont si stériles? Sont-ce là *des consolations* pour un général en chef qui veut poursuivre le cours de ses conquêtes, que de lui proposer de réduire le nombre de ses soldats, de les faire alterner par bataillon dans la garnison d'une ville où ils pourront travailler, chacun selon son genre d'industrie?

On voit dès-lors ce qui en adviendra : le général en chef mettra ordre à tout cela, *en congédiant* cette autorité civile désormais impuissante. *La politique* dont celle-ci l'a si souvent entretenu, commandera cette mesure, et elle sera prise infailliblement. Toutes les expressions de tendre attachement, de cordiale amitié, tomberont devant cette nécessité, lorsqu'il y a d'ailleurs tant d'autres causes qui y concourent.

Avant d'en venir à la relation de ce fait extraordinaire, disons encore quelque chose sur les finances et les financiers du Cap.

Le 23 mai, Sonthonax répondit à une lettre d'Idlinger, qui était devenu ordonnateur au Cap, après son retour des Cayes :

« *Ce n'est pas la première fois que vous avez outrepassé les limites de vos fonctions* sur cet objet (les travaux publics). Cette *manie de construire à neuf,* lorsqu'à peine nous pouvons suffire à étayer et réparer, *annonce un génie dilapidateur* capable d'ouvrir un abîme sans fond, que plusieurs années de paix ne sauraient combler. Je vous préviens *que si vous vous permettez encore de pareilles infractions* aux arrêtés de la commission sur les travaux publics, je me verrai forcé de prendre à cet égard *des mesures rigoureuses.* »

C'est cet homme cependant, c'est Idlinger aux antécédens frauduleux, parfaitement connus de Sonthonax, c'est lui qu'il envoya aux Cayes pour remplacer Gavanon! Si son génie dilapidateur osa se montrer sous les yeux mêmes de son patron, qu'on juge de la désorganisation qu'il aurait portée dans les finances du Sud et de l'Ouest, s'il en avait eu le temps. Et c'est encore à lui qu'on confia la direction des finances du Nord! Est-il étonnant alors que Sonthonax fut contraint d'avouer à T. Louverture le misérable état où était cette partie de l'administration publique, dans le lieu où siégeait l'agence? Aussi était-il forcé de recourir à tout moment à la caisse de Jacmel : Bonnard, *mulâtre*, était alors l'ordonnateur de l'Ouest. Cette partie, sous les ordres de Bauvais, de même que le Sud, se suffisait aux besoins des troupes : nouvelle preuve que l'administration *des mulâtres* n'avait point démérité de la France, de cette patrie dont le gouvernement injuste et les agens encore plus injustes lançaient l'anathème contre eux.

Un autre fait qui eut lieu dans les premiers jours de juillet, nous fournit l'occasion de citer encore deux lettres de Sonthonax à T. Louverture.

Dans notre deuxième livre, nous avons parlé d'une goëlette de l'État qui était au Cap, appelée la *Convention nationale.* Après le départ des commissaires civils pour la France, l'officier français qui la commandait alla livrer ce bâtiment aux Anglais, au Môle. Ceux-ci lui donnèrent le nom de *Marie-Antoinette,* en mémoire de l'infortunée Reine de France ; ils le réarmèrent de 14 pièces de canon. Mais un autre officier français l'amena aux républicains, aux Gonaïves. En ce moment, Sonthonax fut d'autant plus heureux de ce retour du navire sous le pavillon national, que la mission de Mentor et Annecy dans l'Ouest, ayant été sans fruit, il désirait les envoyer avec Pierre Antoine fils, prendre leurs siéges au corps législatif. Il écrivit à T. Louverture, le 14 juillet :

« Dans la misère extrême où nous sommes de bâtimens de guerre, je répète qu'il est très-heureux que celui-ci nous soit tombé des nues ; car je ne vous cache pas, cher général, que j'étais très-embarrassé et surtout *fort chagrin* de ne pouvoir envoyer en France, faute de bâtimens propices, les trois députés de Saint-Domingue qui n'ont pu partir avec leurs quatre collègues. Il est instant que ces représentans du peuple, *tous trois noirs,* se rendent bientôt à leur poste. Un plus long retard ferait présumer *à la France,* ou le mécontentement ou l'indifférence *de ses enfans* de Saint-Domingue, *et il est de mon intérêt, du vôtre et de celui de tous nos frères noirs,* de prévenir l'injuste soupçon que *nos ennemis communs* ne manqueraient pas de nourrir de leurs calomnies. »

Après ces considérations sérieuses et politiques, bien propres à convaincre T. Louverture, dans son intérêt et celui des noirs, le 23 juillet, Sonthonax lui adresse une nouvelle lettre au sujet de la *Marie-Antoinette.* Il n'était pas convenable, sans doute, de lui conserver ce nom devant les membres du Directoire exécutif, dont plusieurs avaient probablement contribué à l'assassinat de la Reine de France : la Convention nationale n'existant plus, il fallait lui donner un autre nom, et connaissant le faible de T. Louverture pour ses éternelles citations des passages de l'Écriture sainte, Sonthonax lui dit :

« Je vous préviens, *cher* général, que le lieutenant de vaisseau Guyesse se rend aux Gonaïves avec un équipage, pour prendre possession de la goëlette ci-devant la *Marie-Antoinette*, que *la commission* vient de nommer l'*Enfant prodigue*, par allusion à celui de l'Écriture qui, après avoir abandonné la maison paternelle, y rentra repentant de sa vie débauchée. »

Comment T. Louverture ne sera-t-il pas convaincu du bon vouloir du commissaire qui, jusque dans le nom d'un bâtiment, cherche à complaire à ses idées ?

Venons enfin aux dernières circonstances qui mirent un terme à la mission de Sonthonax à Saint-Domingue. Il s'agit d'une tragédie dont l'intrigue a été si bien menée, qu'il faut résumer la situation où était alors cette colonie. Et si nous avons cité tant d'actes, de mesures et de lettres du chef de l'agence, c'est que nous avons voulu que le lecteur pût mieux comprendre cette situation, afin de juger les acteurs, chacun selon son mérite. Nous avons dit d'ailleurs que nous ne croyons pas écrire l'histoire de notre pays, que nous préparons seulement *des matériaux* qui y serviront un jour à un autre plus capable que nous : en mettant sous ses yeux les documens nombreux que nous avons cités, nous facilitons sa tâche ; car peut-être ne serait-il pas en mesure de les avoir, si nous ne les donnions pas ici.

On a vu quelle a été la conduite de Laveaux et de Perroud, dans le Nord, avant l'arrivée de l'agence au Cap ; on a vu quelle fut la politique suivie par eux, par Laveaux surtout, pour amener la désunion entre les chefs militaires noirs et mulâtres, et par conséquent entre les deux classes *d'anciens libres des deux couleurs et des nouveaux libres noirs*. Cette conduite et cette affreuse politique avaient abouti à l'affaire du 30 ventôse où les blancs en général jouèrent aussi leur rôle accoutumé. L'issue de cette affaire *porta* Laveaux, plus qu'elle ne le *contraignit*, à admettre T. Louverture au partage de son autorité de gouverneur provisoire de la colonie : pour lui, se venger *des perfides mulâtres* fut son seul plaisir en cette occasion [1]. Mais, pour T. Louverture, ce ne fut qu'une affaire d'avancement dans la hiérarchie militaire, de haute position aux yeux de tous : l'ambition est tellement naturelle à l'homme, et surtout à celui qui suit le noble métier des armes, et qui se sent des facultés pour la justifier, qu'on ne saurait blâmer T. Louverture d'avoir profité des dispositions de Laveaux en sa faveur. On doit le blâmer d'avoir mis lui-même ensuite de la passion dans ses procédés, dans ses actes poussés jusqu'à la fureur.

Dans cet état de choses, arrive l'agence chargée d'instructions *secrètes* du gouvernement français, qui pense devoir établir dans la colonie une politique semblable à celle conçue par Laveaux, d'après la correspondance de ce dernier et d'après les autres motifs que nous avons énumérés, en parlant de ce *système* que l'agence fut autorisée à mettre en pratique. Sonthonax, son chef, l'avait conçu lui-même peu avant son départ en 1794, et vrai-

---

[1] « La reconnaissance ou la *politique* du gouverneur Laveaux venait de peu-pler l'armée de généraux noirs. » (Rapport de Kerverseau.)

semblablement Lavaux n'a fait que le suivre d'après ses recommandations. Nous ignorons s'il ne l'a pas préconisé auprès du Directoire exécutif; mais quand nous le voyons choisi pour tout diriger dans ces vues, quand nous le voyons avouer *qu'il le connaissait fort bien*, nous sommes forcément porté à induire qu'il a dû le recommander au Directoire exécutif.

Quoi qu'il en soit, à son arrivée, il trouve la situation extrêmement propre à en faciliter l'exécution : il en profite, et c'est tout naturel, puisque c'est dans son devoir et dans ses idées personnelles. Dans le but qu'il a mission de poursuivre, il élève T. Louverture au grade de général de division, en même temps qu'il envoie dans le Sud la délégation et Desfourneaux, pour enlever à Rigaud sa position et son pouvoir. T. Louverture peut-il ne pas profiter encore des bonnes dispositions de Sonthonax à son égard ? Rien n'est plus naturel de sa part.

Les fautes, les excès de la délégation et de Desfourneaux amènent une crise sanglante aux Cayes, et la province du Sud est mise *hors la loi* par l'agence, qui a tout provoqué par ses perverses combinaisons. Afin de compléter l'œuvre de ce machiavélisme odieux, Sonthonax, qui est devenu le seul membre agissant, par le départ de deux de ses collègues, se livrant alors à toute l'ardeur de son caractère despotique, de ses conceptions présomptueuses, sème autant qu'il peut la division entre les officiers supérieurs, proscrit Rigaud tout en redoutant son immense influence. Pour mieux assurer sa perte et sauvegarder sa propre autorité, il élève T. Louverture au généralat en chef, dans l'espoir d'en faire un instrument de ses passions et de la politique du Directoire exécutif, dont il se vante de posséder le secret ; il reçoit enfin l'approbation de tous ses actes, de toutes ses mesures acerbes, de la part de ce gouvernement.

Mais, T. Louverture qui l'a vu sacrifier Desfourneaux pour faciliter son élévation, qui a vu tous ses procédés arbitraires, qui a pénétré les replis de cet esprit dont la domination est le partage, peut-il se laisser aller à une confiance aveugle en cet agent de la France? Si son ambition a été satisfaite par son élévation, ne se voit-il pas exposé au mécontentement de ses troupes, dénuées de tous les secours dont elles ont besoin, et que ne peut satisfaire une administration vicieuse autant qu'incapable? Peut-il être dupe de la faiblesse de celui qui ne lui offre aucun moyen de sortir de ses embarras militaires? Ne sent-il pas que, débarrassé de lui, il pourra mieux faire? Il le sentait déjà depuis longtemps.

Mais, à ce moment, il apprend que si le Directoire exécutif a approuvé ses agens et surtout leur chef, celui-ci a pu être attaqué à la tribune nationale par un colon, il est vrai, par toute la faction coloniale; mais enfin, il est prouvé qu'il n'est pas invulnérable, que son administration est contestée. En ce moment encore, Sonthonax se livre à des mesures excessives, tout en reconnaissant qu'il ne peut rien sans le concours du général en chef; il abaisse son autorité devant lui, il est à bout de son prestige. N'est-ce pas alors l'instant propice pour exécuter le dessein longuement médité de l'envoyer occuper son siége au corps législatif? T. Louverture a trop de sagacité pour ne pas le voir, et il prend enfin sa résolution. La correspondance secrète qui paraît avoir réellement existé entre lui et Rigaud, vient en aide à son projet, soit qu'il y ait eu concert entre eux, soit que seulement les considérations exposées à ses yeux par Rigaud l'aient fortifié dans ses propres idées; dans tous les cas, il est assuré de complaire à son frère d'armes, à son émule de gloire, en l'exécutant. Il n'est pas moins assuré de rallier à son œuvre tous les mécontens, tous ceux qui aiment à espérer beaucoup dans un pouvoir nouveau, lorsque celui qui exerce l'autorité légale est évidemment dans une impasse.

Si T. Louverture a fait un écrit pour répondre aux diatribes lancées à la tribune contre les noirs et leurs chefs par Viennot Vaublanc, colon de Saint-Domingue, n'est-il pas entouré déjà de beaucoup de colons disposés à accuser Sonthonax, par cela seul qu'il avait prononcé la liberté générale des esclaves; mais dissimulant alors les motifs de leur mécontentement, pour avoir accès dans l'esprit du général en chef, et l'engager aussi à la résolution qu'il caresse? Il est donc encore rassuré du côté de ce parti, qui espère mieux en ses moyens d'action sur les noirs, qu'il est de leur intérêt de voir revenir à la culture; et T. Louverture a besoin que les produits augmentent ses ressources financières, par rapport à son armée qui se plaint et qu'il faut satisfaire.

Toutes ces causes réunies concoururent évidemment à l'embarquement forcé de Sonthonax; et nous disons avec conviction, qu'on ne saurait accuser la seule ambition de T. Louverture d'avoir pris cette mesure. Quant à l'adresse qu'il fallait employer pour l'exécuter, personne ne réunissait mieux la capacité nécessaire à une telle entreprise : le machiavélisme de ce général était trop ingénieux pour y échouer.

Sonthonax l'avait invité à venir au Cap, ou plutôt lui avait témoigné le désir qu'il y vînt *pour le voir, l'embrasser et conférer avec lui,* au sujet de la conspiration imputée à Pierre Michel. Le 15 août, T. Louverture arriva dans cette ville. Il fit remettre à Sonthonax diverses pétitions par le général Agé, chef de l'état-major général de l'armée, et lui annonça, le 18, que le lendemain il passerait une revue générale des troupes. Sonthonax lui répondit :

« Vous m'annoncez la remise que m'a faite le général Agé de quelques pétitions de différens chefs de corps, en garnison tant à Jean-Rabel qu'aux Gonaïves. Je me propose de vous voir demain matin chez vous, après la revue, et *de conférer sur l'amélioration du sort des troupes, amélioration devenue cependant bien sensible depuis l'arrivée* de la commission, *puisqu'auparavant les troupes étaient nues et sans solde, et aujourd'hui elles sont habillées et soldées.* Nous causerons aussi de l'échange des prisonniers pour lequel je ferai faire les recherches que vous demandez. »

Cette lettre nous prouve que T. Louverture a porté les chefs de corps à se plaindre, au nom des troupes qu'ils commandent ; c'est une pression qu'il veut exercer sur Sonthonax. Il est apte à répondre aux pétitions, mais il les fait remettre au commissaire ; et celui-ci, pour justifier la commission, accuse cruellement Laveaux et Perroud de n'avoir ni habillé ni soldé les troupes, tandis que la commission y a pourvu. Il y a dans cette lettre une espèce d'aigreur, de reproche de la part de Sonthonax qui voit bien qu'on le rend responsable de ce qui manque aux troupes, de ce qui occasionne leurs plaintes.

Et voyez encore combien étaient injustes les accusations portées contre Rigaud et Bauvais, de s'être accaparés des finances du Sud et de l'Ouest ! D'après le propre témoignage de Desfourneaux, dans sa lettre à Laveaux, écrite des Cayes, les troupes étaient bien tenues sous le rapport de l'habillement, de l'équipement et de la solde. La jalousie n'était-elle pas une des causes de ces accusations insensées et malveillantes ?

Le danger est sous les pas de Sonthonax, mais il n'oublie pas le pauvre Rigaud. Le même jour 18 août, il écrit à Laplume :

« J'attendais pour répondre à vos autres lettres, d'avoir vu le général en chef qui est ici depuis trois jours ; *j'étais bien aise de concerter avec lui les moyens de vous faire gagner du terrain sur Rigaud* et de réprimer les factieux de votre arrondissement... Je vous exhorte, mon cher Laplume, à persévérer dans votre bonne conduite. *La paix approche*; elle guérira tous nos maux ; *elle sera l'époque du jugement dernier : les méchans seront punis, et les bons récompensés* [1]. »

Il était alors question en Europe, d'une paix avec la Grande-Bretagne : ce sera l'époque *des vengeances !* Nous verrons cette prévision réalisée en 1801.

Le même jour, pareille lettre à Bauvais :

« Les papiers publics qui nous arrivent tous les jours, ou que nous interceptons dans les prises anglaises, annoncent graduellement des événemens qui ne peuvent manquer d'amener une pacification totale. Alors, *la libre et fréquente communication des colonies avec la métropole, donnera au gouvernement français* des moyens faciles et prompts de faire respecter *ses agens* dans les possessions lointaines de la République; *alors les grands*

---

[1] Encore une citation tirée des Ecritures ! Le contact de T. Louverture avait rendu tout-à-fait religieux, le commissaire qui écrivit à la convention nationale que *la présence du prêtre n'avait point souillé* la fédération du 14 juillet 1793, au Cap.

coupables, les meneurs des factions pourront être atteints, sans compromettre, par les hasards d'une guerre civile, l'existence d'une multitude égarée et séduite... »

Mais, si la paix n'a pas lieu tout de suite, on allumera *cette guerre civile* pour tâcher de punir les grands coupables : telle est nécessairement la conclusion à tirer de cette lettre, et la mission d'Hédouville ne l'a que trop prouvée. Sonthonax, de retour en France avant le départ de cet agent, a-t-il contribué à ce résultat par ses conseils ?...

Deux autres lettres à un adjoint, au Borgne, et à un chef de bataillon, à Jacquesy, qui demandaient des avances de solde et des objets du magasin de l'état, témoignent *des besoins* de l'armée des Gonaïves qui sont excessivement pressans ; et Sonthonax refuse de leur donner ce qu'ils sollicitent.

Enfin, une dernière lettre à Idlinger, du 4 fructidor (21 août) lui ordonne — « de mettre à la disposition du
« capitaine de frégate Billiet, commandant la flûte de la
« République *l'Indien*, les sommes nécessaires pour l'ap-
« provisionnement de sa table, sur la demande qu'il lui en
« fera. »

Nous voilà donc arrivé au moment du départ de Sonthonax : cet ordre de donner les sommes nécessaires indique les préparatifs d'un voyage ; et c'est en effet sur *l'Indien* qu'il est parti. Pour l'avoir donné, il faut qu'il y ait eu de sa part, sinon consentement exprès de partir, entre lui et T. Louverture, du moins résolution prise en raison des circonstances.

Il paraît, en effet, que venu au Cap dans le dessein de contraindre Sonthonax à partir, T. Louverture vit aussitôt J. Raymond, et Pascal, secrétaire général de l'agence, qui, à titre d'allié à la famille de Raymond, exerçait une très-grande influence sur son esprit. Il leur communiqua sa résolution à laquelle ils adhérèrent sans peine, puisque déjà c'était une mesure pressentie, sinon concertée entre eux avant l'arrivée de T. Louverture [1].

J. Raymond, à qui Pascal redisait sans cesse *qu'il était le premier homme du siècle* [2], à cause des nombreux écrits qu'il avait publiés en Europe et de la position qu'il avait alors ; qui ne pouvait qu'être mécontent du rôle passif qu'il jouait effectivement, puisque Sonthonax s'était emparé de toute la direction des affaires, de toute l'autorité de l'agence ; J. Raymond n'était pas fâché de rester seul commissaire du gouvernement français, dans la partie de la colonie où il exerçait ses fonctions. Il avait d'autres motifs pour donner son consentement au départ de son collègue : ceux-ci tenaient à la position délabrée de sa fortune. Le système de fermage des grandes exploitations rurales auquel il contribua particulièrement, avait mis en ses mains une trentaine de sucreries dont les propriétaires étaient émigrés ; en restant d'accord avec T. Louverture, il était assuré de profiter des revenus de ces biens.

Quant à Pascal, qui devint ensuite le secrétaire général de T. Louverture, il s'était attaché à lui en devinant l'avenir qui lui était réservé, surtout lors de sa promotion au généralat en chef : il avait compris que l'ambition de T. Louverture parviendrait tôt ou tard à absorber toute l'au-

---

[1] J. Raymond avoue qu'il chargea le colon émigré Salnave, de paroles pour être dites à T. Louverture contre Sonthonax, et que Moïse vint lui annoncer la prochaine arrivée de son oncle au Cap.

[2] Nous puisons ce trait satyrique dans l'écrit cité de Gatereau, qui peint par ce seul mot la nullité dont J. Raymond fit preuve durant sa mission.

torité, par la déférence étudiée que Sonthonax avait pour lui. Pascal voyait donc pour lui-même tout un avenir, dans un pays où il était si facile *de travailler les finances*, selon l'expression de Rochambeau.

On a prétendu que ce triumvirat de T. Louverture, J. Raymond et Pascal, fit consentir Sonthonax à son départ, qu'il avait positivement promis, et qu'il se rétracta ensuite. Cela résulte des écrits publiés par J. Raymond et T. Louverture, après le départ de Sonthonax, et de leur correspondance avec le gouvernement français et avec Roume. Mais, d'après le caractère de Sonthonax, nous n'ajoutons pas foi à cette assertion, qui peut avoir été calculée pour jeter sur lui quelque chose de plus odieux, de même que nous n'ajoutons non plus aucune foi à l'accusation portée contre lui par Raymond, de lui avoir parlé de la nécessité *d'une constitution spéciale* pour Saint-Domingue, *d'une indépendance relative* de cette colonie vis-à-vis de la France; de même, enfin, que nous repoussons l'imputation qui lui a été faite par T. Louverture, lorsque celui-ci prétend que Sonthonax lui avait proposé *de déclarer la colonie absolument indépendante, en égorgeant tous les blancs* [1].

Toutes ces assertions, toutes ces imputations n'ont été, selon nous, que l'œuvre d'un machiavélisme profond, pour pouvoir justifier l'embarquement forcé de cet agent de la France. Il l'avait employé lui-même, à l'occasion de l'affaire du 30 ventôse, en accusant Villatte, Pinchinat et tous

---

[1] Nous avons signalé plus d'une inconséquence de Sonthonax; mais nous ne pouvons admettre celle-ci, après qu'il eut accusé les hommes de couleur d'un tel projet. Il y aurait eu plus que de l'inconséquence, en proposant d'égorger ses semblables. Cette accusation est une chose odieuse, criminelle, imaginée par T. Louverture, de même que celle portée par Sonthonax contre les hommes de couleur.

les hommes de couleur, de projeter *l'indépendance de la colonie, par la destruction de la race blanche, pour établir le triomphe de la couleur jaune sur l'ignorance des noirs.* Ce moyen avait parfaitement réussi ; on l'employa contre lui pour le dépopulariser en France et dans la colonie : châtiment auquel sont toujours exposés ceux qui n'agissent pas de bonne foi ; ils réussissent souvent dans leur œuvre coupable, mais, à la fin, le temps de la justice arrive ; ils tombent par les mêmes moyens dont ils se sont servis.

Dans les débats entre lui et les colons, Sonthonax n'avait-il pas démontré cette vérité par rapport à eux? Il a subi le même sort qu'eux. A son tour, nous verrons bientôt J. Raymond puni par le mépris de T. Louverture et d'Hédouville. Hédouville échouera de même. T. Louverture aura son tour aussi ; et la France elle-même sera punie par la perte de sa colonie, parce que ses gouvernemens auront imaginé un système politique contraire à la raison et à leur devoir envers la vraie population de ce pays.

Il paraît, au contraire, que Sonthonax reçut l'injonction polie de T. Louverture de vider la colonie, au moment où il s'y attendait le moins. Nous venons de voir que le 18 août, T. Louverture l'avertit que le lendemain, 19, il passerait une grande revue des troupes de la garnison du Cap, et que Sonthonax lui répondit qu'après cette revue, il irait chez lui pour conférer ensemble sur les moyens d'améliorer leur sort. Cela n'annonce pas une intention de quitter Saint-Domingue. Le 18 même, il expédia 28 lettres à divers fonctionnaires publics ; le 19, encore 15 autres, et le 20, quinze autres.

Mais, ce dernier jour, T. Louverture, après avoir vu les troupes la veille, dans toute la pompe militaire, dans tout le prestige de sa puissance, se présenta chez Sonthonax, accompagné d'un nombreux état-major dévoué ; et saluant le dictateur avec toute l'apparence d'une soumission respectueuse, il lui remit la dépêche suivante :

Toussaint Louverture, général en chef de l'armée de Saint-Domingue,
Au citoyen Sonthonax, représentant du peuple et commissaire délégué aux îles sous-le-vent.

Privés depuis longtemps des nouvelles du gouvernement français, ce long silence affecte les vrais amis de la République. Les ennemis de l'ordre et de la liberté cherchent à profiter de l'ignorance où nous sommes, pour faire circuler des nouvelles dont le but est de jeter le trouble dans la colonie.

Dans ces circonstances, il est nécessaire qu'un homme instruit des événemens, et qui a été le témoin des changemens qui ont produit sa restauration et sa tranquillité, veuille bien se rendre auprès du Directoire exécutif pour lui faire connaître la vérité.

Nommé député de la colonie au Corps législatif, des circonstances impérieuses vous firent un devoir de rester quelque temps encore au milieu de nous : alors votre influence était nécessaire ; des troubles nous avaient agités ; il fallait les calmer. Aujourd'hui que l'ordre, la paix, le zèle pour le rétablissement des cultures, nos succès sur nos ennemis extérieurs et leur impuissance, vous permettent de vous rendre à vos fonctions, allez dire à la France ce que vous avez vu, les prodiges dont vous avez été témoin ; et soyez toujours le défenseur de la cause sacrée que vous avez embrassée, dont nous sommes les éternels soldats.

Salut et respect, TOUSSAINT LOUVERTURE.

Sonthonax promit-il sur le champ de partir ?

« Le commissaire, dit Pamphile de Lacroix, *déconcerté*, « reconnut avec effroi son isolement ; et trop heureux « qu'on daignât lui ménager une déférence extérieure, *il* « *se résigna sans murmures à l'injonction secrète* qui lui « fut personnellement faite de vider la colonie. »

Ce serait donc après cette scène, jouée par T. Louverture, avec tout l'art d'un acteur consommé, qu'on aurait engagé secrètement Sonthonax à se résigner. Il y consentit, il paraît, puisque le lendemain, 21, il donna l'ordre à Idlinger de livrer les sommes nécessaires à l'approvisionnement de la table du capitaine de *l'Indien*, ce même bâtiment où Desfourneaux, arrêté, fut embarqué provisoirement.

Dans son discours prononcé à la tribune du conseil des Cinq-Cents, le 4 février 1798, Sonthonax a prétendu que T. Louverture aurait voulu faire signer sa dépêche ci-dessus par les officiers de la garnison du Cap qui s'y refusèrent. Le langage tenu dans cette dépêche, sous la forme du pluriel, sa fin surtout sembleraient donner créance à cette allégation[1]. Mais nous doutons qu'un chef du caractère de T. Louverture ait conçu une pareille idée ; il a pu tenir ce langage ainsi, pour parler au nom de l'armée dont le concours et l'obéissance lui étaient assurés, pour prouver que tel était son vœu, mais sans soumettre cette dépêche à la signature des officiers ; et quand Sonthonax dit *qu'ils refusèrent unanimement*, cela même fait admettre le contraire de ce qu'il avance. Il ajoute « qu'on allait se porter « contre T. Louverture *aux dernières extrémités*, lorsque, « pour éviter l'effusion du sang, l'insurrection de la plaine, « l'incendie des propriétés et le massacre des proprié- « taires, il annonça à tous les fonctionnaires publics qu'il « allait se rendre en France au Corps législatif. »

Le fait est que quelques officiers, entre autres l'adjudant-général E. Mentor et plusieurs blancs, qui n'approuvèrent pas le départ de Sonthonax, — « qui avaient refusé « à Toussaint Louverture, dit P. de Lacroix, leur assen-

---

[1] Dans son rapport, J. Raymond affirme que plusieurs de ces officiers signèrent cette lettre qui fut rédigée, dit-il, par Pascal, en ajoutant que c'était du consentement de Sonthonax. Mais c'est évidemment un mensonge.

« timent pour son renvoi, » — furent ceux qui se manifestèrent en cette occasion. Il paraît qu'alors, espérant de rallier à son autorité la grande majorité des officiers et des fonctionnaires, Sonthonax les appela tous auprès de lui, les harangua en leur déclarant qu'on voulait livrer la colonie aux Anglais.

Sonthonax, on ne peut le nier, joignait le courage personnel à la haute idée de son pouvoir, de l'autorité qu'il exerçait au nom de son pays ; dans sa première mission, il en avait donné des preuves multipliées, et il était bien dans le droit de cette autorité, lorsqu'il essayait de s'appuyer du concours des officiers de l'armée et des fonctionnaires. Mais, au lieu de l'enthousiasme, il ne rencontra que de la froideur : Mentor fut le seul noir qui répondit à son appel; les autres gardèrent un morne silence. Le colonel du génie Vincent, Européen, se manifesta pour son départ qu'il avait déjà annoncé. Il paraît néanmoins que Sonthonax ordonna des mesures militaires. Il y eut nécessairement de l'agitation dans cette ville : un tel conflit entre les deux autorités supérieures devait en occasionner.

C'est alors qu'agissant avec sa fermeté et sa résolution ordinaires, T. Louverture adressa à Sonthonax la lettre suivante, non pour user de plus de ménagement envers lui, comme on l'a dit, mais pour lui faire sentir qu'il voulait personnellement son départ, et fixer en même temps les officiers de l'armée et les fonctionnaires sur sa détermination irrévocable.

  Citoyen commissaire,

Le vœu du peuple de Saint-Domingue s'était fixé sur vous pour le représenter au Corps législatif. Dans la lettre que nous vous avons écrite, nous avons voulu joindre *notre assentiment particulier à la volonté générale.* Si les ennemis de la liberté s'obstinent encore *à vous pour-*

suivre, dites-leur que nous avons protesté de rendre leurs efforts impuissans, et que nos moyens sont notre courage, notre persévérance, notre amour du travail et de l'ordre. C'est par nos vertus et notre attachement à la République, que nous répondrons à leurs calomnies ; et, *d'après ce que vous avez vu* dans la colonie, *vous avez déjà senti qu'il nous était aussi facile* de défendre notre cause *que de terrasser nos ennemis.*

Salut et respect. TOUSSAINT LOUVERTURE.

Il est probable que dans son allocution aux officiers et aux fonctionnaires, Sonthonax aura fait valoir, pour les toucher et les entraîner, la considération des attaques et des calomnies dirigées contre lui, en France, par la faction coloniale qui se prévaudrait encore de son renvoi pour l'accabler, en prétendant qu'il avait perdu l'estime même des noirs et du général en chef ; que ceux-ci n'étaient pas non plus dévoués à la France.

Eh bien ! cette seconde lettre de T. Louverture est rédigée convenablement pour le rassurer à cet égard ; mais en même temps, elle contient une menace pour porter le commissaire à se résigner : *d'après ce que vous avez vu, vous avez déjà senti qu'il nous était facile* (à nous, T. Louverture) *de terrasser nos ennemis;* c'est-à-dire, les miens, ceux qui s'opposent à ma volonté: cette forme est ambiguë, à double entente ; elle est dans la nature de T. Louverture ; et elle suffisait pour faire comprendre à Sonthonax ce qu'il voulait.

Pour mieux l'y décider, il quitte le Cap et se rend à la Petite-Anse où commande Henri Christophe ; et là, il menace de fondre sur la ville avec toute la population des campagnes, de mettre tout à feu et à sang. Dans la nuit du 23 au 24 août, il fait tirer le canon d'alarme, comme au 30 ventôse, Pierre Michel et Léveillé l'avaient fait tirer pour épouvanter Villatte et la municipalité.

La peur, la frayeur vraies ou apparentes saisissent J. Raymond et bien d'autres qui supplient Sonthonax de partir, pour éviter les malheurs qui menacent le Cap. Le commissaire, plein de courage, ne se décide qu'au jour à quitter son poste ; il s'embarque avec sa famille sur l'*Indien*, suivi de l'adjudant-général E. Mentor et de quelques officiers blancs qui, tous, s'étaient trop prononcés pour ne pas redouter la colère de T. Louverture [1].

Dans son discours au conseil des Cinq-Cents, Sonthonax affirme que « J. Raymond consigna *dans un arrêté* que « son départ affligeait tous les amis de la liberté et de l'hu-« manité dans la colonie. » Il l'aura fait, sans doute pour décider Sonthonax à partir, en lui donnant ainsi *une fiche de consolation* dans sa disgrâce. Sonthonax ajoute que Raymond l'accompagna, le matin du 7 fructidor (24 août [2]) sur le rivage, en le serrant dans ses bras et l'inondant de ses larmes.

« Je ne prévoyais guère alors, dit-il, tout ce que ces adresses patriotiques, ces tendres embrassemens, cachaient de perfidie. Pouvais-je imaginer qu'un homme qui se disait mon ami, osât dénoncer, diffamer celui qui fut le sien ; qu'il ne m'eût embrassé que pour m'étouffer, pour me poignarder par derrière ? Je me suis joué des attaques

---

[1] Pamphile de Lacroix a prétendu que le général Léveillé partit aussi ; mais dans son rapport, Kerverseau dit qu'il commandait encore le Cap à l'arrivée d'Hédouville, et c'est vrai ; nous avons vu une lettre de T. Louverture à cet agent où il est question de Léveillé. C'est avec Hédouville qu'il partit.

[2] MM. Madiou et Saint-Rémy disent que Sonthonax partit le 3 septembre. Mais, deux fois dans son discours du 4 février 1798, il dit que c'est le 7 fructidor. Nous adoptons cette date qui correspond au 24 août, non-seulement d'après ce discours, mais encore d'après la lettre à Idlinger du 21, et la promptitude avec laquelle son départ a dû s'effectuer. Le rapport de J. Raymond confirme l'embarquement de Sonthonax le 7 fructidor, et le départ de l'*Indien*, le 8.

des colons contre-révolutionnaires ; je trouvais tout simple que des princes détrônés, que de grands enfans à qui j'avais arraché le hochet sanglant de l'esclavage, ne me pardonnassent pas tant de zèle et de dévouement ; mais Raymond, *homme de couleur,* Raymond pour les droits duquel j'ai bravé mille morts et tous les outrages, le voir au nombre de mes assassins ! Non, je ne suis pas fait à tant de perversité : le ciel me garde d'imiter son exemple *en l'accusant* à mon tour ! Je l'abandonne à ses remords, si un cœur *assez corrompu* pour briser les liens de la reconnaissance en est encore susceptible. »

Cependant, il a accusé — « J. Raymond, *incertain et lâche,* ne s'occupant que de l'exploitation des sucreries « affermées pour son compte, qui crut conserver sa vie et « son or, en le livrant à Bourdon (de l'Oise) et en roulant « sur lui tout le poids des fléaux révolutionnaires qui ont « désolé Saint-Domingue. Il n'hésita pas *à se déshonorer « par ce honteux marché,* et ma perte fut résolue. »

Sonthonax attribue aussi à Raymond et à une bande *de scélérats* (des prêtres et des émigrés), *de s'être concertés pour faire signer* les deux lettres à T. Louverture.

« Je lui dois cette justice, dit-il, que, *par lui-même, il est incapable de concevoir de pareils projets... Fait pour être gouverné, son sort est d'être soumis à une impulsion étrangère. Sa conscience superstitieuse et peu éclairée l'a jeté dans la dépendance des prêtres contre-révolutionnaires* qui, à Saint-Domingue comme en France, *saisissent tous les moyens de renverser la liberté.* Aux prêtres se sont joints *les émigrés* qui étaient réunis avec lui lorsque, portant la cocarde blanche, il servait l'Espagne contre la France.... »

Et ces prêtres étaient un abbé italien appelé *Martini*

qui, dans la partie espagnole, était son aumônier ; un autre nommé *Lantheaume* qui, alors, était son confesseur : les émigrés étaient principalement Salnave et Bayon de Libertas [1], l'ancien procureur de l'habitation du comte de Breda, dont T. Louverture avait été le cocher.

« Une fois que les conjurés se sont crus assurés d'un appui dans le corps législatif, ils ont profité du sommeil forcé du Directoire exécutif à l'égard de ses agens, pour me présenter aux yeux de T. Louverture comme poursuivi par l'opinion publique et par le corps législatif, comme abandonné de mon gouvernement, et succombant d'avance sous le poids de la diffamation... Vaublanc disait, dans une séance mémorable : — Qu'attendez-vous pour frapper Sonthonax ? T. Louverture vous le livrera pieds et poings liés. »

Sonthonax ajoute encore qu'un Génois de nation vint des États-Unis apporter à T. Louverture, de la part de Gatereau, des paquets de France (attribués à la faction coloniale) qui achevèrent de le jeter dans le parti ennemi.

Enfin, il dit ces paroles remarquables : — « Les émi-
« grés et les prêtres ne sont pas *les seuls* qui aient
« contribué à égarer T. Louverture : *sa coalition avec*
« *Rigaud* dont il blâmait hautement *les crimes* dans sa
« correspondance avec moi, prouve évidemment qu'il est
« aujourd'hui *la dupe de ses suggestions.* Voyant Ri-

---

[1] Une lettre de Sonthonax à T. Louverture, du 16 messidor (4 juillet) l'entretenait de Bayon de Libertas qui venait d'arriver des États-Unis et qui, étant un émigré, nuirait à son ancien cocher dans l'esprit du gouvernement français, *s'il le protégeait.* Il lui rappelait que cet homme était beau-frère de Touzard et ami intime de Cambefort, tous deux émigrés alors au service de la Grande-Bretagne, et il regrettait de ne l'avoir pas renvoyé en France. — « Mais, dit-il, « qu'il purge Saint-Domingue de sa présence. » Sonthonax gardait ce ménagement envers T. Louverture qui aimait Bayon de Libertas ; et il paraît qu'il resta néanmoins dans la colonie.

« gaud défendu par Vaublanc, il m'a cru perdu ; *il s'est
« lié avec le meurtrier des Français, en m'imputant
« ses perfidies*[1]. »

Cette dernière assertion confirme ce que nous avons dit de la mission de Pelletier, envoyé par Rigaud auprès de T. Louverture, et ce que rapporte Kerverseau dans son rapport, sur la correspondance suivie entre eux. Le mémoire publié par Rigaud, le 5 août, vint sans doute en aide de cette correspondance. Sonthonax ne pouvait pas continuer ses fonctions à Saint-Domingue, en présence de tant de causes, de tant de motifs, concourant tous à son renvoi.

Mais, J. Raymond et T. Louverture eurent-ils raison de lui imputer tous les projets dont ils l'accusèrent?

« On a osé, dit-il, m'accuser *de rêver l'indépendance
« de la colonie et le massacre général des Européens.* On
« fonde cette imputation sur une prétendue conversation
« qu'on m'attribue avec T. Louverture. » Et il invoque à ce sujet, deux lettres de ce dernier au ministre de la marine, postérieures à la date donnée à cette conversation, pour prouver que s'il l'avait réellement tenue, T. Louverture n'eût pas fait de lui l'éloge consigné dans ces lettres, à moins qu'il n'eût été son complice.

« Certes, continue Sonthonax, si quelqu'un pouvait être soupçonné de favoriser le système d'indépendance,

---

[1] N'est-il pas permis de croire, d'après ce passage de son discours, que Sonthonax aura *conseillé* de dissoudre la coalition de T. Louverture avec Rigaud, *en les divisant*? La passion qu'il montra dans sa dernière mission nous y autorise. D'ailleurs, le Directoire exécutif a pu penser lui-même que cette affreuse politique devenait urgente, dans la crainte que l'union des deux généraux, celle des deux branches de la race noire, n'amenât l'indépendance de Saint-Domingue. Son *système* avait échoué par le désintéressement de Rigaud, qui tendit la main à T. Louverture : le seul moyen de le reprendre en sous-œuvre était de les *désunir* : de là la mission d'Hédouville.

ce serait sans doute *celui dont la vie politique n'a été qu'une révolte continuelle contre la France.* T. Louverture a été l'un des chefs de la Vendée de Saint-Domingue. Par *l'impulsion* de ces mêmes émigrés qui l'entourent aujourd'hui, *il organisait* en 1791 *la révolte des noirs et le massacre des blancs propriétaires...* »

Voilà encore un nouveau témoignage en faveur de ce que nous avons dit de lui dans notre premier livre.

Enfin, Sonthonax termine ce discours par cette étonnante défense présentée en faveur *des colons* : « Si les « colons se sont livrés *à des écarts répréhensibles*, n'est-« ce pas *à l'ignorance, à l'absence des lois*, qu'il faut s'en « prendre, *plutôt que de les accuser d'intentions perfi-« des ?* »

Nous repoussons encore l'imputation qui lui fut faite de vouloir l'indépendance de Saint-Domingue et le massacre des Européens ; mais en résumant ainsi la conduite antérieure de T. Louverture ; en excusant, en défendant les colons, il condamne la politique tortueuse du Directoire exécutif et la sienne propre, qui le portèrent à lancer l'anathème contre les hommes de couleur, pour tout accorder à T. Louverture : honneurs, dignités, autorité. Dans les débats, il avait démontré jusqu'à l'évidence les torts, les crimes des colons, en prouvant la bonne conduite des hommes de couleur ; et au 4 février 1798, après avoir employé tous les moyens possibles pour détruire le prestige et l'influence de ces derniers, il venait excuser ces mêmes colons, les défendre de toutes perfides intentions ! Ce discours, enfin, n'est qu'une longue suite d'inconséquences de Sonthonax avec lui-même : son amour-propre outragé par son renvoi de la colonie, égara sa haute raison et troubla cette capacité incontestable qui le distinguait.

Il y fait l'éloge de Desfourneaux, que cependant il a vexé et laissé enfermé dans un fort comme un homme dangereux.

Parti du Cap sur *l'Indien*, le 25 août, il ne put relâcher au Ferrol, en Espagne, que le 11 novembre suivant, le navire ayant éprouvé des tempêtes affreuses. De là, il se rendit à Paris où il prit siége au conseil des Cinq-Cents, le 16 pluviôse an VI (4 février 1798), jour anniversaire du décret de la convention nationale sur la liberté générale.

Après son départ, T. Louverture et J. Raymond sentirent la nécessité d'expliquer, sinon de justifier la violence faite à l'autorité de la métropole, dans l'embarquement forcé du chef de l'agence. A cet effet, le colonel du génie Vincent partit pour France, chargé de leurs dépêches et d'instructions verbales, pour relater les faits au gouvernement français. T. Louverture, en transmettant ses calomnies contre Sonthonax, assura ce gouvernement de son dévouement et de celui des noirs; il répondit, sous sa responsabilité personnelle, de rétablir l'ordre et de produire d'heureux résultats.

Le 12 septembre, il écrivit une lettre à Laveaux pour lui reprocher de ne lui avoir pas donné de ses nouvelles depuis son départ, et lui renouveler ses protestations d'attachement, en lui parlant de la députation qui allait rendre compte de l'événement du départ de Sonthonax et qui était chargée aussi de l'en entretenir. Il voulait évidemment se faire un appui de Laveaux qui était lui-même parti mécontent de Sonthonax.

Le 15 septembre, il adressa aussi une lettre à Roume, en lui envoyant copie de son rapport au Directoire exécutif. Il y accuse Sonthonax du projet d'indépendance, dont il lui aurait fait des confidences en différentes fois; il le qualifie de *fourbe*, de *perfide*, de *tyran*, de *machiavélique*, et termine par « espérer que son éloignement ramènera les « citoyens du Sud *à des sentimens fraternels* qui uniront « tous les habitans de Saint-Domingue par des liens indis- « solubles. »

Le colonel Vincent et Malenfant députés, partirent à cette époque.

En terminant ce long chapitre, nous croyons qu'il est convenable de juger le fait du renvoi de Sonthonax, sous le rapport de la morale et de la politique. Ce fait a eu des conséquences trop funestes pour la race noire à Saint-Domingue, Sonthonax a trop mérité de cette race, pour que nous ne l'apprécions pas à ce double point de vue.

Nous avons exposé toutes les considérations, toutes les circonstances qui, selon nous, ont concouru à l'attentat commis par T. Louverture; et nous croyons avoir démontré tout ce qui peut être envisagé par l'histoire, comme atténuation de ce coup hardi d'autorité. Il est évident, pour nous, que la mission de Sonthonax était finie, du jour qu'il prit la résolution d'élever cet homme célèbre au rang de général en chef.

En donnant à T. Louverture cette haute position, lui faisait-il une de ces faveurs personnelles qui exigent la reconnaissance de l'obligé ou du protégé ? N'était-ce pas un acte purement politique, dérivant de la mission qu'il était venu remplir dans la colonie ? Là est toute la question : c'est dans ces élémens que nous devons trouver la solution que nous cherchons de bonne foi.

Non, ce ne fut pas une faveur qui obligeait T. Louverture envers Sonthonax. Celui-ci ne disposait pas de sa chose, en lui conférant successivement les grades de général de division et de général en chef de l'armée. Par la position qu'il avait prise au 30 ventôse, par la politique qu'avait suivie Laveaux et que Sonthonax venait continuer, d'après ses propres inspirations et les vues du Directoire exécutif, T. Louverture était devenu *la cheville ouvrière* du résultat qu'on voulait produire. Ses facultés, sa capacité, sa couleur le rendaient l'homme nécessaire pour y parvenir. On crut qu'on devait en faire *un instrument*, et l'on ne se trompa point ; car il nous sera facile de prouver qu'il remplit parfaitement le but auquel on voulait atteindre. Mais pour lui, qui avait sans doute reconnu les motifs de son élévation, et qui joignait à une grande ambition la conscience de ce qu'il pouvait exécuter, il ne se crut pas obligé de partager son pouvoir, son autorité avec un autre, même avec l'agent de la métropole qui l'y avait élevé : de là sa résolution de s'affranchir du joug de cet agent, de le congédier, pour rester seul maître du terrain. Et qu'on n'oublie pas néanmoins les considérations et les circonstances relatées qui vinrent en aide à ce désir de dominer, de gouverner seul.

D'ailleurs, sous ce même rapport moral, était-ce une chose nouvelle de la part de T. Louverture, que cette aspiration à se débarrasser de l'auteur de son élévation ? L'histoire fournit-elle beaucoup de ces chefs qui, parvenus au suprême pouvoir, pensent qu'il est possible de supporter la vue d'un tel homme ? Ce dernier ne doit pas non plus prétendre à aucune gratitude dans ce cas, puisqu'il n'a dû être déterminé dans son choix que par l'intérêt de son pays : il n'a droit qu'à la justice de son élu.

Ainsi donc, si ce ne fut pas une faveur personnelle faite à T. Louverture, qui l'obligeât à la reconnaissance envers Sonthonax, la question doit se résoudre par les règles de la politique : celle-ci fut le seul motif de son élévation, et elle fut aussi la raison déterminante du renvoi de l'agent. Sonthonax était, au mois d'août 1797, à bout de ressources financières pour entretenir l'armée de T. Louverture ; il avait épuisé ses moyens politiques et administratifs; il n'était plus d'aucune utilité pour la colonie ; sa place, désormais, était son siége au corps législatif où il pourrait servir et défendre la cause de la liberté générale des noirs, qu'il eut l'honneur de proclamer le premier : cette cause avait alors une ennemie puissante dans la faction coloniale, qui s'agitait en France pour porter la législature et le gouvernement de la métropole à revenir sur cette grande mesure humanitaire. Quant aux moyens employés par T. Louverture pour forcer Sonthonax à s'éloigner, ils étaient tellement dans sa nature toute hypocrite et machiavélique, qu'on ne doit pas s'en étonner : attendre ou exiger autrement de lui, ce serait en quelque sorte être injuste à son égard.

Nous venons de faire la part de T. Louverture; faisons celle de J. Raymond ; car Pascal, pour nous, n'a pas été un homme responsable, malgré le concours qu'il a prêté en cette occasion, par son influence sur Raymond.

Ce dernier agit-il selon le devoir que lui prescrivait l'honneur, selon même son devoir politique ? Nous le trouvons inexcusable sous ces deux rapports.

En venant à Saint-Domingue prêter son appui à la politique du Directoire exécutif et de Sonthonax contre les hommes de couleur, il a perdu à nos yeux tout le mérite qu'il s'était acquis par ses nombreux écrits et par ses démarches en faveur des réclamations de droits faites par cette classe. En y restant, il n'a été visiblement déterminé que par un intérêt sordide, pour profiter des revenus des sucreries qu'il s'était adjugées : il a sacrifié l'honneur à l'argent. Quelle que soit la position de fortune d'un homme, et d'un homme éclairé surtout, le choix ne peut, ne doit pas être douteux, incertain : l'honneur est toujours préférable à tout.

En sacrifiant politiquement Sonthonax à T. Louverture, il n'a pas fait une œuvre plus méritoire, même aux yeux du Directoire exécutif. Si l'habileté machiavélique de Sonthonax a échoué devant le machiavélisme de T. Louverture, Raymond pouvait-il se promettre de contenir cette vaste ambition et de conserver une ombre d'autorité en faveur de la métropole? La faiblesse de son caractère ne le permettait pas, puisqu'il dut céder à l'omnipotence exercée par son collègue. Et quand il a accusé ce dernier de toutes les imputations consignées dans son rapport, uniquement pour motiver la continuation de son séjour dans la colonie, il s'est déshonoré, nous dirions *gratuitement,* si son unique but n'était pas de percevoir les deniers provenant de l'exploitation des sucreries qu'il avait affermées. Plus tard, nous verrons J. Raymond retourner en France et revenir à Saint-Domingue, se livrant de nouveau à de semblables exploitations, et toujours méprisé par T. Louverture lui-même.

Son devoir donc, sous tous les rapports, était de partir avec Sonthonax, de suivre sa destinée. T. Louverture eût peut-être appelé Roume, qui était toujours à Santo-Domingo, comme il a fait plus tard; mais du moins Raymond eût agi convenablement [1].

---

[1] Nous avons sous les yeux le rapport adressé par J. Raymond, au ministre de la marine, le 18 fructidor an 5 (4 septembre 1797), quelques jours après le départ de Sonthonax : nous en avons cité divers passages. Rien n'est plu

Un dernier mot sur Sonthonax, envers qui nous avons été si sévère dans nos appréciations.

Dans notre deuxième livre, nous avons fait voir tout ce que son caractère emporté, quelquefois violent, renfermait de passions déplorables pour un esprit aussi distingué, aussi ferme, aussi courageux. C'est à ces passions, qu'il ne sut pas, ou qu'il ne put pas maîtriser, que nous attribuons sincèrement toutes ses erreurs, toutes ses fautes, tous ses torts ; car à nos yeux, il ne péchait pas par le cœur. Il s'égara, comme bien d'autres, en pensant que le système politique prêché par Machiavel était le meilleur à suivre. Dans ses deux missions, il a exercé un grand pouvoir, une autorité immense, dictatoriale, et cependant il n'en a pas mésusé pour faire personnellement verser le sang des hommes qu'il poursuivit à outrance. Sans doute, la conduite qu'il a tenue a été cause que beaucoup de sang a été versé par la suite ; mais nous croyons qu'il n'en avait pas l'intention, nous osons croire qu'il n'entrevit pas ce funeste résultat.

Il était essentiellement despote, et d'autant plus, comme l'a observé Garran dans son rapport, qu'il avait une haute idée de l'étendue de son pouvoir. Sa grande capacité, ses lumières, le rendirent présomptueux : quand il concevait une idée, un plan, il fallait qu'on lui cédât ; sinon il employait tous les moyens pour se faire obéir. Agissant sur un théâtre où l'immense majorité des spectateurs était dans

propre à faire connaître le triste rôle qu'il a joué dans cette agence : ce rôle a été celui d'un niais et d'un pusillanime qui, pour se justifier, accusa tous ses collègues, et surtout Sonthonax. S'il fallait s'en rapporter à tout ce qu'il dit, la conduite des agens aurait été celle d'intrigans déhontés (Giraud excepté), faisant bon marché de toute cette population coloniale, sur laquelle le Directoire exécutif leur donna tant d'autorité. On y démêle néanmoins comment T. Louverture s'est joué d'eux tous, comment ils ont été dupes de son hypocrisie.

l'ignorance, il présuma trop de son savoir : il fit des fautes, et c'était inévitable.

Pour avoir ardemment servi la cause des hommes de couleur libres, mulâtres et noirs, contre les colons, il s'est cru en droit d'exiger d'eux tous, de comprendre leurs devoirs envers les noirs esclaves dont il proclama les droits à la liberté; et de ce qu'un trop grand nombre parmi eux trahit ces devoirs, il se prévint, injustement, contre la généralité de cette classe. De ces préventions malheureuses, il passa à l'idée de favoriser plus spécialement les colons dont il venait d'anéantir la puissance : de là les méfiances de la classe de couleur contre lui, méfiances injustes lorsqu'elle crut qu'il voulait aussi donner la prépondérance absolue aux nouveaux émancipés. L'affaire de Montbrun et de Desfourneaux vint mettre le comble à ces méfiances réciproques. Alors Sonthonax tourna entièrement le dos à la classe de couleur.

Parti pour la France, ayant à se défendre des accusations des colons, pour avoir beaucoup favorisé les deux branches de la race noire, il se défendit habilement et les défendit chaleureusement. Mais alors une réaction s'opérait dans l'opinion publique en France, contre les droits acquis à la race noire : on s'aperçut que la trahison des colons ayant livré la colonie à la Grande-Bretagne, la France ne pouvant secourir cette possession, la force des choses amenait naturellement au pouvoir militaire les hommes distingués par leurs lumières dans les deux branches de la race jadis opprimée, et conséquemment le remplacement de ceux de la race blanche, même dans le pouvoir politique. De là, ce funeste système imaginé pour enrayer le cours des choses; et comme les hommes de couleur, par leur instruction plus avancée, devaient nécessairement occuper le premier rang, on crut qu'il fallait détruire leur influence en détruisant leur prestige, pour ramener la classe blanche à son pouvoir politique.

Ce fut là le but unique de la mission de l'agence dont Sonthonax accepta la présidence et la direction. Cette politique trouvant dans ses ressentimens antérieurs le véhicule le plus puissant pour le mettre à exécution, il s'y jeta tête baissée, dans la triste pensée qu'il était personnellement un être adoré des masses noires. Les circonstances qui précédèrent immédiatement son retour à Saint-Domingue, favorisant encore l'exécution de cette politique, il s'y dévoua avec toute l'ardeur de son caractère.

Son erreur fut de croire qu'en abattant le pouvoir des hommes de couleur, il parviendrait à assurer davantage la liberté générale des noirs. Il ne put reconnaître qu'il préparait ainsi l'accomplissement de la réaction qui allait toujours croissant contre eux ; car, rétablir entièrement la prépondérance de la race blanche, c'était favoriser la restauration de la puissance des colons, abattue par lui-même ; c'était les mettre à même d'exercer au moins leur pernicieuse influence dans un avenir plus ou moins éloigné. L'homme même qu'il choisit pour être placé au pouvoir, et dont il connaissait fort bien tous les antécédens, fut celui qui réalisa les vues de la faction coloniale. Il ne sut pas deviner ce qu'il y avait en lui de funeste à ses frères : il paraît l'avoir reconnu, mais trop tard, après avoir subi l'ostracisme prononcé contre lui ; car son discours au conseil des Cinq-Cents prouve qu'il entrevit alors le résultat qui arriverait infailliblement. Le mal était fait par lui-même, et il accusa son protégé outre mesure. Son amour-propre blessé le p... a encore à lancer de nouvelles accusations contre l'homme de couleur qui personnifiait sa classe. Ce fut un nouveau tort de sa part. Il a préparé ainsi la voie sacrilége où la métropole est entrée ensuite, pour dominer toute la race noire, par la division qu'elle sema entre ses supéricrités ; et après avoir accompli cette œuvre infernale, elle en est venue naturellement au rétablissement de l'esclavage, c'est-à-dire, à la pensée de le rétablir à Saint-Domingue ; car elle réussit ailleurs.

Certes, il nous est permis de croire que Sonthonax dut alors reconnaître d'autant plus les fautes commises par lui dans sa seconde mission, que celui que ses mains avaient élevé, donna lieu à la conception de cette idée, par son administration oppressive [1].

Nous concluons donc, que Sonthonax *ne haïssait pas la classe des hommes de couleur* ; et la preuve, c'est qu'il choisit sa famille dans cette classe. Il y eut erreurs nombreuses de sa part ; il pécha par la fougue de son caractère.

Interprète éclairé de la bonté providentielle, dans sa première mission il a favorisé ses desseins sur la race noire tout entière ; et quelle qu'ait été sa conduite dans la seconde, sachons lui conserver la juste considération qu'il mérite, malgré ses torts, ses erreurs et ses fautes. Inscrivons son nom dans nos fastes, à côté de celui de Polvérel, à qui nous n'avons eu à reprocher qu'une seule faute. Souvenons-nous enfin, que les peuples n'arrivent à leurs destinées, qu'en passant par des torrens de sang.

---

[1] C'est probablement pour avoir reconnu ses erreurs et ses torts, qu'en 1803, jeté en prison à la Conciergerie, il se rapprocha de Pinchinat qui y végétait dans la misère. C'est encore par ces motifs qu'il rendit justice à Rigaud, à la fin de 1799.

CHAPITRE XIV.

Mesures d'organisation prises par Toussaint Louverture.— Système de fermage des propriétés séquestrées. — Pouvoir qu'il donne aux chefs militaires sur la population des campagnes. — Vues de Pétion à cet égard, dans le morcellement des propriétés. — Les prêtres et les colons flattent Toussaint Louverture. — Procédés des Anglais envers lui. — Ses procédés envers J. Raymond. — Organisation des troupes du Sud par Rigaud. — Le général Whyte remplace Simcoë. — Discours de Vaublanc et de Villaret-Joyeuse aux Cinq-Cents, de Barbé de Marbois aux Anciens. — Le parti royaliste frappé le 18 fructidor an 5. — Rapport d'Eschassériaux sur les élections de Saint-Domingue. — Division de son territoire en 5 départemens. — Nouveaux rapports sur les élections. — Divers écrits de Pinchinat et sa mort. — Ecrits de Bonnet et d'autres. — Instructions données au général Hédouville qui vient remplacer Sonthonax.

En prenant la résolution de contraindre Sonthonax à se rendre en France, T. Louverture sentit la nécessité de justifier cet attentat à l'autorité de la métropole et les promesses qu'il chargea le colonel Vincent de lui porter, par des mesures appropriées à la situation de la partie de la colonie qui était placée plus spécialement sous son pouvoir : — la province du Nord et la portion de celle de l'Ouest comprise dans la région où coule la rivière de l'Artibonite. Indépendamment de ce génie d'organisation qui le distinguait et qui rendit sa tâche facile, son pouvoir sur l'opinion publique ayant augmenté par son audace à chasser le chef de l'agence, les citoyens, de même que l'armée, furent plus empressés à accepter le joug nouveau qui leur était imposé. A l'envi l'une de l'autre, toutes les municipalités des paroisses avaient rédigé et envoyé en France, par la députation présidée par Vincent, des adresses accusatrices contre Sonthonax et flatteuses pour le général en chef : celle de Plaisance se distingua parmi elles, en imputant tout à crimes au vaincu de la politique.

Trouvant encore en J. Raymond un sujet de facile composition, T. Louverture accrut son action sur toutes les parties de l'administration publique, par le concert qui parut exister entre lui et cet agent. Le système de fermage des grandes propriétés rurales, adopté depuis le succès de la campagne de Desfourneaux contre Vallière et ses environs, et dont le colonel Vincent, au dire de Pamphile de Lacroix, fut le créateur dans le Nord, mais qui fut réglementé principalement par J. Raymond; ce système étendu alors sur la plupart des habitations séquestrées, donna particulièrement aux chefs de l'armée les moyens de subvenir à leurs besoins personnels. Cette armée fut employée à *contraindre* les noirs cultivateurs au travail de la terre ; et les habitans eux-mêmes profitèrent de cet état de choses, comme les chefs. L'augmentation des produits agricoles améliora un peu la situation financière, attira le commerce, et l'armée put être mieux entretenue. Pour opérer ce résultat, T. Louverture n'avait pas besoin de rien inventer : la proclamation du 29 août 1793, rendue par Sonthonax sur la liberté générale, avait déjà établi la coaction suivie à l'égard des cultivateurs : nous y renvoyons le lecteur pour examiner de nouveau les mesures de police et de discipline des ateliers, prescrites par Sonthonax.

En parlant de la proclamation de Polvérel, rendu aux

Cayes le 31 octobre 1793, nous avons dit qu'il adopta à peu de chose près, les mêmes mesures que son collègue, pour les ateliers du Sud et de l'Ouest[1]. Ce sont ces mesures, mises à exécution par Rigaud et Bauvais, qui leur donnèrent les moyens financiers qui faisaient la prospérité des localités soumises à leurs ordres, avec cette exception honorable pour Gavanon, Bonnard et Lebon, trois administrateurs ou ordonnateurs, qu'ils géraient l'administration avec plus d'intelligence et de fidélité, que ne firent Henri Perroud et Idlinger. Le système de fermage avait même été pratiqué dans le Sud et dans l'Ouest, avant de l'être dans le Nord et l'Artibonite ; car nous remarquons dans le rapport imprimé, de Leborgne et Kerverseau, déjà cité, que par une lettre du 26 messidor an IV (14 juillet 1796), que la délégation adressa à l'agence du Cap, elle lui disait, en parlant des officiers militaires du Sud et de l'Ouest : — « Ils étaient maîtres des villes,
« par le pouvoir municipal qu'y exerçaient les comman-
« dans de place ; ils étaient maîtres des campagnes, par
« les inspections générales des ateliers, toutes confiées à
« des officiers ; ils étaient maîtres des propriétés particu-
« lières, par les attributions de la justice de paix que
« s'arrogeaient les commandans d'arrondissement ; ils
« étaient maîtres *des propriétés publiques* (les habita-
« tions séquestrées), *par les baux à vil prix auxquels ils*
« *les tiennent à ferme...* »

Ainsi donc, Rigaud et Bauvais avaient devancé Vincent dans le système de fermage qui n'eut lieu dans le Nord qu'en mars ou avril 1797. C'est ce système qui donna ef-

---

[1] Polvérel fit un autre règlement sur la culture, le 28 février 1794, pour donner une nouvelle force à celui du 31 octobre 1793.

fectivement un si grand pouvoir aux chefs militaires sur les populations, outre celui que leur conféraient les nécessités de la guerre contre les Anglais. Et pour le dire en passant, la délégation déraisonnait, elle était injuste à l'égard des chefs militaires du Sud et de l'Ouest, lorsqu'elle portait contre eux tant d'accusations : outre qu'il n'en avait jamais été autrement, dans l'ancien régime même où il n'existait point de municipalités, où les majors, les officiers militaires dirigeaient toutes les affaires des paroisses; mais les deux proclamations citées de Sonthonax et de Polvérel leur attribuaient la plus grande part dans le pouvoir signalé par la délégation ; en ce temps-là, il en était de même sous les yeux de l'agence.

Il n'est donc pas étonnant que T. Louverture ait continué ce système, après le départ de Sonthonax. Il l'a été encore sous les divers gouvernemens qui lui ont succédé, notamment sous Dessalines et H. Christophe. Et quand Pétion prit la résolution de morceler les grandes habitations rurales, de vendre les propriétés des villes, c'était autant pour donner le bien-être aux individus, que pour diminuer sensiblement le pouvoir des chefs militaires ; car *la petite propriété* fit des cultivateurs (des noirs des campagnes), autant de citoyens soumis à la loi, tandis qu'auparavant ils étaient en quelque sorte traités comme des bêtes de somme, à l'usage des officiers militaires, fermiers des habitations du domaine public. Lorsque nous arriverons à son époque, nous démontrerons de nouveau cette vérité ; nous prouverons comment son système politique a été favorable à la liberté des masses.

On a vu que Sonthonax, dans son discours au conseil des Cinq-Cents, a accusé T. Louverture d'être placé sous l'influence des prêtres et des émigrés, c'est-à-dire, des colons qui étaient rentrés dans la colonie après avoir été considérés comme émigrés ; et il a cité surtout Salnave et Bayon de Libertas. A eux se joignirent naturellement tous les autres blancs colons alors à Saint-Domingue, dans le Nord et l'Artibonite. L'accusation même que le général en chef porta contre Sonthonax, en disant qu'il lui avait proposé d'égorger tous les Européens, devait les rallier tous auprès de lui. Ils commencèrent dès-lors ce plan de cajoleries, de feinte admiration, de prétendu attachement pour sa personne, qui le perdit par la suite. Il avait plusieurs fois, sous le gouvernement de Laveaux, appelé des prêtres auprès de lui pour baptiser les enfans aux Gonaïves: dans une circonstance où il opéra un échange de prisonniers avec le commandant anglais à Saint-Marc, il sollicita de lui de laisser venir les anciens curés des Gonaïves et d'Ennery qui s'y trouvaient. Cette louable attention qu'il mit à procurer à la population les secours de la religion, contribua encore à faire voir en T. Louverture, l'homme qui convenait au gouvernement de la colonie où il venait de se placer. C'est alors, il paraît, que les colons du bourg d'*Ennery* imaginèrent de substituer au nom de cet ancien gouverneur de Saint-Domingue, sous lequel ce canton fut érigé en paroisse, le nom de *Louverture*, à cause de l'habitation qu'il y avait acquise de ses deniers, depuis sa soumission à Laveaux. Un pareil acte dut gagner T. Louverture, par l'effet de sa vanité, et lui faire peut-être entrevoir dans l'avenir la possibilité de devenir aussi, comme le comte d'Ennery, gouverneur général de Saint-Domingue.

De leur côté, les Anglais, reconnaissant l'impossibilité, non plus de conquérir Saint-Domingue, mais de conserver même les cinq villes qui étaient en leur possession, — le Port-au-Prince, l'Arcahaie, Saint-Marc, Jérémie et le Môle Saint-Nicolas; ayant épuisé tous les argumens pour porter Rigaud à trahir la France, ils pensèrent que son émule se prêterait mieux à leurs vues, qui étaient alors de s'assurer, sinon le monopole du commerce de la colonie, du moins un grand débouché pour leurs marchandises et une grande part dans l'exportation des produits du sol. Le général qui avait réussi à éloigner Laveaux pour parvenir à son rang de chef de l'armée, qui venait de forcer Sonthonax à s'embarquer, dut avec raison leur paraître un homme assez politique pour accepter leurs propositions. Ils ne les lui firent pas immédiatement ; mais ils s'attachèrent dès-lors à user de grands ménagemens envers lui, en envoyant souvent auprès de lui des parlementaires sous divers prétextes, qui lui portaient des lettres extrêmement flatteuses. Ces procédés agirent naturellement sur la vanité du général en chef.

Se voyant ainsi adulé, même par ces ennemis qu'il combattait depuis trois ans, T. Louverture fit bientôt sentir sa force à ce faible J. Raymond qui n'avait pas su prendre le seul parti honorable pour lui. A ce sujet, laissons parler un témoin oculaire qui le vit peu de jours après le départ de Sonthonax : c'est le général Kerverseau qui raconte les faits au ministre de la marine, dans son rapport déjà cité. Désigné par l'agence pour aller à Saint Yague, en qualité de commissaire délégué, il était encore à Monte-Christ, lorsqu'il fut rappelé par Raymond. Il dit, en parlant de T. Louverture :

« Il était encore dans l'ivresse du triomphe, lorsque j'arrivai au Cap. Je vis le héros du jour ; il était radieux ; sa joie étincelait dans ses regards ; ses traits épanouis annonçaient la confiance. Sa conversation était animée ; plus de soupçons, plus de réserve. Il paraissait s'abandonner avec plaisir dans la conversation ; et dans les rapports particuliers que j'eus alors avec lui, j'eus souvent lieu d'admirer la justesse de son jugement, la finesse de ses reparties, et une combinaison d'idées vraiment étonnante dans un homme né et vieilli dans l'esclavage, dont le soin des mulets et des chevaux avait fait plus de 40 ans la principale occupation, et dont toutes les études s'étaient bornées à apprendre à lire et à signer assez mal son nom. Il ne parlait que de son amour pour la France, et de son respect pour le gouvernement ; il se présentait comme le vengeur et l'appui des droits de la métropole, et tous les amis de l'ordre et de la paix faisaient tous leurs efforts pour se persuader de sa sincérité. Nous ne pouvions oublier qu'il était un des principaux auteurs des désastres de la colonie, et un des chefs les plus marquans de ces bandes de noirs révoltés qui, le poignard et la torche à la main, de la contrée la plus opulente de l'univers, avaient fait une terre de désolation et de deuil ; mais nous lui cherchions des excuses dans l'empire des circonstances ; nous nous travaillions pour lui trouver des vertus qui pussent nous rassurer sur les suites d'un acte aussi attentatoire à l'autorité nationale que l'embarquement à main armée d'un représentant du gouvernement français. Nous voulions l'attacher invinciblement à la République, et nous étourdir nous-mêmes par le concert de nos louanges et de nos acclamations. Nous faisions comme les enfans qui chantent la nuit quand ils ont peur, ou comme un voyageur qui, surpris par un lion dans son antre, tâcherait par des caresses, de fléchir le terrible animal, et de se faire un protecteur du monstre même qui peut le dévorer.

« Le général en chef, fidèle au système qu'il se fit alors .... de mettre en avant le délégué de la métropole, et de le pousser à des démarches dont il recueillerait les avantages si elles réussissaient, et qui, en cas de non-succès, tourneraient encore au profit de son ambition par la défaveur qu'elles jetteraient sur l'autorité nationale, s'en rapprochait et s'en éloignait tour à tour, le flattait par des protestations d'attachement et de soumission, ou, avec une colère hypocrite, lui adressait en public les reproches les plus insultans, accueillait toutes les plaintes, toutes les dénonciations, toutes les impostures, déplorait les malheurs publics qu'il ne prenait, cependant, aucun moyen de soulager, blâmait tout haut les mesures qu'il avait secrètement ordonnées, s'élevait contre *la dilapidation des finances*, pleurait sur le sort de Saint-Domingue livré à l'impéritie et aux déprédations des envoyés de la France, rejetait sur le gouvernement tout le poids des calamités et de la haine publique, et se montrait à tous comme le défenseur des opprimés, le père de l'armée et le protecteur de tous les citoyens. Tous les ennemis de la commission étaient sûrs de son appui. L'ancien curé du Dondon, l'abbé de la Haye, nom fameux dans l'histoire des crimes de Saint-Domingue, et sa très-digne *épouse*, traduits devant le juge de paix et mis en jugement pour les plus horribles calomnies contre l'agent (J. Raymond), furent relâchés par ordre de Toussaint dont la sensibilité était prompte à s'émouvoir pour les diffamateurs de l'autorité nationale. Tous ceux que l'agent déplaçait étaient replacés par le général en chef. L'ordonnateur Idlinger auquel Raymond avait donné Verrier pour successeur, fut nommé adjudant-général, malgré la loi et malgré l'agent qui fut contraint de lui en expédier le brevet : ce ne fut durant cinq mois qu'une suite d'orages toujours prêts à éclater, et à peine interrompus par quelques momens de calme. Les choses en étaient venues au point que Raymond ne pouvait, *sans pâlir*, recevoir un message de Toussaint, et personne ne doutait que bientôt on ne lui intimât l'ordre d'aller en France rejoindre son collègue…. *Toussaint ne voulait plus de supérieur*, et Raymond ne pouvait échapper à la honte d'un embarquement, si l'arrivée de son successeur n'était venue donner une nouvelle direction aux esprits et une nouvelle face aux affaires. »

Nous verrons ce successeur lui-même forcé aussi à s'embarquer ; mais, outre que nous avons autre chose à dire avant cela, convenons que J. Raymond méritait bien les tourmens qu'il endurait ! Lorsqu'un homme, dans une position politique, méconnaît les devoirs essentiels que lui dicte l'honneur, il encourt non-seulement de justes reproches, mais il se rend digne du mépris de celui dont il a voulu servir les passions ou l'ambition.

Si T. Louverture, dans le Nord, s'attacha à fortifier son autorité par des mesures d'organisation, Rigaud, dans le Sud, en prenait aussi, principalement pour parvenir à l'expulsion des Anglais de la Grande-Anse. Dès la fin du mois d'avril, il avait organisé quatre régimens ou demi-brigades, formées des troupes de la belle légion de l'Égalité du Sud, que Desfourneaux trouvait trop nombreuse : des recrutemens complétèrent ces corps dont le commandement fut confié, le 1er à Dartiguenave, le 2e à Faubert, le 3e à Renaud Desruisseaux, et le 4e à Doyon aîné. Quant aux mesures administratives et financières, Rigaud n'en avait pas à prendre, le Sud ayant déjà son organisation en règle sous ce rapport.

Dans l'Ouest, la légion de l'Égalité se partageait entre les arrondissemens de Jacmel et de Léogane, et dans cette dernière ville était un autre régiment formé des troupes dont Laplume avait eu le commandement : Nérette en était alors le colonel[1].

Du côté des Anglais, un nouveau général nommé White était arrivé dans le mois d'août ; il remplaça Simcoë parti pour l'Europe. Il paraît que ce dernier fit un tel rapport de la situation des choses, que le gouvernement britannique se décida à ordonner l'évacuation des points occupés.

Nous avons déjà dit un mot sur le discours prononcé le 29 mai, au conseil des Cinq-Cents, par Viennot Vaublanc, colon de Saint-Domingue et chef du parti royaliste dans cette assemblée. La fibre coloniale s'était émue en lui, en apprenant les succès du nouveau *règne* de Sonthonax dans ce pays où il travaillait à l'élévation des noirs qu'il avait, le premier, émancipés. Viennot Vaublanc fit une sortie furibonde contre lui et contre les noirs ; et sans porter intérieurement plus d'intérêt aux hommes de couleur, il prit cependant la défense de Rigaud, proscrit et par Sonthonax et par le Directoire exécutif, uniquement pour faire *de l'opposition* à ce gouvernement. En parlant du régime militaire de la colonie, il avait dit :

« Et quel gouvernement militaire ? A quelles mains est-

---

[1] Ce régiment devint ensuite la fameuse 11ᵐᵉ demi-brigade, sous Métellus. Avant la formation de sa garde à pied, Pétion s'appuyait principalement sur ce corps dont l'attachement de Métellus lui assurait le dévouement.

L'historique de nos corps de troupes est à faire. N'y aura-t-il donc pas parmi nos jeunes militaires, quelqu'un qui veut entreprendre cette œuvre patriotique ? Que de choses à dire de ces braves soldats et de leurs chefs !

il confié ? A des nègres ignorans et grossiers, incapables de distinguer la licence la plus effrénée, de l'austère liberté fléchissant sous les lois... Il faut d'abord *faire rentrer les nègres sur les habitations* où ils étaient avant la révolution. Le très-grand nombre de nègres n'ayant pas *de propriétés*, ils ne peuvent exister que sur celles des blancs ; il faut donc *contraindre les noirs à y vivre*, les y faire consacrer leurs services *pour un certain nombre d'années...* »

Vaublanc soutenait ainsi la même opinion qui avait divisé Biassou et T. Louverture ; et quoique ce dernier ait fait une réfutation du discours de ce colon, lorsqu'il parvint à Saint-Domingue, nous verrons un jour comment il a réalisé ses vœux, tout en accusant Hédouville d'être dans ces idées de Vaublanc.

Un autre membre du conseil des Cinq-Cents, faisant partie de la commission des colonies dans ce corps, l'amiral Villaret-Joyeuse, avait dit aussi, à propos de Sonthonax et des noirs :

« L'objet le plus pressant est *le rappel* du Robespierre des Antilles et de ses complices. Comment l'opérerez-vous ? Vous contenterez-vous de rapporter la loi du 4 pluviôse (celle du 24 janvier 1796, relative aux agens) ? La constitution vous donne incontestablement ce droit : vous devez l'exercer dès ce moment. Mais une fois cette loi rapportée, le Directoire exécutif ne pourra plus envoyer d'autres agens... »

Et alors, pour obvier à ces agens civils, Villaret-Joyeuse proposait d'établir à Saint-Domingue *un régime militaire* semblable à celui qui avait mis fin à la guerre de la Vendée. Or, comme le général Hédouville avait mérité le titre de *Pacificateur de la Vendée*, l'idée de Villaret-Joyeuse paraît avoir contribué à fixer le choix du Directoire exécutif sur lui, pour venir remplacer Sonthonax [1]; et comme Villaret-Joyeuse fut choisi lui-même en 1801, pour commandant supérieur de la formidable flotte qui vint à Saint-Domingue, nous sommes porté à croire que ses idées de 1797 le désignèrent à ce poste, pour aider à l'établissement de ce régime militaire confié à l'habileté du général Leclerc, bien que sa capacité comme marin le rendait digne de ce choix.

Il faut dire aussi que, si au conseil des Cinq-Cents, des royalistes opinaient pour rétablir les noirs dans l'esclavage ou pour modifier l'état de liberté dont ils jouissaient, au conseil des Anciens un autre royaliste plus éclairé, plus consciencieux, Barbé de Marbois, ancien intendant de Saint-Domingue, avait opiné en faveur du maintien de la liberté générale. Son rapport du 28 ventôse an 5 (18 mars 1797), raisonne trop bien sur cette question, pour que nous n'en citions pas ce passage :

« Malgré les agitations et les orages qui tourmentent Saint-Domingue, *la liberté* y a jeté de si profondes racines, qu'elle ne peut plus être arrachée de cette terre. L'homme libre y saura conduire la charrue que l'esclave n'a jamais pu, n'a jamais voulu manier. La forme *des engagemens à terme* ne répugne point aux institutions républicaines.

« Si les arts utiles de l'Europe sont une fois introduits dans les colonies, on ne peut calculer avec quelle rapidité ils en favoriseraient la restauration. Déjà il est reconnu que les affranchis (les noirs émancipés), soit qu'ils se mettent aux gages de ceux dont ils ont été les esclaves, soit

---

[1] Hédouville fut effectivement nommé le 4 juillet 1797 : on ajourna son envoi à Saint-Domingue, nous ignorons par quel motif. Sans doute, l'idée primitive de sa nomination, était de constituer le gouvernement militaire : comme général, il y convenait.

qu'ils deviennent co-partageans dans les produits, ainsi que nos vignerons, peuvent travailler utilement pour le propriétaire et pour eux-mêmes, et que pour être maintenu, *l'ordre n'a pas besoin de la sévérité des châtimens.* Le son de la cloche se fait entendre à des heures fixes, et appelle comme autrefois les nègres aux travaux. Mais, pour les y animer, *le bruit du fouet n'est pas nécessaire; l'épreuve est faite, le succès n'est plus douteux.* »

Rien n'était plus concluant que ces raisonnemens présentés à la France, par un homme qui avait vu Saint-Domingue dans toute sa splendeur, sous le régime affreux de l'esclavage. Mais c'était prêcher dans le désert, que d'offrir à la faction coloniale des considérations aussi élevées, dans l'intérêt même des colons : elle persévéra dans ses perverses combinaisons.

Il paraît néanmoins que, relativement à Sonthonax, Barbé de Marbois, chargé de faire un autre rapport au conseil des Anciens, après la sortie virulente de Vaublanc et de Villaret-Joyeuse à celui des Cinq-Cents, conclut comme eux, le 21 juillet, *au rappel* de ce commissaire. Les deux conseils recommandèrent cette mesure au Directoire exécutif. Sonthonax était donc frappé de réprobation au corps législatif, lorsque T. Louverture prit la résolution de le contraindre à retourner en France. L'assertion qu'il donna dans son discours du 4 février 1798, de l'envoi de paquets de France au général en chef, semble être fondée sur ces intrigues de la faction coloniale.

Mais, en arrivant en France, il dut éprouver personnellement une compensation à son embarquement forcé, en apprenant que ses principaux accusateurs dans les deux conseils, avaient eux-mêmes subi l'ostracisme politique, peu de jours après son départ de Saint-Domingue. Le 18 fructidor (4 septembre), en effet, le partie royaliste fut frappé à Paris, dans la personne de ceux des membres du corps législatif qui en étaient : Vaublanc, Barbé de Marbois et d'autres furent éliminés et déportés.

Huit jours après cet événement, le 11 septembre, un rapport fut présenté par Eschassériaux aîné au conseil des Cinq-Cents, au nom de la commission des colonies, sur les élections des députés de Saint-Domingue au corps législatif. Il s'agissait de celles faites en août 1796, et en avril 1797, comprenant ensemble treize députés. Revenant sur la loi qui avait annulé les premières, le rapporteur conclut à son abrogation, *parce que la politique et la justice le commandaient*, et il opina alors pour l'admission de Laveaux, Brothier, Étienne Mentor et J. Tonnelier au conseil des Anciens; de Sonthonax, Thomany, Pétiniaud, Boisrond jeune, Leborgne et G.-H. Vergniaud à celui des Cinq-Cents. Annecy, A. Chanlatte et Pierre Antoine fils furent ainsi écartés, comme ayant eu moins de voix à l'assemblée électorale, et parce que déjà se trouvaient au corps législatif, Dufay, J.-B. Belley et Boisson Laforêt.

En conséquence de cette décision, Laveaux et ses collègues furent admis immédiatement, et Sonthonax le jour même où il prononça son discours du 4 février 1798. Laveaux en prononça un le 19 septembre 1797, où il relata toute son administration comme gouverneur général, pour la justifier; il repoussa aussi les accusations de Vaublanc contre les noirs, et particulièrement contre T. Louverture dont il fit le plus complet éloge, ainsi que des autres officiers noirs; et quoiqu'il ait dit de quelle importance fut à la cause de la République française, le retour de la commune de Jean-Rabel, il omit de citer le nom du *perfide* Delair qui, par son exemple, entraîna les autres qui revinrent sous le drapeau tricolore. Il dit ces paroles : — « Plus de liberté générale à Saint-Domingue, plus de « colonie pour la France. *Qui voudra attaquer la liberté* « *des noirs sera vaincu.* » Il avait raison, cette fois.

Le 18 brumaire suivant (8 novembre), Eschassériaux présenta un nouveau rapport sur la division du territoire de l'île entière de Saint-Domingue, en cinq départemens désignés ainsi : le Nord, l'Ouest, le Sud, Samana et l'Engaño. Ces départemens furent divisés en cantons; des tribunaux civils et correctionnels durent y être érigés; les lieux de leur siége furent fixés, de même que ceux du siége des administrations départementales. Mais ces divisions et subdivisions indiquées *à priori,* sur le seul examen d'une carte de l'île, prouvèrent le peu de connaissances que les législateurs avaient des localités. Ainsi, pour n'en citer qu'une seule, le département du Sud dut s'étendre jusqu'à la pointe du Lamentin, située à une lieue du Port-au-Prince, devenu le siége de l'administration départementale de l'Ouest. Cette division subsista ainsi jusqu'en 1801.

Quelque temps après la décision survenue sur le rapport d'Eschassériaux relatif aux élections, des réclamations eurent lieu à ce sujet, en même temps que J.-B. Belley cessa ses fonctions au corps législatif dans un tirage au sort pour la sortie des députés [1]. Alors Laveaux présenta un rapport au conseil des Anciens, où il prouva

---

[1] Il paraît qu'en sortant du corps législatif, il servit dans les armées françaises. Il parvint au grade d'adjudant-général, fut envoyé à Saint-Domingue avec l'expédition de 1801, déporté de là en France, en 1802, et relégué à Belle-Ile-en-Mer où il mourut.

que Mentor n'ayant pas l'âge requis, il ne pouvait y siéger : le rapporteur conclut à l'admission de ce député au conseil des Cinq-Cents et à celle d'Annecy à celui des Anciens, à cause de son âge, et toujours par la considération *politique,* qu'il fallait donner aux noirs de Saint-Domingue la satisfaction de voir siéger des noirs au corps législatif. Laveaux n'oublia pas *de prouver* que les élections du Sud et de l'Ouest, faites en avril 1796, *étaient nulles* par cela seul que lui et Perroud avaient consenti *à regret,* avaient eu *la main forcée* par Rigaud et Bauvais, pour autoriser ces élections. Et comme la politique régnante exigeait qu'on ne donnât aucune satisfaction aux hommes de couleur, il conclut naturellement à l'annulation de ces élections.

Cependant, Pinchinat élu dans le Sud, et Rey Delmas élu dans l'Ouest, se trouvant alors à Paris et y faisant des démarches actives pour prouver la légitimité de leur élection, cette affaire traîna en longueur. Mais successivement Cholet, membre du conseil des Cinq-Cents, présenta deux rapports, l'un le 31 mars, l'autre le 20 avril 1798, où leur sort fut fixé : ils furent tous deux écartés du corps législatif. Laveaux et l'agence avaient trop bien diffamé Pinchinat surtout pour qu'il pût obtenir son admission. Sonthonax et Leborgne, présens au conseil des Cinq-Cents, Laveaux à celui des Anciens, ne s'endormaient pas à son sujet.

Ainsi, il n'y eut de représentés au corps législatif, que le département du Nord et la portion de celui de l'Ouest comprise dans la région de l'Artibonite. Telle fut *la justice* dictée par *la politique.*

Toutefois, comme Pinchinat avait publié trois mémoires, l'un le 31 octobre 1797, à son arrivée à Cherbourg, adressé au conseil des Cinq-Cents ; le second adressé au Directoire exécutif ; le troisième en réponse aux diatribes lancées contre lui et les hommes de couleur, par Leborgne, Garrigou, Lachapelle et Sonthonax, dans leurs discours ou les écrits qu'ils publièrent ; Rey Delmas ayant publié aussi d'autres écrits, un membre du conseil des Cinq-Cents, nommé Poncet Delpech, fit une motion en leur faveur et tendante à leur faire accorder à chacun une somme de six mille francs, en dédommagement de leurs frais de voyage, ou plutôt comme indemnités dues pour leur longue captivité par les Anglais. Cette somme leur fut comptée : ils étaient tous deux dans le dénûment. Il est à présumer que l'embarquement forcé de Sonthonax par T. Louverture entra comme considération dans cette décision : on commençait à voir un peu plus clair en France, sur les affaires de la colonie.

Pinchinat publia un dernier écrit le 6 octobre 1798, intitulé *Sonthonax réfuté par lui-même, ou Réponse à son écrit du 19 juillet.* Il paraît que, s'acharnant toujours contre les victimes de sa politique passionnée, Sonthonax essaya encore de calomnier Pinchinat et les hommes de couleur en général. Les indemnités accordées à Pinchinat ayant été votées le 4 juin, l'écrit de Sonthonax du 19 juillet (que nous n'avons pas) paraît avoir eu pour but de démontrer que cette espèce de réparation faite à Pinchinat ne lui était point due. L'écrit de celui-ci est peut-être le meilleur de tous ceux qu'il a faits : il est rédigé avec une véritable éloquence. Ce fut le dernier qu'il publia en France où il continua de résider jusqu'à sa mort, arrivée le 30 avril 1804, dans l'infirmerie de la Force, à Paris. Il succomba, à l'âge de 58 ans, à ses chagrins, occasionnés surtout par la misère la plus profonde, et les persécutions incessantes de l'autorité française qui gouvernait alors[1].

Ainsi finit sa carrière, l'athlète le plus redoutable pour la faction coloniale. Se trouvant en France pendant qu'Ogé, J. Raymond et les autres commissaires des hommes de couleur faisaient des démarches auprès de l'assemblée constituante pour obtenir l'égalité des droits

---

[1] Rien ne peut mieux donner une idée de la haine aveugle qui persécutait alors les hommes de couleur, que les tribulations endurées par Pinchinat.
Lors de ma mission à Paris, en 1838, j'eus l'occasion de voir chez le comte de Laborde, ancien propriétaire à Saint-Domingue, M. Gabriel Delessert, son gendre et alors Préfet de police. Je priai le comte de Laborde de lui demander, de faire faire des recherches sur les registres de la Préfecture, afin de me dire à quelle époque Pinchinat fut emprisonné et mourut. Je dus à la complaisance de M. G. Delessert les renseignemens suivans :
« Pierre Pinchinat, homme de couleur de Saint-Domingue, est entré au « Temple, prison d'Etat, le 30 nivôse an 9 (20 janvier 1801). Il en fut extrait « neuf jours après. On perd sa trace jusqu'au 18 ventôse an 11 (9 mars 1803), « jour où il a été mis à Sainte-Pélagie, pour y être à la disposition du minis« tre de la marine. Il fut mis *au secret* deux jours après, le 11 mars. Le se« cret fut levé le 26 floréal suivant (16 mai). Transféré à la Préfecture le 3 « brumaire an 12 (26 octobre), il fut réintégré à Sainte-Pélagie, puis transféré « de nouveau à la Préfecture le 27 brumaire (19 novembre), puis réintégré en« core à Sainte-Pélagie le 7 pluviôse (28 janvier 1804). Extrait de nouveau de « Sainte-Pélagie, le 28 pluviôse (18 février), et transféré une troisième fois à « la Préfecture le 17 ventôse (8 mars), étant malade il fut envoyé à l'infirmerie « de la Force où il est décédé le 10 floréal an 12 (30 avril 1804).—On ne trouve, « ajoute la note de renseignemens, sur aucun des registres des prisons, les « *motifs* des incarcérations du sieur Pinchinat. Il est probable que son affaire « se rapportait à celle de Toussaint Louverture. »
Déjà, depuis un an, ce dernier était mort aussi de chagrin et de misère au château de Joux. Il est à présumer que les colons présens à Paris, alors toutpuissans, désignèrent Pinchinat aux rigueurs du gouvernement français. Le contre-amiral Panayoty qui l'a assisté dans sa détresse à Sainte-Pélagie, m'a dit que son emprisonnement eut lieu aussi sur la demande de Rochambeau, capitaine-général après Leclerc, qui le dénonça comme ayant été le directeur des hommes de couleur. A la même époque, en 1803, André Rigaud et Martial Besse furent incarcérés au château de Joux, avant la mort de T. Louverture. Ils durent leur élargissement à la protection de Louis Bonaparte, père de l'Empereur Napoléon III. Honneur à la mémoire de Louis Bonaparte !

avec les blancs, il crut qu'à Saint-Domingue même il pourrait offrir à sa classe le concours de ses lumières, avec plus d'efficacité pour le succès de sa cause. Adoptant, comme ces commissaires, comme la société des *Amis des noirs*, l'idée d'une liberté *graduelle* pour les esclaves, il les embrassa dans ses généreuses pensées. Arrivé dans la colonie en mars 1790, au plus fort des persécutions des colons contre les hommes de couleur, au moment où l'assemblée générale allait s'installer dans sa ville natale, à Saint-Marc, Pinchinat agit avec une prudence consommée, pour se donner le temps de s'aboucher avec les principaux d'entre eux, et arrêter ensemble les mesures propres à assurer le succès de leur cause. Ogé arrive de France, et l'on voit Pinchinat, réuni à ses frères du Mirebalais, correspondre avec lui : cette correspondance est cause de son arrestation, de son emprisonnement au Port-au-Prince, par ordre de Blanchelande qui découvre en lui un directeur intelligent. Ce fut comme le baptême de la gloire qu'il allait acquérir. Il ne sortit de cette prison, de même que Rigaud, que pour avoir le droit d'être la personnification politique de sa classe, tandis que son compagnon d'infortune devenait sa personnification militaire.

Depuis lors, nous l'avons vu au Mirebalais présider le conseil des hommes de couleur, les diriger avec énergie, habileté et modération dans leurs réclamations, faire tous leurs écrits dans ce but, avec une sagesse et une intelligence des choses qui lui ont mérité l'éloge flatteur de Garran de Coulon; présider ensuite aux divers concordats passés avec les colons, les rédiger avec cette fermeté qui fit vouer *à l'exécration contemporaine et future*, comme *infâmes*, les arrêts prononcés contre Ogé, Chavanne et leurs compagnons ; faire consentir les colons à la dérogation du décret du 15 mai 1791, qui n'admettait qu'une faible portion de sa classe à l'égalité des droits, pour la comprendre tout entière dans le bénéfice de cette loi. Nous l'avons vu ensuite imaginer sa confédération avec les contre-révolutionnaires, œuvre politique qui empêchait toute la race blanche de s'unir contre elle, les faire servir au succès de sa cause; renouveler cette confédération à Saint-Marc, pour la garantir des violences de Borel et d'autres partisans de l'assemblée générale. Nous l'avons vu encore assister Polvérel et Sonthonax dans toutes leurs opérations, soit pour l'exécution de la loi du 4 avril 1792, soit pour la liberté générale proclamée par suite d'événemens imprévus; faire comprendre à la majorité de ses frères la justice et la convenance de cette mesure humanitaire, foudroyer d'autres de ses éloquens écrits, pour avoir trahi cette cause si belle.

Mais alors survinrent des circonstances regrettables pour la gloire acquise par Sonthonax. Subissant l'influence de ses passions, de son caractère toujours emporté, Sonthonax passa, de soupçons injustes contre Pinchinat, à un ressentiment violent, dénué de motifs sérieux. Parti pour la France et revenu à Saint-Domingue avec une mission déloyale, il s'attacha à la perte de Pinchinat personnellement pour détruire en lui, comme en Rigaud, le prestige et l'influence des anciens libres qu'ils représentaient dans leur caractère particulier. Dès-lors, frappé de la réprobation d'un gouvernement aussi insensé que perfide, Pinchinat ne fut plus qu'une victime dévouée à toutes les persécutions.

Les *motifs* qu'on n'a pu nous donner dans nos investigations, et qui ont occasionné ses diverses incarcérations à Paris, nous allons les dire. Ils furent fondés sur l'instruction supérieure que Pinchinat reçut en France, sur l'adoption des idées qu'elle lui suggéra, sur les principes de liberté qu'il y puisa et qui le portèrent à se rendre à Saint-Domingue pour aider ses frères, par ses lumières, à revendiquer leurs droits naturels qu'ils tenaient de Dieu, leurs droits positifs qu'ils tenaient de la législation de la France elle-même. Attaché sincèrement à cette patrie dont le nom seul faisait palpiter son cœur et celui de ses frères, il eut, comme eux, *le tort, le grand tort* de croire qu'ils pouvaient toujours compter *sur sa justice*. Voilà les motifs de ces persécutions injustes qui firent mourir Pinchinat sur un grabat.

Nous ne savons ce qu'Haïti doit à sa mémoire. Mais pour nous, qui trouvons une satisfaction pleine et entière à rappeler à notre postérité les titres que les révolutionnaires de notre race africaine ont à son estime, nous lui disons qu'elle ne doit pas perdre le souvenir du nom de Pinchinat. Ses travaux politiques, ses nombreux écrits, ont contribué au triomphe de nos droits : il a mérité de notre reconnaissance.

Et qu'importe, après tout, que ses restes aient été enfouis obscurément dans un champ étranger, dans un pays devenu inhospitalier pour lui, qu'ils ne reposent pas sur sa terre natale ! Ses services rendus à la cause de la liberté donnent l'immortalité à son nom. Il ne périra point parmi les Haïtiens.

Pinchinat ne fut pas le seul alors en France qui publiât des écrits pour justifier les hommes de couleur, pour repousser les calomnies haineuses lancées contre eux, pour essayer d'éclairer le Directoire exécutif et la France, sur leur conduite, sur celle d'André Rigaud en particulier. Un autre de nos hommes politiques, de nos chefs militaires, qui a droit aussi à la gratitude de son pays, Bonnet, alors aide de camp de Rigaud, arrivé en France avec Pinchinat, des prisons d'Angleterre, fit un mémoire qu'il publia dans ce but. Ce document, très-étendu, relata les faits révolutionnaires avec précision, et démontra les torts des colons et de l'agence présidée par Sonthonax : cet écrit frappa les hommes sensés et généreux.

Il produisit *peut-être* quelque scrupule dans l'esprit du Directoire exécutif qui envoyait alors le général Hédouville, en qualité d'agent à Saint-Domingue. Nommé dès le 4 juillet, pour remplacer Sonthonax, il avait pour mission spéciale d'opérer *l'arrestation d'André Rigaud et de le déporter en France*. Ses instructions étaient datées du 9 nivôse an VI (29 décembre 1797). On y prescrivait à Hédouville « de faire publier les lois du corps législatif et de
« faire respecter la constitution, d'assurer la tranquillité
« intérieure et extérieure, de nommer aux emplois publics
« et de révoquer les fonctionnaires, de faire respecter la
« liberté générale, de moraliser les agriculteurs ou culti-
« vateurs (les noirs), de faire exécuter rigoureusement les
« lois contre *les émigrés*, de veiller au maintien des bonnes
« mœurs, de soulager les vieillards, les enfans, les femmes
« enceintes, les nourrices, de développer les principes de
« *l'association* dans les ateliers [1].

Telles furent les instructions *ostensibles* données à Hédouville. Mais comme l'agence présidée par Sonthonax en avait de semblables et de *secrètes* aussi, nous concluons qu'Hédouville ne pouvait manquer d'en avoir de *secrètes*

---

[1] Vie de Toussaint Louverture par M. Saint-Rémy, p. 207.
La commission d'Hédouville fut délivrée par le directeur Barras, le 14 janvier 1798, d'après l'arrêté de sa nomination en date du 4 juillet 1797. Le départ forcé de Sonthonax et son arrivée en France, firent cesser l'ajournement mis à l'envoi d'Hédouville.

également. Et d'ailleurs, les circonstances qui venaient de se passer dans cette colonie, et qui firent choisir un général de quelque renom pour remplir cette mission, *le système* déjà adopté par le Directoire exécutif pour assurer la prépondérance de la classe blanche : tout commandait de confier au nouvel agent, des mesures que le gouvernement ne pouvait pas avouer publiquement, et qui étaient laissées à sa sagacité pour être mises à exécution, selon l'occurence.

Or, si le sage, le vertueux Polvérel lui-même imagina une division entre Rigaud et Montbrun ; si Laveaux réussit à diviser T. Louverture et Villatte ; si Sonthonax essaya d'exciter tous les généraux, notamment Bauvais, Laplume et T. Louverture contre Rigaud, — Hédouville ne pouvait manquer d'avoir la mission de diviser Rigaud et T. Louverture, s'il n'aimait mieux arrêter et déporter Rigaud. Bientôt nous prouverons ce que nous disons ici, par le résultat de la mission d'Hédouville.

Cependant, Pinchinat ayant eu l'occasion d'entretenir cet agent des événemens de Saint-Domingue, il s'attacha à le persuader que Rigaud et ses frères ne méritaient pas les reproches qu'on leur adressait, les accusations dont on les accablait. Hédouville *paraissant* ajouter foi à ce qu'il lui dit, Pinchinat se fit un devoir d'inspirer à Rigaud et aux autres hommes de couleur, une grande confiance en cet agent : à cet effet, il écrivit une lettre à Rigaud, le 9 frimaire an 6 (29 novembre).

De son côté, Bonnet, sachant qu'Hédouville avait mission d'arrêter Rigaud et de le déporter, lui adressa une lettre où il donnait à cet agent un aperçu sur les troubles survenus dans le Sud, par les fautes et les torts de la délégation. Ces communications officieuses portèrent le Directoire, suivant Bonnet dans ses Mémoires, à donner en dernier lieu à Hédouville, l'ordre *d'observer la conduite de Rigaud avant de mettre à exécution le premier ordre.* Bonnet vit Pléville Lepeley, ministre de la marine et des colonies, et Schérer, ministre de la guerre, auxquels il dit les choses les plus propres à faire concevoir une meilleure opinion de Rigaud, que celle qu'on avait conçue à son égard.

Bonnet avait été secondé dans ses intentions d'éclairer le gouvernement français, par Rallier, blanc, ancien ingénieur au Cap, et alors membre du conseil des Anciens. Rallier fit un écrit qu'il publia en cette circonstance, et qui lui attira le mécontentement du fameux Leborgne, membre des Cinq-Cents. Ce dernier publia alors le rapport de la délégation, pour détruire l'influence qu'aurait pu exercer sur l'opinion publique l'écrit de Rallier.

A Leborgne se joignirent Garrigou et Lachapelle, envoyés par les citoyens du Sud pour exposer la conduite tortueuse de la délégation. Dès leur arrivée à Cherbourg avec Pinchinat, Bonnet et Rey Delmas, ils s'étaient empressés de trahir leur mandat. Ces deux hommes, l'un blanc, l'autre mulâtre, (ce dernier affectant de se faire passer pour blanc) avaient été les protégés de Rigaud : ils ne rougirent pas d'ajouter aux accusations de cette tourbe de calomniateurs qui représentaient ce général comme un ennemi acharné des Européens.

CHAPITRE XV.

Pétion enlève le fort de la Coupe aux Anglais. — Insuccès des troupes de Toussaint Louverture à l'Arcahaie. — Rigaud fait prendre le camp Thomas où meurt Doyon aîné. — Arrivée du brigadier général Maitland. — Arrivée du général Hédouville. — J. Raymond part pour la France. — Correspondance entre Maitland, Toussaint Louverture et Hédouville, pour l'évacuation des villes de l'Ouest. — Capitulation et occupation de ces villes. — Examen de la conduite de T. Louverture à cette occasion. — Il se rend au Cap auprès d'Hédouville.—Effet produit par leur entrevue.—Correspondance entre Maitland, Rigaud, Toussaint Louverture et Hédouville. — Divers faits de Dessalines, Laplume et Moïse, à l'égard de l'agent. — Toussaint Louverture mande Rigaud au Port-au-Prince et l'accompagne au Cap. — Situation de ces deux généraux devant Hédouville. — Conduite de cet agent et de ses officiers pour exciter la jalousie entre eux. — Ils retournent au Port-au-Prince. — Rigaud reçoit les ordres de Toussaint Louverture et retourne dans le Sud.

Après les soins donnés à l'organisation des troupes dans le Nord et dans les deux autres provinces, il fallut reprendre l'offensive contre l'ennemi qu'on voyait affaibli.

Ce fut l'adjudant-général Pétion qui ouvrit la campagne. En février 1798 [1], sur l'ordre donné au général Laplume par T. Louverture, Pétion se porta dans les hauteurs du Port-au-Prince, avec l'intention de couper les communi-

---

[1] M. Madiou prétend que c'est le 5 décembre 1797 ; mais M. Saint-Rémy cite à ce sujet un rapport de Laplume au général en chef, du 15 février.

cations entre cette place et les divers postes de l'extérieur : telles étaient ses instructions. Mais, arrivé à la Coupe, il se décida à attaquer le fort que les Anglais y avaient construit sur un monticule et qui était pourvu d'artillerie et d'une bonne garnison. La fortune couronna son entreprise : il réussit à l'enlever après quatre heures de combat[1]. Cet avantage obtenu sur l'ennemi le mit en mesure de resserrer la place du Port-au-Prince, en se portant au Gros-Morne, sur la route des montagnes. Alors les Anglais abandonnèrent les positions qu'ils occupaient à Grenier, dans la colline de la Rivière-Froide, et à Fourmi, au sommet du morne L'hôpital, au pied duquel est bâti le Port-au-Prince : ils concentrèrent ainsi toutes leurs forces dans cette ville.

En même temps, T. Louverture voulant seconder l'action de Pétion, donna l'ordre au général Dessalines et au colonel Christophe Mornet, de marcher contre les positions occupées par les Anglais dans les montagnes de l'Arcahaie, afin de pénétrer dans la plaine et d'enlever cette petite ville. Mais après quelques succès, l'armée républicaine fut battue dans la plaine et chassée du territoire de cette commune.

Agissant de concert avec T. Louverture et par ses ordres, Rigaud fit marcher Doyon et Faubert contre le camp Thomas, position retranchée du côté de Pestel et pourvue d'artillerie. Le 22 février, Doyon, commandant en chef, divisa sa troupe en deux colonnes, l'une sous ses ordres, l'autre sous ceux de Faubert. Croyant que ce dernier était

---

[1] Nous tenons ces particularités d'une conversation avec le président Boyer, alors adjoint de Pétion : ce dernier fut approuvé et complimenté par T. Louverture, pour sa résolution et le succès qu'il obtint dans cette affaire en montrant une ténacité remarquable.

déjà en mesure d'attaquer le camp du côté opposé à celui où il se tenait, il ordonna l'attaque par sa colonne, en payant vaillamment de sa personne. Il fut bientôt atteint d'une balle à la cuisse, puis d'une autre à la poitrine. Enlevé de ce champ de bataille par ses compagnons, il mourut non loin de là, en laissant de profonds regrets, comme Jourdain à Desrivaux, de la part de toute l'armée du Sud et de l'Ouest : les populations de l'arrondissement qu'il commandait n'en éprouvèrent pas moins, à cause de son mérite comme administrateur intelligent, probe et impartial.

Cependant, Faubert étant arrivé alors, donna l'assaut au camp avec vigueur, et réussit à l'enlever : l'ennemi fut chassé de ces hauteurs qui restèrent au pouvoir des républicains.

La mésintelligence ne tarda pas à se mettre entre Faubert et Gérin, principal officier sous Doyon dans son arrondissement : Gérin imputa à Faubert d'avoir négligé d'arriver à temps pour seconder son chef et d'être cause de sa mort. Informé de cette particularité, Rigaud envoya l'adjudant-général Blanchet jeune prendre le commandement supérieur des troupes.

Le 2 germinal (22 mars), les Anglais vinrent de Jérémie les attaquer et furent vigoureusement repoussés.

Le général White qui commandait les forces britanniques, était encore à son poste à la mi-mars, lorsque le brigadier général Thomas Maitland arriva, avec mission de lui succéder et de décider de la question de l'évacuation de tout ou partie des points occupés par la Grande-Bretagne. Une telle mission devait le mettre en relation avec le général en chef de l'armée de Saint-Domingue : on verra que son pays en profita.

En même temps, le général Hédouville arrivait aussi de France.

Il était parti de Brest le 30 pluviôse (18 février), avec les frégates la *Bravoure,* la *Cocarde* et la *Syrène,* et avait reçu l'ordre du Directoire exécutif de débarquer à Santo-Domingo. Le 7 germinal (27 mars) étant à la vue de ce port, il écrivit à Don Garcia et à Roume pour leur annoncer sa mission, et débarqua le même jour. Il fut reçu avec distinction [1].

Le général Michel, le chef de brigade Boerner, un brillant état-major, des officiers de toutes armes, des employés d'administration et 180 hommes de troupes, comme garde d'honneur, l'accompagnaient. La plupart restèrent à bord des frégates qui se rendirent peu après au Cap.

Pourquoi Hédouville ne s'y rendit-il pas tout d'abord avec ces navires de guerre ? C'est que sans doute le Directoire exécutif dut craindre que T. Louverture, qui avait osé forcer Sonthonax à s'embarquer, ne fût disposé à empêcher le nouvel agent de mettre pied à terre au Cap. D'un autre côté, l'envoyant dans la colonie huit mois après cet attentat, le Directoire dut penser qu'il était convenable qu'il se renseignât par Roume, des événemens qui auraient eu lieu depuis, afin de pouvoir mieux remplir sa mission, à l'égard de T. Louverture auquel il venait opposer son influence politique et sa réputation militaire, et de Rigaud

---

[1] Nous exprimons ici notre vive gratitude pour la gracieuse autorisation qui nous a été donnée, de consulter au ministère de la marine et des colonies, la correspondance *officielle* du général Hédouville avec T. Louverture, les autres généraux et fonctionnaires publics de Saint-Domingue. Si les inductions que nous tirerons de sa mission dans cette colonie ne paraissent pas judicieuses, on devra en accuser notre esprit et non pas notre cœur.

qu'il avait la faculté de déporter, selon les circonstances.

Mais l'arrivée d'Hédouville sur un point éloigné, était propre aussi à faire penser à T. Louverture, que cet agent redoutait sa puissance, quoique représentant de la métropole. Il ne fut pas le seul qui le comprit ainsi : les chefs militaires, les citoyens partagèrent sa pensée ; et dès-lors, la puissance d'opinion de l'agent fut amoindrie.

Deux jours après son débarquement à Santo-Domingo, il écrivit à J. Raymond et à T. Louverture pour leur annoncer la mission dont il était chargé. Le surlendemain, il adressa une depêche au ministre de la marine qui l'informait de son arrivée ; il lui dit qu'il avait appris de Roume, que T. Louverture, Rigaud et Bauvais agissaient de concert pour chasser les Anglais de la colonie. Il partit quelques jours après pour se rendre au Cap, en passant par Saint-Yague où il trouva Kerverseau, commissaire délégué par l'ancienne agence.

Ce dernier, dans son rapport déjà cité, dit que T. Louverture, dès qu'il apprit qu'un nouvel agent allait être envoyé, avait pris des dispositions dans le Nord qui décelaient l'intention de lui résister ; que des batteries avaient été élevées sur divers points de la côte ; que le général Moïse avait fait construire des redoutes dans les mornes de Vallière et qu'on y avait transporté une grande quantité d'artillerie et de munitions ; et enfin, que l'ordre avait été donné au Cap, que si des bâtimens de guerre français paraissaient, on devrait en aviser le général en chef avant de les recevoir. Il ajoute que les frégates n'y furent admises que sur l'autorisation spéciale de J. Raymond.

Kerverseau avoue avoir remis un mémoire à Hédouville, à son passage, pour l'éclairer sur la marche qu'il aurait à suivre et lui inspirer une haute idée des *vertus* de T. Louverture, sans lui déguiser ses *défauts*.

« Les forces qui vous manquent, lui disait-il, vous les trouverez dans votre union intime avec le général T. Louverture. C'est un homme d'un grand sens, dont l'attachement à la France ne peut être douteux [1], dont la religion garantit la moralité, dont la fermeté égale la prudence, qui jouit de la confiance de toutes les couleurs, et qui a sur la sienne un ascendant qu'aucun contrepoids ne peut balancer. *Avec lui, vous pouvez tout : sans lui, vous ne pouvez rien*. Vous arrivez dans un pays dont les habitans sont bien éloignés du dernier terme de la civilisation. Le *fétichisme* fut de tout temps et est encore la religion des Africains. Ici, plus qu'ailleurs, l'enthousiasme pour le chef est le nerf de l'autorité ; et la loi, pour être respectée, a besoin du crédit de l'homme chargé de son exécution. »

Et Kerverseau a soin d'expliquer comment il était arrivé à avoir une si haute opinion de T. Louverture : «J'a« vais été frappé, dit-il, d'un mot de Sonthonax *qui se*
« *connaissait en hommes*, et qui, plus que personne, avait
« été à portée de l'apprécier. — *Tous les noirs*, me dit« il un jour, *courent après les grades* pour se procurer en
« abondance *du tafia, de l'argent et des femmes*. Tous« saint est le seul qui ait une ambition raisonnée et *quel*« *que idée* de l'amour de la gloire. »

Pour le dire en passant, Sonthonax, qui affectait une si grande prédilection pour les noirs, avait une singulière opinion à leur égard : dans sa première mission, il les croyait tous bêtes, et voyez ce qu'il disait d'eux dans la

---

[1] T. Louverture a prouvé cette assertion, par son attachement aux colons dont on voulait rétablir la prépondérance. Il a été constamment fidèle à la France, tout en ayant l'ambition de gouverner seul la colonie.

seconde, alors qu'il traquait la couleur jaune pour leur donner tout le pouvoir dans la colonie !

Enfin, bien pourvu d'instructions de toutes sortes, Hédouville arriva au Cap le 20 avril : il y fut reçu avec tous les honneurs dus à son rang et à sa qualité d'agent de la métropole.

T. Louverture avait répondu à sa lettre datée de Santo-Domingo, en le félicitant de son arrivée et s'excusant de ne pouvoir se porter immédiatement à sa rencontre, à cause des opérations de la guerre qui nécessitaient sa présence à son armée ; il lui disait de compter sur son concours, mais *de se méfier des perfides suggestions des faux patriotes*. En lui rendant compte des derniers succès obtenus sur l'ennemi, il lui fit savoir que les troupes du Sud avaient repoussé les Anglais dans les hauteurs de Pestel.

Répondant à ces informations, Hédouville, en le félicitant, ainsi que l'armée coloniale, lui dit : « Le général Ri- « gaud *a encore prouvé* le 2 germinal, *qu'il n'est pas vendu* « *aux Anglais*, ainsi qu'on l'en a accusé. » Quant à T. Louverture, il l'invitait à venir auprès de lui, « aussitôt « qu'il croirait pouvoir abandonner son cordon à la sur- « veillance de ses généraux. »

On remarquera que si Hédouville, de Santo-Domingo même, rendit un compte favorable au gouvernement français, de la conduite de Rigaud et de Bauvais ; si, écrivant du Cap, le 20 avril, à T. Louverture, il lui dit des choses flatteuses de Rigaud, néanmoins il n'écrivit pas à ce dernier ni à Bauvais pour les féliciter de leur conduite, pour les encourager.

Pamphile de Lacroix a prétendu qu'il n'accueillit point J. Raymond, à son arrivée au Cap, à cause de sa connivence avec T. Louverture pour le départ de Sonthonax, et que ce début choqua T. Louverture qui entrevit le blâme tacite de sa conduite en cette circonstance. Cependant, s'il faut s'en rapporter à la correspondance *officielle*, Hédouville eut pour J. Raymond tous les égards qu'il devait à un agent qu'il venait remplacer. Raymond lui avait écrit qu'il irait au-devant de lui au Fort-Liberté ; de Saint-Yague, il lui répondit de s'en abstenir, mais qu'il acceptait avec plaisir la voiture qu'il lui envoya. Il se peut, néanmoins, qu'un froid accueil ait témoigné à Raymond qu'il s'était rendu coupable envers Sonthonax ; et s'il en a été ainsi, ce fut une faute de la part d'Hédouville : T. Louverture était trop perspicace pour ne pas la comprendre, trop habile pour ne pas en tirer parti.

Certes, J. Raymond méritait une telle humiliation, si toutefois sa connivence avec Sonthonax et le gouvernement français, pour faire abattre l'influence des hommes de couleur, ne le rendait pas, d'un autre côté, digne de quelque indulgence de la part du nouvel agent. Quand un homme oublie ce qu'il se doit à lui-même et ce qu'il doit à ceux qui ont le même intérêt que lui, s'il devient l'objet du mépris du gouvernement qu'il a servi dans ce but, l'historien constate seulement ce qu'il a éprouvé. En admettant ce fait, J. Raymond ne nous paraît pas plus digne de sympathie, que Savary aîné qui a encouru la déportation, pour avoir trahi la cause de la liberté générale des noirs.

Quoi qu'il en ait été, J. Raymond ne tarda pas à partir pour la France avec Pascal [1].

Le 23 avril, trois jours après l'arrivée d'Hédouville au

---

[1] Une lettre de T. Louverture à Hédouville constate le départ de Pascal.

Cap, le général Maitland adressa une lettre à T. Louverture, où il lui proposait d'évacuer les villes du Port-au-Prince, de l'Arcahaie et de Saint-Marc, à condition qu'il aurait tous les égards possibles pour ceux des habitans qui y resteraient : il lui promettait de lui restituer ces villes, les objets publics, toutes les propriétés particulières et les forts *sans artillerie*, dans l'état où ses prédécesseurs et lui les avaient trouvés ; il ajoutait à ces promesses : « Si « vous ne consentez pas à mes propositions, *je détruirai* « *les fortifications, les propriétés et les cultures.* » En même temps, Lapointe adressa une lettre semblable à T. Louverture.

Maitland proposait de plus à T. Louverture, de s'engager à ne porter aucun secours à Rigaud, dans le cas où ce dernier voulût attaquer Jérémie ou même le Môle, de ne pas faire avec lui de traité offensif contre la Grande-Bretagne, parce qu'il le considérait *indépendant* du général en chef. Mais T. Louverture lui répondit qu'il se trompait à cet égard ; que Rigaud, officier français comme lui, était sous ses ordres, agissait d'après sa direction ; et il disait vrai.

Le 28, étant alors sur son habitation Descahos, T. Louverture écrivit à Hédouville et lui transmit ces deux lettres pour avoir son autorisation de traiter. L'agent reçut ces dépêches le même jour, à onze heures du soir. Il s'empressa de répondre à T. Louverture, et sa réponse porte la même date du 28 avril : elle respire la plus grande satisfaction de la résolution prise par le général anglais, et contient des éloges pour le général en chef dont les opérations contraignaient l'ennemi à évacuer ces villes. La concentration des forces anglaises au Port-au-Prince, par l'abandon des postes extérieurs, avait en effet laissé à T.

Louverture la facilité d'assiéger cette ville : il avait fait marcher dans ce dessein toute son armée forte, dit-on, de quinze mille hommes, dans la plaine du Cul-de-Sac. Hédouville donna son autorisation en ces termes :

« Je vous autorise, au nom du Directoire exécutif, à
« traiter avec le général Maitland, à des conditions qui
« s'accordent avec la dignité de la grande nation que nous
« représentons, et à comprendre dans *l'amnistie* tous les
« anciens Français *qui n'ont pas émigré* et qui n'ont pas
« servi *dans les troupes* anglaises. Je ne saurais trop vous
« recommander de ne point faire comprendre dans l'amnis-
« tie *aucun Français qui ne soit pas habitant* de Saint-Do-
« mingue. Vous ne pouvez, au surplus, prendre un meil-
« leur guide que *votre humanité*, que vous saurez tou-
« jours allier avec votre ardent amour pour la liberté et la
« sûreté de votre pays. »

Cette autorisation était certainement explicite à l'égard *des émigrés ;* ils ne devaient pas être compris dans l'amnistie ; mais T. Louverture, jésuite par excellence, trouva de l'élasticité dans son humanité et son amour pour la liberté, rappelés par l'agent.

Le 3 mai, Hédouville lui écrivit de nouveau : « Malgré
« l'empressement que j'ai de faire connaissance avec
« vous, *ne quittez point* votre cordon sans avoir assuré les
« moyens de profiter de l'esprit de division qui règne chez
« nos ennemis.... »

Le 4, étant au Gros-Morne de Saint-Marc, T. Louverture écrivit à Hédouville pour lui rendre compte de ses négociations conclues avec Maitland, le 30 avril. Il avait envoyé au Port-au-Prince l'adjudant-général Huin, colon, muni de ses pouvoirs. Il fut stipulé que les fortifications seraient livrées *avec les pièces hors d'état de servir,* excepté *quelques-unes en bon état* ; que les trois villes seraient évacuées par les Anglais le 9 mai ; que toutes hostilités cesseraient jusque-là ; enfin, que le général en chef s'obligeait à faire respecter et à respecter lui-même, la vie et les propriétés de tous les habitans qui resteraient dans ces places ou leurs dépendances. T. Louverture approuva cette convention le 2 mai.

Une nouvelle lettre d'Hédouville, du 5 mai, croisa avec celle du général en chef : elle lui accordait encore l'autorisation de traiter avec Maitland, en lui recommandant de mettre de *l'humanité* dans ses procédés, excepté envers *les émigrés*.

Le 7, T. Louverture fit une proclamation pour préciser *l'amnistie* qui était accordée : elle était d'accord avec les instructions qu'il avait reçues de l'agent, en date du 28 avril. Cependant, il étendit l'amnistie à tous ceux qui avaient servi *dans la milice*, et à ceux qui auraient abandonné les Anglais dans le cours des négociations. En informant Hédouville de ces dispositions, il lui dit qu'il avait fait ces promesses en ouvrant la campagne.

Le 9, Hédouville lui écrivit, approuva les termes de sa proclamation en le louant ; il approuva aussi *ses promesses* et lui dit même qu'il l'engageait *à étendre l'amnistie* aux Français qui avaient servi *dans les administrations anglaises*. Il ajouta enfin : « Il est heureux que vous « ayez pu empêcher l'enlèvement *de l'artillerie* des « forts. »

Ainsi tombe l'assertion de Pamphile de Lacroix, lorsqu'il prétend qu'Hédouville blâma hautement cette première capitulation. Ce n'est pas la seule erreur où soit tombé cet auteur.

On voit par tout ce qui précède, que non-seulement

Hédouville autorisa T. Louverture à traiter avec Maitland, mais qu'il ne désirait pas qu'il vînt auprès de lui au Cap, avant d'avoir terminé cette importante négociation. Cependant, nous lisons les lignes suivantes dans les mémoires de Pamphile de Lacroix :

« Des officiers de son état-major, jeunes et légers, lais-
« sèrent percer des opinions défavorables pour le général
« noir. Ils ne demandaient que quatre braves pour aller
« *arrêter*, dans son camp, *le magot coiffé de linge*; faisant
« ainsi allusion à T. Louverture qui portait toujours un
« madras autour de sa tête. »

S'il est vrai que ces propos furent tenus, et il y en a grande apparence, ils devaient indisposer le général en chef[1]. Ces officiers présomptueux ignoraient que Pascal (qui n'était pas encore parti), était un de ses chauds affidés. Pascal et bien d'autres blancs l'en informèrent : de là ses préventions contre l'agent qui lui en avait suffisamment inspiré déjà par sa conduite envers J. Raymond. On peut croire que Pascal lui-même, allié à la famille de celui-ci, et qui avait trempé dans le renvoi de Sonthonax, dut prendre sa part dans l'humiliation subie par son beau-père, et envenimer d'autant plus les relations qu'Hédouville allait avoir avec T. Louverture. Pascal était secrétaire général de l'ancienne agence: nous ignorons s'il cessa ses fonctions aussitôt l'arrivée de l'agent : nouveau motif pour lui d'être mécontent, puisqu'il perdit sa position.

---

[1] Il est fort probable que ces propos furent tenus, lorsque T. Louverture vint sur l'habitation Descahos, le 28 avril. Il était aux Gonaïves quand il reçut les propositions de Maitland ; il n'était pas à la tête de son armée, et ces jeunes officiers ont pu voir en cela une sorte d'affectation à ne pas s'empresser de se rendre auprès d'Hédouville.

On a accusé T. Louverture d'avoir trop ménagé les Anglais dans la capitulation pour l'évacuation des villes de l'Ouest, en disant qu'avec sa forte armée, il aurait pu les écraser ou obtenir des conditions plus avantageuses. Sans tenir compte de l'approbation d'Hédouville, examinons si sa conduite prouve réellement une connivence coupable avec Maitland.

Puisqu'il lui était prouvé que les Anglais voulaient eux-mêmes évacuer ces villes, pourquoi aurait-il dû préférer les voies d'une guerre rigoureuse, plutôt que celles des négociations militaires ? Il était assuré qu'en voulant trop exiger d'un ennemi qui n'était pas à mépriser, celui-ci, dans sa fureur, aurait saccagé ces villes, ruiné les fortifications avant de les abandonner. Dans la guerre on doit se promettre la conquête, et la conquête doit avoir pour but la conservation. Qui eût souffert le plus des désastres qui seraient survenus par trop d'exigences ? N'est-ce pas le pays lui-même, ne sont-ce pas les habitans ?

De leur côté, les Anglais ne s'étant emparés de tous les points de la colonie que par la trahison des colons n'était-il pas juste de leur part, du moment qu'ils reconnaissaient ne pouvoir plus s'y maintenir, de ménager à ces hommes et au reste des habitans soumis à leur domination, toutes les faveurs du vainqueur ? Ils le devaient d'autant plus, qu'ils voyaient T. Louverture déjà disposé à un bon traitement pour les colons et entouré de leurs conseils. Nous verrons les explications qu'il a données lui-même de ces faits au Directoire exécutif.

Ces deux généraux, Maitland et T. Louverture, ennemis l'un de l'autre, remplirent ainsi leur devoir le plus strict : le blanc, en agissant avec humanité envers ceux qui avaient servi la cause de sa nation, — le noir, en agissant avec générosité envers eux.

Le 7 mai, l'Arcahaie et Saint-Marc furent évacués par les garnisons anglaises qui se rendirent au Môle Saint-Nicolas. Le 8, le Port-au-Prince le fut également par Maitland en personne, qui s'y rendit aussi.

Le 9, le général Laplume et l'adjudant-général Pétion prirent possession du Port-au-Prince. Mais T. Louverture envoya le colonel Christophe Mornet en prendre le commandement, avec ordre à ces officiers de se rendre à Léogane avec la légion de l'Ouest. Certes, il usait là de son droit comme général en chef, et par un motif spécieux, puisque Laplume était commandant de l'arrondissement de Léogane ; mais au fond, il prouvait peu de confiance en cet officier général et en Pétion, qui, outre qu'ils étaient tous deux de la commune du Port-au-Prince, ainsi que le corps de la légion, avaient puissamment contribué à la reddition de cette place, en chassant les Anglais de tous leurs postes extérieurs. Il voulait s'assurer de ce point important de l'Ouest, par un officier à sa dévotion ; et probablement il se ressouvenait des liaisons de Laplume avec Rigaud et Bauvais, de leur influence sur ce général, que lui, Laveaux et Sonthonax avaient cherché à en détacher. Quant à Pétion, il est clair que T. Louverture ne pouvait avoir une grande confiance en lui, ancien capitaine d'artillerie sous Bauvais et Rigaud.

Le général en chef fit son entrée à Saint-Marc, le 8 mai : il y trouva tout en parfait état. Il n'en fut pas de même à l'Arcahaie, où il arriva le 12 : Lapointe et les émigrés, selon T. Louverture, avaient brisé les pièces d'artillerie, brûlé les affûts, dévasté cette ville. Il y plaça d'abord Dessalines qu'il envoya ensuite prendre le commandement de l'arrondissement de Saint-Marc, en le remplaçant à l'Arcahaie par le général Agé.

Le 14 mai, il entra à la Croix-des-Bouquets, où il plaça son frère Paul Louverture.

Le 15, il arriva au Port-au-Prince pour jouir de son triomphe pacifique. La plus brillante réception lui fut faite par les colons. Les prêtres déployèrent les bannières de l'Église; ils firent porter la croix et le dais, comme on en usait à l'égard des anciens gouverneurs généraux de Saint-Domingue. Les femmes blanches et leurs filles, parées de leurs plus beaux atours, les unes en voiture, les autres à cheval, se rendirent avec la jeunesse mâle pour lui jeter des couronnes et des fleurs. Des colons se prosternèrent à ses pieds...... en attendant le temps voulu pour sacrifier la victime.

Bernard Borgella, maire de la ville, à la tête du corps municipal, prononça un discours élogieux, auquel T. Louverture répondit. Celui-ci refusa le dais et pénétra dans la ville, escorté de son état-major et d'une nombreuse cavalerie : il s'était vêtu avec la plus grande simplicité. Un grand banquet lui fut offert. La ville fut illuminée, des bals eurent lieu et la discipline la plus sévère maintint l'armée dans l'ordre le plus parfait.

Huin fut nommé commandant de la place, et Christophe Mornet commandant de l'arrondissement du Port-au-Prince. Le 16 mai, T. Louverture écrivit à Hédouville et sollicita de lui le grade de général de brigade pour Ch. Mornet ; mais le 22, l'agent lui répondit qu'il ne pouvait, d'après ses instructions, élever aucun officier à ce grade, non plus qu'à celui de général de division. Il lui dit ensuite de venir au Cap : « Rien n'égale l'impatience

« que j'ai de faire connaissance avec vous. » Il ajouta à sa dépêche, qu'il espérait que T. Louverture réussirait à expulser sans retour *les Anglo-émigrés*, qu'il le consulterait pour la nomination de tous les fonctionnaires publics dans les lieux rendus à la République, « parce que vous « connaissez mieux que moi les hommes et les choses. » L'agent approuva les nominations déjà faites.

T. Louverture l'informa qu'il trouva au Port-au-Prince, les fortifications et cent-trente-quatre pièces d'artillerie en bon état. Il lui dit aussi qu'il avait trouvé la plaine du Cul-de-Sac dans l'abandon le plus complet, sans culture, les routes dans une situation affreuse. En conséquence de cet état de choses, le général en chef fit un règlement, le 18 mai, par lequel il ordonna que les noirs cultivateurs seraient *contraints* à rentrer immédiatement sur les habitations auxquelles ils avaient appartenu autrefois. Cette mesure fut prescrite avec la plus grande sévérité, et des dispositions analogues furent dictées pour le service de la gendarmerie et des commandans militaires.

En recevant copie de ce règlement, Hédouville l'approuva, et dit à T. Louverture qu'il le régulariserait par un nouvel acte qui compléterait ses vues, parce que c'était à lui, agent de la métropole, à prendre de semblables mesures; mais *qu'il le consulterait.* Ce fut là la cause de l'arrêté du 6 thermidor dont nous parlerons plus tard.

Si T. Louverture fut sévère à l'égard des cultivateurs, il ne le fut pas envers les blancs. Le lendemain de son entrée au Port-au-Prince, il fit chanter un *Te Deum* à l'église paroissiale. A l'issue de cette cérémonie, il monta en chaire et adressa un sermon à tous les habitans de cette ville qui avaient participé à la trahison envers la France; il le termina par ces paroles : « *Mais, nous disons dans*

« *l'Oraison dominicale : Seigneur, pardonnez-nous nos*
« *offenses, comme nous pardonnons à ceux qui nous ont*
« *offensés.* Ainsi, à l'exemple de Notre Seigneur Jésus-
« Christ, je vous pardonne¹. »

Au Cap, à l'égard de Rodrigue, Laveaux imitait l'empereur Titus. Il était assez juste qu'au Port-au-Prince, à l'égard des colons, son *cher fils* imitât Jésus-Christ.

« En vertu de ce pardon, dit Kerverseau dans son rapport, les légions de Dessources et de Montalembert, et une foule d'autres ennemis de la France, qui étaient sortis avec les garnisons anglaises, rentrèrent successivement. Les commandans anglais se retiraient de l'île ; mais ils y laissaient des auxiliaires *plus acharnés* encore contre la République, — *les émigrés,* qui, depuis longtemps, avaient jeté les yeux sur Saint-Domingue pour en faire leur proie, et qui s'étaient longtemps flattés d'y ressusciter *la monarchie.* Ils en environnèrent T. Louverture et entretinrent par ce moyen, dans son cœur, l'esprit *de défiance* contre le gouvernement français, *de haine* contre son représentant, et *de révolte* contre son autorité. »

Voilà des accusations bien formulées contre T. Louverture.

Mais, était-ce de sa faute, si *les émigrés français* n'étaient pas attachés à la France et à son gouvernement ? Si *les colons français* avaient été les premiers à trahir la cause de leur patrie ?

Mais, l'agence présidée par Sonthonax, n'avait-elle pas proclamé *une amnistie générale* en 1796, en faveur *de tous ceux* qui servaient sous les Anglais, s'ils voulaient se réunir sous les drapeaux tricolores² ?

Rapport de Kerverseau.
² « Une proclamation du 17 messidor (5 juillet), offrant *amnistie aux Fran-*

Quand T. Louverture ne promit amnistie qu'à ceux des Français qui avaient servi *dans la milice*, est-ce qu'Hédouville ne l'engagea pas à l'étendre à tous ceux qui avaient servi *dans les administrations anglaises ?* Or, n'y avait-il pas des émigrés dans ces administrations comme dans la milice ? Lorsque les Anglais dégageaient ces traîtres de leur soumission, et que ceux-ci se replaçaient sous le pavillon tricolore, n'était-ce pas remplir le but de l'une et l'autre amnistie ?

Mais, Kerverseau lui-même, Leborgne et Rey, délégués aux Cayes, n'avaient-ils pas envoyé cet acte d'amnistie de Sonthonax aux habitans de Jérémie, pour les convier d'en jouir ? Pour qu'ils en fussent dignes, il fallait donc qu'ils trahissent les Anglais !

Quel avait été le but de la mission de l'agence de 1796, quel était encore celui de la mission d'Hédouville, sinon de replacer la classe blanche dans sa première condition ? N'était-ce pas pour arriver à ce résulat, que l'agence avait accusé toute la classe des hommes de couleur, mulâtres et noirs les plus éclairés, « de vouloir établir sur la des-

---

çais *habitans* des places livrées aux Anglais à Saint-Domingue. Cette proclamation, *vicieuse* dans le principe, *est bonne* dans l'intention ; elle a déjà eu quelques succès dans les places où elle a pu pénétrer. Si, sur la foi d'un tel acte, les habitans de *Jérémie*, par exemple, ou ceux du *Port-au-Prince*, ouvraient leurs portes aux républicains, *quel est celui d'entre nous qui oserait proposer* d'arracher du giron de la République le malheureux qui aurait eu confiance en la proclamation des agens du Directoire exécutif ? » (Rapport de Marec au conseil des Cinq-Cents, page 122.)

Croit-on que T. Louverture ignorait ce rapport, et par conséquens la pensée du corps législatif et du Directoire exécutif ? La plupart des *émigrés* n'étaient-ils pas *colons habitans* de Saint-Domingue ? Sonthonax avait-il fait arrêter Bayon de Libertas et Salnave, tous deux émigrés, dont il s'est plaint dans son discours du 4 février 1798 ? Nous examinerons plus tard si *le comte* d'Hédouville pouvait être *réellement* mécontent des faveurs accordées par T. Louverture *aux émigrés*, presque tous de l'ancienne noblesse française.

« truction de la couleur blanche et sur l'ignorance des
« noirs, le triomphe de la couleur jaune ? » Et lorsque le
plus éclairé parmi les noirs, jadis esclaves, assurait ce résultat par sa générosité envers d'anciens traîtres blancs, colons ou émigrés, on l'accusait à son tour de produire *le bien* pour lequel on l'avait promu aux grades les plus élevés dans la hiérarchie militaire ! Nous ne reconnaissons pas ici l'équité habituelle de Kerverseau.

D'ailleurs, T. Louverture, en agissant ainsi, était conséquent avec ses antécédens. Sous les Espagnols, il faisait cause commune avec les colons et les émigrés contre la France. On ne peut pas croire que dans le projet de triumvirat entre Jean François, Biassou et Jean Guiambois, en 1793, pour rappeler dans la colonie *le vicomte de Fontanges et ses adhérens*, il n'était pour rien ; car on sait qu'à cette époque, il était le conseiller habituel de Biassou et même de Jean François. Qu'on se rappelle encore que ce fut surtout par ses soins que tant de paroisses dans le Nord et l'Artibonite, avaient déserté la cause de la France. S'il revint au giron de la République française plus tôt que ses anciens *complices*, ce n'était pas une raison pour qu'il les accablât en 1798 : il n'y avait donc pas raison non plus de l'accuser de les ménager.

Après avoir pris ses dispositions et mis ordre aux affaires publiques au Port-au-Prince, T. Louverture se rendit à Saint-Marc : là, il écrivit à Hédouville qu'il s'acheminait au Cap : c'était le 27 mai. Il lui donna avis que Lecun, préfet apostolique, ayant quitté le Port-au-Prince avec les Anglais et emporté les vases sacrés de son église, il venait d'envoyer au Môle un officier pour réclamer ces objets. Hédouville lui répondit immédiatement, en lui recommandant de se méfier *des Anglo-émigrés*, et qu'il l'attend avec impatience pour faire connaissance avec lui. Cette réponse prouve que l'agent n'ignorait pas le large pardon prononcé dans la chaire du Port-au-Prince, et qu'il s'inquiétait de la démarche de ce dévot politique dont les allures contrastaient avec ce qui se passait à Paris même, où les églises servaient à donner des fêtes patriotiques, des repas somptueux.

Le 31 mai, arrivé aux Gonaïves, T. Louverture écrivit à Hédouville sur divers objets, et termina sa lettre ainsi :
« Je cesse de m'entretenir avec vous pour m'acheminer
« vers vous et satisfaire mon cœur, en vous allant rendre
« mes devoirs et faire votre connaissance. »

Il n'est pas vrai, comme l'affirme Pamphile de Lacroix, qu'il fut au Cap cette fois avec Rigaud : cette assertion a été mal à propos répétée par M. Saint-Rémy [1]. Nous dirons quand et comment Rigaud se rendit avec lui auprès de l'agent.

Cette première entrevue entre l'agent et lui, eut toutes *les apparences* de la franchise, quoique T. Louverture fût d'avance prévenu, et par les propos tenus par les officiers de l'état-major du général Hédouville, et par les avis qu'il reçut de France, de la part de la faction coloniale, sur l'objet de sa mission. Nous lisons, en effet, dans le rapport de Kerverseau :

« Toussaint, déjà prévenu contre Hédouville, par les artifices d'une *faction* qui, *de Paris même*, travaillait depuis plusieurs mois à préparer sa ruine, était de plus irrité de voir conférer à un autre une puissance que son ambition convoitait, que son orgueil lui montrait comme

---

[1] Mémoires de P. de Lacroix, t. 1 p. 339. Vie de Toussaint Louverture p. 207.

le prix de ses services, et que sa défiance lui faisait envisager peut-être comme nécessaire à sa sûreté. »

Ainsi, le mal partait de France même ; c'étaient des Français qui le faisaient.

Cependant, nous trouvons dans nos documens, deux lettres adressées par T. Louverture à Laveaux, datées du Cap, les 1er et 5 juin. Comme elles sont propres à expliquer son caractère et à jeter du jour sur cette situation, nous en parlons ici.

Dans ces deux lettres, le général en chef prodigue à Sonthonax les termes les plus injurieux, et lui conteste tout droit à la considération de la population de Saint-Domingue, et surtout *des noirs ;* il le qualifie de *monstre*, de *désorganisateur justement abhorré*, d'*ambitieux scélérat ;* il s'étonne que Laveaux l'ait bien accueilli à son arrivée en France, après avoir déposé dans son sein ses chagrins et ses peines, et ses craintes sur l'administration de Sonthonax ; qu'il puisse le croire *plus honnête homme* que lui, T. Louverture, *plus ami de la liberté des noirs,* etc. Il dit à Laveaux qu'il a eu tort de penser que le renvoi de Sonthonax a été l'œuvre de Raymond et de Pascal, parce qu'il lui avait prouvé plusieurs fois qu'il était incapable d'être *le jouet ou l'instrument des hommes ;* qu'il l'a renvoyé, pour lui avoir proposé de proclamer *l'indépendance de la colonie, en égorgeant tous les Européens.* «Ce
« n'est pas *le pouvoir* que j'ai attaqué, que j'ai renvoyé ;
« c'est Sonthonax, *assassin de la liberté, infidèle à sa*
« *patrie,* que j'ai arrêté, déconcerté dans ses projets d'in-
« dépendance. J'ai respecté et fait respecter le pouvoir
« dans les mains de Raymond (on sait comment), parce
« qu'il n'a pris aucune part à la criminelle audace de Son-
« thonax. Je fournirai encore la preuve que je fais res-

« pecter un pouvoir supérieur, sous l'administration du
« *Pacificateur de la Vendée.* »

En rendant compte à Laveaux de ses succès contre les Anglais, il ajoute :

« C'est sous de pareils auspices que le général Hédouville, agent particulier du Directoire exécutif, vient fortifier *nos espérances*. La réputation dont il jouit de Pacificateur de la Vendée, nous est un sûr garant que les moyens dont il se servira seront toujours *modérés et conciliatoires*, et que nous serons désormais exempts des orages que Sonthonax savait si *atrocement* diriger tour à tour *sur les différentes couleurs* d'hommes qui habitent la colonie, *malgré qu'elles aient également des droits à l'estime et à la protection* du gouvernement.... »

Ces deux lettres prouvent, non-seulement que T. Louverture s'acharnait contre Sonthonax, par suite et quoi qu'il en dise, de l'influence qu'exerçait sur son esprit, la haine de la faction coloniale pour l'ex-commissaire civil ; mais elles prouvent aussi qu'il était incapable de conserver aucune considération pour qui que ce soit, lorsqu'il s'agissait de son pouvoir. Elles prouvent encore qu'à l'égard d'Hédouville, il était dans une situation expectante, comme homme politique qui attend les faits, avant de se décider sur le jugement définitif qu'il devait porter sur le nouvel agent. Elles étaient écrites, enfin, dans la pensée que Laveaux les montrerait au Directoire exécutif, pour le tranquilliser sur ses vues ultérieures.

Écoutons encore T. Louverture, dans son rapport adressé à ce gouvernement, après le départ forcé du général Hédouville, pour juger de l'effet produit par leur première entrevue et sur ses suites immédiates :

« Les assurances *les plus sincères* de ma part lui portèrent le gage de ma satisfaction de son arrivée et la certitude de mon dévouement, de mon respect à son autorité, de ma fidélité à la France, de mon attachement à sa sublime constitution. Cependant, *il calomnie* les motifs puissans qui nécessitaient ma présence à la tête de l'armée, alors que tous les citoyens qui n'étaient pas occupés à combattre l'ennemi de la France, s'empressaient d'aller à sa rencontre ; il me suppose de la *méfiance*, tandis qu'après lui avoir soumis les propositions de l'Anglais sur l'évacuation de l'Ouest, que les succès de l'armée que je commandais le contraignirent d'opérer, il applaudit lui-même ma résolution de ne point désemparer que je ne fusse parvenu à ce but, l'objet de tous mes désirs. J'y parvins à sa plus grande satisfaction, et ma conduite à cet égard fut basée sur ses instructions. Alors, les intérêts de la République me permettant de me rendre au Cap, je fus lui donner en personne, les preuves les plus certaines de ma confiance ; il y répondit *en apparence*, et me promit de ne rien faire qu'il ne m'eût consulté sur les moyens d'établir successivement l'ordre constitutionnel, de ne prendre aucun arrêté qu'il ne l'eût soumis à mes réflexions. J'espérais tout d'aussi heureuses dispositions. Cependant, à peine, *par ses ordres*, suis-je parti du Cap à l'effet de prendre de nouvelles mesures pour chasser entièrement l'Anglais de Saint-Domingue, que le général Hédouville, bien loin *de me consulter* sur les mesures qu'il prend alors, n'écoute pas même les observations que l'intérêt public me faisait une loi de lui faire à cet égard ; des injustices criantes marquent ses premiers pas dans l'administration générale de la colonie, et étonnent même ses admirateurs. Le despotisme le plus absolu de sa part rappelle les temps de la tyrannie ; les citoyens qui ont recours à son autorité, qui réclament sa justice, sont reçus avec une aigreur repoussante, et leurs réclamations les plus justes demeurent sans effet.... Il ne s'entoure que des hommes qui lui étaient dévoués parmi ceux venus avec lui, et en fait des personnes qu'il a trouvées dans la colonie, que des gens tarés dans l'opinion publique, d'ambitieux, d'intrigans qui caressèrent toutes les factions qui ont déchiré cet infortuné pays. *Une jeunesse sans frein, sans mœurs et sans principes, venue avec lui*, lève alors le masque. *Les tresses relevées*, signe de ralliement en France avant le 13 vendémiaire, paraissent et étonnent des hommes qui ne connurent d'autres signes distinctifs que la cocarde nationale. Comme en France, avant le 18 fructidor, *les habits carrés, les collets noirs* se montrent ; et l'administration municipale (du Cap) est obligée de prendre un arrêté pour les défendre. Les propos les plus liberticides, les mêmes que Vaublanc proclama, le discours de ce conspirateur, répandu partout avec profusion, alarment les citoyens paisibles... *C'est à la table même* du général agent que ces échos des Vaublanc, des Villaret-Joyeuse, des Bourdon (de l'Oise), jugent *le cultivateur* indigne de la liberté dont il jouit et qu'il tient de l'équité de la France ; *c'est là qu'ils censurent ses chefs* qui méritèrent sans doute de la République par leurs efforts pour le rétablissement de l'ordre et la restauration des cultures, *que j'y suis devenu moi-même l'objet de leur mépris et de leur dérision ;* que, sans égards à mes services, *l'on y ridiculise les sentimens* dont je m'honore (les sentimens religieux), puisque je leur dois le bien que j'ai fait, l'invariabilité de mes principes, et que, bien loin d'affaiblir mon attachement à la France, ils ne font que l'accroître. »

On voit, par cette narration, quel fut l'effet produit

dans cette première entrevue. Si, avant d'avoir vu T. Louverture, les jeunes officiers de l'état-major du général Hédouville avaient tenu des propos indécens sur ce noir, qui était d'un âge avancé, on conçoit bien qu'à son départ du Cap, ils durent continuer à parler de lui dans des termes fort peu mesurés. L'esprit ne manque pas aux Français, et il y a longtemps qu'on a reproché à cette nation aimable d'y joindre la légèreté qui semble en être inséparable : Pamphile de Lacroix lui-même a constaté la légèreté de ces officiers. A cette époque du règne du Directoire exécutif, les mœurs étaient effectivement très-relâchées, à Paris surtout, et la plupart des jeunes gens s'y distinguaient par des vêtemens bizarres. Il était tout naturel que ceux venus avec l'agent imitassent au Cap ce qu'ils avaient vu dans la capitale de la France : de là les observations de T. Louverture sur leurs costumes. L'irréligion y dominait aussi, et la dévotion bigote du général en chef, qui s'en faisait un moyen politique, contrastant singulièrement avec ce triste état de choses, les jeunes officiers ne trouvaient rien de mieux qu'à en faire un sujet de plaisanteries, qu'à tourner ce général en ridicule. Pour un homme de son âge, sachant que ces choses se passaient chez l'agent même, ce ridicule jeté sur sa personne devait être une cruelle blessure : il n'est donc pas étonnant qu'il s'aigrît contre Hédouville qui les souffrait ; cet agent supporta tout le poids de son mécontentement.

Toutefois, nous devons le dire, ce mécontentement était concentré en lui ; car, dans leur correspondance officielle, jusque-là, rien ne le décèle : tout prouve au contraire une bonne entente entre eux pour parvenir à l'entière expulsion des Anglais, même pour ce qui avait rapport aux divers objets de l'administration publique.

Dans cette disposition, T. Louverture quitta le Cap. Il était à la Marmelade, le 17 juin, lorsqu'il reçut, par l'adjudant-général Blanchet, des lettres de Rigaud, du 14, écrites des Cayes, qui l'informaient que les Anglais marchaient en même temps sur Cavaillon et le camp Périn, par les montagnes, et contre Tiburon. Il lui disait qu'étant ainsi menacé sur divers points, il avait cru devoir demander secours aux généraux Laplume et Bauvais, et il priait le général en chef de lui envoyer des forces suffisantes, afin d'expulser définitivement les Anglais de la Grande-Anse : « Ordonnez, citoyen général, que des forces ma-
« jeures marchent contre eux ; n'importe *en quelle qualité,*
« je vous promets de faire mon devoir. » En post-scriptum, Rigaud ajoutait qu'il partait avec 200 hommes et 2 pièces de campagne au secours de Cavaillon, où l'on combattait déjà.

La subordination de Rigaud envers T. Louverture est donc prouvée par cette lettre, et on en verra d'autres qui le prouvent encore.

Le général en chef écrivit immédiatement à Laplume et à Bauvais d'envoyer chacun, outre les troupes qu'ils auraient déjà expédiées sur la demande de Rigaud, le plus de forces possibles. Il ordonna que 700 hommes iraient de Saint-Marc, tenir garnison à Léogane et à Jacmel en place des autres. Il donna avis de ces dispositions à Hédouville, en envoyant Blanchet auprès de lui au Cap, et partit immédiatement de la Marmelade pour le Port-de-Paix, afin d'expédier des objets de guerre à Rigaud.

Ainsi, de son côté, accord parfait avec ce dernier, son subordonné obéissant. Le 14 juin, Rigaud renouvela son obéissance, en lui écrivant et lui adressant une lettre pour être envoyée à Hédouville ; il leur fit savoir qu'il avait repoussé les Anglais à Cavaillon, que Gérin n'avait pas combattu aux Baradères où l'ennemi n'était venu qu'en observation ; mais que Dartiguenave était sérieusement menacé à Tiburon, les Anglais se portant contre ce point par terre et par mer.

Après l'évacuation des villes de l'Ouest, le général Maitland s'était porté à Jérémie pour ordonner l'attaque de ces divers points du Sud, et l'on reconnaît pourquoi il avait proposé à T. Louverture de s'engager à ne pas donner secours à Rigaud.

Le 16 juin, ce dernier écrivit au général en chef qu'il partait des Cayes pour soutenir Dartiguenave. Le 20, il l'informa, de Tiburon, que les Anglais avaient été repoussés là même et à la bourgade des Anglais où ils étaient parvenus, en passant par la montagne de la Hotte, pour couper toutes communications et empêcher qu'on n'allât au secours de Tiburon. L'ennemi perdit beaucoup de monde en voulant débarquer : une mer houleuse facilita la défense de cette ville, tandis que les boulets des forts criblaient les chaloupes. Maitland, qui commandait l'attaque en personne, se retira à Jérémie avec ses vaisseaux.

Le 24 juin, Rigaud était de retour aux Cayes d'où il écrivit à T. Louverture pour lui rendre compte des dispositions qu'il avait ordonnées, en lui demandant de nouveau l'ordre de marcher contre les Anglais, afin de profiter de leur mésaventure à Tiburon.

Le 17 juin, Hédouville avait écrit à Maitland, en envoyant des prisonniers anglais au Môle. Le chef de brigade Dalton, porteur de sa lettre, fut chargé de l'appuyer dans son but d'engager le général anglais à évacuer une fois le Môle et Jérémie, puisqu'il était autorisé à cette mesure par son gouvernement : cet officier en mission avait pouvoir de jeter les bases d'une convention à cet effet, et Hédouville informait Maitland qu'il faisait toutes ses dispositions pour le faire attaquer en même temps sur ces deux points. Le 18 juin, il renvoya l'adjudant-général Blanchet auprès de Rigaud avec ordre de se préparer à ce mouvement offensif, et en donna avis à T. Louverture.

En même temps, ce dernier écrivit, du Port-de-Paix, à Hédouville, qu'il avait expédié des munitions à Rigaud et envoyé le colonel Huin au Môle, porteur d'une lettre à Maitland, pour réclamer des navires de commerce du Port-au-Prince que ce général avait employés au transport de ses troupes, et lui faire savoir aussi qu'il prenait ses dispositions pour l'attaquer : comme Hédouville, il engageait Maitland à évacuer le Môle et Jérémie, et il disait à l'agent que la mission de Huin avait pour but *d'observer* la situation du Môle.

Dalton et Huin, n'y trouvant pas Maitland, furent forcés de se rendre à Jérémie, où ils le rencontrèrent, de retour de son attaque infructueuse contre Tiburon. Le 22 juin, Maitland répondit évasivement aux propositions d'évacuation faites par Hédouville; il lui dit qu'il était essentiellement obéissant aux instructions qu'il avait reçues du gouvernement britannique, et qu'il ne pouvait ni ne devait lui donner aucune explication à ce sujet. Mais il s'ouvrit à Huin, en écrivant le même jour à T. Louverture, qu'il n'évacuerait ni Jérémie ni le Môle ; qu'il était cependant disposé à accorder toutes les facilités propres à contribuer à la prospérité de Saint-Domingue. Le 28 mai, il avait émis une proclamation qui déclarait en état *de blocus* tous les ports de la colonie non occupés par les Anglais, en ordonnant les mesures les plus sévères à l'égard des navires neutres. Les facilités qu'il offrait d'accorder consistaient à se relâcher de ces rigueurs, pourvu qu'on n'attaquât point les Anglais, et qu'on permît *leur commerce libre* dans la colonie.

De retour aux Gonaïves, Huin écrivit à T. Louverture pour lui transmettre la lettre de Maitland, en ajoutant que cet Anglais était disposé à bloquer étroitement les ports pour empêcher l'introduction de tous les approvisionnemens; que la marine anglaise était considérable. Ce colon *insinuait* au général en chef la nécessité d'accepter les propositions de Maitland, et en même temps il lui disait que ce dernier paraissait avoir l'intention d'employer *la séduction* auprès de Rigaud, pour diviser les forces.

T. Louverture envoya à Hédouville copie des lettres de Maitland et de Huin, et l'agent lui répondit *de n'accepter aucune proposition de ce genre*. Le 24 juin, il l'informait qu'il allait expédier plusieurs officiers européens dans le Sud pour servir sous les ordres de Rigaud, menacé de tentatives sérieuses de la part des Anglais; il lui recommandait de ne pas négliger de lui envoyer des troupes. Le 27, il lui écrivit encore pour faire activer les opérations militaires contre Jérémie et le Môle.

Les officiers expédiés dans le Sud, étaient partis du Cap le 26 juin : c'étaient les adjudans-généraux Ployer et Dauzy, le chef de bataillon d'artillerie Cyprès, le capitaine Béchet et le lieutenant de gendarmerie Camus. L'un d'eux était aide de camp du général Hédouville. Il est permis de croire que si leurs talens et leur courage durent être efficaces à la défense du Sud, ils avaient aussi pour mission *d'observer* Rigaud, et de rendre compte à l'agent de la situation de ce département et des dispositions de ses habitans et de l'armée. Ils furent accueillis comme ils devaient l'être, puisque Rigaud n'avait jamais eu l'intention de se rendre indépendant de l'autorité de la métropole.

Le 28 juin, étant alors au Port-au-Prince, T. Louverture, en réponse aux lettres d'Hédouville, lui fit savoir qu'il avait donné de nouveaux ordres à Bauvais et Laplume pour envoyer des troupes dans le Sud, et qu'il avait *mandé* Rigaud auprès de lui, afin *de se concerter* sur le plan de campagne contre Jérémie. Il fut approuvé par l'agent, le 1er juillet.

Huin avait bien découvert le projet de Maitland à l'égard du Sud. Le 25 juin, cet Anglais adressa une lettre à Rigaud, sous prétexte de l'échange des prisonniers. Elle lui fut apportée par le colonel Harcourt qui vint sur la frégate l'*Empereur*, mouillée à l'Ile-à-Vaches. Ce colonel lui adressa d'abord un billet qu'il fit porter par un officier sur un canot parlementaire, en lui demandant de le recevoir, parce qu'il avait *des choses importantes* à lui communiquer. Fort de sa résolution d'être toujours fidèle à la France, Rigaud ne refusa pas de l'entendre ; il envoya l'adjudant-général Toureaux le chercher à l'Ile-à-Vaches, en l'assurant que le droit des gens serait observé à son égard.

En arrivant auprès de Rigaud, Harcourt lui remit la lettre du général Maitland, qu'il lut en présence de ses officiers et de quelques fonctionnaires publics ; et voyant qu'elle ne parlait que de l'échange des prisonniers, il demanda à Harcourt s'il ne s'agissait que de cela. Force fut à cet envoyé de s'expliquer. Il dit alors à Rigaud : « Que
« Maitland avait appris son élection comme *député* au
« corps législatif, au mois d'avril précédent ; qu'il n'igno-
« rait pas qu'il n'avait pu faire entendre la justification
« de sa conduite, en France où il était atrocement calom-
« nié ; qu'il savait *la désunion* qui existait entre lui et T.

« Louverture ; que lui et ses officiers avaient la plus haute
« estime de la valeur et des sentimens de Rigaud ; qu'il
« lui faisait savoir que s'il avait évacué les villes de l'Ouest,
« c'était pour porter plus de forces à Jérémie qu'il était
« dans l'intention d'occuper, comme le Môle, sans étendre
« la domination anglaise ; et qu'enfin Maitland désirait
« conclure avec lui *une suspension d'armes.* »

Le fait est que Maitland désirait arriver à quelque chose de mieux avec Rigaud. C'était de sa part un dernier effort, une dernière tentative de séduction auprès de ce général qui avait déjà refusé tant d'offres. Le colonel Harcourt ne pouvait dire toute sa pensée en présence des spectateurs.

Rigaud la comprit; et mettant dans sa réponse les formes les plus courtoises, il lui dit « qu'effectivement il avait
« été élu député au corps législatif, et qu'il était aux ordres
« de l'agent du Directoire exécutif, soit pour se rendre en
« France, soit pour rester dans la colonie ; qu'il lui impor-
« tait peu d'avoir été calomnié en France ; qu'il répondait
« à ces calomnies par sa conduite militaire et politique,
« appréciable par tous, même par les Anglais ; que Mait-
« land était *dans l'erreur* en pensant qu'il était *désuni* avec
« T. Louverture ; que ce dernier était *son chef* et lui don-
« nait des ordres auxquels il obéissait ponctuellement ;
« qu'il en avait reçu récemment pour se préparer à expul-
« ser les Anglais de la Grande-Anse ; qu'il espérait
« obtenir ce résultat en peu de temps, et que toute sus-
« pension d'armes devenait inutile en présence de telles
« dispositions ; et qu'au surplus, il n'appartenait qu'au
« général en chef de l'armée d'en conclure. »

Cet entretien avec Harcourt eut lieu le 30 juin : les officiers envoyés par Hédouville n'étaient pas encore rendus aux Cayes. Le même jour, l'officier anglais repartit de l'Ile-à-Vaches avec quelques prisonniers de sa nation.

Le 1er juillet, Rigaud écrivit à T. Louverture et lui rendit compte de la mission de Harcourt, en lui envoyant la lettre de Maitland. Le 9, T. Louverture transmit toutes ces pièces à Hédouville [1].

Le 10, il lui écrivit de nouveau en faisant *des réflexions* sur ces pièces, et lui disant qu'il s'apercevait que les Anglais cherchaient *à semer la division entre les chefs, qu'il se gardera de leurs machinations et qu'il cessera toute correspondance avec eux.* Dans ces vingt-quatre heures d'intervalle, il avait *réfléchi* à la bonne opinion qu'Hédouville concevrait des sentimens de *fidélité* de Rigaud, prouvés par la vigueur et l'activité qu'il venait de mettre à repousser les Anglais à Cavaillon et à Tiburon, et dans sa réponse au colonel Harcourt : T. Louverture voulait faire compter aussi *sur sa fidélité.*

Nous avons lu une autre lettre *sans date et confidentielle* qu'il adressa à Hédouville, à propos de personnes *qui le calomniaient* auprès de cet agent ; il lui disait qu'il pouvait avoir confiance en lui, qu'il serait *toujours dévoué à la France et obéissant à ses ordres.* Cette lettre se trouve dans le registre de correspondance, immédiatement après la précédente. Déjà, le 3 messidor (21 juin), Hédouville lui avait écrit sur une infinité de plaintes qui lui avaient été adressées contre des abus commis par des officiers mi-

---

[1] La lettre de Rigaud a pu parvenir à T. Louverture le 3 juillet : ce n'est que le 9 qu'il transmit ces pièces à Hédouville, et c'est le 20 que T. Louverture et Rigaud se sont transportés au Cap, comme on le verra bientôt. Dans ces 11 jours d'intervalle, Hédouville avait le temps d'écrire à Rigaud pour le féliciter d'avoir repoussé les séductions de Maitland ; il s'en abstint, et n'écrivit pas non plus à ce sujet à T. Louverture. Son registre de correspondance dit qu'il répondit *verbalement.*

litaires, par des hommes de couleur à l'égard des cultivateurs de leurs habitations, par des employés de l'administration. L'agent lui ordonnait de faire cesser ces abus. Mais en lui répondant, le général en chef défendit *tous ceux* dont on se plaignait, ou présenta des excuses en leur faveur, à raison des circonstances, et il en donna de fort bonnes raisons.

Le 26 juin, il adressa en communication à Hédouville, un projet de lettre qu'il voulait écrire au Directoire exécutif, pour faire des observations au sujet d'une loi concernant les biens *des émigrés*. Il allait régenter ce gouvernement, d'après les termes de sa lettre ; mais le 5 juillet, Hédouville lui répondit en l'engageant à n'en rien faire, parce qu'il se *compromettrait* par le ton qu'il prenait : la lettre de l'agent est *affectueuse*. Le 10, il l'en remercia avec chaleur et lui dit qu'il suivrait toujours ses conseils.

Dans le même temps, il se passait d'autres choses qui prouvent que plusieurs des généraux noirs essayaient de contrecarrer l'autorité d'Hédouville.

Cet agent avait donné l'ordre directement, il est vrai, au chef de brigade Boerner, commandant de place à Saint-Marc, de changer les noms des rues de cette ville qui étaient encore ceux de l'ancien régime. Dessalines, commandant de l'arrondissement, s'y opposa, en donnant pour motifs que l'agent aurait dû lui écrire à lui-même à ce sujet. Dénoncé par Boerner, Dessalines reçut un ordre d'Hédouville, écrit avec vigueur, de garder *les arrêts* durant quatre jours ; il ordonna en même temps à Boerner de passer outre. Averti de cette particularité, T. Louverture ordonna les arrêts à Dessalines durant quinze jours, et Hédouville fut obligé d'intervenir pour les faire cesser après onze jours d'exécution. A ce sujet, Dessalines lui écrivit une lettre de remercîment et de soumission, en promettant de ne plus se mettre dans un cas semblable. Il ne signait pas encore son nom. T. Louverture, en correspondant à ce sujet avec l'agent, lui dit que Boerner était d'un caractère vif, qu'il ne savait pas user de formes convenables envers des hommes moins instruits que lui ; il lui dit aussi que cet officier ayant été aux Cayes, en 1796, avec Desfourneaux, il devait tout employer pour effacer *d'anciens souvenirs.*

Le 5 juillet, après la mission du colonel Harcourt aux Cayes, Laplume demanda à Hédouville de faire réunir à son arrondissement de Léogane, *les autres places* qui en faisaient partie, d'après la décision de Sonthonax. Mais l'agent lui répondit que cela ne se pouvait pas, que ce serait *impolitique,* puisque Léogane même rentrait dans le département du Sud, suivant la loi sur la division du territoire. Ces places étant toujours restées sous le commandement de Rigaud, on aperçoit déjà dans cette demande de Laplume *une préoccupation* suggérée par le général en chef, et dans la réponse de l'agent *une arrière-pensée politique.*

Le 17 juillet, Moïse est mandé au Cap par Hédouville, parce qu'il est accusé d'avoir ordonné *un rassemblement de cultivateurs* sur l'habitation Bertrand, au Terrier-Rouge. Moïse niant, il est renvoyé par l'agent, faute de preuves.

Le même jour, Dessalines lui adressait des plaintes contre Boerner, pour avoir insulté toute la 4e demi-brigade, en traitant officiers et soldats de *voleurs.* Hédouville blâma cet officier qui donnait pour excuse, que des violences avaient été exercées sur les propriétés des habitans.

Ces divers faits indiquent que l'orage commençait à gronder.

On a vu que Rigaud avait été élu *député* au Corps législatif, dans les assemblées tenues en avril, pendant qu'Hédouville était à Santo-Domingo. Roume avait annoncé l'arrivée de cet agent à Bauvais, et dans sa lettre il disait quelques mots flatteurs pour Rigaud. Bauvais s'empressa d'en envoyer copie à son ami, et le 28 avril Rigaud écrivit à Roume pour le remercier de ces paroles et lui apprendre sa nomination de député; il ajoutait :

« J'attends les ordres du général Hédouville auxquels
« je me conformerai exactement. Je me rendrai auprès de
« lui au Cap, *et de là en France,* s'il me l'ordonne et qu'il
« le juge convenable. Il me verra, il me connaîtra et il
« jugera entre moi et mes calomniateurs. Je désire depuis
« longtemps me rendre en France ; mais si je puis être
« utile ici et que le général Hédouville croie que je mérite
« sa confiance, je sacrifierai tout pour lui prouver mon
« entier dévouement à ses ordres pour la chose publique. »

On a vu aussi qu'Hédouville n'adressa aucune lettre à Rigaud, jusqu'au moment de la mission de Blanchet auprès de T. Louverture, dans les premiers jours de juin. Roume n'avait pas dû manquer de lui envoyer copie de la lettre de Rigaud ; Roume se décida lui-même alors à répondre à cette lettre, le 14 juin ; il dit à Rigaud : « Qu'il s'était
« fait un devoir, afin de conserver *le droit de le défendre,*
« d'interrompre toute communication avec lui depuis deux
« ans. Ce temps qui, j'ose le croire, vous a paru bien long,
« l'était encore beaucoup plus *pour moi ;* car c'était *moi*
« *qui avais l'air de vous trahir....* J'apprendrai vos suc-
« cès avec d'autant plus de plaisir, que je les ai *prédits* au
« Directoire et à son agent. »

Or, le rapport de Leborgne nous apprend (page 85) que Roume avait *dénoncé* Rigaud au Directoire exécutif, en lui transmettant de nombreuses pièces contre ce général. C'était de sa part une singulière manière de conserver le droit de le défendre de toutes les imputations dont il était l'objet. En 1799, on verra jusqu'à quel point Roume poussa cette duplicité.

Enfin, le 9 juillet, T. Louverture écrivit à Hédouville qu'il attendait Rigaud incessamment au Port-au-Prince, pour arrêter le plan de campagne contre Jérémie, et qu'alors il ferait marcher Clervaux contre le Môle, afin que les Anglais ne pussent pas porter toutes leurs forces sur l'autre point.

Le 13, il lui écrivit pour lui annoncer l'arrivée de Rigaud :

« Comme il m'a témoigné le désir qu'il a de vous voir,
« je lui ai proposé de l'accompagner en toute diligence
« jusqu'au Cap, *malgré que je suis un peu indisposé :* ce
« qui me procurera *le plaisir* de vous voir pendant deux
« fois vingt-quatre heures, bien persuadé que cette dé-
« marche vous sera aussi *agréable*. En conséquence, j'ai
« l'honneur de vous donner avis que nous arriverons sous
« peu de jours. »

Ce désir de Rigaud de voir l'agent, qu'il savait porteur de l'ordre facultatif de sa déportation, était bien naturel de sa part, quoique cet agent n'eût pas manifesté ce même désir et ne se fût pas empressé de lui écrire. Il venait de donner des preuves signalées de son dévouement à la France, et il devait s'assurer si l'agent lui en tiendrait compte.

Bauvais éprouvait le même désir ; il écrivit le 15 juillet à Hédouville pour lui exprimer le regret de ne pouvoir accompagner Rigaud ; il était aussi au Port-au-Prince, et reçut de T. Louverture l'ordre de se rendre à Jacmel.

C'était la première fois que Rigaud et T. Louverture se voyaient. Les traditions du pays s'accordent à dire que la rencontre de ces deux émules de gloire militaire eut lieu avec des témoignages mutuels d'estime et de bienveillance.

Et pourquoi n'en eût-il pas été ainsi? Jusque-là, avaient-ils eu quoi que ce soit à démêler entre eux ? Si T. Louverture s'était montré hostile aux anciens libres, aux mulâtres particulièrement, dans l'affaire de Villatte et après ; si, pour parvenir au grade de général de division, au rang de général en chef, il avait sacrifié à toutes les passions de Laveaux et de Sonthonax, Rigaud avait-il tenu compte de ses procédés blâmables? N'avait-il pas pris l'initiative d'une correspondance intime avec lui par la mission de Pelletier ? Ne parut-il pas d'accord avec lui pour le renvoi de Sonthonax ? Depuis cet événement jusqu'à l'arrivée d'Hédouville, n'avaient-ils pas agi de concert contre les Anglais ? Toutes les lettres que nous avons citées dans ce chapitre ne prouvent-elles pas que Rigaud obéissait à ses ordres, lui témoignait toute la déférence due à un chef supérieur, depuis l'arrivée de l'agent? En venant au Port-au-Prince, Rigaud y obéissait encore.

Toutefois, il est probable qu'il dut voir avec quelque crainte les tendances de T. Louverture à se placer sous l'influence *des colons et des émigrés ;* ces tendances étant en rapport avec ses anciens antécédens, elles pouvaient *légitimer* cette crainte de la part de Rigaud.

Quant à T. Louverture, il ne pouvait avoir à l'égard de Rigaud qu'un sentiment *de jalousie*, résultant de son mérite militaire et de la rivalité naturelle au métier des armes. S'il avait été jaloux de Villatte, moins brillant que Rigaud dans cette carrière, il pouvait l'être de ce dernier qui venait d'ajouter quelques faits nouveaux à ses faits antérieurs. L'idée qu'il conçut de l'accompagner au Cap, indique la précaution de l'homme politique qui voulait voir par ses yeux ; lui refuser l'avantage de voir Hédouville aurait été de mauvais goût ; c'eût été déceler ses craintes, et il était trop adroit pour commettre une telle faute.

Quoi qu'il en soit, ils partirent ensemble dans la même voiture, et se rendirent au Cap le 20 juillet.

Que se dit-il entre eux pendant ce voyage, que se promirent-ils l'un à l'autre? On l'ignore positivement, car ni l'un ni l'autre ne l'ont publié.

Toutefois, les traditions du pays prétendent que T. Louverture prit l'initiative envers Rigaud, pour l'engager *à se méfier* d'Hédouville et à se communiquer mutuellement ce qu'il pourrait leur dire en particulier ; et que Rigaud le lui promit.

Le désir qu'avait T. Louverture, de rester chef supérieur de la colonie ; son caractère essentiellement méfiant ; le mécontentement secret qu'il éprouvait déjà, depuis son retour du Cap (il l'a avoué dans la partie de son rapport au Directoire exécutif, citée plus avant); le tort qu'il devait se sentir intérieurement envers ce gouvernement, pour avoir contraint Sonthonax à s'embarquer, et quelles que fussent les raisons qui l'y avaient déterminé : tout concourt à donner créance à ces traditions.

T. Louverture dut penser que Rigaud lui-même ne pouvait qu'être prévenu contre Hédouville et le but de sa mission, puisqu'après tous les actes de l'agence contre lui, le Directoire exécutif l'avait mis *hors la loi*, en donnant l'ordre à son agent de le déporter s'il le jugeait convenable ; il dut d'autant plus croire à ses préventions, que si lui, T. Louverture, avait renvoyé Sonthonax, Rigaud n'avait pas moins contribué à ce fait exorbitant, par sa correspondance et par son mémoire du 18 thermidor où il maltraitait Sonthonax.

D'un autre côté, n'ignorant pas l'ordre facultatif donné à Hédouville à l'égard de Rigaud, en accompagnant ce dernier au Cap, désirait-il que cet agent le mît à exécution, l'espérait-il, pour être débarrassé de son émule qu'il pouvait considérer comme un compétiteur ? Bien que personne ne puisse ni nier ni affirmer une telle disposition de sa part, nous osons croire qu'il ne le désirait pas, par cela que Rigaud se montrait obéissant à ses ordres.

Mais, dans quel esprit ces deux généraux allaient-ils se présenter devant l'agent de la France ?

Le général en chef retournait au Cap, déjà mécontent ; il se voyait supplanté par un militaire renommé qui avait fait ses preuves en Europe, et sous le rapport de la guerre et sous celui de la politique, puisqu'il avait réussi à pacifier la Vendée. Tandis qu'en renvoyant Sonthonax, il avait promis au Directoire exécutif de tout faire pour la prospérité de Saint-Domingue, il voyait ce gouvernement lui enlever la direction des affaires par son agent et le réduire à un rôle subalterne ; *sa jalousie* contre Hédouville devait donc être aussi grande que son ambition, et cette considération corrobore encore ce que nous venons de dire des traditions du temps.

Quant à Rigaud, sa position était toute différente. S'il avait fulminé contre Sonthonax et ses collègues dans son mémoire, s'il avait gardé entre ses mains les rênes du commandement du Sud, c'était par suite des injustices de l'agence contre lesquelles il avait dû résister. Quoique mis hors la loi par elle et par le Directoire exécutif, quoique averti des instructions données à Hédouville contre lui, prévenu cependant en faveur de cet agent, par Pinchinat dont il connaissait les lumières et le dévouement à sa personne, sachant que Bonnet avait fait des démarches aussi à Paris pour éclairer le gouvernement sur ses sentimens d'attachement à la métropole, sentant qu'il avait droit au moins à l'estime d'Hédouville par ses dernières opérations militaires depuis le commencement de cette année, Rigaud devait espérer d'être mieux compris, mieux apprécié par lui qu'il ne l'avait été par les précédens agens. Sa lettre à Roume, du 28 avril, exprimait déjà cet espoir. L'accueil qu'il venait de faire dans le Sud aux cinq officiers envoyés par Hédouville était encore une recommandation en sa faveur. Il ne pouvait donc que mettre tous ses soins à le persuader de son dévouement.

Dans cet esprit différent, T. Louverture et Rigaud se présentèrent tous deux devant Hédouville.

Leurs antécédens, l'actualité de leurs sentimens se peignaient, pour ainsi dire, sur leur personne.

T. Louverture, que l'agent avait déjà vu, mal partagé par la nature, était petit de taille, laid de figure, nasillard, quoique ayant d'ailleurs le feu de l'intelligence dans les yeux, l'éclat du génie dans les regards. Au désavantage de sa nature physique et de ses antécédens moraux et politiques, il joignait en ce moment-là toute la contrainte d'un personnage qui se voyait obligé de se soumettre à une autorité plus élevée, et qui était secrètement mécontent. Quelle que fût sa dissimulation, il était impossible qu'il ne laissât pas voir sa contrainte.

Rigaud, au contraire, quoique d'une taille ordinaire, avait une figure attrayante, une physionomie ouverte qui prévenait en sa faveur, un air martial néanmoins, la tournure enfin d'un vrai militaire. Il dut mettre dans ses manières, déjà exquises, tout ce qu'il fallait pour tâcher de séduire l'agent de qui il avait tout à attendre. Son sourire seul captivait les cœurs; et c'est tout cet ensemble de sa personne, indépendamment de ses services et de son caractère d'une franchise peut-être imprudente, qui lui fit montrer toujours tant d'enthousiasme.

On conçoit alors qu'Hédouville, général français, qui sentait sa valeur personnelle, qui représentait le gouvernement de la métropole, qui connaissait les antécédens de ces deux généraux, dut mettre une différence dans l'accueil qu'il leur fit. Cet accueil même, indépendamment de ces circonstances, était *calculé;* il entrait dans les vues, dans l'objet de sa mission qui consistait à les dominer tous deux, pour assurer l'empire de la métropole dans sa colonie.

La conduite de Rigaud, depuis sa scission avec l'agence de 1796, parlait assez haut dans l'esprit d'Hédouville, pour le porter à ne pas mettre à exécution l'odieux ordre d'arrestation et de déportation dont il était porteur. Et disons-le, il savait en outre qu'il pourrait tirer *un meilleur parti* de la situation, pour bien remplir sa mission. S'il n'avait pas cette *arrière-pensée*, personnelle ou directoriale, que n'ordonnait-il à Rigaud d'aller remplir son mandat de député au corps législatif[1]? On objectera peut-être à ce raisonnement, que les Anglais étaient encore en possession du Môle et de Jérémie, et que les talens militaires de Rigaud pouvaient être utilisés contre eux; mais après le départ forcé d'Hédouville, après le compte qu'il a dû

[1] La lettre de Rigaud à T. Louverture, du 30 novembre, affirme qu'il demanda vainement sa démission à Hédouville, pour aller remplir en France son mandat de député. (Vie de T. Louverture, par M. Saint-Rémy, p. 219.).

rendre de la conduite de Rigaud, le Directoire exécutif le releva-t-il de sa mise hors la loi? Hédouville avait donc la mission *éventuelle de diviser* Rigaud et T. Louverture : nous ne pouvons conclure autrement.

Il est certain que cet agent mit une grande différence d'égards dans l'accueil qu'il leur fit. Nous en trouvons le témoignage dans le rapport de Kerverseau et dans les mémoires de Pamphile de Lacroix.

Le premier dit : « *L'accueil flatteur* que Rigaud avait « reçu d'Hédouville, avait allumé *la jalousie* de T. Lou-« verture contre Rigaud... »

Le second rapporte les circonstances de cette entrevue en ces termes :

« Le général Hédouville dut facilement reconnaître, dans l'entrevue qu'il eut avec ces deux chefs de couleur, combien *leur défiance commune et individuelle* rendait sa mission difficile. T. Louverture, mécontent *du meilleur accueil* accordé au général Rigaud, affecta aussitôt de se plaindre du poids de son commandement. Le chef de division Fabre[1], commandant l'escadre légère, voulut lui faire un compliment, et lui dit — combien il serait flatté, après avoir amené le général Hédouville, de ramener le général T. Louverture, dont les services trouveraient en France les douceurs et les honneurs du repos qu'ils avaient si bien mérités. T. Louverture, qui ne disait que ce qu'il voulait dire, s'empressa de lui répondre : — *Votre bâtiment n'est pas assez grand pour un homme comme moi;* — voulant faire comprendre qu'il était piqué, et qu'il se sentait au-dessus du général Hédouville. Dans une autre circonstance, quelqu'un de la suite de ce général s'étant

---

[1] Ce chef de division se nommait Faure, et non pas Fabre.

enhardi de donner le conseil à ce noir extraordinaire, d'aller finir en France ses jours dans le repos ; —*C'est bien mon projet,* reprit-il ; *je l'exécuterai quand ça pourra faire un vaisseau pour me porter ;* — et il montra le plus petit arbuste du lieu où ils étaient. »

Si ces deux reparties de T. Louverture prouvent, et sa dignité et le grand sens de son esprit, les paroles qui les attirèrent prouvent aussi que les officiers français qui les lui adressèrent, contribuaient merveilleusement à obtenir le résultat qu'on désirait. Quand Hédouville faisait sentir au général en chef de Saint-Domingue la différence qu'il établissait entre lui et son émule subordonné, lui faire insinuer encore qu'on n'avait plus besoin de ses services dans la colonie, c'était en quelque sorte l'insulter, c'était vouloir exciter en lui le sentiment de la jalousie contre Rigaud. Ainsi, loin qu'en se présentant tous deux devant Hédouville, celui-ci « dut reconnaître combien leur dé-« fiance commune et individuelle rendait sa mission dif-« ficile, » — c'étaient, au contraire, cet agent lui-même et ses officiers qui faisaient *naître* cette défiance ou qui *l'excitaient*, et qui augmentaient la défiance réelle du général en chef contre l'agent.

Quoi qu'il en ait été, T. Louverture et Rigaud quittèrent le Cap ensemble ; ils allèrent sur l'habitation Descahos, propriété du général en chef ; ils passèrent ensuite à Saint-Marc, et se rendirent au Port-au-Prince.

Une lettre de Boerner à Hédouville, du 27 juillet, lui dit que ces deux généraux arrivèrent à Saint-Marc la veille, et qu'ils repartirent dans la nuit du 26 au 27. « Je suis « malade, dit Boerner, Rigaud est venu me voir. Il est « satisfait de l'accueil que vous lui avez fait. »

Le 2 août, en partant du Port-au-Prince pour se rendre

dans le Sud, Rigaud adressa une lettre à **Hédouville**, qui lui annonçait son départ ce jour-là même. Il retourna à son commandement, plus que jamais dévoué à la France et à ses intérêts dans la colonie, d'après la réception que lui avait faite son agent. Les citoyens du Sud et de l'Ouest partagèrent sa satisfaction ; car ils avaient été également mis en suspicion dans l'esprit du Directoire exécutif, par les calomnies de l'agence de 1796.

Indépendamment de l'accueil fait à Rigaud, Hédouville lui dit-il des choses en particulier contre T. Louverture qu'il n'avoua pas à ce dernier ? En dit-il aussi au général en chef, que celui-ci n'avoua pas à Rigaud ? C'est ce que personne ne peut savoir, ne peut nier ni affirmer ; car ces deux généraux n'ont rien publié à ce sujet. L'histoire ne peut donc pas accepter toutes les traditions populaires du temps, plus ou moins erronées, et disons-le, plus ou moins absurdes.

Quant à nous, qui recherchons consciencieusement la vérité historique dans les faits, il nous est démontré que, si T. Louverture et Rigaud avaient entre eux des causes *de rivalité militaire et politique,* si cette rivalité pouvait et devait même les porter *à s'observer mutuellement,* du moins en quittant le Cap ensemble, en se séparant au Port-au-Prince, rien n'annonce, rien ne prouve qu'une *mésintelligence* avait éclaté entre eux. Nous allons voir bientôt que, dans l'évacuation de Jérémie par les Anglais, Rigaud agit d'après les ordres et les instructions du général en chef qui, dans ce but, l'avait mandé au Port-au-Prince.

CHAPITRE XVI.

Correspondance entre Hédouville et T. Louverture. — Maitland propose l'évacuation de Jérémie et du Môle. — Conduite de T. Louverture à cette occasion. — Conventions arrêtées pour cet objet. — Maitland refuse sa ratification à l'une d'elles : ses motifs. — Hédouville autorise T. Louverture à traiter définitivement pour le Môle. — Entrevue de T. Louverture et de Maitland : honneurs militaires que ce dernier lui fait rendre, ses cadeaux.—Indignation d'Hédouville. — Evacuation de Jérémie, et conduite de Rigaud dans cette ville. — Propositions secrètes de Maitland à T. Louverture, non acceptées par lui. — Réfutation des opinions de P. de Lacroix et de Kerverseau. — Règlement de culture d'Hédouville approuvé par T. Louverture et Rigaud, et décrié ensuite par le premier. — Suite de la correspondance entre Hédouville et T. Louverture.—Ce dernier avoue *sa jalousie* contre Rigaud. — Réconciliation apparente entre Hédouville et T. Louverture. — Prise de possession du Môle, actes de T. Louverture et correspondance à ce sujet.

On a vu dans le chapitre précédent qu'immédiatement après avoir transmis à Hédouville, les lettres de Rigaud relatives à la mission du colonel Harcourt aux Cayes, T. Louverture avait adressé à l'agent des réflexions sur la conduite des Anglais; qu'ensuite il lui écrivit une lettre confidentielle pour le prémunir contre des calomniateurs; que les généraux Dessalines, Laplume et Moïse, presque en même temps, manifestaient une sorte d'opposition à Hédouville.

Peu de jours après son retour du Cap avec Rigaud, T. Louverture reçut une lettre du prêtre Lecun, datée de Jérémie le 21 juillet ; il sollicitait de lui l'autorisation de retourner au Port-au-Prince. Lecun disait qu'il avait été nommé préfet apostolique de la colonie par le Pape, et qu'au Saint-Père seul il appartenait de régler les affaires religieuses. C'était de sa part une allusion faite à ce qui avait eu lieu en France lors de la constitution civile du clergé, et une réclamation contre l'absence du culte catholique dans la métropole. T. Louverture transmit sa lettre à Hédouville pour le consulter sur cette demande de retour de Lecun. Evidemment, lui qui admettait l'exercice du culte à Saint-Domingue, il désirait une autorisation de l'agent. Mais celui-ci lui répondit de ne pas admettre Lecun, qui ne pouvait être qu'un *agent secret* des Anglais. Hédouville avait peut-être raison de penser ainsi; car, en même temps, le général Maitland écrivait au général en chef qu'il ne tarderait pas à lui envoyer un parlementaire.

Toutefois, ce fut une contrariété pour T. Louverture. Il saisit en quelque sorte cette occasion pour adresser une nouvelle lettre à l'agent, afin de se plaindre de la mauvaise opinion qu'il avait conçue de l'administrateur Volée, que des calomniateurs lui représentaient comme un fripon, tandis qu'il était d'une grande intégrité. Il ajouta à sa lettre qu'il aurait bien d'autres choses à dire à l'agent *qui écoutait des malveillans*, mais qu'il aimait mieux *se taire.*

Hédouville lui répondit qu'effectivement on lui avait dénoncé Volée verbalement ; et il releva une phrase de la lettre de T. Louverture en lui disant : « On n'est nulle-
« ment fondé à me dire que *ceux qui savent le mieux par-*
« *ler et le mieux écrire ont de tout temps gagné la con-*
« *fiance du gouvernement.* C'est aux propos qui tendent
« *à nous désunir* que vous connaîtrez les ennemis de la

« chose publique. » Et il lui rappela alors que pour lui donner une preuve de sa confiance, il lui avait communiqué ses instructions et l'avait consulté sur les principales mesures qu'il avait déjà prises.

Mais revenant sur ce qui concernait Volée, T. Louverture lui fit des observations, d'ailleurs fort judicieuses, à propos de l'affermage des biens séquestrés. Le directeur des domaines, installé au Cap, exigeait que les personnes qui voulaient affermer ces biens, s'y rendissent pour suivre les criées publiques qui se faisaient pardevant lui. T. Louverture exposa que c'était leur occasionner des fatigues et des frais inutiles, et que si l'agent lui-même n'avait point confiance en la probité de Volée, il devait envoyer au Port-au-Prince un employé chargé de présider à ces criées. Hédouville maintint la mesure, et finit cependant par céder aux observations du général en chef, qui s'ingérait ainsi dans des matières qui n'étaient nullement dans ses attributions. Leur correspondance à ce sujet est empreinte d'aigreur.

Peu de jours après, l'agent lui écrivit à l'égard d'un citoyen Bourget qu'il avait fait arrêter au Dondon et envoyer aux Gonaïves. Sur la plainte de cet homme, l'agent avait fait venir pardevant lui le commandant militaire du Dondon, qui, pour son excuse, exhiba l'ordre de T. Louverture qui prescrivait *d'arrêter Bourget, de le bien lier et garotter*: en cet état, des gendarmes l'avaient contraint à faire la route nu-pieds. Hédouville lui démontra que c'était un ordre arbitraire et vexatoire de sa part, qu'on l'avait trompé *en le lui faisant signer*. A ce reproche, la vanité de T. Louverture s'exalta au point qu'il répondit à l'agent :

« Il est vrai que j'ai péché, et que c'est un ordre *arbi-*

traire et très-arbitraire ; mais c'est moi qui l'ai dicté par un excès de zèle, à un de mes aides de camp en l'absence de mon secrétaire. Mais, citoyen agent, je n'ai pu être trompé, puisque c'est moi qui ai dicté cet ordre, et le reproche ne peut porter que sur moi seul. *C'est m'insulter gravement* que de croire que je signe soit ordres, soit lettres, sans les lire ou les dicter. C'est vouloir me persuader que j'ai une grande faiblesse dans le caractère, et *je ne puis me reconnaître* sous de pareils traits. Car j'ai l'honneur de vous le répéter, je ne signe rien que je ne l'aie lu ou dicté moi-même. Je puis manquer par la forme, ou par distraction, mais *mon intention est bien prononcée.* »

C'était le 18 août ; on négociait depuis quelques semaines avec Maitland pour l'évacuation de Jérémie et du Môle, et l'agent ne voulait pas brusquer un général dont il avait tant besoin en ce moment. Sa réponse fut des plus conciliantes ; il s'efforça de persuader à T. Louverture qu'il n'avait pas eu intention de l'offenser :
« Quel est l'homme public, lui dit-il, qui, ne pouvant
« tout voir par ses propres yeux, peut se flatter de n'être
« pas souvent trompé ? Au surplus, général, jamais je
« n'aurai l'intention de vous insulter gravement. Cela
« ne conviendrait ni à la place que j'occupe, ni à mon
« caractère particulier. »

Enfant gâté de Laveaux et de Sonthonax, T. Louverture n'avait pas seulement des caprices ; il sentait sa force réelle ; et lorsqu'une autorité supérieure est réduite à jouer un tel rôle envers celui qui lui est subordonné, on prévoit ce qui doit arriver un jour.

Le parlementaire annoncé par Maitland à la fin de juillet n'avait pas tardé à arriver au Port-au-Prince. C'était un citoyen des États-Unis qu'il recommandait à T. Louverture par une lettre. Cet homme venait lui offrir de vendre des farines qu'il prétendait avoir au Môle, et Maitland ne lui disait pas toute sa pensée dans sa lettre. T. Louverture, en en transmettant copie à Hédouville, lui dit qu'*il supposait* que le général anglais voulait le porter à consentir *au commerce libre* de ses nationaux dans les ports de la colonie, ou peut-être voulait-il traiter de l'évacuation de Jérémie et du Môle. Cette interprétation des intentions de Maitland fait croire que l'Américain avait été chargé de paroles verbales. Le 28 juillet, il répondit à Maitland, qu'il voulait bien traiter de l'évacuation de ces deux villes, sinon qu'il ferait marcher ses troupes pour s'en emparer.

Le 30, Hédouville lui répondit que si Maitland venait à lui faire des propositions formelles, de le renvoyer à l'agent du Directoire exécutif qui, *seul, avait le droit de traiter avec lui;* et cela, pour lui prouver la bonne entente qui existait entre l'agent et le général en chef de l'armée. Mais, connaissant la susceptibilité de ce dernier, Hédouville lui dit de ne pas voir dans cette disposition une preuve de méfiance de sa part; car il avait bonne opinion de ses sentimens. Cette précaution produisit l'effet contraire.

S'étant rendu aux Gonaïves, T. Louverture apprit qu'un parlementaire anglais y avait paru et avait fait voile pour Saint-Marc où il espérait le trouver. Il y retourna et apprit encore que le navire avait été au Port-au-Prince. Il s'y rendit de suite et trouva le colonel Harcourt chargé de lettres pour lui, — l'une, datée du 30 juillet, par laquelle Maitland lui proposait l'évacuation *de Jérémie et du Môle*; l'autre, du 3 août, où il ne parlait que de l'évacuation de Jérémie, mais en proposant de donner la facilité aux navires neutres d'approvisionner les ports, à la condition de permettre aux navires anglais d'y prendre *des bestiaux* pour l'approvisionnement des troupes du Môle. Maitland était alors à Jérémie, et demandait à T. Louverture de lui envoyer l'adjudant-général Huin, qui s'était montré capable et conciliant dans la capitulation des villes de l'Ouest. On se rappelle qu'au mois de juin, étant à Jérémie, Huin avait reçu des propositions plus larges de la part de Maitland, et qu'il avait insinué au général en chef la nécessité de les accepter.

Ce dernier s'empressa de l'expédier à Jérémie avec Harcourt. Le 8 août, en rendant compte à Hédouville de cette mission confiée à Huin, il lui dit qu'il n'avait pu attendre ses ordres, afin de ne pas perdre l'occasion d'obtenir l'évacuation *de Jérémie;* qu'il avait répondu à Maitland que c'était à l'agent de décider de la question des approvisionnemens respectifs; qu'il avait écrit à Rigaud et lui avait donné l'ordre de prendre toutes les mesures que sa sagesse lui dicterait pour la prise de possession de Jérémie, dès qu'on en conviendrait; qu'il priait Hédouville de lui envoyer de nouveaux pouvoirs pour le guider en traitant avec Maitland, s'il pensait que les précédens ne suffisaient pas. Mais il ne lui adressa pas copie de la lettre de Maitland, du 30 juillet, relative à l'évacuation de Jérémie et du Môle.

Hédouville, croyant ainsi qu'il ne s'agisssait que *de Jérémie*, lui répondit le 12 août, qu'on ne pouvait traiter avec les Anglais que pour l'entière évacuation de Saint-Domingue; il approuva le prompt envoi de Huin, en disant à T. Louverture de traiter aux mêmes conditions que pour les villes de l'Ouest. « Il est inutile, ajouta-t-il, « que je vous rappelle que dans aucune supposition, au-

« *cun émigré* ne peut être compris dans l'amnistie. » Il l'autorisa à convenir d'un armistice de deux mois, et lui fit savoir qu'il écrivait aussi à Rigaud pour l'autoriser à placer provisoirement des autorités civiles et militaires à Jérémie, dès la prise de possession.

Mais le 6 août, Huin étant déjà arrivé à Jérémie avec mission de T. Louverture, de traiter de l'évacuation *des deux villes,* Maitland adressa à Hédouville une lettre où il lui disait, « qu'ayant reçu depuis six jours l'autorisation
« du gouvernement britannique pour l'entière évacuation
« de Saint-Domingue, il avait pensé devoir en aviser le
« général en chef T. Louverture et le général Rigaud ; qu'à
« cet effet, il avait envoyé le colonel Harcourt auprès du
« premier, et un autre officier auprès du second ; qu'en
« ce moment il avisait Hédouville qu'il envoyait au colonel
« Stewart, commandant au Môle, les pouvoirs nécessaires
« pour traiter de l'évacuation *de cette ville* avec toute per-
« sonne que l'agent voudrait y envoyer, bien entendu
« que la principale condition serait d'assurer la garantie
« des personnes et des propriétés, et que le colonel Har-
« court, d'après ses pouvoirs, traiterait de l'évacuation
« *de Jérémie.* » Maitland termina sa lettre, en disant à l'agent « qu'il était heureux que son gouvernement lui
« eût donné la faculté de faire cesser la guerre qui avait
« désolé Saint-Domingue si longtemps, et qu'il espérait
« qu'Hédouville réussirait à y rétablir l'ordre et la tranquil-
« lité, pour réparer les malheurs de cette colonie. »

La fausseté de T. Louverture va être cause d'une sorte de mystification pour l'agent.

La lettre de Maitland fut envoyée le 13 août par le colonel Stewart, qui en adressa une à Hédouville où il lui disait être muni *des pouvoirs* du général Maitland de traiter de l'évacuation du Môle : ce qui était vrai. Il l'invitait à envoyer son représentant à cet effet.

Le 15 août, Hédouville répondit à Maitland et à Stewart : il dit aux officiers anglais qu'il acceptait la proposition, qu'il expédiait au Môle le colonel Dalton chargé de ses pouvoirs ; mais que *les émigrés* ne seraient pas compris dans l'amnistie. Il dit à Maitland : « Le général Toussaint ne
« pouvant agir dans cette circonstance importante *que*
« *d'après mes ordres*, m'a envoyé votre dépêche (celle du
« 3 août), et je l'ai autorisé à traiter avec vous de l'éva-
« cuation *de Jérémie* et de son arrondissement, aux mêmes
« conditions qui ont été arrêtées pour l'évacuation du Port-
« Républicain et de Saint-Marc. »

Le même jour, l'agent rendit une proclamation portant *amnistie* en faveur des habitans de Jérémie et du Môle, semblable à celle de T. Louverture, du 7 mai, qui n'était que l'expression de ses instructions. L'article 3 portait cependant :

« Ne seront pas compris dans l'amnistie, — *tous les*
« *émigrés* sans exception, — *tous ceux* qui ont volontai-
« rement servi *dans les troupes* anglaises, et ont accepté
« *des emplois* civils ou militaires du Roi de la Grande-Bre-
« tagne, — et *tous ceux* enfin qui, sans avoir jamais ha-
« bité Saint-Domingue avant les troubles, y sont venus
« pour prendre parti chez les Anglais. »

Hédouville revenait ainsi sur la concession qu'il avait faite en faveur des Français qui avaient servi *dans les administrations anglaises,* d'après sa lettre du 9 mai à T. Louverture : la proclamation de ce dernier, du 7, ne portait amnistie que pour ceux qui avaient servi *dans la milice,* et il l'avait engagé *à l'étendre* en faveur de ces employés. Sans nul doute, il avait reconnu que sa générosité avait été imprudente, et que par cette disposition, beaucoup d'émigrés avaient été admis. Mais c'était une sorte de droit acquis pour ceux qui se trouveraient dans cette catégorie, à Jérémie et au Môle : de là leur mécontentement contre l'agent de la République, et la disposition du général en chef à passer outre.

Le 16 août, Hédouville lui fit savoir qu'ayant reçu les lettres de Maitland et de Stewart, il avait envoyé le colonel Dalton au Môle pour traiter de l'évacuation, et qu'il a fait partir pour France le général Watrin, afin d'informer le Directoire exécutif de la prochaine évacuation des Anglais sur tous les points. Il termina sa lettre ainsi : « Encore une fois, citoyen général, laissons bourdonner tous les intrigans qui s'agitent autour de nous ; soyons toujours d'accord, et tout ira bien. »

Cependant, dès le 13 août, Huin concluait avec Harcourt, sur la frégate la *Cérès,* la convention pour *Jérémie,* aux mêmes conditions que pour les villes de l'Ouest, en accordant quinze jours de suspension d'armes pour l'évacuation. Immédiatement après, le 16 août, ils terminaient la convention relative *au Môle.* Il fut stipulé que la place du Môle et ses dépendances, l'arsenal et toutes les fortifications quelconques seraient remises *dans leur état actuel,* avec les autres conditions de la garantie des personnes et des propriétés, et quarante deux jours de suspension d'armes pour l'évacuation, échéant le 1er octobre.

Le 18, les colonels Dalton et Stewart signèrent une convention pour l'évacuation *du Môle :* elle différait, comme on va voir, de celle conclue entre Huin et Harcourt.

« Art. 3. *Toute l'artillerie* qui s'est trouvée au Môle

« au moment de sa cession aux armes de S. M. B., *sera*
« *rendue dans le même état,* quel que soit le lieu où elle
« se trouve placée à présent. Il en sera de même pour
« *les tas de boulets et de bombes* qui s'y trouvaient [1].

« 4. Il sera laissé au Môle 100 barils de poudre, 100 de
« farine et 100 de salaisons.

« 8. Les munitions ou approvisionnemens, ou objets
« quelconques appartenant à S. M. B., qui ne seraient pas
« embarqués le 1er octobre, seront laissés pour la République française. »

Il y avait, comme on voit, une très-grande différence entre les deux conventions relatives au Môle : la première, du 16 août, conclue à Jérémie sous les yeux de Maitland, recevait les objets de guerre *dans leur état actuel,* tandis que celle du 18 août conclue au Môle, obligeait les Anglais à tout replacer, telles qu'étaient les choses en septembre 1793, au moment de la prise de possession de cette place. Une telle disposition devenait une sorte d'humiliation pour les armes britanniques. Par la première, le général anglais ne s'obligeait pas à y laisser les objets qu'il n'aurait pu faire embarquer au 1er octobre.

Le 18 août, étant au Port-au-Prince, T. Louverture écrivit à Hédouville pour le remercier de l'avoir autorisé à traiter de l'évacuation de Jérémie, en lui disant cependant qu'il avait chargé Huin *de tâcher d'obtenir* celle du Môle, sans lui parler encore de la lettre de Maitland, du 30 juillet ; il ajouta qu'il avait pris toutes ses mesures pour empêcher l'entrée *des étrangers* dans la colonie. Il lui adressa la convention relative à Jérémie qu'il venait de recevoir de Huin.

---

[1] Suivant Moreau de Saint-Méry, (t, 2, p. 42) il y avait au Môle, en 1789, 162 canons et 60 mortiers.

Le 23, Hédouville répondit à sa lettre en lui disant : « Je ne saurais trop vous répéter que, d'après l'article « 373 de la constitution, *nul émigré* ne peut profiter du « bienfait de l'amnistie. » Mais, en même temps, il lui donna des explications qui laissaient beaucoup d'extension à l'amnistie en faveur des habitans. On aperçoit dans toutes les dépêches de l'agent une grande préoccupation par rapport aux émigrés, et cela, d'après les procédés de T. Louverture lors de l'évacuation des villes de l'Ouest.

Mais le 20, une lettre de ce dernier, croisant avec celle de l'agent, lui transmit les pièces relatives à l'évacuation *du Môle,* qui lui étaient parvenues dans l'intervalle. T. Louverture était heureux ; il exprima à l'agent toute sa joie, toutes ses espérances pour la prospérité de Saint-Domingue, après le départ définitif des Anglais.

Le 24, Hédouville lui répondit dans le même sens, lui fit savoir que le colonel Dalton avait aussi traité de l'évacuation *du Môle.* « Ainsi, dit-il, cette heureuse affaire se « terminait en même temps des deux côtés. Je vous ai « prévenu que j'ai donné tous les ordres nécessaires pour « prendre possession de cette place. Si vous en avez fait « passer de votre côté au général Clervaux, ils devront « être exécutés, en tout ce qui ne sera pas contraire aux « miens... Ainsi, au commencement de l'an 7, nous ne « verrons plus flotter dans notre colonie que l'étendard « tricolore. »

Il paraît qu'Hédouville avait été informé du succès de Dalton par une lettre particulière de ce colonel, du 20, tandis qu'il lui avait adressé les pièces dès le 18 ; car une lettre de l'agent à Clervaux, du 24, lui manifestait son étonnement de n'avoir pas reçu le paquet que Dalton lui

avait fait remettre depuis six jours. Ce dernier informait l'agent qu'il venait d'apprendre que le général en chef avait admis au Port-au-Prince un émigré nommé Oneil, colonel d'un régiment noir. « On me cite, ajoute-t-il, *beau-*
« *coup* d'individus qui sont encore rentrés sur une per-
« mission particulière du général T. Louverture. Je sup-
« pose qu'on ne me dit pas tout vrai, mais je dois tout vous
« dire. »

Cependant, par une autre lettre de Dalton, du 22, il posait à Hédouville diverses questions sur les émigrés, ou les individus qu'il fallait considérer comme tels, et en même temps il exposait bien des considérations *en faveur* de ceux classés comme émigrés parmi les habitans : ce qui prouve la difficulté qu'il y avait à établir des catégories exactes.

Le 21, un autre officier, le chef de brigade Boerner, adressait aussi une lettre à Hédouville, où il parlait de l'évacuation de Saint-Marc, de l'amnistie qui avait été proclamée à cette occasion par T. Louverture, et de la difficulté de régler ce qui concernait les émigrés. Il inclinait pour un large pardon *en faveur* de beaucoup d'individus.

Nous citons ces deux dernières lettres comme atténuation des faits reprochés à T. Louverture, à propos des émigrés ; car, si ces deux officiers français, dévoués à Hédouville, pensaient ainsi sur cette question complexe, il n'est pas étonnant que le général en chef ait jugé comme eux. Le 18 août, Maitland lui adressa une lettre pour lui recommander diverses personnes ; il lui disait :
« Je connais trop vos dispositions *bienfaisantes* envers les
« malheureux *colons*, pour ne pas compter sur l'accueil
« que vous ferez à ma recommandation. »

On voit par ce qui précède, qu'Hédouville devait être plus satisfait de la convention conclue entre les colonels Dalton et Stewart, pour l'évacuation du Môle, que de celle conclue à Jérémie entre Huin et Harcourt.

Mais le 23 août, le général Maitland étant rendu au Môle, lui adressa une lettre où il lui disait « qu'il avait
« reçu le 21, les pièces relatives à la convention consen-
« tie par le colonel Stewart ; que c'était avec un étonne-
« ment et une surprise extrêmes qu'il les avait reçues ;
« qu'il ignorait sur quel fondement Stewart et Dalton
« avaient pu se baser pour prendre de tels arrangemens ;
« *qu'ils n'en avaient pas les pouvoirs*, et qu'en adressant
« à Hédouville sa lettre du 6 août, il n'avait pas entendu
« arriver à une telle convention. Ainsi, disait-il, cette
« convention *est nulle, elle ne peut me lier* ; car je vous
« avais averti que j'envoyais le colonel Harcourt auprès du
« général en chef T. Louverture. Une convention rela-
« tive à l'évacuation du Môle a été signée et ratifiée de part
« et d'autre. Mais je serais heureux, si je puis, *sans y con-
« trevenir*, prendre de nouveaux arrangemens *avec vous
« et conformes à ses dispositions.* »

Le fait est, que Maitland trouvait la convention conclue au Môle, trop humiliante pour la Grande-Bretagne et pour lui-même, en s'obligeant à replacer au Môle toute l'artillerie et les projectiles dans le même état où les Anglais avaient trouvé les choses, et quel que fût le lieu où ces objets pouvaient se trouver dans le moment. L'artillerie du Môle comptait au moins 200 bouches à feu en 1793 : plusieurs avaient pu être déplacées depuis cinq ans, pour armer d'autres places ; peut-être même les Anglais avaient-ils enlevé les plus belles pour les transporter à la Jamaïque ou ailleurs. Ils avaient dû y prendre des boulets et des bombes pour être employés dans les autres villes où ils combattaient, lorsqu'ils n'en avaient guère besoin au Môle. Il était à prévoir aussi qu'ils ne pourraient pas enlever de cette place bien des objets, que la convention les obligeait à y laisser : une lettre de Chatel, commissaire français envoyé par Hédouville, en date du 1er jour complémentaire de l'an 6 (17 septembre) lui dit que les Anglais avaient *brûlé* beaucoup d'objets de marine qu'ils ne pouvaient emporter.

Maitland, ne pouvant pas ou ne voulant pas avouer ses vrais motifs, aima mieux escobarder la question, en discutant sur les pouvoirs qu'il avait donnés au colonel Stewart, et même sur ceux donnés par Hédouville au colonel Dalton. Il parut ainsi être de mauvaise foi, et il l'était en effet. Mieux eût valu qu'il eût dit à Hédouville, qu'une telle convention ne pouvait être ratifiée par un général anglais.

Mais, Hédouville vint à penser qu'en agissant ainsi, Maitland s'était entendu avec T. Louverture pour lui faire jouer un rôle de dupe.

En effet, il reçut en même temps de ce dernier une lettre *sans date*, fort longue, où T. Louverture se plaignait avec aigreur du peu de confiance qu'il avait en lui, en envoyant Dalton au Môle pour traiter de l'évacuation, tandis que lui faisait traiter à ce sujet par Huin. Il rappela à l'agent la première lettre qu'il lui avait adressée à son arrivée, où il lui disait de se méfier *des faux patriotes ;* il lui dit qu'il voyait bien que leurs calomnies avaient réussi à inspirer des méfiances contre lui ; et en rappelant d'ailleurs diverses autres circonstances qu'il reprochait à l'agent, ses répétitions continuelles relatives aux émigrés, il promit de se conduire toujours bien. C'est alors seulement qu'il envoya à Hédouville, copie de la lettre de Maitland, en date du 30 juillet, qui proposait l'évacuation *de Jérémie et du Môle*, pour prouver qu'il avait été autorisé à donner ses pouvoirs à Huin pour les deux conventions. Par cette lettre, comme auparavant, Maitland menaçait de tout détruire, si l'on n'acceptait pas ses propositions.

Cependant, que peut-on induire de cette correspondance? C'est qu'après avoir écrit sa lettre du 30 juillet à T. Louverture, Maitland se sera ravisé et lui aura adressé celle du 3 août, où il ne lui proposait que d'évacuer Jérémie et non le Môle, puisque le 6 il écrivit à Hédouville pour le Môle, en envoyant ses pouvoirs à cet effet au colonel Stewart. Maitland *a pu être de bonne foi alors*, en faisant traiter avec l'agent pour le Môle et avec T. Louverture pour Jérémie. Mais ce dernier était *de mauvaise foi* envers Hédouville, en ne lui faisant pas connaître alors la lettre du 30 juillet, en ne lui envoyant que celle du 3 août, et lui disant qu'il avait chargé Huin de tâcher d'obtenir l'évacuation du Môle pendant qu'il traiterait de celle de Jérémie. Sa mauvaise foi résultait sans doute de son amour-propre, de sa vanité, qui se complaisaient à réussir pour les deux places et à surprendre Hédouville par un résultat aussi heureux. Maitland, enfin, *a pu ignorer* que le général en chef avait soustrait à l'agent la connaissance de sa première lettre; et en obtenant de Huin une convention plus favorable que celle passée au Môle, il devait y tenir.

Le général Hédouville était trop perspicace pour ne pas découvrir les vrais motifs de Maitland, et trop bon militaire lui-même pour ne pas sentir qu'à sa place, *il n'eût pas ratifié la seconde convention :* il répondit à Maitland, le 25 août, et lui dit qu'il a reçu les deux conventions pour l'évacuation du Môle, qu'il est lui-même étonné que Maitland ait pu ratifier celle conclue par Huin, après lui avoir écrit que le colonel Stewart était chargé de traiter, et que ce dernier lui avait également écrit qu'il avait des pouvoirs à cet effet :

« *Je pourrais*, poursuit-il, *vous sommer* de tenir cette
« convention ; mais, pour vous prouver combien je désire
« faire quelque chose qui vous soit agréable, *je consens à*
« *la regarder comme nulle*. J'autorise le colonel Dalton à
« conclure une nouvelle convention, d'après les bases de
« celle de Jérémie. Cependant, si vous *préfériez* faire cette
« négociation avec le général Toussaint, je lui envoie une
« nouvelle autorisation à cet effet. Je suis sensible, Mon-
« sieur, aux offres de service que vous avez bien voulu me
« faire faire par le chef de brigade Dalton. J'éprouverais
« de mon côté un sensible plaisir, si je trouvais des occa-
« sions de vous convaincre des sentimens de considération
« que je vous ai voués. »

Ce langage modéré et digne d'un homme dans cette haute position, prouve qu'au fond, Hédouville reconnaissait les bons motifs de son ennemi ; il désirait d'ailleurs terminer cette négociation pour débarrasser la colonie de la présence des Anglais. Le même jour, 25 août, il écrivit à T. Louverture pour lui donner connaissance de la réclamation de Maitland et lui accorder *l'autorisation* de traiter de nouveau avec lui ; mais en lui observant que l'article 2 de la convention de Jérémie devait être rédigé d'une autre manière, afin de ne pas laisser d'équivoque par rapport aux émigrés. « Je vous observe aussi qu'il est conve-
« nant que ce ne soit pas *en votre nom* que vous preniez ces
« engagemens, mais *au nom de la République française,*
« *d'après mon autorisation.* »

Il paraît que ce n'est qu'après avoir écrit ces deux lettres du 25 août, à Maitland et à T. Louverture, qu'il reçut la longue lettre de plaintes de ce dernier. Le 26, il y répondit en lui rappelant, de son côté, qu'il lui avait fait lire ses instructions d'après lesquelles il exerçait dans la colonie *les mêmes pouvoirs* que le Directoire exécutif en France ; il lui dit ensuite que les généraux commandant *en chef* les troupes ne sont tels *que pendant une campagne* ; qu'en arrivant à Saint-Domingue, il a cru devoir *lui continuer* son commandement ; que c'est une des mille preuves qu'il lui a données de son estime et de sa confiance ; qu'il l'a autorisé à traiter de l'évacuation des villes de l'Ouest et de celle de Jérémie, en sanctionnant *d'avance* ce qu'il aurait arrêté, excepté ce qui concerne *les émigrés*, quoiqu'il pouvait se réserver cette ratification. Il lui rappela les procédés de Maitland, sa correspondance, en disant qu'il a tenu une conduite tortueuse ; mais qu'il s'était empressé de donner avis de tout à T. Louverture.

« Je n'ai pu, ajoute-t-il, déjouer plus complètement *la duplicité* de Maitland (qui a plus de part que vous ne pouvez le croire dans cette *fastidieuse discussion*), qu'en lui mandant que, quoique j'aie le droit de le sommer de tenir la convention signée au Môle, d'après ses pleins pouvoirs et les miens, je consentais à la regarder comme non-avenue, et à en faire une nouvelle d'après les bases arrêtées à Jérémie, et que je vous envoyais l'autorisation de la traiter avec lui, si cela lui convenait davantage. Soyez donc persuadé, général, que, loin de chercher à vous donner des désagrémens, je saisirai, au contraire, les occasions de faire valoir vos services. »

Hédouville repoussa alors le reproche que lui faisait T. Louverture, *de se laisser conduire, influencer par des in-*

trigans; et pour prouver le contraire, il lui fit savoir tous ses services en Europe qui lui avaient mérité la confiance du Directoire exécutif, en ajoutant que T. Louverture était plus soumis que lui *aux influences diverses*, puisqu'il donnait créance à toutes les calomnies. Cependant, il termina sa lettre en lui disant : « Je vous ai déjà dit *que je* « *considérerais votre retraite comme une calamité pour* « *la colonie* (T. Louverture lui en avait parlé dans sa « lettre sans date). Je m'estimerais heureux, général, si, « à la fin de ma mission, j'emportais les regrets des bons « citoyens, *et votre estime et votre amitié*. Ce sont les « seules acquisitions que j'ambitionne de faire. »

Quelque adoucie que fût cette lettre à sa fin, elle contenait des choses qui étaient désagréables pour T. Louverture, dont l'amour-propre et la vanité étaient au niveau de ses prétentions. D'abord, Hédouville lui faisait entendre qu'il était *dupe* de Maitland ; ensuite, il lui reprochait d'être *l'instrument des intrigans ;* et enfin, il le menaçait *de le destituer* du rang de général en chef, puisqu'il avait les mêmes pouvoirs que le Directoire exécutif, et que si T. Louverture avait continué ces fonctions depuis son arrivée, c'est qu'il l'avait bien voulu. Il suffisait de ces trois passages pour déterminer T. Louverture aux résolutions qu'il méditait depuis l'arrivée d'Hédouville.

Il était à Saint-Marc le 27 août. Soit qu'il eût reçu la lettre de l'agent écrite la veille, soit qu'elle ne lui fût pas encore parvenue, il lui en adressa une nouvelle ce jour-là, dans laquelle il reproduisait ses plaintes et ses reproches consignés dans la précédente, sans date. Il envoya copie d'une dépêche de Maitland, du 23. Le général anglais l'informait de la notification qu'il avait faite à Hédouville, le même jour, de son refus de ratifier la convention signée au Môle. Il lui dit que c'était à lui, général en chef de l'armée, qu'il avait désiré remettre la place du Môle, afin de rendre complet *l'honneur* qu'il avait eu de prendre possession des autres villes ; que sa santé étant altérée, il allait partir pour l'Angleterre dès qu'il aurait réglé les points relatifs à l'évacuation ; mais qu'auparavant, il désirait avoir *une entrevue personnelle* avec lui, non-seulement pour lui donner de vive voix l'assurance de son estime particulière, mais encore pour convenir avec lui *de quelques choses* qu'il serait trop long de traiter par correspondance. Le malicieux T. Louverture se plut à transmettre copie de cette dépêche à Hédouville, en lui promettant de lui faire savoir ce que lui dirait Maitland.

Deux jours après, le 29 août, le colonel Dalton, qui était resté au Môle, écrivit à Hédouville qu'il n'avait pu voir Maitland pour convenir d'une nouvelle convention, ce dernier prétextant qu'il était malade ; qu'il avait été invité à se rendre à bord du vaisseau l'*Abergavenny*, où on le tenait en chartre privée ; qu'enfin, Maitland s'étant ainsi joué de lui, lui avait fait dire par le colonel Stewart, qu'il traiterait définitivement de l'évacuation du Môle avec T. Louverture, puisque Hédouville lui en laissait le choix. Le même jour, Maitland écrivit à l'agent et lui dit sa résolution, en lui annonçant que le colonel Dalton allait retourner au Cap, sa présence au Môle n'ayant plus d'objet.

Après avoir écrit sa lettre du 27 août, T. Louverture était parti de Saint-Marc pour les Gonaïves. Il se rendit ensuite à Jean-Rabel.

Là, il reçut une lettre d'Hédouville, du 31, par laquelle cet agent lui disait qu'il était *la dupe* de Maitland, puisqu'il ne croyait pas que le général anglais lui avait proposé de faire traiter de l'évacuation du Môle par le colonel Stewart.

« La lettre *ridicule* (celle de Maitland, du 23) dont vous
« m'envoyez copie, n'a d'autre but que de semer des dé-
« fiances et la discorde dans cette colonie. »

Le 2 septembre, T. Louverture était au Port-de-Paix :
de là, il écrivit à Hédouville qu'il avait eu avec Maitland
(probablement la veille ou le 31 août) une entrevue au
camp de la *Pointe-Bourgeoise,* à une lieue du Môle; que
les troupes anglaises lui ont rendu les plus grands honneurs et de la manière *la plus majestueuse ;* que pour lui
donner une marque de son estime et de sa considération,
à raison de son humanité envers les prisonniers anglais,
de ses procédés généreux et francs, tant durant la guerre
que pendant les négociations, Maitland l'a prié d'accepter *une couleuvrine* en bronze du calibre de 3 et *deux fusils*
à double canons, d'un travail riche et rare. « Je ne m'at-
« tendais pas, dit-il, à tant de déférence. Cette fête militaire
« s'est passée dans le plus grand ordre, au milieu des sal-
« ves d'artillerie et décharges de mousqueterie. Ce géné-
« ral (Maitland) *est parti depuis hier* pour l'Europe, et a
« laissé le commandement au général Spencer. Je présume,
« ajouta-t-il, que cette réception honorable, faite à un
« général de la République française, par un général en-
« nemi, *ne vous déplaira pas.* J'ai su y tenir mon rang et
« ai répondu de mon mieux à ces témoignages flatteurs
« d'une si haute considération. »

C'était, de sa part, répondre avec malice et ironie, aux
lettres d'Hédouville en date du 26 et du 31 août. On peut
présumer qu'il avait dû donner communication à Maitland de ces deux dépêches ; mais il ne fit pas savoir à l'a-
gent quelles *choses* il avait réglées avec le général anglais
de vive voix et qui ne pouvaient se traiter par correspondance.

Indigné de tant de ruses de la part de T. Louverture, Hédouville répondit le 5 septembre à sa lettre, en lui disant : « Je vous féliciterais de la réception qui vous a été
« faite par le général Maitland, si je n'étais pas convain-
« cu que vous avez été *la dupe de ses insignes perfidies*,
« puisque vous n'avez pas *craint* de me mander que vous
« le croyez de préférence à moi. Que signifie cette quan-
« tité d'*émigrés* qui affluent dans nos ports sur des parle-
« mentaires anglais ? Vous auriez dû vous rappeler les
« ordres et instructions que je vous ai donnés, et vous
« pouvez compter que *je veillerai* à ce qu'il n'y soit fait
« aucune infraction. »

Ce langage prouve la dignité de l'agent de la France, le courage du militaire et la sévérité de l'autorité supérieure ; mais Hédouville n'exerçait qu'un pouvoir tout moral : la force était du côté de T. Louverture. Hédouville le sentit si bien, que dès le 1er septembre il avait écrit à Sannon Desfontaines, commissaire du pouvoir exécutif aux Gonaïves, — qu'il voyait avec peine que des intrigans cherchaient à faire sortir le général en chef des bornes de son devoir, et à exciter entre eux une mésintelligence qui serait funeste à la colonie. Il paraît que cet officier public était un ami de T. Louverture, et que l'agent s'adressait à lui comme intermédiaire : d'autres lettres lui ont été adressées ensuite, dans le but d'opérer un rapprochement entre l'agent et le général en chef.

Le 2 septembre, le chef de brigade Boerner informa l'agent que le régiment noir de Dessources venait de débarquer à Saint-Marc avec ses officiers, et que leur arrivée avait excité des plaintes et des propos de la part de la 4e demi-brigade qui faisait des menaces contre *les blancs*. Le même jour, étant au Port-de-Paix, T. Louverture lui donnait connaissance du débarquement de ce régiment et de quelques femmes auxquelles il avait pardonné leur émigration.

Le 5, il reçut réponse de l'agent qui lui dit qu'il ne l'avait point autorisé à admettre les officiers et sous-officiers des régimens noirs qui avaient servi sous les Anglais ; qu'ils étaient *des émigrés.* Il lui reprocha d'avoir donné une extension démesurée à l'amnistie, qu'il avait violé la loi *sur la police des cultes.* « Souvenez-vous que dans une Ré-
« publique, personne n'a le droit de faire grâce. » Il lui témoigna enfin sa surprise de n'avoir encore reçu de lui aucun détail sur l'évacuation de Jérémie, de ne savoir rien des conventions qu'il aurait prises avec le général Maitland pour celle du Môle.

Le même jour, l'agent, ayant lu un article du journal imprimé au Port-au-Prince, et appris qu'avant son départ de cette ville, T. Louverture avait prononcé en chaire un nouveau pardon, *en vertu de l'oraison dominicale,* et après une messe solennelle, l'agent écrivit à cet effet à l'administration municipale pour expliquer l'amnistie qu'il avait accordée par sa proclamation du 15 août. « Je
« déclare, en conséquence, dès ce moment, cette amnistie
« *nulle* à l'égard des personnes que la loi pourrait proscrire
« comme *émigrés,* et qui ne seraient pas comprises dans
« les exceptions de ma proclamation. *Les femmes* même
« qui seraient émigrées ne peuvent être comprises dans
« cette amnistie. Les autorités chargées à cet égard de la
« police sur ces individus, sont déclarées responsables
« des mesures à prendre, et seront elles-mêmes, conformé-
« ment à la loi, poursuivies comme complices d'émigra-
« tion, si elles ne les exécutent pas. Je dois vous obser-
« ver, citoyens administrateurs, que vous avez formelle-

« ment transgressé la loi sur la police des cultes, *qui n'en*
« *reconnaît aucun en les protégeant tous*, en assistant en
« corps à la cérémonie religieuse à la suite de laquelle cette
« amnistie a eu lieu. »

Nous insistons, par ces détails, sur la question *des émigrés,* parce qu'elle est devenue plus tard une des principales causes de la guerre civile entre T. Louverture et Rigaud.

Le 6 septembre, étant rendu sur son habitation Descahos, T. Louverture répondit à la lettre d'Hédouville, de la veille, qui lui demandait compte de l'évacuation de Jérémie. Il l'informa de l'arrivée au Port-au-Prince, de Huin dont il avait reçu le rapport; il lui dit que le pavillon tricolore flottait à Jérémie et dans les lieux de la dépendance; que les républicains y entrèrent quelques jours après le départ des Anglais; que l'armée, sous les ordres de Rigaud, y est entrée *avec pompe, en observant beaucoup d'ordre.*
« Ce général vous a rendu compte des détails de cette prise
« de possession, et vous a délégué un chef de bataillon à
« ce sujet. »

Il est ainsi prouvé que Rigaud agit encore en cette occasion, d'après les ordres et les instructions du général en chef, et qu'il lui rendit compte aussi de ses opérations.

Les Anglais évacuèrent Jérémie le 20 août, le Corail le 23.

Le témoignage rendu par T. Louverture, de l'ordre que fit observer Rigaud par ses troupes; ce qu'il a dit ensuite dans son rapport au Directoire exécutif « que la
« même amnistie que celle pour l'Ouest fut *proclamée* à Jé-
« rémie, » détruisent l'assertion de M. Madiou qui prétend, d'après des traditions orales, que Rigaud *persécuta* les colons royalistes, malgré les recommandations de T. Lou-

verture. Cet auteur n'a pas moins erré, en disant que Rigaud avait envoyé au Môle l'adjudant-général Blanchet, pour traiter de la capitulation de Jérémie, et que Maitland lui fit proposer — de consentir à recevoir dans le Sud toutes les troupes noires et de couleur qui servaient la Grande-Bretagne, à la condition qu'il se soumettrait à cette puissance [1]. Au contraire, Huin demanda à Harcourt, dans la négociation, que ces troupes fussent toutes transportées dans l'Ouest, et elles le furent soit à Saint-Marc, soit à l'Arcahaie. Rigaud envoya au Môle, effectivement, non pas Blanchet, mais un autre officier, pour y recevoir mille barils de farine que Maitland avait promis de lui vendre, et que cet officier n'obtint pas.

Le colonel Dartiguenave reçut le commandement de Jérémie, et d'autres officiers et des fonctionnaires publics furent placés dans la Grande-Anse par Rigaud, en vertu de l'autorisation précitée d'Hédouville.

T. Louverture avait bien rendu compte à l'agent de l'évacuation de Jérémie, mais il se taisait sur la convention qu'il avait prise avec Maitland pour celle du Môle. Le 9 septembre, répondant à sa lettre du 6, Hédouville lui dit :
« J'aurais désiré que vous m'instruisiez des conventions
« particulières que vous avez faites pour l'évacuation du
« Môle avec le général Maitland. » Mais le général en chef continua à garder le silence sur cet objet.

Trois jours après, le commissaire Chatel informa l'agent des difficultés que faisait le général Spencer, pour le laisser exercer les fonctions administratives qu'il devait remplir au Môle jusqu'au départ des Anglais, lesquelles

---

[1] Histoire d'Haïti, tome 1er, page 309.

consistaient à acheter des approvisionnemens pour la colonie. Suivant ce commissaire, Spencer lui aurait dit : « Je vous avoue que je ne suis ici que pour suivre les ins-« tructions du général Maitland, et qu'elles portent expres-« sément que je laisserai la place au général Toussaint, « que je ne reconnaîtrai que lui ou ses officiers. *Les con-« ditions sont faites* avec le général Toussaint, sans qu'il « soit fait mention du général agent du Directoire exécutif. « D'après cela, je ne puis reconnaître le général Hédou-« ville. »

Tout porte donc à croire qu'il n'y eut alors d'autres conventions entre T. Louverture et Maitland, que celle souscrite par Huin et Harcourt à Jérémie, et qui fut ratifiée par les deux généraux ; mais qu'il fut effectivement convenu entre eux ce qui est rapporté par les paroles du général Spencer. Hédouville était ainsi écarté, son pouvoir annulé par le général en chef, à l'égard des Anglais, malgré la recommandation de l'agent de refaire la convention de Jérémie, afin de rédiger autrement son 2e article trop large en faveur des émigrés, et pour y insérer que T. Louverture contractait au nom de la République française et par autorisation de son agent.

Ce qui appuie nos appréciations, c'est le témoignage de Pamphile de Lacroix. Cet auteur dit dans ses mémoires :

« J'ai vu dans les archives du gouvernement au Port-au-Prince, et tous les officiers de l'état-major de notre armée ont vu avec moi, *les propositions secrètes....* qui tendaient à faire déclarer T. Louverture *Roi d'Haïti*, qualité dans laquelle le général Maitland l'assurait qu'il serait de suite reconnu par l'Angleterre, s'il consentait, en ceignant la couronne, à signer, sans restriction, *un traité de commerce exclusif* par lequel la Grande-Bretagne aurait seule le droit *d'exporter les productions* coloniales, et *d'importer* en échange ses produits manufacturés, à l'exclusion de ceux du continent. On donnait au Roi d'Haïti [1] l'assurance qu'une forte escadre de frégates britanniques serait toujours dans ses ports ou sur ses côtes pour les protéger. — Des ennemis, poursuit-il, réduits à s'en aller, et dont les escadres venaient récemment de laisser prendre l'Égypte, ne pouvaient donner assez de confiance dans la protection qu'ils offraient. Cette considération eut alors plus d'action sur le bon sens du général noir *que ses sentimens patriotiques*; il éluda de se prononcer; mais il resta si enchanté des Anglais, qu'il ne cessait de répéter : *Que la République ne lui avait jamais rendu autant d'honneurs que le Roi d'Angleterre* [2]. »

Ainsi, de l'aveu même de Pamphile de Lacroix, il n'y eut que des *propositions* faites secrètement à T. Louverture, et non pas une *convention* souscrite par lui. S'il y en avait eu, elle se serait trouvée également dans ses papiers secrets, comme les propositions du général anglais. Et pourquoi T. Louverture ne céda-t-il pas à ces avances? Serait-ce la futile considération rapportée ci-dessus? N'avait-il pas appris que l'expédition française n'avait atteint l'Égypte que par le plus heureux hasard? Ce sont donc *ses sentimens patriotiques, son amour pour la France, son attachement pour ses colons, ses émigrés*, qui l'empêchèrent de souscrire aux propositions dont il s'agit : la suite de sa carrière prouvera cette assertion de notre part. A notre avis, T. Louverture ne voulait qu'une chose : rester le chef suprême de Saint-Domingue, pour gouver-

---

[1] Il a sans doute voulu dire *Saint Domingue*.
[2] *Mémoires*, etc. tome 1er, page 346.

ner cette colonie *selon les vues* constantes des colons, depuis 1789. On le verra tout faire dans ce sens, parce qu'il fut toujours d'accord avec eux.

S'il est vrai, comme l'a dit Kerverseau, que les émigrés français s'étaient longtemps flattés de ressusciter *la monarchie* à Saint-Domingue (en y faisant venir l'un des princes de la maison de Bourbon), ils ont pu, *peut-être*, d'accord avec les colons, concevoir la même pensée que Maitland à l'égard de T. Louverture, et avec d'autant plus de raison que ce chef, dans l'armée espagnole, s'affublait de décorations de la noblesse, de même que Jean François et Biassou. Mais Kerverseau, qui est resté dans la partie espagnole jusqu'au moment de sa prise de possession par T. Louverture, assigne d'autres motifs à la résolution de Maitland, d'évacuer Jérémie et le Môle. Il dit de ce général anglais :

« Qui aurait pu le résoudre à une cession que rien n'aurait pu justifier et qu'il prenait sur sa propre responsabilité, si ce n'est la conviction qu'il avait que cette cession, purement apparente et momentanée, assurerait en effet à l'Angleterre la possession de la colonie, et qu'elle n'avait l'air d'abandonner pour un instant ces deux ports que pour rentrer ensuite dans tous ceux de Saint-Domingue, et y jouir de tous les avantages de la propriété, en se déchargeant de tous les frais d'administration ? Peut-on douter, ajoute-t-il, que *l'expulsion de l'agent* de la République, et *l'acte de souveraineté* qui suivit de près cet acte de révolte, *par le traité de commerce et d'alliance* de T. Louverture avec les États-Unis, *la guerre du Sud et l'occupation même de la partie espagnole*, n'aient été *les articles secrets* de la convention du Môle, le prix de la restitution de cette place et de tous les attentats du général en chef? Peut-on douter que *l'indépendance* de Saint-Domingue n'ait été le grand but de la politique des Anglais? »

Suivant Kerverseau, excitant en 1801 le gouvernement consulaire contre T. Louverture, les Anglais ont été les auteurs de tous les actes commis par ce général, même la guerre civile du Sud. C'est là le langage du Français, résultat de l'antagonisme existant depuis des siècles entre la France et l'Angleterre : quelque judicieux qu'il soit, le Français déraisonne souvent dès qu'il s'agit de son adversaire ; il en est souvent aussi de même de la part de l'Anglais. Cherchons la vérité dans cette situation, et réduisons toutes ces accusations à leur juste valeur.

S'il est vrai que Pamphile de Lacroix ait lu les propositions secrètes dont il parle (et l'on ne peut en douter quand il l'affirme ainsi), la question se réduit à ceci :

Que le général Maitland désirait que T. Louverture déclarât *l'indépendance* de Saint-Domingue, à condition qu'il accorderait aux Anglais *le monopole du commerce*, comme ils l'avaient obtenu des colons français qui se soumirent à eux, sauf le partage de ce commerce avec les États-Unis, en ce qui concernait les approvisionnemens de bouche.

En cela, le général anglais entrait parfaitement dans les vues de la faction coloniale qui avait toujours voulu arriver à cet état de choses, dès que la France eut émancipé les affranchis et les esclaves de ses colonies : auparavant, elle ne voulait qu'*une indépendance relative* qui eût conservé à la France, *la souveraineté extérieure* de Saint-Domingue. Et pourquoi Maitland n'eût-il pas désiré l'indépendance e cette colonie? La France n'avait-elle pas aidé les colonies anglaises dans leur rébellion ? D'une autre part, les Anglais s'étaient convaincus qu'après avoir dépensé des sommes énormes, perdu beaucoup de troupes dans la guerre et par la fièvre jaune, ils ne soutenaient leur occupation que par les troupes du pays ; le général Maitland fut envoyé pour décider de la question de l'évacuation suggérée au retour du général Simcoë en Europe ; il adopta ce parti, parce qu'il fut lui-même convaincu de son utilité pour son pays.

A ce sujet, Kerverseau dit encore : « Il fallait donc des « motifs bien puissans pour déterminer Maitland au sacri- « fice d'une place (le Môle), que son gouvernement met- « tait sur la même ligne avec le Cap de Bonne-Espérance « et Trincomaley? Il s'y décida cependant, malgré l'opposi- « tion formelle du gouverneur de la Jamaïque et de l'a- « miral Parker. » Cette résolution de sa part prouve qu'il jugea mieux que ces deux Anglais, et son gouvernement l'a d'ailleurs approuvé.

Qu'il ait proposé ou conseillé à T. Louverture de se faire *Roi*, c'est encore possible, pour mieux obtenir de lui les avantages commerciaux qu'il demandait, en flattant sa vanité.

Mais, quant à *l'expulsion* d'Hédouville, le général en chef la méditait déjà, dès qu'il eut été annoncé pour remplacer Sonthonax : son ambition lui suggérait ce nouvel attentat, pour rester la seule autorité supérieure de la colonie. Kerverseau n'a-t-il pas constaté qu'*une faction*, de Paris même, avait préparé cet événement, en prévenant T. Louverture contre Hédouville? Cette expulsion entrait dans les vues des colons, ainsi que nous l'avons fait remarquer dans le 3e chapitre de notre deuxième livre : ils avaient toujours désiré que la France n'eût aucun agent à Saint-Domingue, pour entraver leur projet de séparer relativement cette colonie de la métropole. Ils avaient aidé au renvoi de Blanchelande et de d'Esparbès ; ils avaient voulu chasser Polvérel et Sonthonax ; ils ont aidé T. Louverture à chasser ce dernier dans sa seconde mission ; ils l'ont encore aidé à chasser Hédouville. Galbaud, seul gouverneur, obtint leur confiance, parce qu'il entrait dans leurs vues de contre-révolution. T. Louverture l'obtint aussi, parce qu'il agit dans le sens de leurs prétentions : cela sera démontré en 1800 et 1801.

A l'égard de *la guerre civile du Sud*, indépendamment des causes locales que nous avons signalées dans notre introduction à cet ouvrage, de la rivalité entre T. Louverture et Rigaud, et de l'antagonisme des vues politiques qui les dirigeaient, c'est au gouvernement français et non aux Anglais, à Maitland, qu'on doit en faire le reproche. C'est le Directoire exécutif, par ses agens Laveaux, Sonthonax, Hédouville et Roume, qui en a été l'auteur ; c'est lui qui l'a déterminée, qui l'a laissée poursuivre jusqu'à extinction, pour assurer la domination politique de la France par la prépondérance de ses colons : ces colons y ont grandement contribué, pour seconder les vues de la métropole ; et le gouvernement consulaire y a mis la dernière main.

L'intérêt étant la mesure de l'action, la France et ses colons ont cru y trouver le leur. Le général Maitland ne pouvait trouver dans cette guerre civile l'intérêt de son pays, lorsqu'il se fut décidé à évacuer les villes qui étaient en sa possession. Alors l'intérêt de la Grande-Bretagne consistait à trouver beaucoup de consommateurs à Saint-Domingue ; et, en allumant la guerre, ç'aurait été en diminuer le nombre. Ce n'est pas aux Anglais, à des hommes d'État aussi prévoyans, aussi capables, qu'on peut justement faire de tels reproches. Par suite de l'expulsion du général Hédouville, le Directoire exécutif ayant conservé à T. Louverture son rang et son pouvoir de général en chef, les Anglais étaient assurés d'obtenir l'introduction des marchandises de leur pays à Saint-Domingue ; et c'est ce qui fit revenir le général Maitland dans cette colonie, pour en conclure l'arrangement avec T. Louverture, comme on le verra en 1799.

Le général anglais n'a pas contribué davantage à la prise de possession *de la partie espagnole :* ce fait a été le résultat naturel et nécessaire de la cession de cette colonie à la France. T. Louverture, vainqueur de Rigaud, ne pouvait manquer de donner à son ardente ambition, la satisfaction de dominer sur tout le territoire de l'île. Et lorsque nous arriverons à l'année 1801, il nous sera facile de démontrer, qu'en donnant une constitution particulière à Saint-Domingue, en arrivant ainsi à *une indépendance relative* de cette colonie, T. Louverture n'a fait que réaliser les vues constantes qui dirigeaient les colons ; et en cela, il a été fidèle à ses antécédens ; car il a été presque toujours leur ami, leur agent.

Les circonstances diverses relatives à l'évacuation de Jérémie et du Môle, nous ont entraîné à une digression sur la conduite que T. Louverture a tenue à cette occasion, et même sur celle qu'il a tenue par la suite. Elle nous a fait négliger de parler d'une autre cause de dissentiment entre lui et le général Hédouville.

On a vu qu'en entrant au Port-au-Prince, le général en chef fit un règlement sévère pour contraindre les cultivateurs à rentrer sur les habitations de leurs anciens maîtres, et qu'Hédouville, en l'approuvant, lui dit qu'il régulariserait cette mesure par un autre acte, attendu qu'elle ressortait de son pouvoir. Elle était la conséquence des actes de Sonthonax et de Polvérel sur la liberté générale. Ces commissaires civils avaient prescrit aux cultivateurs un engagement d'*une année* sur les habitations auxquelles ils avaient *appartenu,* à cause des travaux qui exigent ce temps pour toute une récolte, de quelque denrée que ce soit. Après l'année écoulée, le cultivateur pouvait quitter l'habitation où il s'était engagé, pour s'engager sur une autre. Il pouvait arriver alors que beaucoup de cultivateurs, quittant en même temps, le propriétaire qui avait fait des déboursés pour réparer les usines et faire de nouvelles plantations, se voyait exposé à perdre le fruit de ces dépenses. On conçoit aussi que la guerre contre les Anglais dut amener des perturbations dans les ateliers, où l'on recrutait souvent des soldats.

Les vagabonds profitaient de cet état de choses pour courir à travers le pays et se livrer au vol. Déjà, le 13 janvier 1798, Bauvais, à Jacmel, s'était vu obligé à faire un règlement de culture pour cet arrondissement, afin d'obvier au mal. Il avait prescrit aussi le travail aux cultivateurs sur les habitations *où ils s'engageaient comme associés,* avec faculté de changer de domicile au bout de l'année du contrat. Ces expressions excluaient l'idée *de dépendance* des anciens maîtres. C'était la même chose dans le Sud, sous Rigaud.

Le règlement de T. Louverture contraignait simplement les cultivateurs à se fixer sur les habitations, sans prescrire un temps d'engagement. Dans le Nord et l'Artibonite, il y avait plus d'habitude de leur part à la locomotion indéfinie ; les agitations qui eurent lieu pour obliger Sonthonax à partir, laissèrent leurs traces dans le premier département surtout.

Hédouville fut donc induit à publier son règlement concernant *la police des habitations et les obligations réciproques des propriétaires ou fermiers et des cultivateurs*, en date du 6 thermidor (24 juillet), et par l'état antérieur des choses, et par celui du 18 mai rendu par T. Louverture. Avant de le mettre au jour, il profita de la présence du général en chef et de Rigaud au Cap, pour les consulter à ce sujet : ils lui firent diverses observations; il adhéra à quelques-unes, à ce qu'il paraît, et tint à ses opinions sur d'autres.

La base essentielle de cet acte était l'obligation imposée aux cultivateurs de s'engager pour *trois ans* au moins, sur les habitations auxquelles *ils appartenaient*, pendant lequel temps ils ne pourraient abandonner leurs travaux. Ils devaient jouir du *quart* brut des revenus. La plupart des dispositions de ce règlement étaient semblables à celles de la proclamation de Sonthonax, du 29 août 1793, sur la liberté générale, et garantissaient conséquemment ce droit aux cultivateurs [1].

Dès son départ du Cap avec Rigaud, étant encore sur son habitation Descahos, T. Louverture écrivit à l'agent à propos de quelques vagabonds mis en prison par Christophe Mornet, qui les employait aux travaux publics du Port-au-Prince : cette mesure avait été contrariée par l'accusateur public de cette ville. Le 27 juillet, Hédouville lui répondit : « L'arrêté dont nous avons déterminé, avec « le général Rigaud, les principales dispositions, éclairera « l'accusateur public et l'empêchera de renouveler ses pro- « testations sur l'emploi des prisonniers (vagabonds). »

---

[1] Pamphile de Lacroix a fait un roman, en parlant du règlement d'Hédouville: il ne l'a certainement pas lu.

Le 4 août, étant à l'Arcahaie, T. Louverture lui accusa réception de cet arrêté : « Je puis vous assurer, dit-il, « que je l'ai lu avec plaisir et attention. Et je dois vous dire « *franchement* que cet arrêté est réellement fait pour la co- « lonie et *convient réellement* aux circonstances présentes « *et futures*. Soyez intimement persuadé que je vais mettre « tout le zèle et la surveillance possible pour son exécution. « Je puis vous assurer que *les sages mesures* que vous « avez prises à cet égard vont *raviver la culture* et rendre « à cette colonie son ancienne splendeur. »

Le 8 août, du Port-au-Prince il écrit encore à Hédouville : « J'ai reçu votre lettre du 30 juillet concernant « votre arrêté, dont *nous* avons concerté *ensemble* les dis- « positions. Comme cet arrêté est *très-avantageux et utile* « à la culture, je vous prie de le faire parvenir aux autori- « tés civiles et militaires le plus tôt possible, afin qu'elles « puissent en faire mettre à exécution le contenu, *qui ne* « *tend qu'à raviver et faire fleurir la culture.* »

Le même jour, 8 août, répondant à sa lettre du 4, Hédouville lui dit : « J'espère bien que l'arrêté sur la culture, « bien expliqué aux cultivateurs, produira de bons effets. « Il est encore plus *votre ouvrage* que le mien, puisque « *nous* en avons concerté *ensemble* les principales dispo- « sitions. Ainsi, *vous méritez plus que moi* les choses obli- « geantes que vous voulez bien me dire à ce sujet. »

Voilà une correspondance qui prouve bien le concert qui a existé entre l'agent et le général en chef; mais le lecteur a remarqué la phrase où nous avons souligné le mot *futures* : il était mis à dessein dans la pensée de T. Louverture. Ecoutons-le, parlant au Directoire exécutif de cet arrêté :

« Consulté par l'agent sur cet arrêté, lorsque je fus le

voir avec le général Rigaud, je lui soumis (de concert avec ce général) les réflexions qu'il *nous* fit naître. Il adopta *nos idées mutuelles* sur quelques articles relatifs à la culture et à la police des ateliers, qu'il changea; mais il ne voulut rien toucher à ce qui en faisait *la base*. Inébranlable dans sa résolution, voyant d'ailleurs dans son arrêté un nouveau moyen de poursuivre les vagabonds, de les assujétir au travail, je me contentais de lui faire sentir combien il serait mal interprété, combien il jeterait de la défaveur sur son administration, s'il ne prenait la précaution de charger des personnes investies de la confiance des cultivateurs, de le leur présenter sous un point de vue qui ne pût les effaroucher; que c'était une mesure délicate qu'il fallait manier avec adresse et prudence. J'étais à l'Arcahaie lorsqu'il me l'adressa; j'en fis l'explication nécessaire aux cultivateurs de ce quartier, que je rassemblai à cet effet, et ils s'en retournèrent tous contens. Mais cette précaution ayant été négligée dans les autres quartiers où cet arrêté fut adressé aux juges de paix, il porta partout la consternation et le trouble. »

Or, cet acte, loué d'abord par T. Louverture, avait le malheur d'être dans les idées exprimées par Vaublanc, dans son discours au conseil des Cinq-Cents : on se rappelle que nous les avons fait connaître. Vaublanc proposait de faire rentrer les noirs sur les habitations *de leurs anciens maîtres*, et de leur faire contracter *des engagemens à terme*. Barbé de Marbois, au conseil des Anciens, avait parlé aussi de tels engagemens qui ne répugnaient pas, disait-il, au système républicain. Ils étaient tous deux *royalistes*, exclus des conseils au 18 fructidor.

Il n'en fallait pas davantage pour que T. Louverture exploitât la situation d'Hédouville envers lui; et ce que l'on va lire explique le mot *futures* de sa lettre du 4 août. Son rapport au Directoire exécutif continue au sujet de l'acte de l'agent :

« Le mécontentement des cultivateurs s'était accru par la contrainte où l'arrêté du 6 thermidor les met de s'engager *pour trois ans*. Cet acte leur sembla un acheminement *à l'esclavage;* ils se rappelaient *les moyens proposés par Vaublanc* pour établir le système qu'il voulait introduire dans la colonie ; et ils étaient surpris que, lorsque le Directoire avait fait justice de ce conspirateur, son agent proposât *les mêmes mesures*, les prescrivît, et exigeât leur prompte et entière exécution. Les hommes dépouillés de passion le jugèrent impolitique, injuste et aristocratique. *Impolitique*, parce que, bien loin d'encourager les cultivateurs au travail, il ne pouvait que leur inspirer des craintes ; qu'il mettait des habitations en rapport dans le cas d'être abandonnées ; qu'il exposait les cultures faciles du *café* et du *coton* à être préférées à celle si intéressante, mais bien plus pénible du *sucre;* qu'enfin, au lieu de faire fleurir la culture dans tous les points, il la reléguait sur quelques habitations *privilégiées. Injuste,* parce qu'il favorisait *les grands planteurs* au détriment des autres propriétaires, par la facilité que leurs grands moyens leur donnaient d'attirer à eux seuls tous les cultivateurs. *Aristocratique,* parce qu'il concentrait, au milieu de ce petit nombre d'élus, tous les moyens, toutes les facultés, tous les ressorts, enfin, avec lesquels ils seraient parvenus dans la suite *à dicter des lois* au reste de la colonie. »

On conçoit bien que les cultivateurs ne connaissaient guère le discours de Vaublanc, et que leur mécontentement était en grande partie le fait du général en chef lui-même qui les excitait pour servir ses desseins contre Hédouville. Par sa correspondance, il approuva cet acte auquel il avait contribué; il engagea l'agent à l'envoyer promptement aux autorités civiles et militaires ; il lui promit de le faire exécuter, tandis que, d'un autre côté, il le décriait et le présentait à l'esprit des cultivateurs comme un moyen de rétablir l'esclavage.

Nous prions le lecteur de bien remarquer la critique de l'arrêté d'Hédouville par T. Louverture; car, en arrivant à l'année 1800, il verra les actes du général en chef *sur la culture*, outre-passant tout ce qu'il y trouvait de pernicieux pour cette industrie du pays, empirant la condition des cultivateurs. Et en ce temps-là même où il admettait dans la colonie *les grands planteurs émigrés*, contrairement à la constitution et aux lois, en opposition aux prescriptions récidivées d'Hédouville à ce sujet, que faisait-il sinon les favoriser pour leur remettre leurs biens, confisqués ou séquestrés au profit de la République ? Cette *aristocratie* qu'il signalait, il la rétablit dans toute sa force, *au profit des colons*.

Pamphile de Lacroix prétend que T. Louverture fit un autre règlement, en même temps, d'après lequel les cultivateurs devaient continuer leurs travaux chez leurs anciens maîtres pendant *cinq ans*, à condition de jouir du *quart* du produit, duquel quart, néanmoins, les propriétaires pourraient défalquer les frais de leur nourriture et entretien. M. Madiou assigne la date de cet acte au 3 août. Outre que nous ne l'avons pas trouvé dans les documens que nous avons lus, la correspondance que nous venons de citer, dans les premiers jours de ce mois, prouve le contraire ; car, s'il avait existé, l'agent n'eût pu l'ignorer et en aurait fait le reproche au général en chef. Celui-ci était d'ailleurs trop adroit pour empirer la condition des cultivateurs, dans le moment où ses sourdes menées les excitaient contre Hédouville. C'est après le départ de ce dernier, le 15 novembre, qu'il rendit une proclamation pour renouveler ses mesures *de contrainte* contre les cultivateurs, sous prétexte que les vagabonds profitaient des agitations que ce départ avait occasionnées, pour commettre des désordres. Aucun de ses règlemens de culture subséquens n'a fixé *de terme* pour l'engagement des cultivateurs.

Mais nous avons vu un numéro du journal du Port-au-Prince où se trouve insérée, à la date du 11 septembre, une lettre du général en chef à l'administration municipale de cette ville, par laquelle il s'affligeait de la situation déplorable *des Français de Saint Domingue*, réfugiés aux États-Unis : il témoigna le désir qu'ils revinssent dans la colonie pour être pardonnés, comme l'*Enfant prodigue* l'avait été par son père. Cette lettre est certifiée conforme par B. Borgella, président ou maire. Depuis l'entrée de T. Louverture au Port-au-Prince, ce colon grand planteur était devenu le conseiller, le factotum du général en chef. C'était avec lui qu'il concertait principalement toutes ses mesures d'opposition à l'autorité d'Hédouville. Celui-ci ne manqua pas de remarquer la lettre dont il s'agit ; et le 5 octobre, jour où il en eut connaissance, il adressa une lettre à son tour à l'administration municipale pour témoigner son étonnement de l'insertion de celle de T. Louverture sur le journal ; il la déclara contraire à la constitution, et requit du commissaire du pouvoir exécutif, de faire insérer sa propre lettre sur les registres de ce corps.

C'était, de sa part, témoigner toute son impuissance, puisqu'il n'écrivit pas directement à T. Louverture.

Nous ne concevons pas qu'Hédouville ait cru pouvoir exercer toute l'influence de son autorité, en restant toujours au Cap, en ne parcourant pas les villes de la colonie, dès que l'évacuation de celles de l'Ouest lui eut donné cette faculté, pour se faire voir aux populations, pour les entretenir des sentimens du Directoire exécutif à l'égard de la liberté et de l'égalité, et exercer ainsi son prestige. Était-ce une disposition de ses instructions, ou agissait-il d'après sa propre pensée ? Ou bien encore, sentait-il, en homme d'honneur, qu'il devait s'abstenir de ces communications verbales qui eussent donné des assurances qu'il savait contraires aux intentions réelles du gouvernement français ?

Quoi qu'il en soit, la mésintelligence entre lui et le général en chef allait croissant chaque jour.

Étant à Descahos, où il méditait, le 16 septembre, T. Louverture l'informa du licenciement qu'il avait opéré d'environ 3,000 soldats dans les 8e, 10e et 12e demi-brigades, pour les renvoyer à la culture; de la nomination du colonel Mamzelle, chef de ce dernier corps, au commandement de Neyba, à cause de son influence sur les noirs à demi sauvages du Maniel et du Doko. Il termina sa lettre en demandant un passeport à Hédouville, pour son secrétaire Guybre qu'il envoyait auprès du Directoire exécutif, afin de solliciter *sa retraite*.

Ce nouveau Machiavel essayait ainsi d'endormir Hédouville sur son projet réel, et de faire penser au Directoire exécutif qu'il était d'une abnégation, d'un désintéressement extraordinaire. Guybre aura à peine passé le tropique, que l'agent du Directoire sera aussi en route pour gagner les rives de la France.

Répondant à sa lettre deux jours après, ce dernier désapprouva le licenciement déjà opéré, en ordonnant de ne plus en faire jusqu'à ce qu'il prît lui-même une mesure générale à cet égard. Il improuva également la nomination de Mamzelle, *trop ignorant* et capable d'effrayer la population espagnole. A l'égard de la mission de Guybre, et tout en lui envoyant le passeport sollicité par lui, l'agent dit : « *Votre retraite ne sera pas acceptée, tant qu'on croira vos services utiles.* Je ne puis m'empêcher de vous observer de nouveau, général, *que ce n'est pas du Directoire exécutif, mais bien de moi que vous tenez le commandement de l'armée...* Je désire bien que vous puissiez venir célébrer avec nous la fête de la République. »

Hédouville connaissait ou pressentait bien la pensée du Directoire exécutif à l'égard de T. Louverture, dont les services étaient *si utiles*, depuis plus de deux ans surtout, et qui le furent encore davantage par la suite. Mais il mettait le feu aux poudres, par son observation sur le titre de son commandement en chef de l'armée.

Dès la veille il avait adressé une lettre à Sannon Desfontaines, où il lui disait, pour être communiqué à T. Louverture :

« Ce qui est certain, c'est que, si la mésintelligence régnait entre le général Toussaint et moi, ses ennemis ne manqueraient pas de donner crédit à tout le mal que Sonthonax en a dit dans son rapport. Si, au contraire, il me seconde pour l'établissement de l'ordre constitutionnel et l'exécution de mes instructions, j'ose répondre de la tranquillité de la colonie, et assurément il en retirera une plus grande gloire que moi. Je l'engage à venir célébrer avec nous la fête de la République. La pre e de notre union déjouerait les manœuvres des ennemis de l'ordre, et d'ailleurs *je lui parlerais à cœur ouvert* de beaucoup de choses qui me restent à faire. »

En même temps il écrivait aussi à T. Louverture — *qu'il regrettait* de se trouver obligé quelquefois de désapprouver ses actes, qu'il faut le consulter. Il l'entretint des bruits que semaient les malveillans parmi *les cultivateurs*, auxquels ils disaient qu'on veut les remettre *dans l'esclavage*, et qu'ils ne peuvent conserver leur liberté *qu'en égorgeant les blancs*. « Le *pillage* est toujours mis en pers-
« pective. Les noirs créoles et les hommes de couleur ré-
« sistent facilement ; ce sont les noirs d'Afrique qu'on
« cherche à égarer. » Il lui dit en outre, qu'il y avait dans le voisinage du Cap une grande quantité de fainéans et de vagabonds qui faisaient des rassemblemens, et qu'il l'engageait à écrire à ce sujet aux commandans militaires. C'était le 17 septembre (1er jour complémentaire de l'an 6).
« Je voudrais que vous puissiez venir ici célébrer avec
« nous la fête de la République : cela produirait un bon
« effet. »

Le général Hédouville se trouvait ainsi dans la même situation où était Sonthonax, lorsque, dénonçant à T. Louverture le complot qu'il imputait à Pierre Michel, il lui témoignait aussi le désir qu'il vînt au Cap pour conférer avec lui. L'apparition du général en chef, auteur de tout dans l'une et l'autre situation, fut le signal de l'embarquement de Sonthonax ; elle va être encore le signal de celui d'Hédouville.

Le 22 septembre, jour de la fête, de Descahos, T. Louverture répondit à cet agent, en repoussant toutes ses avances et revenant encore sur ses plaintes antérieures ; mais il lui donna l'assurance qu'il veillait sur les cultivateurs et qu'ils n'égorgeraient pas les blancs, parce que ce serait s'exposer à perdre leur liberté, sur laquelle il veillait aussi. « Croyez, dit-il en réponse à sa lettre du 18,

« que, quelle que soit *l'ingratitude* dont on pourra payer
« mes services, je ne laisserai pas d'empêcher toujours,
« par tous les moyens que me donne une influence bien
« acquise, que les noirs ne se montrent dignes de la li-
« berté. » Il s'excusa de n'avoir pu se rendre à la fête de
la République, à cause des pluies torrentielles qu'il avait
fait depuis quelques jours, et qu'il a même failli de se noyer
dans une rivière où il a perdu son sabre. Cette tempête
est effectivement constatée dans une lettre d'Hédouville
même.

En post-scriptum, T. Louverture lui apprit que le général Spencer avait envoyé auprès de lui un officier pour
l'inviter à aller au Môle, le 1er octobre (10 vendémiaire),
afin de prendre possession de cette place ; et qu'il s'y rendra pour l'opérer *à la satisfaction de tous*, quoique l'adjudant-général Idlinger y soit comme son représentant.

Le même jour, 22 septembre, une seconde lettre à Hédouville revient sur ses éternelles plaintes : le général en
chef était décidément un boudeur que rien ne pouvait ramener. Il dit à l'agent : « J'ai été *esclave*, et je ne suis
« devenu *libre* que par la France : *je ne puis donc être*
« *ingrat envers elle* ni contraire à sa constitution. Cepen-
« dant, d'après vos précédentes lettres, ma conduite de-
« puis quelque temps, *et surtout depuis votre entrevue avec*
« *le général Rigaud*, est presque une infraction continuelle
« à la loi. » Au sujet du pardon prononcé à l'église du Port-
au-Prince, en faveur de personnes *qui ne seront pas des*
traîtres, il l'expliqua par ses sentimens religieux qui lui
commandaient l'indulgence envers ses semblables.

La bombe avait enfin éclaté ! T. Louverture avouait *sa*
jalousie contre Rigaud, qu'il croyait *préféré* par Hédouville ! ....

N'était-il donc pas assez perspicace pour découvrir le but de la politique de cet agent, obéissant aux ordres du gouvernement qu'il représentait ? Cette politique était-elle autre que celle de Laveaux, de Perroud, de Sonthonax et de toute la faction coloniale, qui l'avaient successivement suscitée par leurs intentions déloyales, pour pouvoir perdre T. Louverture un jour, comme ils avaient terrassé Villatte, comme ils réussirent à terrasser Rigaud ? Quel aveuglement de la part de ce noir, célèbre par son génie et à tant d'autres titres !

Par une lettre du 26 septembre, Hédouville consentit à ce qu'il se rendît au Môle et l'y engagea même. En même temps, l'agent écrivit à Sannon Desfontaines qu'il désirait que le général en chef vînt au Cap, en sortant du Môle ; qu'il causera avec lui de ses vues, que ce général verra qu'il a confiance en lui.

La fête avait célébré l'anniversaire de la fondation de la République française. Hédouville envoya des exemplaires imprimés du discours qu'il y avait prononcé, à T. Louverture à qui il adressa une lettre, en date du 2 vendémiaire (23 septembre). Il appuyait la profession de foi qu'il avait faite, de ses principes en faveur de la liberté générale et pour le bonheur et la prospérité de Saint-Domingue, en l'engageant de nouveau à avoir confiance en lui :

« J'y compte d'autant plus fermement, disait-il, que le bonheur de cette colonie et *votre propre gloire* en dépendent.... Je ne m'écarterai pas de la maxime vraie en politique comme en législation, — *qu'il ne faut juger les hommes que d'après leurs actions.* Aussi, passant à l'application, trouvé-je dans les services que vous avez déjà rendus à la colonie, la certitude que vous ne cesserez pas de lui être utile. On chercherait vainement à me persuader le contraire, tant que rien ne démentira votre conduite passée. Recevez, citoyen général, l'assurance de mon estime et de mon affection. »

Le 25 septembre, encore à Descahos, T. Louverture répondit à cette lettre en témoignant à Hédouville toute sa satisfaction, et pour son discours et pour sa lettre ; il lui promit *d'être toujours uni* avec lui. « Le même senti-
« ment qui m'a rendu *pénibles* vos reproches, m'a rendu
« bien *agréable* votre lettre qui me rend plus de justice.
« Ce sentiment inné dans mon âme, que rien ne saurait
« détruire, prend sa source *dans mon attachement à la*
« *France,* qui ne s'éteindra qu'avec le souffle de ma vie. »

Voilà donc le général en chef réconcilié avec l'agent du Directoire exécutif.

Cependant, dès le 17 septembre, le commissaire Chatel écrivait à ce dernier que le 15, un officier anglais disait à un de ses camarades : « Il y a beaucoup de troubles en
« Irlande, occasionnés par les Français, qui y ont fait pas-
« ser des troupes, des munitions et des agitateurs ; mais
« ils ne tarderont pas *à danser le même branle* à Saint-
« Domingue, et nous leur laissons *de quoi nous venger* des
« troubles de l'Irlande. »

Le 29, le même commissaire informait Hédouville que l'amiral anglais venait de dire au Môle, — *que les blancs du Cap ont été embarqués.*

Le 1er octobre, il lui manda encore que l'évacuation du Môle avait été ajournée au 3 ; que T. Louverture, après être venu conférer *aux postes avancés* avec le général Spencer, avait envoyé le citoyen Caze au Môle, porteur d'une proclamation de lui, du 1er octobre, où il déclarait :
« qu'il ne considérera comme *émigrés*, que ceux qui sui-

« vraient les Anglais *lors de leur évacuation;* mais que
« *tous ceux* qui voudront rester, seront reçus et protégés
« par lui. » Chatel ajouta que cette proclamation fut publiée dans toute la ville, au son du tambour, mais qu'elle ne fut pas affichée.

Hédouville, par une lettre du 28 septembre, invitait T. Louverture, en termes pressans, de venir auprès de lui, ayant à l'entretenir d'objets de la plus grande importance. « Je vous attends, dit-il, avec bien de l'impatience. »

Le 30, le général en chef lui répondit de Jean-Rabel, qu'il se rendrait à son invitation dès qu'il aurait pris possession du Môle; que le 29 il avait eu une entrevue à la *Pointe-Bourgeoise* avec le général Spencer, qui lui avait demandé un ajournement de 48 heures pour l'évacuation, à cause du temps affreux qu'il faisait depuis quelques jours.

Le 4 octobre, il rendit compte à l'agent de la prise de possession de cette place, où il était entré avec cent grenadiers et une forte escorte de cavalerie, le 2 à 7 heures du soir; le général Clervaux y pénétra avec ses troupes dans la matinée du 3. Il s'était rendu auprès du général Spencer, à la maison du gouvernement.

« Ce général m'adressant la parole, me dit : — « Le
« brigadier général Maitland, voulant vous témoigner,
« par ordre de notre gouvernement, sa reconnaissance
« pour les égards que vous avez eus pour les sujets de S.
« M. que le sort de la guerre a fait tomber entre vos mains,
« m'a chargé de vous faire présent *de cette maison* que le
« gouvernement anglais a fait bâtir et que je devais, selon
« les usages de la guerre, détruire avant l'évacuation. —
« Je l'acceptai; mais comme cette maison est bâtie *sur*
« *un terrain qui appartient* à la République, je n'ai point

« voulu me l'approprier que je n'aie obtenu votre *appro-*
« *bation* et que vous ne m'en ayez accordé *la concession.* »

Or, cette approbation ni cette concession du terrain ne furent point accordées par l'agent du Directoire.

Le 5 octobre, le général en chef procéda à une cérémonie pour la plantation, au Môle, de l'arbre de la liberté : c'était la première fois que cette ville voyait un tel arbre. Il prononça à cette occasion un discours où il engageait tous ceux qui se ralliaient à ce symbole de la liberté, à avoir le repentir de *l'Enfant prodigue* revenant à la maison paternelle. Il y avait de quoi édifier le général Hédouville qui savait par Chatel, que beaucoup d'émigrés étaient compris parmi ces repentans.

Le 6, T. Louverture lui transmit des lettres qu'il venait de recevoir de l'administration municipale du Petit-Goave et du colonel Faubert, qui lui rendaient compte d'une *insurrection* formidable survenue dans cette commune, à l'instigation de *Saingla*, un des premiers révolutionnaires de ce lieu, à propos *du règlement* de culture de l'agent. Dès ce moment Saingla se montra partisan de T. Louverture : ce fut la cause de sa mort arrivée quelque temps après.

Par la même dépêche, le général en chef réclamait avec instances, de l'agent, *des adoucissemens* au sort *des malheureux soldats* qui étaient nus, qui ne recevaient point de solde : « Quand je leur dis de prendre patience, ils me
« répondent : *A force de poison, le diable en crève.* »
Cette dépêche est du reste écrite dans les formes les plus convenables.

Hédouville se vit ainsi menacé en même temps, et du mécontentement des cultivateurs, et du courroux de l'armée. Le 11 octobre, il répondit à T. Louverture : « Les

« troupes ont touché trois mois de solde depuis mon ar-
« rivée, et les officiers deux mois d'à-compte. *Vous n'êtes
« donc pas fondé à me dire qu'elles ne touchent rien. Vous
« connaissez aussi bien que moi la pénurie des caisses,*
« et vous ne deviez pas vous laisser entraîner par des
« plaintes dont l'injustice est trop évidente pour me bles-
« ser. Venez, citoyen général, le plus tôt que vous pourrez.
« Il est plus que temps que vous ne vous fassiez plus aucune
« illusion *sur les individus* qui voudraient encore trou-
« bler la colonie, et sur l'intérêt que je prends à tout ce
« qui vous regarde. »

Ces plaintes en faveur des soldats étaient semblables à celles adressées à Sonthonax.

Le 10 octobre, le général en chef avait rendu une proclamation où il rappelait à l'armée la gloire qu'elle avait acquise dans la guerre contre les Anglais, dont elle avait enfin obtenu l'évacuation sur tous les points de la colonie. Comme toujours, il n'oublia pas de faire valoir ses services personnels dans la cause de la liberté. Il disait à cette armée et aux habitans, que pour conserver ce bien précieux, il fallait pratiquer *les devoirs religieux*. En conséquence, il prescrivit « aux chefs de corps de faire dire *la*
« *prière* aux troupes le matin ou le soir, aux généraux de
« faire chanter un *Te-Deum* en actions de grâces, pour
« remercier le Tout-Puissant d'avoir favorisé les opéra-
« tions de l'armée, en éloignant l'ennemi sans effusion de
« sang, et d'avoir protégé la rentrée, dans la colonie, *de*
« *plusieurs milliers* d'hommes de toute couleur jusqu'a-
« lors égarés, en rendant plus de *vingt mille bras* à la cul-
« ture. »

Il est bien entendu, que si des individus eurent confiance en ses promesses, ceux qui s'étaient le plus compromis en servant les Anglais profitèrent de leurs offres généreuses et s'enfuirent avec eux. De ce nombre étaient J.-B. Lapointe, Jean Kina, etc. Lapointe, reconnu brigadier général, Jean Kina, colonel, furent traités avec magnificence [1].

Rendu au Port-de-Paix le 13 octobre, T. Louverture écrivit à Hédouville :

« J'ai enfin réussi ! Je suis parvenu au but que je me proposais, celui de chasser les Anglais de Saint-Domingue, en substituant aux drapeaux *des despotes*, l'étendard de la liberté et le pavillon de la République française. Il flotte d'un bout de Saint-Domingue à l'autre. *Je n'ai plus rien à désirer.*

« Il ne vous reste plus qu'à faire la tournée de cette île, pour connaître par vous-même l'immensité du territoire que l'armée de Saint-Domingue a reconquis, pour estimer la valeur de ces conquêtes précieuses, enfin, pour pouvoir rendre *aux soldats* de la République *la justice qu'ils méritent.*

« Je désire, citoyen agent, que ma conduite dans la prise de possession du Môle mérite votre approbation. Toutes mes actions n'ont eu d'autre but que celui de mériter votre confiance, d'acquérir votre estime, et je ne m'estimerai heureux, que lorsque j'en aurai *la conviction certaine.* »

Il y a dans cette lettre un sentiment d'orgueil bien légitime de la part de T. Louverture. Depuis le jour où il avait arboré le pavillon tricolore aux Gonaïves, le 4 mai 1794, il n'avait cessé de combattre les Anglais, comme les

---

[1] Jean Kina mourut à l'étranger. Nous avons déjà dit que Lapointe revint en Haïti en 1812.

autres défenseurs de la colonie avaient fait eux-mêmes. Le succès le plus complet venait de couronner leur œuvre glorieuse : ils avaient tous mérité de la France, en défendant sa possession, en conquérant son territoire sur un ennemi dont les forces maritimes empêchèrent qu'aucun secours efficace ne vînt de la métropole. Il ne s'agissait plus que de conserver Saint-Domingue, de le faire prospérer sous le nouveau régime qui avait remplacé l'ancien système colonial. Là fut l'écueil le plus grand, et pour la France et pour les sommités militaires et politiques qui avaient dirigé les forces coloniales : des vues respectives de la métropole et de ces capacités dans la race noire, ont surgi des événemens désastreux pour cette race et pour la France.

En attendant que le moment arrive où nous les relaterons, nous remarquons que ce serait peu connaître T. Louverture, que de croire qu'il n'avait plus *rien à désirer*. Parvenu au rang de général en chef de l'armée, par la politique de Sonthonax qui interpréta celle du Directoire exécutif, il ne comprenait pas, comme le lui disait Hédouville, que ce titre n'est donné à un général *que pour une campagne :* pour lui, c'était un titre au pouvoir suprême. Flatté par les colons, les émigrés, les Anglais ; caressé (on peut le dire d'après leur correspondance) par le nouvel agent qui faisait valoir cependant ses propres droits et ses pouvoirs, il était impossible qu'il ne conçût pas le dessein de l'expulser à son tour, pour rester le seul gouvernant à Saint-Domingue.

Le chapitre suivant va nous montrer comment il agit dans ce but.

CHAPITRE XVII.

Arrêté et circulaire d'Hédouville contre les émigrés. — Opposition de Moïse à cet agent. — Affaire du Fort-Liberté. — Conduite de Toussaint Louverture et ses explications au Directoire exécutif. — Hédouville est forcé de s'embarquer et part pour la France. — Toussaint Louverture entre au Cap. — Mesures d'ordre qu'il prend. — Ecrits publiés par lui. — Lettre d'Hédouville à Rigaud. — Examen de la conduite de cet agent. — Objet de sa mission. — Roume le remplace. — Ses instructions. — But que se propose Toussaint Louverture. — Réfutation des opinions de quelques auteurs, fondées sur des erreurs accréditées. — Résumé de la troisième Époque.

Voyant les manœuvres de T. Louverture pour admettre le plus d'émigrés possible, le 13 septembre Hédouville avait rendu un arrêté contre *eux et leurs complices*. C'était sous-entendre le chef qui les favorisait. Le 14 octobre, il renouvela la défense de les admettre dans la colonie, par une circulaire qu'il adressa aux autorités civiles et militaires, en leur disant qu'il avait appris qu'il y en avait environ deux mille à la Jamaïque, qui se proposaient de venir à Saint-Domingue par des navires envoyés en parlementaires sous divers prétextes.

Ces mesures suffisaient pour amener la crise qui se préparait. Mais, dès les derniers jours de septembre et jusqu'au 5 octobre, l'agent dut échanger avec le général Moïse, commandant de l'arrondissement du Fort-Liberté, des lettres pleines de fermeté de la part de l'agent qui lui reprocha de n'avoir pas fait intervenir son autorité, contre une cabale du 5e régiment qui s'opposa à l'envoi de quelques approvisionnemens au Cap ; il finit par le menacer de la *destitution,* parce que Moïse opposait à son tour une force d'inertie qui décelait une résolution arrêtée d'avance. Le 9 octobre, Moïse se plaignit du colonel Grandet, commandant à Monte-Christ, qui avait fait faire des patrouilles dans l'arrondissement du Fort-Liberté, à l'effet d'arrêter *des noirs espagnols fugitifs,* pour les rendre *à leurs anciens maîtres;* et là-dessus, Moïse déclama contre ceux qui violaient la liberté des noirs qu'on voulait rétablir *dans l'esclavage.*

D'après cette disposition d'esprit de Moïse, il s'ensuivit nécessairement une attitude menaçante de la part du 5e régiment qu'il avait commandé comme colonel ; des propos furent naturellement tenus *contre les blancs:* de là l'idée que leur massacre était résolu au Fort-Liberté.

Le rapport en fut fait à Hédouville, par le colonel Dalban, commandant de la place, par le colonel Grandet qui vint lui-même au Cap, et par les autorités civiles presque toutes composées de blancs. Ces deux officiers étaient blancs aussi.

Nous croyons que tous ces propos contre les blancs étaient un acheminement à l'embarquement d'Hédouville, médité par T. Louverture. C'étaient les mêmes manœuvres que pour celui de Sonthonax, desquelles Moïse avait été le moteur d'après les ordres de son oncle.

Hédouville se décida donc, le 15 octobre, à envoyer *tous les pouvoirs civils et militaires* au citoyen Manigat, juge de paix au Fort-Liberté, homme noir d'une ancienne famille d'affranchis, respectable par ses qualités personnelles qui le faisaient estimer et jouir d'une grande considération dans sa ville natale. Grandet fut chargé de les lui porter avec l'arrêté rendu par l'agent, qui l'autorisait *à destituer et faire arrêter* n'importe qui menacerait la tranquillité publique.

Il y avait au Fort-Liberté quelques troupes françaises, de la 84°, de la 106° demi-brigades et du bataillon du Morbihan. Avec ces forces et la garde nationale de toutes couleurs, les officiers supérieurs blancs crurent pouvoir opérer le désarmement du 5° régiment, en profitant surtout de l'absence de Moïse qui, en ce moment, visitait, a-t-il dit, son arrondissement; mais qui, peut-être, recrutait des forces dans les campagnes. Un engagement ne tarda pas à survenir entre les troupes, blanches et noires : le 5° régiment, n'ayant pas beaucoup de munitions, eut le dessous ; son colonel Adrien et plusieurs de ses officiers furent faits prisonniers et envoyés par mer au Cap.

Apprenant ces événemens, Moïse rentra un moment au Fort-Liberté ; mandé par Manigat auprès de lui, il s'y refusa parce qu'il voyait bien que c'était pour l'arrêter. Manigat rendit un arrêté qui le *destitua* de ses fonctions, et même de son grade de général, et ordonna de l'arrêter. Moïse dut se sauver, et se rendit dans la campagne où il fit appel à la population de toutes les communes environnantes, déjà préparée secrètement au mouvement combiné. C'était le 16 octobre qu'il avait dû se sauver du Fort-Liberté ; en peu de jours, une nuée de cultivateurs marchaient sur le Cap.

Les troubles avaient commencé le 14 et avaient continué le 15 et le 16. Ce dernier jour, avisé de ce qui se passait, Hédouville adressa une lettre à T. Louverture, qu'il envoya en quatre expéditions, au Môle, à Ennery, aux Gonaïves et à l'habitation D'Héricourt ; car le général en chef était partout et en même temps nulle part : on ne savait jamais où le trouver, tant son activité lui faisait compter pour rien toutes les distances. L'agent lui disait :

« On s'égorge au Fort-Liberté. L'autorité nationale y
« est méconnue. L'imprudence et *la férocité* du général
« Moïse en sont la cause. Transportez-vous aussitôt ma
« lettre reçue, dans ce malheureux canton....

« Pourquoi n'êtes-vous pas venu ici, ainsi que vous me
« l'aviez mandé? Vos ennemis vous ont inspiré *des mé-*
« *fiances* dont vous auriez déjà reconnu l'injustice. Je vous
« salue cordialement. »

L'autorité nationale, impuissante à l'égard de Moïse, comme elle l'avait été à l'égard de Pierre Michel, recourait encore à l'homme qui faisait tout mouvoir pour arriver à ses fins. Mais cette fois, T. Louverture avait affaire à un général intrépide, capable d'énergie, et non à un avocat, capable de faire des discours, quoique courageux : il se garda de se rendre au Cap. Il n'y avait plus lieu de se rendre au Fort-Liberté.

Le 21, étant aux Gonaïves, le général en chef répondit à la lettre d'Hédouville :

« J'étais parti du Gros-Morne avec un aide de camp et
« un capitaine de dragons pour me rendre au Cap. Arrivé
« chez D'Héricourt, *des avis fidèles* m'apprirent que *ma*
« *vie* ne serait pas en sûreté au Cap. La prudence et *le salut*
« *de la colonie* me firent une loi de retourner sur mes pas.
« Je reçus dans ma route rétrograde votre lettre du 16 et
« son duplicata. Sans escorte, je me suis rendu ici pour
« prendre celle qui m'est nécessaire pour remplir vos in-
« tentions (ou plutôt *les miennes*). Je vais partir et ne

« négligerai *rien* pour rendre la paix à cette partie de la
« colonie. »

L'agent reçut cette lettre par un aide de camp, au moment de son embarquement, le 2 brumaire an 7 (23 octobre).

Dès le 18, le général Clervaux, du Port-de-Paix, avait donné l'ordre écrit à tous les commandans militaires, de mettre embargo par mer, d'interdire toute communication par terre avec le Cap.

Laissons relater les faits au Directoire exécutif, par T. Louverture lui-même :

« Les choses étaient en cet état, dit-il, lorsqu'après avoir pris possession du Môle, la plus importante et la dernière des places évacuées par l'Anglais, je me disposai à me rendre aux désirs du général agent qui m'appelait auprès de lui. Quelles que pussent être les méfiances dont je devais être environné, quelques fidèles que fussent les avis que je recevais de toutes parts, des plus sincères amis de la prospérité de Saint-Domingue, quelques craintes que m'inspirassent les attentats qu'on méditait contre ma personne, je ne balançai pas de partir pour le Cap ; je cherchai même à donner une preuve de ma confiance à la première autorité, en ne me faisant accompagner que par un aide de camp et un officier de cavalerie. Mais, arrivé sur l'habitation D'Héricourt, des bruits effrayans viennent m'y alarmer. J'y apprends qu'au Fort-Liberté, le 5e colonial, qui concourut tant au rétablissement de l'ordre, à la pacification de la Grande-Rivière, *la Vendée de Saint-Domingue*, à l'éloignement des Anglais, est devenu la victime *des troupes européennes qui livrèrent autrefois aux puissances étrangères* les points de la colonie qui avaient été confiés à leur défense.... Convaincu alors des mauvaises intentions du gouvernement (de l'agent Hédouville) au nom duquel toutes ces horreurs se commettaient ; ne voyant plus de sûreté pour quiconque avait acquis des droits bien mérités à la reconnaissance nationale ; craignant avec juste raison pour moi-même, je retournais sur mes pas et me disposais à aller attendre aux Gonaïves, des nouvelles officielles d'un événement dont je redoutais les suites. Je reçus en route une lettre du général agent qui me le confirmait, et par laquelle il m'ordonnait de me rendre au Fort-Liberté, pour aider le citoyen Manigat, qu'il avait revêtu de tous les pouvoirs civils et militaires, dans le rétablissement de l'ordre et de la tranquillité publique. Je pressai alors mon arrivée aux Gonaïves pour y prendre l'escorte dont j'avais besoin. Les attentats exercés par *des Français* contre *des frères* (les noirs) me forçaient à cette mesure de prudence. Je partis des Gonaïves avec le 4ᵉ régiment (et le général J. J. Dessalines !) ; mais quelle fut ma douleur, lorsqu'arrivé sur l'habitation D'Héricourt (une seconde fois), j'y appris que le soulèvement des cultivateurs était devenu général, que toute la plaine était en armes et menaçait la ville du Cap, d'une irruption prochaine ! Ceux qui étaient *rassemblés dans cette intention* sur l'habitation D'Héricourt m'entourent, sitôt mon arrivée, me reprochent de les avoir trompés, en leur répondant des bonnes intentions du général Hédouville, m'attribuent l'égorgement de leurs frères du Fort-Liberté, l'arrestation d'une partie d'entre eux et la destitution du général Moïse. J'envoie de toutes parts des émissaires fidèles pour calmer les esprits agités, leur annoncer mon arrivée et leur prescrire de ne rien entreprendre sans mes ordres. J'accours moi-même pour m'opposer aux entreprises des plus forcenés qui s'étaient déjà emparé des postes du

Haut-du-Cap et du fort Belair, qui commande la ville du Cap [1]. J'ai peine à percer la foule ; un peuple immense, que le désir aveugle de la vengeance avait armé, couvrait les chemins qui conduisent au Cap, et menaçait cette ville des plus grands malheurs. Effrayé de l'abîme au bord duquel elle se trouve placée, je cours l'en retirer. J'apprends dans ma marche que le général agent *s'est embarqué....* »

Quelle douleur pour *le Pacificateur de la Vendée de Saint-Domingue,* que cette résolution prise par *le Pacificateur de la Vendée de France !*

Le fait est, que le général Hédouville n'ayant pas de forces à opposer à l'irruption de la population, à la tête de laquelle étaient T. Louverture, Moïse et J.-J. Dessalines, ne put que s'embarquer sur la frégate la *Bravoure,* l'une des trois venues avec lui et qui étaient encore sur la rade du Cap. Les principaux fonctionnaires publics, Européens, et environ dix-huit cents personnes de la classe blanche s'embarquèrent aussi. C'est alors que le général noir Baptiste Léveillé, qui commandait l'arrondissement du Cap, prit le parti d'aller en France.

Toutefois, les bâtimens de guerre, bloqués dans le port par les Anglais, y restèrent jusqu'au 27 octobre dans la nuit, où ils mirent à la voile : ils réussirent ainsi à éviter un combat, peut-être leur capture, et arrivèrent en France.

Avant de porter notre jugement sur la mission du général Hédouville, disons ce qui suivit immédiatement son

---

[1] Kerverseau accuse D'Hébécourt, Européen, d'avoir livré ce fort, étant d'intelligence avec T. Louverture. Il fut conservé dans son commandement de la place du Cap, après le départ d'Hédouville.

départ de Saint-Domingue, même pendant qu'il était encore dans la rade du Cap.

Cet agent s'était embarqué le 23 octobre, à dix heures du matin. T. Louverture ne tarda pas à entrer au Cap avec le 4e régiment et les généraux qui l'assistaient. Sa puissance d'opinion sur les masses de cultivateurs qu'il avait fait ameuter, les empêcha d'y pénétrer. Il se rendit à la municipalité, pour l'inviter à prendre les mesures d'ordre que commandait la circonstance ; il lui adressa une lettre à cet effet qui fut imprimée et publiée. Ensuite, il fit chanter le *Te-Deum* indispensable, auquel toute la population du Cap assista, pour louer Dieu, le remercier de l'avoir préservée des malheurs dont l'agent, *par ses fautes*, allait l'accabler, et dont le général en chef l'avait garantie, après Dieu [1].

T. Louverture affecta alors de paraître dégoûté des affaires et de l'autorité ; il parla de la demande *de retraite* qu'il avait envoyée au Directoire exécutif par son secrétaire Guybre. Mais, les fonctionnaires publics, les citoyens le conjurèrent, le supplièrent de rester à son poste. Plusieurs, cependant, adressèrent secrètement à Hédouville des lettres qui exprimaient leurs craintes, et leurs sentimens de dévouement à la France et à son agent. César Thélémaque, entre autres, lui témoigna tout son regret de ne pouvoir le suivre en France où il avait résidé longtemps, avant de venir à Saint-Domingue. Ce noir, si respectable par ses qualités morales, pensait alors à passer dans le Sud auprès de Rigaud. Sa destinée était d'être apprécié plus tard, estimé, honoré, aimé par Pétion.

[1] On pourrait, ce nous semble, appliquer aux *Te-Deum* de T. Louverture, ce que le dictionnaire de Boiste dit à propos de ce chant de l'Église catholique : — « Nous avons souvent chanté des *Te-Deum* que bien des mères traduisaient « en *De profundis*. »

De tous côtés arrivèrent bientôt des adresses de toutes les municipalités du Nord et de l'Artibonite, des propriétaires, des cultivateurs, qui pressèrent le général en chef de garder le pouvoir. Plusieurs de ces actes parvinrent à Hédouville, avant son départ : il put voir, du bord de la *Bravoure*, comment le vent, contraire à sa sortie du port, avait fait tourner *les girouettes*.

Le 28 octobre, la municipalité du Cap fit une adresse à toutes les autres administrations municipales de la colonie, où elle relatait les événemens qui eurent lieu au Fort-Liberté et au Cap. Il est entendu qu'Hédouville eut tous les torts, et que le général en chef « par sa vigilance, par « son amour pour la France, pour son pays et pour l'hu-« manité, a sauvé la ville du Cap et la colonie de leur « ruine, en rétablissant la tranquillité publique. »

Dans toutes ces adresses, on protesta contre le règlement de culture d'Hédouville : il ne convenait ni aux colons, ni à T. Louverture qui se proposait de faire mieux à cet égard ; nous verrons les siens en 1800. Presque partout, il fut dit que les cultivateurs déclaraient *préférer vivre toute leur vie dans les bois,* que *de s'engager* comme le règlement le prescrivait. Les registres ouverts dans les communes pour les actes d'engagement furent lacérés. Les adresses furent imprimées à la suite du rapport du général en chef au Directoire exécutif ; et pour mieux convaincre ce gouvernement que tel était le vœu des cultivateurs eux-mêmes, l'adresse de la Petite-Rivière de l'Artibonite fut rédigée en *créole :* ce qui devait édifier le Directoire exécutif. Rien n'échappait, comme on le voit, au génie inventif de T. Louverture.

Partout, les cultivateurs reprirent leurs travaux avec docilité.

Nous ne pouvons reproduire tous les principaux passages du rapport dont il vient d'être question ; mais citons-en un seul :

« Quels que pussent être les motifs du blâme continuel que je recevais de l'agent, sur une conduite dans laquelle je ne trouvais rien à me reprocher, je ne devais pas les approfondir ; et persuadé que du moment que j'avais perdu sa confiance, il ne m'était plus possible d'opérer le bien, je vous demandai *ma retraite*. Heureux si elle eût pu me parvenir avant l'éloignement du général agent ! Il eût éprouvé alors que *l'ambition* ne me domina jamais, et surtout, il ne m'eût pas fait l'injure de publier que je voulais terminer mes services à la France par un crime vers lequel j'étais entraîné par les hommes vendus à l'Anglais, qui m'entouraient. Quels que puissent être ceux dont j'ai été obligé de me servir pour m'aider dans mes importantes occupations, et dont même, avec tous les moyens que donne l'éducation, que je n'ai pas reçue, mes fonctions ne me permettraient pas de me passer, *je prouverai un jour que nul moins que moi ne mérita le reproche que me font mes ennemis de me laisser gouverner*. Pourrait-on me faire un crime de diriger vers l'intérêt public, d'employer à l'avantage de la République, *l'activité, les talens et le génie ?* Et lorsque mes secrétaires, que des liens trop sacrés unissent à la métropole pour douter un seul instant de leur attachement pour elle, sont les seuls dépositaires de mes secrets, les seuls confidens des projets que je ne puis renfermer en moi-même, pourquoi rejeter, sur des hommes qui ne m'influencèrent jamais, le blâme des ridicules intentions qu'on me prête, et qui, n'étant jamais entrées dans mon cœur, prouvent encore plus que *je ne me laisse pas gouverner au gré des passions des hommes ?* .... »

Dans une autre partie de son rapport, T. Louverture parle de *la faute* que commettait le gouvernement français, en envoyant continuellement *des agens qui n'écoutent que leurs passions ;* et autant pour citer un exemple, que pour faire sentir au Directoire exécutif qu'il devrait laisser gouverner Saint-Domingue par lui, il lui dit : « La nomina-
« tion du général Desfourneaux à l'agence de la République
« à la Guadeloupe, n'a pu *qu'étonner* le peuple de Saint-
« Domingue, *qui n'ignore pas que ce général a été la*
« *principale cause des malheureux événemens survenus*
« *dans le Sud,* lors de la dernière mission de Sonthonax [1]. »

C'était justifier Rigaud, que Sonthonax avait tant accusé à propos de ces événemens.

Le rapport terminait par de nouvelles protestations de dévouement envers la France, en se défendant de l'accusation *d'indépendance* portée contre lui par Hédouville. Le citoyen Caze, homme de couleur, fut chargé de le porter en France. Cet acte, daté du Cap le 12 novembre, informait le Directoire exécutif qu'il avait député auprès de l'agent Roume, à Santo-Domingo, pour le conjurer, au nom du salut public, de venir prendre les rênes du gouvernement de la colonie, abandonnées par Hédouville.

T. Louverture s'attacha toujours à dire, à répéter, à persuader, que personne ne l'influençait, ne le dirigeait. C'est un effet de la vanité, de l'amour-propre qu'éprouvent tous les chefs. Hédouville a fait comme T. Louverture, dans une de ses lettres à ce dernier. Certes, T. Louverture

---

[1] Nous n'avons pu savoir comment Desfourneaux s'était dégagé du Grand-Fort du Port-de-Paix où Sonthonax l'avait fait enfermer. Il est probable qu'il aura dû son élargissement, de même que Pierre Michel, au départ forcé de ce commissaire. Pierre Michel fut condamné ensuite, le 19 juin, à garder les arrêts au Port-de-Paix durant le jour, et à entrer au même fort durant la nuit, par ordre de T. Louverture.

avait assez de génie pour que l'on croie qu'il a beaucoup fait, sinon tout, par ses propres inspirations. Mais, cette prétention même peut le rendre *seul responsable*, et *plus coupable* aux yeux de la postérité, si l'histoire prouve qu'il a fait *le mal*, lorsqu'il aurait pu faire *le bien*.

Indépendamment de son rapport qu'il fit imprimer, il publia un écrit intitulé *Exposition de l'événement du Fort-Liberté*, rédigé d'après les déclarations d'une foule d'individus qui en furent témoins.

Dans l'exposition des faits, le général en chef, discutant ces diverses déclarations, établit lui-même *la justification* du citoyen Manigat, de cet honnête homme, en attribuant tout ce qui se passa au Fort-Liberté à un blanc nommé Raffin, — *l'être*, dit-il, *le plus intrigant, le plus immoral, le plus abject, le plus caméléon, le plus machiavélique*. Il démontra que Manigat ne fit que ce que lui inspirait ce Raffin, qui a souvent *contrefait sa signature ;* que s'il avait dépendu de Manigat, *il aurait calmé les esprits et ramené le bon ordre;* que ce témoignage a été donné en sa faveur par Moïse lui-même, par Adrien, colonel du 5ᵉ régiment, et par tous les citoyens du Fort-Liberté.

Manigat n'avait donc que de bonnes intentions ; il n'avait agi que sous la pression d'un intrigant ! Néanmoins, T. Louverture fit arrêter Manigat qui fut emprisonné dans le Grand-Fort du Port-de-Paix. Il subissait encore cette détention injuste et arbitraire, à l'arrivée de l'expédition française, en 1802 [1].

---

[1] Nous relevons cette injustice de T. Louverture, pour honorer la mémoire d'un homme vertueux que nous avons connu, estimé, aimé, comme tous nos contemporains. Manigat est mort au Cap à un âge avancé, après avoir rempli des fonctions importantes dans la République d'Haïti : il fut universellement respecté et regretté.

Revenons à l'agent Hédouville.

Avant de s'embarquer, il avait rendu une proclamation datée du 22 octobre. Cet acte dénonçait T. Louverture aux fonctionnaires publics, à tous les habitans de la colonie, comme étant disposé à prononcer son *indépendance* de la France, d'accord avec la Grande-Bretagne et les États-Unis.

Il écrivit une circulaire dans le même sens à tous les fonctionnaires publics, à Bauvais, à Rigaud. Il nous faut citer sa lettre à ce dernier.

« Forcé, lui dit-il, de quitter la colonie, par l'ambition
« et la perfidie du général Toussaint Louverture, *qui s'est*
« *vendu aux Anglais, aux émigrés et aux Américains*,
« qui n'a pas craint de violer les sermens les plus solennels,
« *je vous dégage entièrement de l'autorité qui lui était at-*
« *tribuée comme général en chef*, et je vous engage à
« *prendre* le commandement du département du Sud, tel
« qu'il est désigné par la loi du 4 brumaire an 6.

« Il est de l'intérêt des habitans de cette colonie de n'en
« pas augmenter les désastres, *par des divisions et des*
« *guerres intestines*, jusqu'à ce que la République y fasse
« régner et respecter l'ordre constitutionnel.

« Rapprochez-vous de cet ordre le plus que vous pour-
« rez ; je ne puis vous donner de meilleur conseil. Ce sera
« une satisfaction pour moi d'assurer au Directoire exé-
« cutif, que je n'ai eu *qu'à me louer de votre dévouement*
« *à la République*, depuis mon arrivée.

« Je suis bien convaincu que vous en donnerez de nou-
« velles preuves en toutes occasions.

« T. HÉDOUVILLE. »

Telle fut textuellement sa lettre à Rigaud, en date du 1er vendémiaire (22 octobre). De même que nous n'en avons omis aucune autre, nous donnons celle-ci tout entière, afin que le lecteur la juge avec nous et puisse aussi juger Rigaud, dans sa conduite à l'égard de T. Louverture.

Mais, comme nous ne pourrons porter un jugement équitable sur Rigaud, qu'après la production d'autres faits, d'autres actes qui rentrent nécessairement dans un autre livre, nous ajournons l'examen de sa conduite politique et militaire, dans ce livre où nous grouperons tout ce qui le concerne.

Examinons maintenant la conduite d'Hédouville, de cet agent de la France, jetant à son départ la pomme de discorde à Saint-Domingue. Mettons dans cet examen la même impartialité qu'à l'égard de Polvérel.

Nous avons peut-être assez parlé du but de sa mission, pour nous dispenser de démontrer qu'en agissant comme il a fait à son départ, Hédouville y parvenait parfaitement. Mais il est convenable d'y revenir, afin de constater la situation dans laquelle il laissait Saint-Domingue, et de faire comprendre les événemens qui vont s'accomplir.

Il est constant que dans le système politique adopté par le Directoire exécutif à l'égard de cette colonie, en y envoyant comme son agent, un militaire, un général de grande réputation, c'était pour contenir l'ambition effrénée de T. Louverture qui, devenu général en chef de l'armée, ne voulait plus souffrir une autorité supérieure à la sienne. Hédouville avait aussi pour mission la faculté d'arrêter et de déporter Rigaud, ou de le laisser en fonction, selon les circonstances. Il arrive à Santo-Domingo et apprend que l'un et l'autre général continuent de combattre les Anglais : là même, il en rend témoignage au ministre de la marine. Il se rend au Cap, et apprenant par T. Louverture que Rigaud vient de repousser l'ennemi dans les hauteurs de Pestel, il adresse une seconde lettre au général en chef, où il fait une réflexion juste à l'égard de Rigaud; mais écrit-il à ce dernier? Témoigne-t-il le moindre désir de le voir, lorsqu'il presse T. Louverture de venir auprès de lui, dès que les opérations de la guerre et les négociations militaires le lui permettront?

Rigaud se distingue de nouveau à Cavaillon et à Tiburon, en repoussant les Anglais : l'agent saisit ce moment pour envoyer cinq officiers dans le Sud. Était-ce uniquement pour l'assister de leur courage et de leurs talens, ou pour surveiller sa conduite? Ils arrivent auprès de lui, aussitôt qu'il venait de repousser une tentative de séduction de la part du général Maitland, et qu'il en rendait un compte détaillé à ses supérieurs. Il est mandé et se rend au Port-au-Prince ; et témoignant à T. Louverture le désir qu'il éprouve de voir enfin l'agent du Directoire exécutif, de ce Directoire qui l'a mis *hors la loi* depuis plus d'un an, il faut que ce soit le général en chef qui intercède, afin d'obtenir pour lui la faveur d'être admis auprès de l'agent, silencieux à son égard [1].

Ils se rendent tous deux au Cap. Rigaud demande sa démission du commandement du Sud : l'agent la refuse ; et profitant de cette circonstance, il marque une différence d'égards entre les deux généraux ; ses officiers, qui ont déjà tenu des propos inconvenans sur T. Louverture, lui font sentir l'inutilité de ses services dans la colonie, tandis que Rigaud est accueilli avec distinction. N'est-ce pas, de la part de l'agent et de ses officiers, faire naître intentionnellement la jalousie dans le cœur de T. Louverture?

---

[1] Nous avons fait remarquer plus avant, dans une note, qu'Hédouville n'écrivit ni à T. Louverture, ni à Rigaud, sur la tentative de séduction faite par le général Maitland, et qu'il leur répondit verbalement.

Ces généraux retournent à leurs postes, pour poursuivre le cours des opérations militaires contre l'ennemi. Une correspondance pleine de ménagement de la part de l'agent continue avec le général en chef. Si, parfois, il lui tient le langage de l'autorité, c'est pour revenir ensuite à tous les témoignages de haute considération pour lui.

A l'égard de Rigaud, pourquoi l'a-t-il renvoyé à son commandement ? Serait-ce parce qu'il se convainquit que ce général était plus attaché à la France que le général en chef ? Erreur de le croire ; car Rigaud, aux yeux d'Hédouville comme à ceux du Directoire exécutif, avait *le tort* de ne pas vouloir *la prépondérance* de la classe blanche dans la colonie ; il avait *le tort* aussi de ne pas aimer *les colons*. Il n'avait *qu'un mérite* pour l'agent du Directoire : c'était *de haïr* les Anglais, d'avoir constamment refusé leurs offres, de les avoir combattus avec vigueur. Mais encore, ce mérite même avait-il racheté ce que l'on considérait comme des torts de sa part ? Ne l'avait-on pas enveloppé dans l'accusation portée en 1796, contre la classe entière des hommes de couleur, même avant les affaires de fructidor ?

Quant à T. Louverture, son *tort réel* aux yeux du Directoire et de son agent, c'était de prétendre à être le chef supérieur de la colonie, à vouloir, lui *noir*, occuper la place d'un *blanc*. Car est-il possible de croire que ni le Directoire ni son agent aient vu avec déplaisir que T. Louverture tendait à replacer *les colons* dans tous leurs priviléges ? Hédouville, charmé de son amnistie pour les villes de l'Ouest, ne lui avait-il pas écrit de l'étendre ? Et à l'égard *des émigrés*, jusqu'alors bannis du territoire français, est-il encore possible de croire que le Directoire et son agent n'entrevoyaient pas le moment où il faudrait les amnistier du crime de *royalisme*, pour les faire rentrer au giron de la France? Quoi! le Pacificateur de la Vendée, de cette *Vendée royaliste* qui avait fait tant de mal à la patrie; cet homme politique qui avait fait cesser une guerre désastreuse dans le sein de la France, cet ancien *comte*, pouvait-il haïr les émigrés royalistes presque tous nobles? Pouvait-il sincèrement voir avec peine l'accueil que leur faisait à Saint-Domingue, l'ancien *médecin des armées du Roi*, l'ancien général qui avait été uni avec eux pour soutenir *la cause des Rois et des Bourbons?* Et ces émigrés reçus dans la colonie, les O'Gorman, les Bruges; les Contade, les Bayon de Libertas, etc., n'étaient-ils pas tous *des colons*, des propriétaires à Saint-Domingue, en faveur desquels l'amnistie était proclamée?

T. Louverture avait un autre *tort* aux yeux d'Hédouville : c'était de *paraître* disposé à accepter *l'alliance* de la Grande-Bretagne contre la France, à proclamer *l'indépendance* de la colonie; car, relativement aux États-Unis, cette alliance ne pouvait consister pour eux qu'à jouir de l'avantage d'approvisionner cette colonie. Mais encore, peut-on penser qu'un homme aussi éclairé, croyait réellement à la possibilité de cette indépendance de la part de T. Louverture, au point d'y entraîner la population noire et de couleur? Durant son séjour à Saint-Domingue, n'avait-il pas dû reconnaître le dévouement de cette population à la France, et sa haine pour les Anglais? T. Louverture les avait-il moins combattus que Rigaud? Hédouville ne pouvait soupçonner que les colons, capables de cette félonie, par les faits antérieurs; mais du moment que le gouvernement français réagissait contre les anciens affranchis pour préparer la réaction contre les noirs, ces colons n'avaient plus de motifs pour désirer une séparation de la métropole ; et l'agent du Directoire pouvait et devait être rassuré sur leur compte : aussi avons-nous vu comment il les a amnistiés.

Il faut donc chercher les motifs de sa conduite, de ses actes à son départ, dans la combinaison politique longuement méditée, dont nous avons parlé à l'occasion de la mission de l'agence de 1796. Elle avait eu pour but de détruire le prestige et l'influence de la classe des hommes de couleur, et l'agence n'y avait réussi qu'en partie, par l'attitude prise par Rigaud. Sonthonax avait opposé *les nouveaux libres* de 1793 *aux anciens affranchis*. Hédouville, en dégageant Rigaud de toute obéissance à son chef hiérarchique, en le chargeant seul du commandement du Sud, en le divisant ainsi avec T. Louverture, voulut opposer *les anciens affranchis aux nouveaux libres,* pour arriver toujours au même résultat : — *rétablir la classe blanche dans sa prépondérance politique.* T. Louverture, personnifiant les nouveaux libres, et Rigaud les anciens, leur désunion pouvait amener celle des deux classes. Ce résultat qu'on désirait, qu'on espérait obtenir, serait arrivé pendant la présence de Sonthonax, si l'abnégation, disons mieux, si les sentimens fraternels de Rigaud n'avaient pas déjoué cette manœuvre impie, en allant au-devant de T. Louverture, en lui tendant la main. Mais, en 1798, après l'expulsion des Anglais, Hédouville ayant étudié le caractère de T. Louverture, était assuré qu'il suffisait de sa lettre pour amener cette effroyable division. Il l'écrivit, parce qu'il avait vu Rigaud soumis à son chef.

Il remplit enfin l'objet prévu dans la lettre de Sonthonax à Bauvais, en date du 18 août 1797, où il lui annonçait une paix prochaine en Europe, qui donnerait au Directoire exécutif la facilité (peut-être le plaisir) *d'atteindre les grands coupables, les meneurs des factions, sans recourir aux hasards d'une guerre civile.* Or, comme cette paix n'avait pas eu lieu, et que le gouvernement français n'avait pu accomplir son vœu, son agent alluma cette *guerre civile* par ses actes [1].

Si le général Hédouville, dont nous honorons d'ailleurs le caractère personnel comme homme privé et public, n'avait pas eu cette mission *éventuelle* par ses instructions *secrètes;* si Rigaud avait réellement effacé à ses yeux les torts que lui trouvait le Directoire exécutif, d'après le rapport de l'agence de 1796, ne se fût-il pas rendu dans le Sud auprès de ce général, lorsque T. Louverture le força à s'embarquer? Etait-il, à l'égard de Rigaud, dans la même position que Sonthonax? Eh quoi! Hédouville, agent de la métropole, militaire de valeur, général renommé, sachant l'attachement de la population colorée de Saint-Domingue pour la France, ne sentait pas qu'en se rendant dans le Sud, il réunirait à son autorité, non-seu-

---

[1] « Je sais qu'on a proposé de réduire l'île, *en armant les chefs les uns contre les autres*, et de mettre à profit leur ambition effrénée, *pour les détruire de leurs propres mains*. Un tel moyen est facile, sans doute; mais *je ne puis croire que cette politique barbare* soit compatible avec *la majesté* de la première nation du monde.... » (Rapport de Kerverseau, en septembre 1801).

C'est avec bonheur que nous citons cette protestation sortie du cœur d'un Français loyal, qui, ayant été sur les lieux et connaissant les horreurs qu'avait produites la guerre civile du Sud, revendiquait les droits de l'humanité auprès de son gouvernement, en voyant qu'il était encore question de renouveler l'affreuse politique du Directoire exécutif. Il n'est pas moins vrai que ce fut le résultat de la mission d'Hédouville.

Suivant Thibaudeau (Hist. du Consulat, etc.), cette mission avait pour objet — « d'observer les partis, de les concilier, de contenir l'ambition des chefs et « *de gagner du temps*. » C'est-à-dire, attendre la paix en Europe pour les écraser.

Suivant Montholon — « le Directoire parut *sourire* à la guerre civile entre « Toussaint et Rigaud, et mettre dans sa durée la garantie des droits de la « métropole. » Il fit plus que sourire : il rit de bon cœur, et la France eut ensuite des regrets.

lement ce département, mais celui de l'Ouest ? Conçoit-on alors le succès d'une résistance de la part de T. Louverture à cette autorité nationale, soutenue par les troupes du Sud et de l'Ouest, ayant Rigaud et Bauvais sous ses ordres ? L'agent avait plusieurs fois démontré à T. Louverture qu'il avait *les mêmes pouvoirs* dans la colonie que le Directoire exécutif en France; il lui avait rappelé le texte d'une loi qui ne conférait le titre et le rang de *général en chef* à un officier supérieur que pendant une campagne ; en proclamant *la destitution* de T. Louverture, en vertu de cette loi et de ses pouvoirs, *au nom de la France,* de cette France pour laquelle on venait de repousser les Anglais, est-ce que toutes les troupes du Nord elles-mêmes n'auraient pas fait défection à T. Louverture pour se ranger sous les ordres de l'agent ? Elles l'eussent fait d'autant mieux, que tous les actes du général en chef parlaient toujours de la soumission due à la France. Les colons seuls auraient fait *des vœux* en faveur de leur ami.

Ce n'est donc pas *une faute* que commit Hédouville en cette occasion [1], que de ne pas se rendre dans le Sud ; ce fut bien le résultat de sa mission. Comment ! il abandonne la colonie au moment où il croit que T. Louverture s'entend avec les Anglais, les Américains et les émigrés, pour la ravir à la France ! Un général fuit ainsi, lorsque la conservation du territoire a tous les élémens de la défense dans une armée aguerrie ! Etait-ce la crainte d'être capturé par les Anglais, qui l'empêchait d'aller dans le Sud ? Mais il n'a pas craint de l'être en allant en France.

Que fût-il arrivé de pis, s'il s'était porté dans le Sud ?

---

[1] Vie de Toussaint Louverture par M. Saint-Rémy, p. 216.

Que les Anglais auraient soutenu T. Louverture sur les côtes avec leurs vaisseaux ; car ils n'avaient plus de troupes à proximité, et il eût été même impossible à toute troupe anglaise de débarquer pour se mêler aux troupes coloniales du Nord. Mais alors même, la moitié de Saint-Domingue français et la partie espagnole seraient restées sous l'autorité de l'agent. De nouveaux ordres du Directoire exécutif venant ensuite fortifier l'autorité de cet agent, T. Louverture eût été vaincu : il était impossible qu'il ne le fût pas.

Ces considérations n'ont pu échapper à un homme, un militaire aussi distingué que le général Hédouville. Supposer le contraire, c'est admettre une faible portée politique à son esprit, et nous ne pouvons lui faire cette injure. Donc, en partant ainsi, en semant la division entre Rigaud et T. Louverture, il a obéi à sa mission.

Non, il n'a pas pu être fâché de l'alliance du général en chef avec les colons et les émigrés : il savait bien à quoi s'en tenir sur le prétendu attachement de ces hommes pour T. Louverture ; il n'ignorait pas, ou il devait prévoir qu'ils finiraient par s'entendre avec la faction coloniale en France, pour le jouer et le livrer à la métropole en temps opportun. En partant, il écrivit à Kerverseau qui était à Saint-Yague : « Je n'ai que le temps de vous annoncer « mon départ de Saint-Domingue, où l'autorité nationale « vient, encore une fois, d'être méconnue par T. Louver-« ture, *qui subira tôt ou tard la peine due à sa per-« fidie.* »

Pour le moment, et quoi qu'en ait dit de lui le général Hédouville, T. Louverture était *plus nécessaire* que Rigaud, aux vues de réaction que l'on nourrissait en France *contre les noirs*. Et la preuve de cette assertion, c'est qu'après le départ forcé d'Hédouville, le Directoire exécutif ne blâma pas le général en chef; il ne fit aucun acte pour relever Rigaud de la mise *hors la loi* prononcée contre lui, ni pour confirmer dans ses mains le commandement du Sud ; c'est qu'il ne fit rien non plus pour faire cesser les dissensions entre ces deux généraux, ni pour empêcher la guerre civile qui éclata *neuf mois* après le départ de son agent ; c'est qu'on abandonna Rigaud à ses propres forces, et qu'on désirait conséquemment qu'il fût vaincu ; c'est qu'enfin, Roume, nouvel agent, soutint T. Louverture par tous ses actes.

Roume, en effet, remplaça Hédouville. T. Louverture ne comptait pas sur la prévoyance du Directoire exécutif.

Le 1er pluviôse an VI (20 janvier), au moment où Hédouville allait partir, le Directoire exécutif, par un arrêté *secret*, ignoré de son agent, désigna Roume pour le remplacer *en cas de mort*. La preuve qu'Hédouville ignorait cet arrêté, c'est qu'en partant il écrivit à Roume pour lui dénoncer T. Louverture, en l'engageant de n'avoir aucune correspondance avec le général en chef, dont il eut soin cependant de ne pas prononcer *la destitution*, quoiqu'il en eût les pouvoirs.

Kerverseau nous donne quelques particularités à cet égard.

« Un incident, dit-il, que personne n'avait prévu, semblait devoir donner aux affaires une direction nouvelle. Au moment où Toussaint se croyait débarrassé de toute autorité supérieure, un nouvel agent se trouvait tout-à-coup au milieu de la colonie, comme par enchantement. Lors du départ d'Hédouville pour Saint-Domingue, le ministre de la marine avait *secrètement* déposé entre les mains du contrôleur Dumaine, *un paquet cacheté* qui ne devait être décacheté qu'en cas *de mort* de l'agent. Peu de jours après son embarquement forcé, Dumaine, jugeant que, relativement à la colonie, cet embarquement *équivalait au cas de mort*, présenta ce paquet au général en chef [1]. La première enveloppe levée, on en trouve également *deux autres cachetées* et adressées au citoyen Roume. Personne ne douta plus qu'ils ne continssent sa nomination *éventuelle* aux fonctions de l'agence, et ces conjectures se vérifièrent... Roume, continue Kerverseau, dans sa première mission (en 1791), n'avait pas donné une haute idée de sa politique et de sa fermeté. Celle que ses collègues dans l'agence du Directoire avaient répandue de la singularité de ses systèmes et de la nullité de ses moyens, n'avait pas contribué à le rehausser dans l'opinion, et cela même pouvait être *un bonheur* dans la circonstance; car le général en chef n'aurait pas reçu un agent qu'il ne se serait pas cru sûr d'asservir, et aurait également redouté l'affreuse énergie du crime et le noble courage de la vertu.... Il eût été difficile *de fabriquer un personnage* plus propre, dans les conjonctures, au rôle qu'il convenait à Toussaint de lui faire jouer. Il le sentit, et s'empressa de profiter de l'occasion qui lui était offerte de ménager les apparences avec la République, et de faire de l'autorité nationale elle-même un instrument et un appui de son ambition. Il se joignit donc à l'administration municipale du Cap, pour inviter le citoyen Roume à venir prendre les rênes du gouvernement, »

---

[1] Le Directoire exécutif était aussi *fin* que T. Louverture : il avait dû prévoir que ce dernier pouvait aussi bien contraindre Hédouville que Sonthonax à s'embarquer, et ce n'est pas seulement en cas de mort de cet agent que ce paquet dut être décacheté : un second arrêté *secret* a dû être pris. Cela résulte d'une lettre de Roume à Rigaud, du 12 décembre; il lui dit « que le « Directoire l'a chargé d'être son agent, *dans des cas semblables* au départ « d'Hédouville. »

Ainsi, ce ne fut pas de son propre mouvement que T. Louverture appela Roume.

Nous remarquons ici que *les instructions* du Directoire exécutif à ce nouvel agent, qui recueillait la succession du *mort,* étaient *doubles ,* puisqu'il y avait sous la première enveloppe du paquet, *deux autres cachetés :* l'un, sans nul doute, contenant des instructions *ostensibles,* basées sur de beaux principes ; l'autre, contenant des instructions *secrètes,* basées... sur quoi? La conduite de Roume répondra à cette intéressante question ; et l'on verra que *ce personnage* était aussi bien *fabriqué* pour le rôle auquel le Directoire exécutif le destinait, que pour celui qui convenait à T. Louverture.

Quel était le but de ce dernier, par le renvoi d'Hédouville ? De gouverner Saint-Domingue comme il l'entendait, au profit de son insatiable ambition. S'il arriva à cette conception hardie, audacieuse, n'est-ce pas à Laveaux, à Sonthonax, et même au Directoire exécutif, à leur politique machiavélique, qu'on doit le reprocher, si toutefois on peut trouver T. Louverture coupable d'avoir conçu un projet aussi gigantesque ? Le système adopté par le gouvernement français et ses agens avait cru trouver en lui un instrument aussi docile qu'il était effectivement utile ; mais il sentit sa valeur ; il crut que ses capacités lui donnaient le droit de gouverner la colonie : il voulut en user, en dépit de la France.

Oh ! ce n'est pas nous qui lui reprocherons une telle ambition ; car elle était trop naturelle de sa part. Notre devoir consistera seulement à le suivre dans tous ses procédés, à constater quel usage il fit de son pouvoir, de son autorité. Si l'histoire nous donne les moyens de prouver qu'il a fait le bien en faveur de toutes les classes de la population, sans distinction entre les hommes, en se fondant sur les principes éternels qui régissent les sociétés, nous lui décernerons les louanges qu'il aura méritées. Mais si, au contraire, son administration a été oppressive, s'il a fait le mal, pouvant faire le bien, nous flétrirons sa mémoire.

Après avoir produit la correspondance et les actes officiels qui ont eu lieu entre l'agent Hédouville et T. Louverture, depuis l'arrivée du premier jusqu'à son départ, nous pourrions nous dispenser de relever diverses erreurs commises par Pamphile de Lacroix dans ses *Mémoires,* en ce qui concerne les relations du général en chef avec Rigaud. Mais comme ces erreurs ont été reproduites par M. Madiou, dans son *Histoire d'Haïti,* et que cet auteur en a ajouté d'autres provenant des traditions populaires de notre pays, nous croyons qu'il est de notre devoir de les examiner ici, afin de les réfuter toutes ensemble, et de détruire ce qu'elles auraient de fâcheux, en induisant l'opinion des contemporains et de la postérité dans de fausses appréciations, sur les faits historiques et sur la conduite respective de Rigaud et de T. Louverture, ces deux grandes figures qui ont brillé dans nos annales.

Que notre compatriote nous pardonne cet examen que nous entreprenons dans l'intérêt de la vérité : cette vérité est trop utile aux peuples, pour qu'un auteur craigne de blesser la susceptibilité d'un devancier dans la carrière de l'histoire. Il faut la dire aux hommes, pour honorer l'histoire et les porter à se prémunir contre des idées et des opinions qui les entraîneraient, à leur insu, dans des sentimens indignes d'eux et qui leur nuiraient essentiellement.

A l'égard de T. Louverture, si Pamphile de Lacroix, de même que Kerverseau, le représente comme *jaloux* de Rigaud[1], lui-même a fait éclater ce sentiment regrettable pour sa propre gloire, dans sa lettre à Hédouville, en date du 22 septembre : il avait trop de mérite pour être jaloux.

Mais quant à Rigaud, que Pamphile de Lacroix offre à l'histoire comme « étant toujours disposé à accuser le gé-
« néral de Laveaux de favoriser *les nouveaux libres;*
« comme ayant vu avec autant *de jalousie* que de peine
« la promotion de T. Louverture au grade de général de
« division ; comme *faisant peser le joug le plus dur sur les*
« *noirs, la défiance la plus inquiète sur les blancs*[1] ; » c'est là tout un système créé par l'imagination de cet auteur.

Nous avons assez prouvé dans ce volume, que Rigaud n'avait aucun sentiment hostile pour les noirs, tout en convenant qu'il n'aimait pas les colons. *Pour les noirs*, c'eût été de sa part une absurdité ; et les noirs eux-mêmes ont démenti cette assertion, par leur attachement à Rigaud. *Pour les colons*, c'est autre chose. Qui les aima jamais, qui pouvait aimer des hommes qui haïssaient leurs enfans, qui n'étaient point attachés à leur patrie, à la France, puisqu'ils livrèrent sa colonie à ses éternels ennemis ? Qui pouvait estimer *les émigrés*, fuyant le sol natal pour aller partout solliciter les puissances étrangères de l'envahir, afin d'étouffer la liberté du peuple français ? *Les émigrés*, qui se mirent dans les rangs de leurs armées pour combattre leurs concitoyens, leurs frères ? Mais quant aux autres blancs français attachés à leur pays, qui le défen-

---

[1] Mémoires, pages 332, 340 du tome 1er.
[2] Mémoires, tome 1er, p. 308, 315, 320.

dirent avec tant d'énergie, qui recueillirent tant de gloire, Rigaud les estimait, — comme on estime les Russes qui brûlèrent leur vieille capitale pour sauver l'indépendance de leur pays, — comme on estime les Espagnols qui maintinrent leur nationalité par leur courage.

Rigaud a prouvé qu'il n'était point jaloux de la promotion de T. Louverture au grade de général de division, au rang de général en chef, en prenant envers lui l'initiative d'une correspondance intime, en obéissant constamment à ses ordres jusqu'au départ d'Hédouville. Nous examinerons plus tard ce qui s'est passé entre eux après cet événement.

Cela posé, détruisons d'autres erreurs. Pamphile de Lacroix a fait faire à Rigaud, un premier voyage au Cap en compagnie de T. Louverture, peu après l'arrivée d'Hédouville. Nous avons prouvé que T. Louverture se rendit d'abord seul au Cap, et ensuite qu'il y fut avec Rigaud, quatre mois après l'arrivée de l'agent. Mais cet auteur dit encore :

« Le général Hédouville, ne sachant comment mettre
« un terme aux contrariétés qu'il éprouvait (de la part du
« général en chef), prit le parti, pour ne pas irriter les
« soupçons de T. Louverture, de l'appeler au Cap *avec le*
« *général Rigaud*, sous prétexte d'avoir des instructions
« nouvelles à leur communiquer [1]. »

Et à ce sujet, cet auteur cite, avec la plus grande crédulité, un monologue qui aurait été tenu par T. Louverture au passage de Rigaud au Port-au-Prince : d'où il résulte que ce dernier aurait été une seconde fois au Cap. Ce monologue, dit-il, il le tient *d'un créole* (un colon) *digne*

---

[1] Mémoires, t. 1er, p. 352.

de foi, qui l'aurait entendu de la bouche de T. Louverture qui le prononça *d'une voix creuse et inspirée*.

Les *Mémoires* prennent quelquefois la forme du *Roman*, et dans cette circonstance, Pamphile de Lacroix en a fait un, d'après son créole.

Il produit ce prétendu monologue et ce voyage de Rigaud, après la prise de possession du Môle. Or, nous avons prouvé qu'Hédouville ne manda que T. Louverture auprès de lui, qu'il n'avait pas appelé Rigaud, même pour le premier voyage de ce général. Nous avons encore prouvé qu'en sortant du Môle, T. Louverture était au Port-de-Paix le 13 octobre, et aux Gonaïves le 21 ; qu'il fut de ce dernier lieu sur l'habitation D'Héricourt, pendant que l'affaire du Fort-Liberté se passait ; et cela, d'après ses propres lettres. Son rapport au Directoire exécutif, dont nous avons cité un passage expliquant sa conduite dans cette circonstance, corrobore les faits déclarés par lui dans sa correspondance avec Hédouville[1]. Il n'était donc pas au Port-au-Prince en ce moment. S'il n'y était pas, et si Rigaud n'a pas été appelé par l'agent (dont nous avons lu toute la correspondance officielle), comment donc ce monologue aurait-il pu être tenu ? Cette fable, ingénieusement inventée après les événemens, est détruite par ces circonstances mêmes. Le lecteur n'a qu'à prendre le volume de Pamphile de Lacroix pour s'en convaincre ; car, s'il fait aller Rigaud au Cap, il a soin de ne pas dire comment il est retourné dans le Sud.

Quant à M. Madiou, qui admet comme nous, deux voyages de T. Louverture au Cap, et un seul de la part de Ri-

---

[1] Kerverseau dit aussi : « Avant et lors de l'événement du Fort-Liberté, le « général en chef était à D'Héricourt. »

gaud; plaçant aussi le voyage de ce dernier après la prise de possession du Môle, il dit, d'après *des traditions populaires :*

« Que T. Louverture, après son monologue, accueillit Rigaud avec tous les dehors d'une sincère fraternité, quoiqu'il fût bruit au Port-au-Prince de l'arrestation de Rigaud; qu'ils partirent ensemble dans la voiture de ce dernier; que, quoiqu'il se montrât peu communicatif et défiant, T. Louverture lui dit de se tenir en garde contre les conseils d'Hédouville; *de ne pas oublier* que les hommes de couleur et les noirs, d'une commune origine, étaient nés pour s'aimer et s'entr'aider; que ce n'était que par leur union que l'ancien régime ne pourrait renaître; que les deux *castes* devraient s'entendre pour combattre les tendances liberticides du Directoire, proclamer l'indépendance de Saint-Domingue et s'isoler par ce grand acte des réactions qui, déjà, s'opéraient en France contre la liberté générale; que Rigaud écouta favorablement le discours de Toussaint, si ce n'est ce qui avait trait au projet d'indépendance: il lui dit que la France ne rétablirait jamais l'esclavage. Quand ils arrivèrent sur l'habitation D'Héricourt dans le Nord, Toussaint réunit tous les cultivateurs de ce quartier, et leur *présenta* Rigaud *comme un des défenseurs les plus ardens de la liberté*, celui qui devait *le remplacer.* »

Voilà T. Louverture disposant d'avance de la succession d'un héritage qu'il ne possédait qu'à titre éventuel, tant est grand *son amour* pour Rigaud et pour les hommes de couleur, faisant d'ailleurs *deux castes* entre les hommes de la race noire. Le voilà non moins préoccupé du bonheur des noirs, et visant à l'indépendance de la colonie pour le leur assurer.

Mais bientôt :

« Rigaud, accueilli avec la plus grande *cordialité* par Hédouville, a des entretiens *secrets* avec lui. T. Louverture s'en montre inquiet. Il réitère au *général de couleur* les conseils qu'il lui avait donnés et lui propose de nouveau de se détacher de la France. Rigaud s'en montre indigné; il *obtient* une entrevue d'Hédouville. Pendant cet entretien, Hédouville fait appeler T. Louverture qui ignorait que *son rival* fût dans ce moment au palais national. Le général en chef est introduit, en attendant que l'agent du Directoire vienne le recevoir, dans un salon qui n'était séparé que par *une cloison* de celui où se trouvait Rigaud. *Il entend le général de couleur déclarer à Hédouville, qu'il lui avait proposé de se rendre indépendant de la France.* Rigaud se retire, et T. Louverture voit aussitôt l'agent se présenter devant lui avec une physionomie courroucée *qui le déconcerte*. T. Louverture se trouvait au pouvoir d'Hédouville; il pouvait être enlevé et jeté à bord d'un des bâtimens de la rade; il lui dit qu'il n'avait tenu ce langage à Rigaud, qu'afin de sonder ses intentions[1]. »

Ces traditions, que M. Madiou rapporte, d'après le témoignage de *vieux Haïtiens*, qui auraient été employés dans le palais qu'habitait Hédouville au Cap, ne méritent pas plus de créance que le prétendu monologue fourni par *le créole* de Pamphile de Lacroix : elles sont invraisemblables, absurdes. Ces vieux Haïtiens ne pouvaient être que dans une condition obscure, servile; et dès-lors comment auraient-ils pu savoir de telles choses, passées

[1] Histoire d'Haïti, t. 1er, p. 317 et 318. Dans son *Voyage dans le Nord d'Haïti*, M. Hérard Dumesle parle aussi de ces traditions populaires; mais il le fait avec cette réserve que l'historien doit toujours mettre lorsqu'il relate des faits dont il n'est pas sûr. Nous sommes heureux de dire ici que nous nous trouvons d'accord avec cet écrivain national sur bien des points de notre histoire. Il est fâcheux que son ouvrage soit si rare dans notre pays.

entre des hommes tels qu'Hédouville, Rigaud et T. Louverture ?

Il nous suffirait de nous en tenir à la relation déjà donnée du voyage de Rigaud avec le général en chef, pour renverser cet échafaudage où Rigaud est représenté comme sollicitant une entrevue de l'agent pour trahir la confiance de T. Louverture, commettant envers son chef, son frère, la plus lâche délation, quoique M. Madiou dise de lui qu'il avait *un caractère audacieux et chevaleresque*. Ce dernier terme exclut *la possibilité* d'une telle bassesse ; car on n'est pas chevaleresque sans avoir de l'honneur, et l'honneur exclut la trahison de confidences intimes.

Mais, pour apprécier ces traditions, qu'on se rappelle donc que T. Louverture, essentiellement politique, était d'un caractère très-méfiant ; il devrait d'autant plus se tenir en garde contre Rigaud, *son rival*, d'après M. Madiou lui-même. Ce n'est pas T. Louverture qui aurait commis une telle *faute*, après avoir tenu le monologue que cet auteur rapporte aussi, lequel prouverait *qu'il se méfiait déjà de Rigaud,* au point de vouloir le faire *arrêter* à son passage au Port-au-Prince. Et T. Louverture aurait dévoilé toute sa pensée, toutes ses vues à Rigaud ! Il l'aurait recommandé aux cultivateurs du Nord, comme son futur *successeur* au pouvoir, après avoir dit que *la caste des mulâtres est supérieure à la caste des noirs !* T. Louverture aurait fait un tel aveu !...

Ensuite, quelles étaient donc *les preuves* qu'il avait données jusque-là de son attachement aux hommes de couleur, aux mulâtres enfin, pour qu'il fût porté à appeler l'attention de Rigaud sur la nécessité de ne pas *se désunir*, de maintenir au contraire *l'union* entre les deux classes ? Qu'on se rappelle les termes de ses lettres à Laveaux, de la proclamation qu'il *lâcha* à propos de Villatte. M. Madiou les a sans doute ignorées, pour avoir parlé ainsi *des sentimens* de T. Louverture. Toute sa conduite dans l'affaire du 30 ventôse n'avait-elle pas décelé plutôt son antipathie pour les hommes de couleur, pour *ces monstres que l'enfer a vomis sur la terre de Saint-Domingue ?*

Mais, nous le répétons, aux yeux de T. Louverture, les mulâtres, les noirs, les blancs eux-mêmes quoiqu'il parût les aimer, tous les hommes enfin, n'étaient que *des instrumens* qui devaient servir à son élévation, à son ambition démesurée, à la satisfaction de son orgueil. *Il n'en haïssait aucun, ou il les haïssait tous.* C'est plutôt *les haïr que les aimer*, quand on adopte le système de gouvernement indiqué par Machiavel et qui les fait considérer comme *des instrumens, des machines.* Un chef doit se conduire autrement à l'égard de ses semblables ; car la nature ne lui a donné *aucun droit* sur eux : *il n'est chef que par leur volonté*, et cette volonté est nécessairement *intelligente.*

M. Madiou prétend encore, toujours d'après les traditions orales, que dans ce même voyage de Rigaud :

« Hédouville exalta son patriotisme contre T. Louverture ; qu'il lui confia le commandement du Sud, le rendit indépendant du général en chef ; qu'il lui ordonna *de le seconder* vigoureusement, *dès qu'il commencerait ses attaques* dans le Nord contre *le chef noir ;* qu'Hédouville et Rigaud gagnèrent *au parti de la métropole* Pierre Michel, Barthélemy, Golard, Bellegarde, Dalban, tous officiers d'une grande influence ; que des cultivateurs de diverses communes furent aussi *gagnés au parti de Rigaud ;* que Rigaud partit pour le Sud.... en organisant des *conspirations* sur toute sa route contre T. Louverture qu'il croyait perdu, etc ; qu'enfin, à Léogane, l'adjudant-général Pétion *faisait clandestinement la propagande* en faveur de Rigaud [1]. »

Or, pour réduire au néant toutes ces imputations de la tradition, calomnieuses contre Rigaud, nous n'avons qu'à rappeler au lecteur qu'il alla une seule fois au Cap *avec* T. Louverture, qu'il en revint *avec* lui et se sépara de lui au Port-au-Prince, après avoir reçu ses ordres et ses instructions pour marcher contre les Anglais à Jérémie. Hédouville ne lui a donné qu'en partant, le commandement du Sud, par la lettre du 22 octobre qui le rendait indépendant de l'autorité du général en chef. Rigaud aurait-il pu conspirer *en présence* de T. Louverture ?

Et Hédouville qui fut forcé de s'embarquer, devait commencer *des attaques contre le chef noir ?* Avec quelles troupes eût-il pu agir ainsi, quand il a dû recourir à T. Louverture pour l'inviter à aller apaiser les troubles du Fort-Liberté ?

N'imputons pas, même à Hédouville, des projets que le bon sens réfute.

Et Pétion, qui est resté auprès de Laplume jusqu'à l'approche des premières hostilités de la guerre civile ; Pétion, qui estimait si peu Rigaud, aurait fait la propagande pour lui ! Quelle pauvre opinion avaient donc de cet homme célèbre, ceux qui ont répandu ces contes ridicules à son égard ?

Oh ! défions-nous de nos traditions populaires ; en les reproduisant sans examen, sans discussion, nous nous exposons à nous égarer nous-mêmes, et à égarer les générations présentes et futures, en leur présentant la plupart

[1] Histoire d'Haïti, t. 1er, p. 319 et 320.

de nos révolutionnaires sous un faux jour. L'histoire exige plus de certitude dans le narré des faits.

Que d'événemens contemporains se passent souvent sous les yeux d'un écrivain, dans lesquels la conduite d'un chef ou des hommes politiques est dénaturée par des calomnies enfantées par l'erreur ou la mauvaise foi ! Comment se rapporter alors aveuglément à des traditions populaires qui datent de plus de cinquante ans ?

RÉSUMÉ DE LA TROISIEME ÉPOQUE.

Pendant cette époque, on voit la colonie de Saint-Domingue, livrée en partie aux étrangers par les colons français, dans l'impossibilité d'être secourue par la métropole qui est engagée elle-même en Europe, dans une guerre générale pour le triomphe des principes de sa révolution et pour la défense de l'indépendance de son territoire.

La colonie ne peut donc être défendue que par les hommes de la race noire, que la métropole avait élevés à la dignité de citoyens français ; car il n'y a que quelques centaines d'Européens restés fidèles au drapeau tricolore : la plus grande partie des officiers et des soldats avaient suivi le torrent de la trahison.

En ce moment, le gouverneur général est Laveaux, brave militaire, courageux soldat, mais dont l'esprit borné comme politique a déjà fait entrevoir que, sous ce rapport, il sera au-dessous de la mission qui lui est dévolue.

Autour de lui sont Villatte et T. Louverture qui le secondent dans la défense du territoire ; dans l'Ouest et dans le Sud, sont Bauvais et Rigaud qui défendent aussi ces provinces : tous s'empressent de donner à Laveaux des témoignages de leur soumission pour l'aider dans sa tâche. Ces notabilités militaires et leurs subordonnés se sont placés à la hauteur de leurs devoirs : dirigeant leurs frères, les organisant en troupes régulières, ils obtiennent bientôt contre les étrangers des succès tels, que six mois après le départ des ex-commissaires civils pour la France, le triomphe de sa cause et de la liberté générale n'est plus douteux. L'année 1794 se termine aussi glorieusement qu'elle avait paru désespérante à son aurore.

Une nouvelle année commence par d'autres succès militaires dans les lieux soumis plus immédiatement au gouverneur général. Un navire de guerre arrive alors de France avec quelques munitions et une nouvelle notification de la loi sur la liberté générale. La France, persistant dans sa justice, communique ainsi une nouvelle énergie à ses défenseurs ; et elle apprend à son tour qu'ils se sont rendus dignes de son amour et de sa reconnaissance.

Mais bientôt, le gouverneur général, par son incapacité politique, se livrant à des intrigues indignes de son rang, déconsidérant son autorité, devient cause de rivalités et de jalousies entre Villatte et T. Louverture ; il excite celui-ci contre l'autre, en cédant à ses flatteries qui le font préférer. T. Louverture exploite cette situation au profit de son ambition. Dans ses préventions nées des suggestions qu'il a reçues précédemment de Sonthonax et de Desfourneaux, Laveaux étend contre une classe entière les reproches qu'il croit avoir le droit de faire à Villatte, devenu l'objet de son aversion : il transmet ses préventions injustes au gouvernement de la métropole.

Cependant, dans l'intervalle, ce gouvernement apprend les succès obtenus contre l'ennemi, et les espérances qu'ils faisaient naître pour son expulsion du territoire colonial ; il envoie des récompenses nationales à Villatte, T. Louverture, Rigaud et Bauvais, qui se sont distingués par leur bravoure : ils deviennent des généraux de l'armée française. Les autres officiers et leurs courageux soldats reçoivent aussi l'hommage de la reconnaissance de la patrie, par la déclaration solennelle qu'ils en ont bien mérité.

Tous comprennent la gloire qu'il y a de lui appartenir, en apprenant eux-mêmes ses brillans succès en Europe : ils redoublent d'efforts pour se rendre encore plus dignes d'elle. Ces succès ont été cause que l'une des puissances qui convoitaient la colonie s'est vue forcée de céder sa colonie voisine à la France; et ce résultat vient augmenter les chances de salut pour Saint-Domingue.

Pendant cette même année, les anciens commissaires civils ont subi en France, à raison de leurs actes dans la colonie, un procès que leur a intenté la faction des colons. S'ils ont réussi à en sortir victorieux, ces débats fameux n'ont pas moins révélé les causes réelles de la liberté générale des noirs : c'est la nécessité occasionnée par des circonstances impérieuses qui avait porté les commissaires à la proclamer, sans autorisation spéciale de la convention nationale; et bien que celle-ci eût solennellement confirmé cette mesure juste et politique, fondée sur les principes éternels du droit de tout homme à être libre, la faction coloniale se prévaut de cet aveu pour tâcher d'amener une réaction à cet égard. Elle publie des écrits dans ce but; par eux elle essaie de corrompre l'opinion publique. Elle trouve jusque dans le sein de la nouvelle représentation nationale, des organes, des agens qui la secondent dans ses projets. Elle réussit à y faire exprimer une sorte de regret contre l'émancipation des noirs.

Quoique les débats de l'accusation et de la défense aient dévoilé les turpitudes, les excès, les crimes des colons de Saint-Domingue contre leurs victimes, on se prévaut encore des actes de représailles commis par celles-ci, pour les faire paraître indignes des droits que la France leur a reconnus.

C'est surtout contre la portion la plus éclairée de la race

noire que la faction coloniale dirige sa haine, parce qu'elle a déjà acquis une influence réelle par la position que lui a faite la guerre contre l'étranger ; et cette faction trouve dans les rapports mensongers, malveillans du gouverneur général et de son adjoint, Européen comme lui, un nouveau moyen d'insinuation contre cette classe. Celle-ci est enfin représentée, dénoncée à la France et à son gouvernement, comme voulant l'indépendance de la colonie qu'elle défend cependant, contre la puissance maritime qui l'a envahie par la trahison de cette faction elle-même.

Dans cet état de choses, le gouvernement de la métropole conçoit l'idée d'envoyer de nouveaux agens à Saint-Domingue, pour y maintenir son autorité.

Mais dans cette colonie, les fautes du gouverneur général, son despotisme inintelligent, ses injustices, réunis aux mauvaises mesures financières adoptées par H. Perroud, ont été cause de la violation du respect dû à leur caractère public : ces deux autorités ont été incarcérées par une cabale, dans laquelle des membres de la faction coloniale ont joué un rôle influent. Dégagées de cette incarcération momentanée par quelques officiers dirigés par l'influence de T. Louverture, le gouverneur général et son adjoint ne trouvent de coupables que Villatte et les autres hommes de couleur, parce que Villatte a eu effectivement le tort de ne pas faire respecter ces autorités supérieures dans cette conjoncture.

A ce moment arrive Roume, agent de la métropole, avec une mission spéciale dans la colonie cédée à la France. Apprenant ces faits récens, il tente d'opérer la réconciliation entre tous ces hommes aigris l'un contre l'autre, en leur faisant savoir les trames ourdies par la faction coloniale pour leur désunion. Il allait y réussir peut-être, lorsque ses collègues arrivent sur le théâtre même des événemens.

Dès-lors tout espoir de modération et d'indulgence s'évanouit; car les vaisseaux français ont porté dans leurs flancs un ange de discorde. C'est Sonthonax, ancien commissaire civil, vainqueur dans sa lutte contre les colons. Le gouverneur général, flétri dans son autorité, a été sa créature; en partant prisonnier de la France, il lui avait suggéré ses préventions contre la classe éclairée de la population noire dont le gouverneur général se plaint en ce moment.

Cet ancien commissaire, président de la nouvelle commission civile, se targue de son passé, se rappelle qu'il a été le premier à proclamer la liberté générale des esclaves; il se croit une idole pour ces nouveaux libres. Il trouve les circonstances propices à ses rancunes, à ses vues personnelles; il se fonde encore sur les instructions secrètes que l'agence a reçues du Directoire exécutif. Il s'abandonne alors à toute la fougue de son caractère, pour exercer ses rancunes et ses vengeances.

Sonthonax trouve dans la violence de Leblanc, dans la bonhomie passive de Giraud, dans la nullité politique et la coupable condescendance de J. Raymond, tous les élémens d'une direction des affaires vers les agitations et les injustices : il s'empare de cette direction.

L'agence est chargée de porter dans la colonie la nouvelle constitution de la République française, qui consacre tous les droits des hommes qui en composent la population; mais elle ajourne la publication de ce pacte social, afin de pouvoir exercer une autorité dictatoriale, arbitraire. L'absolutisme de Sonthonax ne peut en connaître, en exercer d'autre; il l'avait prouvé dans sa première mission. L'autorité militaire prend un nouvel essor sous cette impulsion.

Le premier acte de l'agence est la déportation de Villatte ; le second, une injuste accusation contre la classe entière des hommes de couleur et contre Pinchinat, dont les talens politiques en avaient fait le chef sous ce rapport. Par un raffinement de perverse injustice, cette classe est représentée comme visant — à l'indépendance de la colonie, — à la destruction de la race blanche, — à l'asservissement des noirs. Cette odieuse imputation est calculée pour la faire honnir de tous les Européens, pour exciter contre elle l'animadversion des noirs : elle est le fruit de la conception d'un système qui tend à reconstituer l'influence et la prépondérance de la race blanche à Saint-Domingue, que Sonthonax surtout avait détruites dans sa première mission. Ce système préconçu est dans ses instructions émanées du Directoire exécutif, égaré par le gouverneur général et H. Perroud ; il entre dans les vues de la faction coloniale qu'on veut favoriser, quoique la plupart des colons soient à ce moment soumis aux Anglais.

En cherchant ainsi à détruire le prestige et l'influence de la classe la plus éclairée de la population noire, on doit inévitablement arriver à la réaction projetée contre les nouveaux libres, et Sonthonax qui les aime est aveuglé par ses passions ; il n'aperçoit pas ce résultat dans l'avenir.

Cependant, l'accusation portée contre Pinchinat et ses frères, l'ordre d'arrestation lancé contre lui et Lefranc, provoquent dans la province du Sud une résistance énergique de la part de la population : le sang coule, par la faute et l'injustice de l'agence qui y envoie, pour exécuter ses ordres arbitraires, des délégués perfides et un sabreur brutal, qui excitent encore la résistance par l'immoralité et la débauche qu'ils étalent dans leur mission. L'excommunication fulminée contre les chefs de cette province la force à l'isolement, à la scission avec l'autorité nationale dans la colonie. Celle de la métropole, de nouveau égarée, la met hors la loi.

Mais, sous les yeux mêmes de l'agence, dans la province du Nord où elle siége, des faits monstrueux, des soulèvemens ont lieu de la part d'une minorité de la population noire qu'elle semble vouloir favoriser. Elle s'en prévaut pour déclarer cette province en danger, pour faire régner la loi militaire, au moment où elle vient enfin de proclamer les garanties constitutionnelles. Et pour justifier cette déclaration, elle accuse secrètement, par sa correspondance avec le gouvernement directorial, la masse des noirs et leurs chefs qu'elle a d'abord prônés; ils sont représentés à leur tour comme hostiles aux Européens.

Ainsi, les deux branches de la race noire sont calomniées; la faction coloniale doit indubitablement réussir dans ses desseins pervers.

C'est dans de telles circonstances que l'agence annule des élections faites dans l'Ouest et dans le Sud, et fait procéder à d'autres, dans une assemblée unique, pour la représentation générale de la colonie au corps législatif : les électeurs de ces deux provinces n'y concourent pas. Pendant ces élections, l'influence personnelle de T. Louverture, qui s'est vu appelé à la lieutenance du gouvernement par Laveaux, qui a été ensuite élevé en grade par Sonthonax, a fait nommer députés ces deux hommes qu'il désire remplacer : le premier, en sa qualité de général en chef, le second, dans la direction des affaires.

Cependant, le Sud, qui a fait scission avec l'agence, s'organise sous les ordres de Rigaud, mis hors la loi ; ce général continue à défendre le territoire contre les Anglais, et s'entend secrètement avec T. Louverture qui agit de même.

La dislocation de l'agence survient par le départ volontaire de Giraud et de Leblanc. Des deux membres qui restent dans la colonie, le plus capable absorbe toute son autorité. Sonthonax se livre alors avec une nouvelle énergie à l'exercice du pouvoir absolu. Il fait procéder à de nouvelles élections pour compléter la représentation coloniale au corps législatif; et cette fois encore, une seule assemblée est donnée arbitrairement à la colonie : ses créatures seules sortent de l'urne électorale.

Cette opération est à peine achevée, qu'il fait arrêter d'une manière vexatoire, son ancien favori Desfourneaux, sur qui il avait compté pour la désorganisation du Sud : il le fait détenir arbitrairement dans un fort.

Sonthonax élève aussitôt, au grade de général en chef de l'armée, T. Louverture qu'il espère retenir dans les liens de la reconnaissance à sa personne.

Sa correspondance avec ce général et les autres chefs militaires ne respire plus qu'une politique inquiète, qui s'efforce de les désunir tous pour mieux les dominer. Mais l'homme même qu'il a promu au premier rang dans l'armée, profite du mécontentement général pour le contraindre à quitter la colonie.

A son tour, Sonthonax est accusé — d'avoir voulu proclamer l'indépendance de la colonie, en égorgeant tous les Européens. Son collègue, J. Raymond, lâchement égoiste, est complice de l'attentat commis à son égard.

A son arrivée en France, le Directoire exécutif se décide à lui donner un successeur, dans la personne d'un militaire de grande renommée : c'est le général Hédouville qui avait pacifié la Vendée.

Dans l'intervalle, une nouvelle activité est donnée à l'organisation des choses et aux opérations militaires, dans le but d'expulser du territoire les Anglais qui occupent toujours les principales villes. Rigaud seconde T. Louverture, reçoit ses ordres et y obéit. J. Raymond est effacé et méprisé par le général en chef.

Les Anglais prennent enfin la résolution d'évacuer la colonie, au moment où le nouvel agent y arrive. L'amnistie accordée aux colons qui avaient trahi la cause de la France est étendue aux émigrés par T. Louverture : ce fait met Hédouville en mésintelligence avec lui. D'autres mesures politiques et administratives les divisent encore davantage, et font pressentir un nouvel attentat à l'autorité nationale par le général en chef.

Mais Hédouville, pour lui opposer un compétiteur, excite adroitement sa jalousie contre Rigaud, qu'il a la faculté d'arrêter et de déporter, mais qu'il laisse en fonction, malgré la demande de démission que lui fait Rigaud.

L'entier abandon du territoire par les Anglais devient le signal de l'expulsion de l'agent par T. Louverture qui, désormais, ne veut plus souffrir aucune autorité supérieure à la sienne.

Forcé de s'embarquer, Hédouville dénonce T. Louverture comme voulant proclamer l'indépendance de la colonie, et s'alliant avec les Anglais, les Américains et les émigrés. En partant, il dégage Rigaud de toute obéissance au général en chef et lui donne le commandement de tout le Sud : il laisse ainsi dans la colonie le germe de la guerre civile entre ces deux généraux. Cette conduite de sa part autorise à penser que tel fut le but secret de sa mission. Par la guerre civile, le Directoire exécutif veut arriver à l'amoindrissement du pouvoir entre les mains des hommes de la race noire, pour faire passer la prépondérance politique dans celles des hommes de la race blanche.

Au départ d'Hédouville, on découvre que la prévoyance du Directoire exécutif avait nommé Roume, éventuellement, pour le remplacer. Il est appelé par T. Louverture pour remplir ses fonctions d'agent dans la partie française. Les doubles instructions qu'il reçoit font prévoir que le même système politique va continuer dans la colonie.

Tels sont les faits que nous présente cette troisième époque, comprenant quatre années d'une lutte glorieuse de la part des hommes de la race noire contre des étrangers aguerris. Ils nous préparent aux événemens désastreux qui vont s'effectuer dans l'époque suivante, moins encore par les fautes que par la malveillance du gouvernement de la métropole et de ses agens.

CHAPITRE XVIII.

Faits divers de la vie militaire de J.-M. Borgella.

Après le départ de Polvérel et Sonthonax pour la France, en juin 1794, l'adjudant-général Montbrun, ayant repris l'exercice de ses fonctions de gouverneur général de l'Ouest, s'empressa de réorganiser et de recruter la force militaire de cette province. Elle consistait principalement dans la légion de l'Ouest dont il donna le commandement à Bauvais, qui n'était auparavant que colonel d'infanterie sans emploi. Il comprit dans l'organisation de ce corps, comme à sa formation, l'infanterie, l'artillerie et la cavalerie ; la gendarmerie commandée par Marc Borno forma cette dernière arme dont le commandement supérieur lui fut donné, et Borgella devint le premier capitaine de ces dragons.

Peu après, Marc Borno obtint de Montbrun un permis pour aller visiter son ami Doyon aîné, au Petit-Trou, et il mena Borgella avec lui. Ils y étaient encore, quand ils apprirent que la mésintelligence avait éclaté entre Montbrun et Bauvais : cette circonstance les ramena à Jacmel. Quand Rigaud y vint décider contre Montbrun, il emmena

Marc Borno avec lui, dans le dessein qu'il avait formé de réunir un conseil d'officiers supérieurs pour opérer l'arrestation de Montbrun, et Borgella resta à Jacmel à la tête des dragons.

Appelé par les hommes de couleur de Léogane, et voulant reprendre cette ville aux mains des Anglais, Rigaud, sur la demande de Marc Borno, écrivit à Bauvais de lui envoyer Borgella avec sa compagnie de dragons. Soit que Bauvais trouvât qu'il n'était pas convenable de détacher ainsi les deux officiers supérieurs des dragons, soit qu'il fût mécontent de ce choix, de cette distinction en faveur de Borgella, il en marqua une mauvaise humeur à ce dernier, tout en cédant, cependant, à la demande de Rigaud. Borgella ayant voulu amener un des trompettes du corps, il s'y refusa obstinément ; et cet officier fut à son tour mécontent de ce refus injuste et inutile.

Dans la prise de Léogane, il combattait contre le poste Bineau, où il reçut la décharge, au poignet droit, d'un fusil entièrement chargé à plomb. Après ce succès de Rigaud, il nomma Marc Borno commandant de la place de Léogane, et Borgella fut reconnu capitaine commandant de tout le corps des dragons qui s'y réunit.

A la tête de ce corps, il prit part souvent aux combats livrés aux Anglais, notamment au siége du fort Bizoton et au carrefour Truitier, où il se distingua par sa bravoure. Sa réputation se fortifia aux yeux de ses camarades et de ses chefs.

Le 2 août 1795, Marc Borno étant mort de maladie à Léogane, cet événement malheureux, qui enlevait aux républicains un officier distingué, fut pour Borgella une cause de vif chagrin, à raison de l'estime et de l'attachement qu'il lui vouait. Il obtint un permis de Renaud Desruisseaux qui succéda à Marc Borno, et se rendit à Miragoane auprès de plusieurs de ses intimes amis, Renaud Ferrier, Cochin, etc. Bientôt il tomba malade, et il l'était encore quand il reçut une lettre de Renaud Desruisseaux, qui lui mandait les dispositions faites par les Anglais pour venir attaquer Léogane. Il sentit que le devoir l'appelait à la tête des dragons, et il s'y rendit. Au moment où l'ennemi approchait de la place, il se porta à la découverte avec quelques hommes ; et il poussa l'imprudence à tel point, qu'il faillit d'être fait prisonnier. Rentré dans la place, il coopéra vaillamment à repousser les Anglais, en se portant avec ses dragons sur tous les points attaqués.

Peu après, arriva au Cap l'agence présidée par Sonthonax. Elle fit demander à l'administration des finances de l'Ouest une somme de trois cent mille francs en espèces, outre les cafés qu'elle ordonna de prendre à Jacmel, pour servir aux dépenses du Nord. C'était dans le même temps où elle envoyait sa délégation aux Cayes, après avoir décrété l'arrestation de Pinchinat et déporté Villatte. Les citoyens de l'Ouest, de même que ceux du Sud, étaient signalés comme peu méritans de la France. Ces circonstances produisirent une fermentation dans l'esprit des militaires de la légion de l'Ouest, en garnison à Léogane ; ils manifestèrent leur mécontentement de l'envoi de la somme demandée, prétendant, non sans quelque raison, que les ressources de l'administration, mieux gérée dans l'Ouest et dans Sud, devaient servir à l'entretien des troupes qui s'y trouvaient, et que le Nord devait pourvoir aux besoins des troupes de cette localité : nouvel indice de la jalousie entre les provinces de la colonie. Mais Bauvais, inflexible sur le devoir militaire, soumis à l'autorité nationale, leur lança des paroles extrêmement dures, surtout aux officiers. Pétion partageait le mécontentement de la légion de l'Ouest, et exerçait une grande influence sur tous ces jeunes hommes ; ayant une humeur portée à la gaîté malgré son esprit méditatif, il saisit cette circonstance pour faire niche à Bauvais : il les excita à s'opposer à l'envoi des fonds, et poussa Borgella surtout à se faire le chef de cette cabale [1]. Bauvais dénonça le fait à l'agence et désigna Borgella comme ayant tout dirigé. L'agence ordonna de le punir, et Bauvais y mit de la passion, à raison de ce qui s'était déjà passé à l'occasion de la marche contre Léogane : ce fut un nouveau motif pour Borgella d'être mécontent de ce général.

Une autre circonstance vint ajouter aux griefs du corps des dragons contre Bauvais. Il avait un frère nommé Benjamin, qui, lors de la prise du Port-au-Prince par les Anglais, y était resté avec eux au lieu de suivre la légion de l'Ouest : il était revenu ensuite à Léogane. Une place de lieutenant vint à vaquer dans la compagnie dont David-Troy était le sous-lieutenant, et elle lui revenait de droit. David-Troy était un officier de mérite, excellent citoyen, qui avait beaucoup aidé Bauvais, par son courage, à se retirer du Mirebalais, en janvier 1794, en présence des Espagnols. Bauvais, poussé au népotisme, nomma son frère Benjamin à cette place de lieutenant. Borgella était l'intime ami de David-Troy : chef du corps des dragons, il assembla ses officiers, et ils adressèrent collectivement une lettre à Bauvais, où leurs réclamations étaient exprimées avec amertume. Mais Bauvais, irrité, ne persista pas moins dans sa résolution de maintenir son frère dans cette

---

[1] Ce fait d'opposition à l'envoi des trois cent mille francs est mentionné dans le rapport de Marec.

compagnie. Le corps des dragons considéra cette mesure comme une injustice, et fut dès-lors entièrement désaffectionné à Bauvais.

Peu de temps après, Borgella reçut ordre de Birot, commandant de la place de Léogane, d'aller à la tête d'un détachement des dragons, accompagner un convoi de vivres, vers le camp Grenier, près du Port-au-Prince. Chef du corps, il réclama contre cet ordre, prétendant que d'après la loi militaire, il devait marcher à la tête de son corps entier, et non à celle d'un détachement. Il fut en personne déclarer son refus formel à Birot, qui lui ordonna les arrêts au fort Ça-Ira. Ce fut une occasion pour David-Troy de se plaindre publiquement, de ce qu'il considérait comme une injustice de la part de Birot, qui l'envoya aussi aux arrêts et qui en informa Bauvais, alors à Jacmel. Bauvais, plus sévère, ordonna de les transférer en prison. Ils y rencontrèrent B. Inginac qui venait d'être capturé sur un navire anglais[1]. Alors, Pétion leur dit de demander à être jugés par un conseil de guerre, et qu'il les y défendrait. Pour ne pas occasionner une affaire où la discipline militaire aurait pu recevoir une grave atteinte, ils ne déférèrent pas à l'avis de Pétion. Après une détention arbitraire de deux mois et demi (ce n'étaient plus des arrêts), ils furent remis en liberté. Mais ils résolurent, dès ce moment, de saisir la première occasion de passer dans le Sud, sous les ordres de Rigaud. Plusieurs des officiers des dragons, entre autres le brave Lamarre, lieutenant de la compagnie de Borgella, prirent aussi avec eux la même résolution.

---

[1] B. Inginac, devenu secrétaire général de la République d'Haïti. Là commencèrent ses liaisons d'amitié avec Borgella.

Cependant, David-Troy, dégoûté de tant de vexations, conçut la malheureuse idée de s'empoisonner. Il écrivit un billet d'adieu à Borgella, où il lui disait les causes de la mort qu'il espérait atteindre, et le mit sur le lit de Borgella, chez qui il alla en son absence. En rentrant, Borgella l'ayant lu, accourut aussitôt chez David-Troy, qu'il trouva dans des spasmes affreux. Des médecins mandés promptement réussirent à le sauver. Dans cet état de prostration complète, David-Troy fut mis aussitôt en prison par ordre de Bauvais.

Les officiers de dragons qui s'étaient promis de passer dans le Sud, subornèrent le geolier et firent évader David-Troy. Borgella et eux tous, suivis d'une quarantaine de dragons, quittèrent Léogane et se rendirent au Petit-Goave, placé sous les ordres de Rigaud. De là, ils écrivirent une lettre à T. Louverture, général en chef, pour lui expliquer les motifs de la résolution qu'ils avaient prise, en relatant tous les faits dont ils se plaignaient du général Bauvais.

Ce général fut sans doute l'un des plus beaux caractères qui se soient montrés parmi les hommes de cette époque ; mais avec toutes les qualités d'un homme de bien, d'un militaire éminent, il s'est attiré de justes reproches, par une inflexibilité de principes peu convenable dans un temps de révolution. Étant d'un âge plus avancé que la plupart de ses compagnons, il ne savait pas se montrer assez conciliant envers ces jeunes hommes dont l'imagination était ardente, et qui se pliaient difficilement aux sévères exigences de la discipline militaire : de là, la préférence qu'obtint sur lui le général Rigaud qui, plus ambitieux, sut séduire ces jeunes courages par des dehors plus flatteurs, et par une condescendance que commandaient les circonstances. On obéissait par devoir à Bauvais, mais on était dévoué à Rigaud.

Pendant son séjour au Petit-Goave, Borgella, capitaine, eut plusieurs fois le commandement intérimaire de cette place, en l'absence de Faubert qui en était le titulaire.

Peu de semaines après le départ d'Hédouville, Borgella fut appelé aux Cayes avec David-Troy. Borgella fut promu par Rigaud au grade de chef d'escadron, commandant de son escorte, et David-Troy fut nommé capitaine, commandant la garde de police des Cayes. Lamarre devint ensuite capitaine d'une compagnie de cette escorte de Rigaud.

On voit dans ces différentes circonstances, les causes de l'intimité qui exista plus tard entre Pétion, Borgella, David-Troy, Lamarre, qui, tous, fournirent une si belle carrière dans nos annales politiques et guerrières. Nous les retrouverons plus d'une fois ensemble dans nos luttes contre l'étranger, dans nos divisions intestines, concourant à la fondation de notre patrie, à sa conservation au profit de la postérité haïtienne, et nous signalerons les actions héroïques qui les distinguèrent entre tant d'autres hommes de cette génération.

FIN DU TOME TROISIÈME.

TABLE DES MATIÈRES

CONTENUES DANS CE VOLUME.

PÉRIODE FRANÇAISE.

TROISIÈME ÉPOQUE.

LIVRE TROISIÈME.

CHAPITRE PREMIER.

Situation de Saint-Domingue au départ de Polvérel et Sonthonax pour la France. — Energie et dévouement des chefs militaires. — Mesures prises par les Anglais. — Massacre des Français au Fort Dauphin. — Dissensions entre Montbrun et Bauvais, à Jacmel. — Bauvais le remplace. — Arrestation et emprisonnement de Montbrun par Rigaud. — Il est transféré, jugé et acquitté en France. 3

CHAPITRE II.

Prise du Borgne, du Port-Margot, du camp Bertin, du Pont-de-l'Ester et de la Petite-Rivière. — Toussaint Louverture propose une entrevue au major Brisbane. — Il marche contre Saint-Marc et prend les Vérettes. — Il entre à Saint-Marc d'où il est chassé. — Il enlève Saint-Raphaël et Saint-Michel. — Rigaud prend Léogane et le fort Ça-Ira. — Labuissonnière est fusillé. — Laveaux va au Cap. — Toussaint Louverture prend Hinche. — Laveaux visite divers bourgs. — Il retourne au Cap. — Intrigues dans cette ville. — Propositions de Jean François à Villatte. — Négociations infructueuses. — Laveaux retourne au Port-de-Paix. — Rigaud enlève Tiburon aux Anglais. 22

CHAPITRE III.

Divers combats livrés par Toussaint Louverture, aux Anglais et aux Espagnols.

— Conspirations des hommes de couleur à Saint-Marc, à l'Arcahaie et au Port-au-Prince. — Mort de Blanc Cazenave. — Mort de Brisbane. — Arrivée de la corvette la *Musette* au Cap. — Lettre de Villatte à Laveaux. — Rigaud et Bauvais contre les Anglais, au Port-au-Prince. — Mort de Markhams. — Toussaint Louverture contre Saint-Marc. — Adresse de Jean François aux noirs, et réponse de Toussaint Louverture. — Origine de la jalousie entre Toussaint Louverture et Villatte. — Blanchet aîné, aux Cayes. — Organisation des troupes par Toussaint Louverture. — Prises et reprises du Mirebalais, par Toussaint Louverture et les Anglais. — Dernière tentative de Jean François contre le Dondon. — Lettre de Renaud Desruisseaux à Toussaint Louverture, sur celle de Victor Hugues à Rigaud et Bauvais. 41

CHAPITRE IV.

Arrivée de Polvérel et Sonthonax en France. — Décret qui suspend l'exécution de l'accusation portée contre eux et les met en liberté provisoire. — Décret sur l'élargissement des colons accusateurs. — Décret sur la formation d'une commission pour entendre les accusateurs et les accusés. — Conduite des colons antérieurement à l'accusation et depuis. — Les colons réfugiés aux Etats-Unis approuvent la liberté générale des noirs. — Ouverture des débats. — Acte d'accusation des colons. — Mort de Polvérel. — Fin des débats. — Rapport et arrêté de la commission des colonies sur l'accusation. — Décret de la convention nationale qui décharge Sonthonax de l'accusation. — Opinion générale de la commission. 63

CHAPITRE V.

Etat des cultures dans les lieux soumis aux républicains. — Mesures diverses prises par les Anglais; cultures et prospérité. — Rapport du comité de salut public à la convention nationale, sur Saint-Domingue. — Rigaud, T. Louverture, Bauvais et Villatte, généraux de brigade. — Rapport de Boissy-d'Anglas à la convention. — Traité de paix avec l'Espagne, et cession de la partie espagnole à la France. — Arrivée de la corvette la *Vénus* au Cap. — Départ de Jean François pour la Havane. — Agitation au Cap et au Port-de-Paix. — Préventions de Laveaux contre Villatte et les hommes de couleur. — Faits divers. — Pinchinat, Sala et Fontaine au Cap. — Ils retournent dans l'Ouest. 77

CHAPITRE VI.

Pierre Dieudonné et Pompée, leur conduite, leur arrestation et leur mort. — Laplume les remplace. — Belle défense de Léogane contre les Anglais. — Affaire du 30 ventôse, au Cap. — Précédens de Laveaux, de Perroud, de T. Louverture, de Villatte et d'autres. — Laveaux, Perroud et d'autres fonctionnaires sont arrêtés et mis en prison. — Conduite de la municipalité et des officiers militaires. — Les détenus sont remis en liberté. — Villatte se rend à son camp. — Arrivée de Toussaint Louverture au Cap. — Laveaux le proclame lieutenant au gouvernement de Saint-Domingue. — Jugement sur Villatte, Laveaux et Toussaint Louverture. 115

CHAPITRE VII.

Projet avorté de l'envoi de trois commissaires à Saint-Domingue. — Le Directoire exécutif est autorisé à y envoyer une Agence de cinq membres. — Roume, désigné pour la partie espagnole, arrive à Santo-Domingo. — Députés de Laveaux et des autres généraux auprès de lui. — Il tente une réconciliation entre Villatte et ceux du Nord. — Projet affreux de la faction coloniale. — Diverses lettres de Toussaint Louverture, de Perroud, etc. — Opinions de Laveaux sur la liberté générale des noirs. — Relations de Roume avec l'archevêque Portilla et Don J. Garcia. 165

CHAPITRE VIII.

Instructions données à l'agence par le Directoire exécutif. — Antécédens des agens et des individus venus avec eux. — Réception qui leur est faite au Cap. — Discours de Sonthonax. — L'agence fait comparaître Villatte. — Laveaux sabre lui-même les femmes du Cap. — Divers arrêtés relatifs à Villatte. — Accusation de l'agence contre les hommes de couleur. — Arrêté contre Pinchinat. — Villatte est mis *hors la loi* et se rend à bord de la *Méduse*. — Sa déportation et celle de divers autres en France. — Ecrits de Perroud et de J. Raymond. — Motifs de ce dernier. — Système préconçu contre la classe des hommes de couleur. — Réflexions à ce sujet. — Diverses lettres de Rigaud et de Toussaint Louverture. 182

CHAPITRE IX.

Arrestation et déportation de Rochambeau en France. — Les Anglais prennent Bombarde qu'ils abandonnent ensuite. — Exécution à mort d'Etienne Datty. — Révolte et crimes commis par des noirs du Port-de-Paix. — Nouvelle insurrection des noirs du côté du Cap. — L'agence déclare le Nord *en danger*. — Ses motifs et son but. — Elle proclame la constitution de l'an 3. — Elle annule les élections faites dans l'Ouest et le Sud, et convoque une assemblée électorale unique au Cap. — Ses motifs. — Election de Laveaux, de Sonthonax et de quatre autres députés au corps législatif. — Lettres de Toussaint Louverture à Laveaux. — Dissensions entre les membres de l'agence. 216

CHAPITRE X.

Objet de la mission confiée à la délégation. — Sa réception aux Cayes. — Sentimens manifestés par les délégués et les personnes de leur suite. — Pinchinat forcé de se cacher. — Arrivée de Desfourneaux, et sa lettre à Laveaux. — Plan de campagne contre la Grande-Anse. — Conduite immorale des délégués et de Desfourneaux. — Leurs actes. — Desfourneaux battu au camp Raimond. — Succès incomplet de Rigaud aux Irois. — Nouveaux ordres de rigueur de l'agence. — Arrestations. — Soulèvement. — Assassinats. — Fuite de Rey et de Desfourneaux. — Rigaud arrive aux Cayes et rétablit l'ordre. — Retour de Pinchinat. — Actes divers. — Mission de

Martial Besse et d'A. Chanlatte. — Les délégués retournent au Cap. — Mission de divers envoyés en France. — Ils sont capturés par les Anglais et échangés en Europe. 235

CHAPITRE XI.

Toussaint Louverture est confirmé dans le grade de général de division, par le Directoire exécutif. — Il réorganise ses régimens. — Proclamation de l'agence, du 23 frimaire. — Examen de cet acte. — Le Directoire exécutif l'approuve. — Arrêté de l'administration municipale des Cayes, du 10 nivôse, auquel adhèrent toutes les communes du Sud. — Proclamation de Rigaud, du 26 nivôse. — Il correspond avec Toussaint Louverture. — Lettre de Sonthonax à Bauvais. — Mission de Pelletier en France. — Martial Besse renvoyé de Saint-Louis, A. Chanlatte de Jacmel. — Situation des finances dans le Nord. — L'agence puise des ressources dans l'Ouest. — Organisation de l'instruction publique et de la justice dans le Nord. 278

CHAPITRE XII.

Départ et mort de Leblanc. — Ses soupçons contre Sonthonax, et procédés de ce dernier envers lui. — Mission de Martial Besse en France. — Faits relatifs aux élections des députés de Saint-Domingue. — Ils ne sont pas admis au corps législatif. — Nouvelles élections au Cap, de 7 autres députés. — Arrivée du général anglais Simcoë, et mesures prises par lui. — Les Anglais sont chassés de divers points. — Sonthonax fait arrêter Desfourneaux. — Il élève Toussaint Louverture au rang de *général en chef* — Lettre de ce dernier à Laveaux. — Rigaud échoue de nouveau contre les Irois. — Lettre de Lapointe à Rigaud, et sa réponse. — Mémoire de Rigaud en faveur des hommes de couleur. 304

CHAPITRE XIII.

Correspondance de Sonthonax avec les généraux et Toussaint Louverture. — Mission d'Etienne Mentor, Annecy et Gracia Lafortune dans l'Ouest. — Préoccupations de Sonthonax contre Rigaud. — Il fait arrêter le général Pierre Michel. — Projet de conspiration. — Message du Directoire exécutif au conseil des Cinq-Cents. — Insubordination des troupes de l'Artibonite, leur dénûment, leurs plaintes. — Irritation de Toussaint Louverture. — Idlinger et les finances. — Causes du départ forcé de Sonthonax pour la France. — Toussaint Louverture au Cap. — Il se concerte avec J. Raymond et Pascal. — Ses lettres à Sonthonax, ses mesures et diverses autres circonstances. — Sonthonax s'embarque et part. — Son discours du 4 février 1798. — Députation envoyée en France. — Jugement sur Toussaint Louverture, J. Raymond et Sonthonax. 326

CHAPITRE XIV.

Mesures d'organisation prises par Toussaint Louverture. — Système de fermage des propriétés séquestrées. — Pouvoir qu'il donne aux chefs militaires sur la population des campagnes. — Vues de Pétion à cet égard, dans le morcellement des propriétés. — Les prêtres et les colons flattent Toussaint Louverture. — Procédés des Anglais envers lui. — Ses procédés envers J. Raymond. — Organisation des troupes du Sud par Rigaud. — Le général White remplace Simcoë. — Discours de Vaublanc et de Villaret-Joyeuse aux Cinq-Cents, de Barbé de Marbois aux Anciens. — Le parti royaliste frappé le 18 fructidor an 5. — Rapport d'Eschassériaux sur les élections de Saint-Domingue. — Division de son territoire en cinq départemens. — Nouveaux rapports sur les élections. — Divers écrits de Pinchinat et sa mort. — Ecrits de Bonnet et d'autres. —Instructions données au général Hédouville qui vient remplacer Sonthonax. 382

CHAPITRE XV.

Pétion enlève le fort de la Coupe aux Anglais. — Insuccès des troupes de Toussaint Louverture à l'Arcahaie. — Rigaud fait prendre le camp Thomas où meurt Doyon aîné. — Arrivée du brigadier général Maitland. — Arrivée du général Hédouville. — J. Raymond part pour la France. — Correspondance entre Maitland, Toussaint Louverture et Hédouville, pour l'évacuation des villes de l'Ouest. — Capitulation et occupation de ces villes. — Examen de la conduite de T. Louverture à cette occasion. — Il se rend au Cap auprès d'Hédouville.—Effet produit par leur entrevue.—Correspondance entre Maitland, Rigaud, Toussaint Louverture et Hédouville. — Divers faits de Dessalines, Laplume et Moïse, à l'égard de l'agent. — Toussaint Louverture mande Rigaud au Port-au-Prince et l'accompagne au Cap. — Situation de ces deux généraux devant Hédouville. — Conduite de cet agent et de ses officiers pour exciter la jalousie entre eux. — Ils retournent au Port-au-Prince. — Rigaud reçoit les ordres de Toussaint Louverture et retourne dans le Sud. 406

CHAPITRE XVI.

Correspondance entre Hédouville et T. Louverture. — Maitland propose l'évacuation de Jérémie et du Môle. — Conduite de T. Louverture à cette occasion. — Conventions arrêtées pour cet objet. — Maitland refuse sa ratification à l'une d'elles : ses motifs. — Hédouville autorise T. Louverture à traiter définitivement pour le Môle. — Entrevue de T. Louverture et de Maitland : honneurs militaires que ce dernier lui fait rendre, ses cadeaux.—Indignation d'Hédouville. — Evacuation de Jérémie, et conduite de Rigaud dans cette ville. — Propositions secrètes de Maitland à T. Louverture, non acceptées par lui. — Réfutation des opinions de P. de Lacroix et de Kerversau. — Règlement de culture d'Hédouville approuvé par T. Louverture et Rigaud, et décrié ensuite par le premier. — Suite de la correspondance entre Hédouville et T. Louverture. — Ce dernier avoue *sa jalousie* contre Rigaud. — Réconciliation apparente entre Hédouville et T. Louverture. — Prise de possession du Môle, actes de T. Louverture et correspondance à ce sujet. 450

TABLE DES MATIÈRES.

CHAPITRE XVII.

Arrêté et circulaire d'Hédouville contre les émigrés. — Opposition de Moïse à cet agent. — Affaire du Fort-Liberté. — Conduite de Toussaint Louverture et ses explications au Directoire exécutif. — Hédouville est forcé de s'embarquer et part pour la France. — Toussaint Louverture entre au Cap. — Mesures d'ordre qu'il prend. — Ecrits publiés par lui. — Lettre d'Hédouville à Rigaud. — Examen de la conduite de cet agent. — Objet de sa mission. — Roume le remplace. — Ses instructions. — But que se propose Toussaint Louverture. — Réfutation des opinions de quelques auteurs, fondées sur des erreurs accréditées. — Résumé de la troisième Époque. . 499

CHAPITRE XVIII.

Faits divers de la vie militaire de J.-M. Borgella. 543

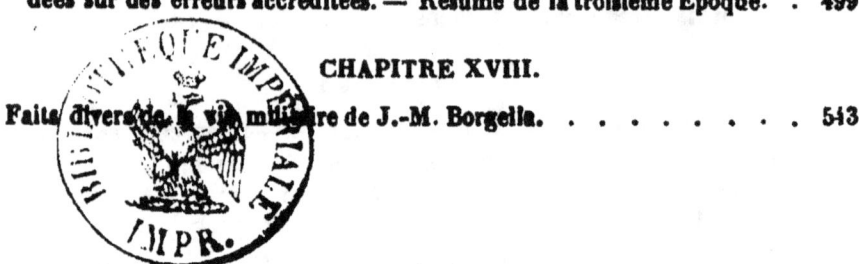

FIN DE LA TABLE DES MATIÈRES DU TROISIÈME VOLUME.

PARIS. IMPRIMERIE DE MOQUET, RUE DE LA HARPE, 92.

www.ingramcontent.com/pod-product-compliance
Lightning Source LLC
Chambersburg PA
CBHW070824230426
43667CB00011B/1695